Alfred Kerr

WAS IST DER MENSCH
IN BERLIN?

 aufbau

Alfred Kerr, 1898

Alfred Kerr

WAS IST DER MENSCH IN BERLIN?

Briefe
eines europäischen Flaneurs

Herausgegeben von
Deborah Vietor-Engländer

Mit einem Nachwort von
Günther Rühle

 aufbau

Textgrundlage sind die beiden von Günther Rühle im Aufbau-Verlag herausgegebenen Bände von Alfred Kerr: *Wo liegt
Berlin? Briefe aus der Reichshauptstadt*, Berlin 1997; *Warum fließt
der Rhein nicht durch Berlin? Briefe eines europäischen Flaneurs*,
Berlin 1999. – Der Brief vom 25. Dezember 1897 stammt aus
der Königsberger Allgemeinen Zeitung und wird hier zum
ersten Mal nachgedruckt.

Mit 12 Abbildungen

MIX
Papier aus verantwor-
tungsvollen Quellen
FSC® C083411

ISBN 978-3-351-03692-8

Aufbau ist eine Marke der Aufbau Verlag GmbH & Co. KG

1. Auflage 2017
© Aufbau Verlag GmbH & Co. KG, Berlin 2017
Einbandgestaltung zero-media.net, München
Vorsatz © Landesarchiv Berlin/Friedrichsbrücke mit Neuem Museum
und Nationalgalerie, Foto: Waldemar Titzenthaler, 1901
Satz und Reproduktion LVD GmbH, Berlin
Druck und Binden CPI books GmbH, Leck, Germany
Printed in Germany

www.aufbau-verlag.de

1895

1. Januar 1895

Der Berliner Westen – diese elegante Kleinstadt, in welcher alle Leute wohnen, die etwas können, etwas sind und etwas haben und sich dreimal soviel einbilden, als sie können, sind und haben – hat in dieser Woche zwei Jubelgreise gefeiert. Ludwig Pietsch und Theodor Fontane. Pietsch ist siebzig, Fontane fünfundsiebzig Jahre geworden. Aber es gibt zwischen ihnen mehr Unterschiede als diese fünf Jahre. Der eine ist ein Temperamentsmensch, der andere ist ein nachdenklich-skeptischer Betrachter. Der eine ist ein lauter, aufgeknöpfter Amüseur, der andere ein stiller, zurückgezogener Mann. Der eine betrachtet die Erscheinungen, und es kommt ihm darauf an, äußere Eindrücke zu beschreiben; der andere betrachtet gleichfalls das äußere Leben, aber es kommt ihm darauf an, dabei seelische Zusammenhänge zu schildern. Der eine ist, kurz, ein Journalist, der andere ist ein Dichter. Nun hat der Journalist den Professortitel bekommen; der Dichter durfte nur, versehen mit den Tröstungen des Dr. phil. honoris causa, ins sechsundsiebzigste Lebensjahr schreiten.

Ein alter, großgewachsener Herr ist Theodor Fontane, mit schmalem Seitenbärtchen und grauem Schnurrbart. Ein großes Tuch um den Hals gelegt, das über dem dicken Mantel sitzt, schreitet er die Potsdamer Straße entlang. Er geht gewöhnlich dicht an den Häusern, weil es ihm keinen Spaß machen würde, von den hundert

Bekannten, die dort jeder Bewohner des Westens täglich trifft, angehalten zu werden. Nicht als ob er unfreundlich wäre. Aber es lohnt wahrhaftig nicht, ein paar Banalitäten auszutauschen und sich dafür zu erkälten. Vor dem Erkälten hat er nämlich große Angst; und darum hält er das berühmte graugrüne Tuch stets vorn mit der Hand zusammen. Unter dem Hut blicken die guten und klugen und großen grauen Augen in die Ferne, und mit raschen Schritten geht er, etwas nach vorn geneigt, unaufhaltsam seines Weges. Wenn es windig ist, schreitet er rascher, und er hält das Tuch fester und höher, bis über den Mund weg. Die grauen Locken bewegen sich dann leise, die dem alten Herrn über dem Nacken schweben. Es sind keine Künstlerlocken! Er sieht nicht aus wie ein greiser Barde, von dem zu befürchten ist, daß er eine Leier aus der Manteltasche zieht. Er hat etwas Altfränkisch-Militärisches. Er hat das Gesicht eines friedlichen pensionierten Offiziers aus den dreißiger Jahren. Über dem ganzen Mann schwebt im Äußeren, auch in der Kleidung, bis auf Halsbinde und Kragen ein Hauch der guten alten Zeit.

Und das Staunenswerte ist: diese unmoderne Persönlichkeit hat unglaublich moderne Ansichten. Der älteste unter den deutschen Literaten ist zugleich der entschlossenste Parteigänger der jüngsten. Er wird von ihnen geliebt wie kein zweiter. Nicht minder von demjenigen Kreis der übrigen literarisch Interessierten, welcher nicht in rohen Bumbum-Effekten und verlogenen Sentimentalitäten den Gipfel der Kunst erblickt, sondern sich zu ehrlicher Lebensabschilderung und feinerer Seelenkunde hingezogen fühlt. Sie alle bestaunen ein Phänomen in dem Manne, der sich, im zarten Alter von sechzig Jahren, entschloß, ein naturalistischer Dichter zu werden; der sich hinsetzte und in »Irrungen und Wir-

Der neue Reichstag, eingeweiht am 5. Dezember 1894, als Kerr
seine Berliner Briefe zu schreiben begann

rungen« flugs den besten Berliner Roman schrieb; der
heut mit fünfundsiebzig Jahren noch ein wundervolles,
lebenstiefes Abendstück von reifer und inniger Kunst
zustande bringt.

Der Alte hat ein lebendiges Interesse an allem, was auf
literarischem Felde vorgeht. Und was er für bedeutsam
und tüchtig hält, dem spendet er unaufgefordert, in ju-
gendlicher Herzlichkeit, sein Lob. Er braucht einen Menschen nicht zu kennen und tritt ihm plötzlich – ich hab
es mit tiefer Freude an mir erfahren – durch einen Brief
näher, weil ihm irgend etwas auffiel und gefallen hat.
Und er ist ein Kritiker. Er hat in den langen Jahren, in denen er die zeitgenössische Dramatik, berufsmäßig rich-
tend, verfolgte, unendlich fördernde, herbfrische, knappe
Kritiken geschrieben, zugleich knorrig und fein, zugleich
scharf scheidend und schmiegsam nachfühlend.

Er schrieb sie für die Vossische. Und für die Vossische
schrieb auch sein Leben lang der andere: Pietsch. Das ist

wieder eine ganz andere Nummer! Ein großer, kräftiger, jünglinghafter Greis, mit geröteten Wangen, die Sil-
berhaare künstlerisch drapiert, in den feurigen, grauen
Augen ein rheinweinfeuchter Schimmer, die Manieren
elegant, sicher, verbindlich, dabei in allem Tun und Lassen ein leiser Rest von Bohème und Sichgehenlassen,
was die ungewöhnliche Liebenswürdigkeit, die von
dem Mann ausgeht, wirkungsvoll steigert. Er ist ein
Draufgänger, mit seinen siebzig Jahren, aus allen Gliedern zuckt ihm die joie de vivre, er lebt aus dem vollen,
er hat schwerlich die Hoffnung aufgegeben, Frauen
noch gefährlich zu werden, er ist bei jedem notablen
Festessen, bei jeder Première, in jeder Ausstellung, bei
jeder Einweihung. Er geht mit dem Kaiser nach England
und beschreibt Flottenmanöver, er geht zum Zaren-
begräbnis nach Moskau und ist am Abend nach der
Rückkehr im Opernhaus, um am nächsten Vormittag
ein Champagnerfrühstück mitzumachen, um dann bei
Schulte gesehen zu werden, einen Spaziergang durch
den Tiergarten zu machen, eine Redaktionskonferenz
abzuhalten, rasch einen Artikel zu schreiben, abends
Gäste bei sich in der Landgrafenstraße zu empfangen
und schließlich mit ihnen ins Café zu gehen. Er ist mit
allen einflußreichen Künstlern intim, duzt sich mit Mi-
nisterialdirektoren und kommandierenden Generälen,
drückt im Vorübergehen einem Kommerzienrat die
Hand, küßt einer Schauspielerin den Ellbogen und
kneipt mit Eugen Zabel von der »Nationalzeitung«, dem
Maler Warthmüller und einer Handvoll Premierlieute-
nants an dem berühmten runden Tisch bei Hausmann.
Bei allen Frauen hat er einen Stein im Brett; denn wenn
er sie schon durch seine Persönlichkeit bezaubert, wissen sie doch, daß er ihre Kostüme beschreiben kann …
Ein Subskriptionsball kann ja ohne Pietsch gar nicht ab-

gehalten werden! Er schildert die Lichter, den Glanz, die Pracht, die Farben, die Mull- und Tüllkleider und was sie nicht bedecken, er schildert die Parfums, die Musik, die Rosen und Heliotropen, die Fräcke, die Orden, die Gesichter, er schildert die jungen Mädchen – die Komtessen und die portemonnaie-aristokratischen –, er schildert die schönen Witwen und die glücklichen Gattinnen, die tapferen Krieger und die alten Exzellenzen, er schildert alles – bloß die Gedanken nicht, die seine Objekte im Herzen tragen. Hier macht er halt, und hier liegen auch die Grenzen seines Könnens. Er malt die Oberflächen, und er grämt sich nicht, daß er nicht mehr malen kann. Er ist mit sich zufrieden. Er schafft leicht, er verdient zwar keine Millionen, aber bei seinem Beruf führt er ohne Millionen ein Glanzleben. Er findet die Welt schön und will keinem Nebenmenschen Ursache geben, sie häßlich zu finden. Er verletzt niemanden, auch in seinen Kritiken nicht – höchstens die jüngeren Freilichtmaler bekommen 'mal ein paar Hiebe –, er ist der denkbar liebenswürdigste Kollege, auch gegen jugendliche Berufsgenossen von beschämender Kameradschaftlichkeit, seine Intimität mit den Granden steigt ihm nie zu Kopfe, und er scheint seinen versammelten Zeitgenossen in jeder Minute die Parole zuzuzwinkern: »Kindlein, liebet euch!« oder »Freut euch des Lebens« oder »Mensch, ärgere dich nicht« oder »O Gott, wie ist die Welt so schön, wenn man gesunde Glieder hat« ...

Daß dieser alte Jüngling an seinem siebzigsten Geburtstag ungewöhnlich zahlreiche Huldigungen empfing, ist begreiflich. Er verlebte das Jubiläum in etwas eigenartiger Weise. Es fiel auf den 25. Dezember; sein Wiegenfest begann also offiziell am 24. Dezember nachts zwölf Uhr. Da begann er denn auch mit der Feier. Er feierte in einer Tour von Weihnachten durch bis zum

9

Anbruch des 26. Dezember. Er ging nicht schlafen, sondern – empfing. Die ganze Nacht durch waren Gäste da,
sie kamen und gingen. Gegen Morgen entfernte sich der
Jubeljüngling, nur auf fünfzehn Minuten, um eine kalte
Douche zu nehmen. Er wollte dieser Gewohnheit nämlich nicht entsagen, da er ihr seit grade siebzig Jahren
treu geblieben war. Die Gäste kamen und gingen. Er
drückte unzählige Hände, ließ sich umarmen, teilte
Küsse aus, tat gerührt, machte Honneurs, nahm unge-
zählte Telegramme und einen Professortitel entgegen,
rauchte, trank Wein, stieß an und war glücklich. Man
konnte kaum zur Tür hinein, so dicht gedrängt standen,
saßen, schoben und pufften die Gratulanten; jeder, der
zehn Minuten in dem von Kuchendünsten, Büffetdüf-
ten und Blumengerüchen angenehm geschwängerten
Raum sich aufgehalten hatte, wurde abgespannt, nur
einer nicht: der höllische Festgreis. Am 27. Dezember
sah ich ihn bereits im Deutschen Theater, nachher waren wir bei Ronacher zusammen. Nachts um eins wandelte er behaglich nach Hause.

Das Leben in Berlin muß doch nicht so aufreibend
sein, wenn man sich so gut konservieren kann. Und
doch – in dieser gefährlichen Gesellschaftsjahreszeit
fühle ich mich kaputt und matt. Ich werde nächstens
eine Schlafkur durchmachen – oder die deutsche Literatur wird den Verlust eines hoffnungsvollen jungen
Mannes, so sagt man ja wohl, zu beklagen haben. Alle
Tage kommt jetzt der Briefträger und bringt zwei bis
drei Couverts von angenehmem Äußeren. Es stecken
Einladungen darin »Th. N. und Frau geben sich die
Ehre, Herrn … zum … am … den …ten … um … Uhr
ergebenst einzuladen. Tiergartenstraße 8b. U. A. w. g.«
Gewöhnlich erkennt man (nicht ohne leisen angenehmen Schauer) die Handschrift der Hausfrau: Denn ER,

der im Hause angeblich Herr ist, kümmert sich um solche Scherze nicht. In Berlin wird das Gesellschaftsleben ganz von der Frau besorgt. Zwei Einladungen schreibt man ab, die dritte nimmt man an; man geht hin, tanzt sich kaputt, unterhält sich kaputt, verliebt sich kaputt und macht sich kaputt. ... Bisher war alles lau und flau in diesem Winter. Jetzt mit einem Male, um die Sylvesterdrehe, geht es los, und gleich gründlich. Man lebt und webt in Frack und Lack und Claque; oder mit dem bekannten Börsenmann zu sprechen: »Man kommt aus dem reinen Oberhemd gar nicht mehr 'raus.« Aber unbedeutend bleibt dieser Winter doch, gegen diese Tatsache von namenloser kulturhistorischer Wichtigkeit ist nichts zu machen. Die quantitativen Häufungen tun's nicht. Es fehlt etwas, das in den letzten drei Jahren immer da war: eine Verrücktheit; ein Schibboleth der Mode; ein Losungswort, ein Mittelpunkt, um den sich alles dreht; irgend etwas besonders Albernes, das Stimmung macht; ein aparter Blödsinn, an dem mit heiligem Eifer festgehalten wird. Vor einigen Jahren war es der liebliche »Sir Roger«, der schwindsuchtsförderlichste aller Galopptourentänze, welchen die spleenige Laune eines Albioniten in unseliger Stunde ersonnen hatte. Kein Tiergartenhaus, das sich achtete, ließ diesen Tanz weniger als drei Mal tanzen. Man raste, geriet in Gefahr, mehrere Beine zu brechen, verlor den Atem, riß im Vorbeitanzen einige Kelchgläser herunter und trat, wenn man Glück hatte, bei dem gefährlichen Mittelstück, der großen Steeplechase, der Hausfrau fröhlich auf die Füße. Deshalb wurde dieser Tanz auch immer traumhaft schön gefunden. Im nächsten Jahre gab es die Menuett als Spezialität. Jeder wurde verachtet, der nicht die drei Schritte rechts, die drei Schritte links und das grand compliment als die Quintessenz alles Hinreißenden erklärte. Man tanzte also zwei Menuetten in jeder Gesellschaft, in der Rauchstraße, der Stülerstraße, der Hitzigstraße und wie die Gegenden heißen, in denen sich die Kommerzienräte Gutenacht sagen. Dann, im vorigen Winter, kamen Bandour und Gavotte auf. Das war der Gipfel alles Stilvollen, Entzückenden, »Süßen«! Mit einem nahezu religiösen Eifer wurden diese Tänze gepflegt, und es tat der Begeisterung keinen Abbruch, daß die Gavotte ausschließlich in rein-arischen Gesellschaften getanzt ward, während der Bandour mehr in gemischt-konfessionellen Kreisen Bewunderung weckte. In diesem Winter nichts von alledem. Welch ein Verlust für meinen Staat! Müdigkeit und nichts als Müdigkeit wird heuer geboten, es wird wieder gewöhnlicher Wald-, Sumpf- und Wiesenwalzer getanzt – aber wie! Bis zur Bewußtlosigkeit, länger nicht. Es gilt nicht für fein, andere Rundtänze als Walzer auf die Tanzkarte zu setzen. Denn auch bei Hofbällen wird ja nur Walzer außer den Tourentänzen getanzt. Die Jünglinge halten das aber auf die Dauer nicht aus, da sie behaupten, daß Walzer am meisten angreift. Und deshalb sind sie alle so müde. Und deshalb will ich auch nächstens eine Schlafkur gebrauchen. Man ist doch schließlich kein Ludwig Pietsch …

23. April 1895

Wenn man jetzt abends um neun Uhr die Potsdamer Straße entlanggeht, wundert man sich über eine gewisse Veränderung. Sonst rennt und huscht hier alles in geschäftsmäßiger Eile aneinander vorüber. Jetzt geht alles langsamer.

Oben die Bäume zeigen nämlich die ersten Knospen. Die Luft ist lind und weich. Trotz des Pferdebahngeklin-

gels und des Wagenrasens liegt ein gewisser Friede über
den baumbestandenen Straßen. Die Leute gehen ge-
mächlich, halb matt von der milden Luft, bleiben stehn
und sehen hinauf – nach den Knospen. Die kleinen Ver-
käuferinnen aus den Handschuhgeschäften; die blon-
den Mädchen, welche bis um neun Hüte garniert haben;
die andern, die frische Blumen zu Bouquets und Blut-
buchenblätter zu Grabkränzen winden und an denen
nur die Hände oft etwas rot sind; die schlanken Geschöpfe, die den Tag über Probiersklavinnen für die
Gewänder eleganter Damen sind und die sich dafür
abends an eleganten Herren rächen; die kleinen schalk-
haften Schneiderinnen mit dunklen Hütchen und einem
schwarzen Sammetstreifen unten am Rock; die kleinen
Käfer, die bis jetzt in den Komptoirs Adressen geschrieben und Couverts beleckt haben – sie alle wandeln
langsam, langsam, zu zweien und dreien, Arm in Arm
gefaßt, mit schlenderndem Schritt und wiegenden,
schweren Gliedern in seliger Trägheit dahin, sie saugen
die weiche Abendluft ein, sehen nach den Knospen empor und nach irgendeinem Schnurrbart rechts oder
links; eine oder die andere summt das sentimentale Berliner Lieblingslied vor sich: »Es war ein Sonntag, hell
und klar« ... Das reizt immer den Gipfel der Gefühle an.

Der Berliner Frühling ist ein Großstadt-Frühling. Er
ist eine seltsame Mischung von Naturelementen und
von Zivilisationselementen. Der Himmel, die Luft, die
Bäume und der besondere Geruch des Asphalts, die Toiletten und die ins Freie gestellten Tische der Restaurants
und Cafés im Potsdamer Viertel machen ihn. Bei Frederich ist die Veranda hergerichtet; die Gäste trinken
ihren Rheinwein dort und nicken gelegentlich einem
Passanten der Potsdamer Straße zu. Bei Josty weiter unten ist zwischen fünf und sechs kein Stuhl zu haben;

dicht gedrängt sitzt alles an den kleinen Marmortischen im Freien. Vorwiegend die eleganten und zahlungsfähigen Beherrscher des Westens, die selbst in ihren Zylindern und schwarzen Kammgarnanzügen verblassen vor den leichten, strahlenden Toiletten ihrer Frauen, die, schwarz oder blond, laut plaudernd oder phlegmatisch aus einem Strohhalm ihren Eiskaffee saugen. Es lohnt, sie zu sehen, wie sie da sitzen und reden und lachen und knabbern – oder auch vor sich hin starren und falsche Gedanken nähren und von Zeit zu Zeit nach dem Potsdamer Platz schielen, wo elegante Spaziergänger einsam vorbeiflanieren und in die aristokratische, frühlingsgrüne Bellevuestraße einbiegen. Und auch die dunklen Gänge des Tiergartens sind abends belebter als sonst. Die kleinen Geschäftsmädchen gehen dort mit liebenswürdigen Jünglingen spazieren. Durch die großen Queralleen und über die schmäleren Reitwege gehen sie, aber die ganz schmalen und einsamen Stege am Neuen See und an der Schleuse werden bevorzugt – da, wo das Wasser melancholisch rauscht und von Zeit zu Zeit ein verlorener Schrei aus dem Zoologischen Garten herübertönt. Wer um diese Zeit durch die schweigenden, dunklen Gänge schreitet, sieht mitten im Wege Menschenpaare stehen, eng umschlungen, die sich küssen, und von den Bänken an der Seite sind flüsternde Stimmen vernehmbar. Der Frühling, der alles sprießen läßt, der selbst in der Pankestadt eine Art Vegetation zustande bringt, weckt jene leise erregte, verliebte Stimmung, die in mäßigen Novellen so oft vorkommt. Die verliebten Paare küssen sich allmählich bis zum Charlottenburger Hauptweg durch und kehren im »Charlottenhof« oder im »Café Gärtner« ein. Dort trinken sie ein Glas Helles. Und der Frühling, der alles sprießen läßt, läßt auch auf dem Gesicht des Jünglings in der

zweiten Aprilhälfte die Frühlingsblätterchen sprießen,
für die man in Berlin den holden Namen Pickel hat. Die
kleine Blonde sieht sie, als sie am Tisch im elektrischen
Lichtschein beim Glase Bier sitzt, und lächelnd sagt sie:
»Max, – du bist der reine Pickolomini.«

Zu Ostern führten sie alle zum ersten Mal ihre neuen
Kleider spazieren, die hellen »Fähnchen«, wie Paul
Heyse so gern sagt. Scharenweise strömte alles zum
Bock, welcher in Berlin doch das größte Frühlingsver-
gnügen darstellt. Die kräftiger organisierten Naturen
der deutschen Reichshauptstadt bevorzugen dieses Lokal unverkennbar. Vater, Mutter und die Kinderschar
zogen hinaus, Bräute und Bräutigams und unsolidere
»Verhältnisse«; sie tranken Bier und freuten sich des Lebens in der herkömmlichen, sinnig-zarten Art, die dort
gedeiht. Vor handgreiflichen Liebenswürdigkeiten in
Gestalt von kunstvoll geschleuderten Eiern und Früch-
ten ist man jetzt sicher. Denn das Auge des Gesetzes

Treffpunkt Café Josty zwischen Potsdamer Straße und Bellevuestraße

wacht. Ältere Berliner, die ebenfalls zu den kraftvoll organisierten Naturen gehören, behaupten darum wehmütig, der Bock sei gar nicht mehr der Bock. Aber es scheint noch frei und fromm und bieder zugegangen zu sein, und der große unbekannte Lokaldichter, der von den Litfaßsäulen zu seinem Volke spricht, hat den Hergang ergreifend besungen. »In drangvoll fürchterlicher Enge – war ich auf dem Berliner Bock; es gab Humor, es gab auch Senge, und ganz zerrissen ward mein Rock. Zwei Dandy's haben mich gestichelt, weil meine Laura schräge ging; sie hatte vierzehn Glas gepichelt, – und was verträgt so 'n junges Ding!« ... Aber viele gingen auch weiter nach Westen zum Stadtbahnhof Zoologischer Garten, wo »Italien in Berlin« von neuem eröffnet worden ist. Die Eröffnung war sogar sehr feierlich, und die Presse war eigens eingeladen. Geändert hat sich nicht vieles, und so träumte man wieder den alten Traum, den Traum von Venedig. Nämlich diejenigen träumten ihn, die niemals in Venedig waren. Die anderen – –!

Es ist noch immer derselbe sinnige Canale grande von fünfzig Zentimeter Tiefe, auf dessen Oberfläche Berliner Stullenpapiere und Zigarrenstummel schwimmen. Es sind noch immer die auf Pappe und Leinwand gemalten Palazzi-Fassaden, die viel schöner und bunter und leuchtender sind als die echten Palazzi in Venedig. Auch sind die Gondeln viel schöner als die venezianischen. Und erst die Gondolieri: sie haben helle prächtige Anzüge und bunte Schärpen und Mützen – wie frisch angestrichen sehn sie aus. Auch die sauberen hölzernen Brücken erfreuen sich dieses Vorzugs. Und über allem liegt der weißgraue märkische Himmel mit seinem unangenehm grellen Licht, und dicke, schwere sonntägliche Spießbürger mit geröteten Weißbiergesichtern und

aufgedonnerten schweren Gattinnen stapfen über die
Brücken und durch den reichlichen Sand, und holde
Stimmen rufen: »Aujust, sieh dir vor!«

Ich schloß einen Moment lang die Augen und dachte
an drei unvergeßliche Wochen, die ich im letzten Herbst
in Venedig gelebt. Die Farben schienen mir dort matt
und gedämpft zu sein, die Palazzi leuchteten nicht, sondern ragten in graubrauner, zerbröckelnder Trauer aus
trüber, dunkler Wasserflut empor, verlassen und sehnsuchtsvoll, die Gondeln waren schwarz, und die Venezianer, die sie unhörbar über die dunkelgraue Fläche
gleiten ließen und immer dieselbe eintönige Bewegung
mit vorgebeugtem Oberleib machten, trugen eine un-
scheinbare Tracht. Die Brücken waren nicht hell, sondern grau und von der Zeit angefressen, aber sie waren
aus Marmor und Trachyt. Und das Gesindel, das sich
auf ihnen im Schatten der Länge lang räkelte und in der
Abendkühle auf dem Markusplatz saß, war manierlich
und graziös wie mein einstiger Breslauer Tanzstunden-
lehrer. Und wer in der Dämmerung von einer der Inseln
heimfuhr, die nach dem grünen Meere hin in der roten
Abendflut der großen, stillen Lagune in tiefer Versun-
kenheit liegen, und dann sah, wie in der verfallenen
Wasserstadt allmählich Lichter angezündet wurden,
während man durch die melancholischen Straßen ru-
derte: auf den sank wie ein Nebelschleier unendliche
Schwermut herab. Das ist das Kennzeichen für das
wirkliche Venedig: Schwermut ... Verlassenheit ... Sehnsucht. Das Berlinische Venedig ist womöglich noch
greller, fideler, lauter, bunter, jahrmarktsmäßiger, frisch-
lackierter als im vorigen Jahr geworden. Noch immer
der lächerliche, schreiende Theaterflitter. Noch immer
der alberne, rohe Riesenradau, ohne den es in der ersten
Stadt unseres Vaterlandes nicht abgeht. Noch immer die

läppische Talmiinszenierung mit falschem »Gondel-
korso«, bei welchem die Gondelinsassen den Schunkel-
walzer grölen, mit falschem »venetianischem Variété«,
mit falschem Puppentheater, mit falschem Serenaden-
Orchester und natürlich mit »Monstre-Concert«. Dudel-
säcke und Mandolinen und Geigen erklingen in so tö-
richter Häufung allerorten, daß man nach fünf Minuten
nicht weiß, wo man die Ohren hat. Es klingt wie die fortwährend wiederholten zwei Anfangstakte eines deutschen Volkslieds, die ein Betrunkener mit wütendem
Eigensinn immer von vorn anfängt. Falsch und furchtbar gellend hallen verschiedene Töne durcheinander.
Weiß gepuderte Musiker in schäbigen Rococoanzügen
fidelen auf einer Art Estrade aus Leibeskräften, und
einer in ihrer Mitte haut auf ein Klavier. Mandolinen-
sänger lassen in der Nähe ihre Lieder los. Truppweise,
zu vier und sechs Personen, meist Frauenzimmer, singen sie kleine Volkslieder und Gassenhauer neueren
Stils. Zwanzig Schritte weiter hebt eine andere Schar unter Gitarrenbegleitung einen furchtbaren Gesang an; sie
tanzen dabei, und als sie das berühmte Lied von der
»Margherita« erklingen lassen, das so populär geworden ist wie die Barrison-Weisen, fällt das Publikum joh-
lend ein. Eine dichte Menge drängt sich um die Sänger,
die kaum mehr Platz finden, einen Fuß zu rühren, und
doch ihren vorschriftsmäßigen sprungartigen Tanz auf-
führen müssen; man ruft ihnen zu: »Effifa L'Italia!« im
berlinischen Italienisch, ein Patriot schreit andrerseits
»Effifa la Scharmania!«, dazwischen ruft jemand: »Ju-
stav, halt' dir feste!« oder »Nich kitzeln!«, und ein großer, gedunsener Mann mit schiefem Zylinderhut hält in
der Pause rasch eine Art italienischer Ansprache: »Bra-
vissimo fortissimo italiano maccaroni tutto perdutto fut-
schicato bravo!«, und mit unendlichem, grölendem Ge-

lächter nimmt die Hörerschar diesen Witz auf, sie wälzt sich weiter, zum großen Orchester des Maestro Gialdini hin, alles tritt sich auf die Füße, drängt sich, schiebt sich, und wieder vernimmt man dazwischen den lieblichen Ruf: »Nich kitzeln!«

So kann die Schwermut nicht gedeihen ... Zweiundvierzigtausend Personen haben übrigens an den beiden Eröffnungstagen das absonderliche Unternehmen besucht, und die Berliner Theaterdirektoren wären froh, wenn sie gerade den zweiundvierzigsten Teil davon noch einmal in ihren Häusern sähen. Aber damit ist es vorbei. Der Frühling, der die Kunst durch Lenzgedichte zuweilen fördern soll (?), ist der darstellenden Kunst feindlich. Es gibt jetzt mehr heraufgeklappte Sitze als heruntergeklappte. Und das ist begreiflich, wenn man die Stücke ins Auge faßt, die uns neu beschert wurden.

Im »Neuen Theater« führte der genial-willkürliche Mitterwurzer ein paar neue italienische Dramen vor. Aber der genial-willkürliche Mann – das ist sein stehendes Epitheton bei der Kritik – erschien weit mehr willkürlich als genial. Er war so willkürlich, seine Rollen nicht ganz im Wortlaut zu können; und die Genialität zeigte sich, indem er zum Souffleur ungezwungen »Pst!« machte, sich vor den Kasten dieses hilfreichen Mannes hinpflanzte, tragische Stellen mit leichter Betonung hinwarf, gleichgiltige mit grimassenhaft emporgezogenen Augenbrauen und rollenden Pupillen aufsagte und zeitweise den Hofschauspieler Adolf Sonnenthal mit einer so täuschenden Echtheit kopierte und doch wieder verzerrte, daß man sich fragte, ob man im Parodietheater sei, und aus dem Lächeln nicht herauskam. […]

2. Juni 1895

»Gott – was ist der Mensch!« Hirsch-Hyazinth in den Bädern von Lucca läßt einmal diesen Ausruf aus dem tief gepreßten Busen streichen ... Was ist der Mensch in Berlin, wenn der Monat Mai zu Ende geht? Ein geplagter Wurm, der Sand atmet und sich vor schlechter Luft und Hitze krümmt. Es langweilt die Leser, von solchen Dingen zu hören, ich weiß, ich weiß. Aber ich muß sie sagen; warum sollte ich diese Unlust allein in mich hineinfressen. In der Bellevuestraße, am Großen Stern, auf den öffentlichen Plätzen ist schon alles graugrün, nichts mehr grün; alles trocken, nichts mehr frisch; den Namen der Geliebten braucht man nicht in alle Rinden einzuschneiden, man kann ihn mit geringerer Kraftanstrengung auf die Blätter malen, die mit Staub dick bedeckt sind, mit märkischem Staub, der immer war und immer wiederkehrt. »Staub soll er fressen« – es scheint, daß Faust in Berlin ansässig gewesen ist, der stets verneinende Geist hätte hier wenigstens darin leichtes Spiel mit ihm gehabt. Ja, wir alle fressen Staub jetzt, Tag für Tag, er dringt in alle Poren, und wer noch gezwungen ist, aus irgendeinem Grunde einige Zeit hier zu weilen, in dem mahnt und summt es täglich stärker und stärker, wie einst ein deutscher Dichter eine schöne Frau mahnte: Verlaß Berlin mit seinem dicken Sande und dünnen Tee und überwitz'gen Leuten, die Gott und Welt und was sie selbst bedeuten, begriffen längst mit Hegelschem Verstande ... Verlaß Berlin ... Verlaß Berlin ...

Vorläufig verläßt man es vorübergehend. Die Ereignisse, die man verpflichtet ist in einem »Berliner Brief« zu schildern, spielen sich außerhalb dieser wunderschönen Stadt ab. Irgendwo an der Nordbahn oder an der Potsdamer Bahn, wohin man eine Jagdeinladung bekommen hat. Die menschliche Eitelkeit, die so viele gute

Werke zustande bringt, ist auch hier segensreich. Wer
pachtet eine Jagd? In Berlin derjenige, der renommieren
will. Ist man ein Rechtsanwalt, der über besonders er-
kleckliche Einnahmen verfügt; ist man ein Arzt, der
einen ergiebigen Spezialzweig ausfindig gemacht hat,
welcher seinen Mann mehr als redlich ernährt; ist man
an der Börse und hat durch »umsichtige Ausnutzung
der Konjunktur« mit einem Schlage größere Summen
verdient (die weniger intelligenten Ökonomen sollen
sich oft der umfangreichsten Erdäpfel erfreuen) –: das
erste, was man in Berlin tut, um seine gesellschaftliche
Stellung ein starkes Stück emporzuschrauben, ist, daß
man eine Jagd pachtet. Irgendwo bei Fürstenwalde oder
Bernau oder Strausberg. Das kostet unter Umständen
nur viertausend Mark für ein ländliches Terrain; und
man hat die Genugtuung, lithographierte Kartonformu-
lare an die verschiedensten Leute senden zu können
– auch wenn man sie nur verzweifelt flüchtig kennengelernt –, in denen zu bestimmter Stunde an bestimm-
tem Ort zur Ausübung des edlen Waidwerks eingeladen
wird. Es läßt sich nicht verkennen, daß in diesen Berliner Jagdveranstaltungen eine gewisse – wie soll man
sagen? –, eine gewisse durch Komfort und großstädti-
sche Affektiertheit temperierte Poesie herrscht. Nach-
mittags besteigt man den Zug, ist in einer Stunde an Ort
und Stelle, verbringt den Abend in vorzüglicher Stimmung bei einem gemeinsamen Mahle am Rande irgend-
eines Sees – und diese märkischen Seen mit ihrem dunkelgrünen Wasser und den dunklen schweigenden
Kiefern am Ufer haben unendlich viel Stimmungsvol-
les, und wenn der Jäger literarische Privatneigungen
hat, erinnert er sich im Anblick so spröder Trauerschön-
heit gleich an Heinrich Kleist –, und dann, wenn der
Mond so sachte heraufgezogen kommt, bricht man auf,

marschiert eine halbe Stunde und faßt an irgendeiner Lisière Posto, wo vorher ein »Wechsel« des Wildes ausgekundschaftet worden ist.

Man legt sich ins Gras, das Gewehr schußfertig am Arm, ein paar Herren steigen auf die »Kanzel«, die oben im Gerüst eines Baums errichtet ist. Man liegt und lauscht in starker nervöser Anspannung aller Muskeln, man raucht seine Zigarre, aber man wagt keine zweite anzuzünden, aus Furcht, durch das Reiben des Streichholzes herankommendes Wild zu verscheuchen. Im Mondlicht sieht man die Wiesen und die Felder bis zum gegenüberliegenden Wald vor sich, im Rücken hat man mit Vorliebe einen Graben mit Erlenbüschen, deren dunkler Schatten die eigne Gestalt nicht sehen läßt – und man wartet und wartet, bis die ursprüngliche Spannung von einer süßen Schlaffheit allmählich abgelöst wird und die seltsame nächtliche Natur sich intensiver und zauberhafter ins Bewußtsein drängt. Man träumt. Und dann, plötzlich – eine stampfende, ferne, leise Erschütterung der Erde, es kommt heran, ein ganzer Trupp, man hält den Atem an, es kommt im Galopp näher, immer näher, die Großstadtnervosität überkommt einen, man muß gewaltsam an sich halten … Da – ein Ruck, alles steht, ein hüstelndes Bellen, das Warnungssignal des vordersten Tiers, ertönt, es hat uns gerochen … und jetzt, rasch, ehe sich alles in wilder Flucht unsrem Bereich ganz entzogen hat, knallt und donnert es durch die Nacht, die Herren alle, die in Zwischenräumen von zwanzig Schritt aufgestellt sind, haben »geknipst« (was sie noch einmal tun müssen), und wirklich sehen wir ein Tier zusammenbrechen. Neben mir aber – und zugleich über mir – fährt ein Herr auf der »Kanzel« empor, ich sehe sein erschrecktes Gesicht im Mondlicht, und er stammelt unartikulierte schläfrige Laute. Das Abend-

essen war gut und reichlich gewesen – und, Gott, was
ist der Mensch! Um drei gehen wir schlafen und stehen
um neun auf. Dann wird gefrühstückt von halb zehn
bis … zwei. Vier Herren bleiben mit dem Gastgeber da.
Wir übrigen fahren nach Berlin. Um halb sechs spazieren wir, umgekleidet und seelenfroh, langsam über den
Potsdamer Platz … Das sind Berliner Jagden.

Oder man fährt mit der Dampfstraßenbahn nach Halensee und geht von dort aus nach der Kolonie Grunewald. Das ist auch ein großer Genuß. Zwar Staub ist
auch da viel zu schlucken, aber dafür gibt es dort ein Restaurant, das berühmte »Café Grunewald«, in welchem
man das Recht hat, alle Speisen mit dem dreifachen Be-
trage des Berliner Preises zu bezahlen. Das ist viel wert,
und darum ist das Café Grunewald rasch der fashionable Lieblingsort aller um Pfingsten noch in Berlin ansässigen westlichen Bürger geworden. Man gibt sich
dort Rendezvous, ißt gemeinsam Mittagsbrot, spaziert
dann in den höllisch gradlinigen, mathematischen Straßen dieser vermöglichen Villenkolonie ein weniges auf
und ab, wobei man den herrlichsten Schatten genießt,
wenn man einen Sonnenschirm mitgebracht hat – und
wenn man zu Kunst und Literatur auch gesellschaftliche
Beziehungen hat, sucht man wohl bei gutem Anlaß jenen stillen Straßenwinkel auf, wo die Bildhauer Klein
und Fritz Mauthner ihre Villen haben. Dort ist es fried-
lich und unberlinisch, und im Garten der Bronzelöwe,
den Kleins kraftvolle Meisterhand in Metall gebändigt
hat, verbreitet etwas wie eine Schloß-Boncourt-Stim-
mung über diese abgeschiedene Ecke des sonst etwas
parvenumäßigen Berliner Vororts …

Oder man geht zu einem Diner. Das ist unter Umständen jetzt auch eine Erholung. Es werden nämlich
Diners gegeben; nicht »noch«, sondern »wieder«. Eine

besondere Gattung: Gartendiners. Sie finden natürlich nur da statt, wo das Glück (poetisch ausgedrückt) seine Gaben in besonders reichem Maße verteilt hat. Mit andren Worten: bei Leuten, die Geld haben, und zwar viel. Denn es gehört zunächst ein großer Garten dazu, und Grund und Boden ist im Westen nicht billig. Gegen 7 Uhr wird an langer Tafel im Freien serviert, die Lohndiener und ständigen Hausgeister eilen ganz wie im Winter geschäftig herum, mit Schüsseln, Tabletten und Sektflaschen, und zur Ausgleichung der sozialen Gegensätze ist das Silberzeug den bohrenden Blicken der nachbarlichen Portiersleute und Mansardenbewohner schrankenlos freigegeben. Es werden kurze Toaste gehalten, wenn ein Brautpaar anwesend ist (sonst spricht man ja beileibe nicht mehr), man lacht und flirtet und lügt wie im Winter, und wenn die Dämmerung ganz herabgesunken ist, werden die Ballons, die auf Draht über der Tafel entlanggezogen sind, angezündet, links von der Veranda aus erschallt einige Geigenmusik, und wenn man sich »Mahlzeit« gesagt hat, wird bei offnen Balkontüren gegebenenfalls ein kleiner Contre gewagt, zur Verdauung; und zur Verdauung spaziert man nachher auch gruppenweise oder paarweise (aber bitte, doch mehr gruppenweise als paarweise!) in den grünen Gängen entlang und plaudert und guckt wohl gelegentlich nach der Gartenmauer, wo einige Neugierige aus der Nachbarschaft hinüberstarren, und hie und da stößt man dann auf einen Diener, der Kaffee serviert.

Gelegentlich, bei solchen Gartendiners, spricht man auch von Fritz Friedmann. Er steht ja diesen Kreisen so nah. Den einen hat er mal verteidigt, mit dem andern hat er eine Wechselangelegenheit geordnet, der dritte hat einen Roman von ihm gelesen, mit dem vierten hat er wieder eine Wechselangelegenheit geordnet, dem fünften hat er eine Zivilklage gewonnen, der sechste kennt ihn aus dem Foyer, der siebente und der achte und der neunte hat ihn ebenfalls – in irgendeiner Finanzsache kennengelernt. Er ist jetzt mit dreitausend Mark Geldbuße und einem Verweis bestraft worden, aber der staatsanwaltliche Antrag auf Ausschluß aus dem Anwaltstande ist abgelehnt worden. Und das muß mit Freuden begrüßt werden – von jedem, der einigen Sinn für Individualität sich bewahrt hat. Friedmann ist ein merkwürdiger Geist, bei dem man sich über zwei Dinge wundern muß: daß ein so scharfsinniger Kopf zugleich ein an menschlichen Schwächen so reicher Charakter ist; und daß ein menschlich-fleischlichen Schwächen so stark hingegebener Mann noch immer ein so scharfsinniger Kopf ist. Er ist nicht nur der meistgenannte Anwalt Deutschlands, er ist auch derjenige deutsche Jurist, der von allen vorhandenen, einschließlich des Justizministers, das größte Einkommen hat. Es soll sich auf hundertzwanzigtausend Mark jährlich belaufen, eine Summe, mit der man auskommen kann, wenn man nicht ein Genie ist. Ich glaube, daß Friedmann ein Genie ist. Er hat auch zahlreiche Passionen, vor allem das leidenschaftliche Bedürfnis, die durch geistige Arbeit ermatteten Nerven durch die Erregungen des Spiels zeitweilig zu kitzeln. Das hat den glänzend begabten Mann in eine Reihe von unbehaglichen Situationen gebracht. Im Tiergartenviertel weiß jeder holde Backfisch und jeder eben eingesegnete Jüngling seit längerer Zeit, daß der berühmte Anwalt zuweilen Kummer mit seinen Finanzen hat. Man sprach darüber in der üblichen Weise: zunächst mit einem gewissen Staunen über die geringe praktische Veranlagung eines so tüchtigen Kopfes, zugleich aber mit derjenigen Schadenfreude, die man hier jeder Ungelegenheit einer prominenten Persönlichkeit entgegenbringt. Friedmann begann vor einiger Zeit, sich neben den juristischen Einnahmequellen noch schriftstellerische zu eröffnen. Er ließ gleichzeitig im »Berliner Tageblatt« und im »Kleinen Journal« Romane erscheinen. Man wußte, weshalb. Übrigens waren sie nicht hervorragend. Sie arbeiteten vorwiegend mit Spannung (was bei einem Kriminalisten allenfalls begreiflich ist), und namentlich der eine hatte Partien, die hintertreppenmäßig waren. Man verschlang sie im Westen, aber man spaßte zugleich über sie. Jetzt haben auch diese letzten Kraftanstrengungen Friedmanns ihn vor einer Art von Zusammenbruch nicht bewahren können. Stärker noch als die Finanzangelegenheiten hat seine Vorliebe für das zarte Geschlecht hier mitgewirkt; sie hat ihm in einer Scheidungssache einen Streich gespielt – wie gerade *das* auch in anderen deutschen Städten zuweilen vorkommen soll. Der Staatsanwalt hat gegen das Urteil Berufung eingelegt, und ein zweites Mal wird Friedmann der Entscheidung über seine ganze Existenz ins Auge sehen müssen. Sollte sie gegen ihn ausfallen, so wird er nicht verloren sein; denn ein Dutzend Banken würde sich sofort um seine Mitarbeiterschaft reißen. Aber wer ihn einmal reden gehört hat, in seiner ganzen genialen Fechtergewandtheit, in seiner logischen, auch wohl sophistischen Grazie und Treffsicherheit, der würde es schon vom Standpunkte reiner Kunstbetrachtung aus unendlich bedauern, wenn dieser feine Künstler künftig gehindert würde, öffentlich zu plädieren.

Vorläufig aber, bis die zweite Entscheidung gefällt wird, hat er, von den Aufregungen ermüdet, für eine kurze Frist dem Drängen der inneren Stimme nachgegeben, die auch in ihm summte und ihm leise zurief, was sie in so vielen anderen jetzt ruft: Verlaß Berlin mit seinem dicken Sande … Verlaß Berlin … Verlaß Berlin …

16. Juni 1895

Sie kommen und gehen – allerhand Gestalten, die plötzlich auftauchen, eine Zeitlang bleiben, Freunde erwerben, sich in irgendeiner Beziehung hervortun, das Leben des Westens mit uns leben, mit seiner ewigen Bewegung, seinem kleinen Rausch und seinen kleinen Qualen, und dann verschwinden. Sie sind weg – irgendwohin. Der Wind hat sie verweht, oder sie sind gestorben. Man spricht einen Vormittag lang davon. Man entsinnt sich, wie fidel sie noch beim letzten Presseball waren. Man denkt daran, daß man sie eine Zeitlang regelmäßig bei Stettenheims zur Teestunde traf und daß man ihnen bei Premieren, im Korridor oder am Büffet, immer rasch die Hand drückte und sie »Wie gehts?« fragte. Man entsinnt sich auch, wie man sich ein- oder zweimal innerlich nähergekommen ist, wenn man in einer Winternacht von irgendeiner Festlichkeit wohlverpackt den Heimweg gemeinsam machte und dann, in jener Laune des Philosophierens, die einen in solcher Stunde befällt, drei- oder viermal vor dem Hause vorüberging, die Straße auf und ab, eh man sich trennte. Sie hatten den oder jenen sympathischen Zug, sie hatten dies oder jenes seltsame Schicksal – aber noch ehe man den ganzen Menschen recht erfassen und im Interesse warm werden konnte, waren sie weg. Ein halbes Dutzend Leute kannte sie genau. Die Zeitungen bringen einen Nachruf, in welchem die bemerkenswertesten Punkte ihrer Tätigkeit zusammengefaßt werden; und meist ist nicht viel Bleibendes darunter. Sie kamen und gingen.

In diesen Wochen ist eine dieser Gestalten vom Tode geholt worden, um welche in eigentümlich matten Lichtern ein fast novellistischer Reiz schwebte. Das ist die Baronin v. Borch, die Übersetzerin. Es ist kaum zu sagen, worin dieser Reiz bestand; aber er bestand, und er wirkte unmittelbar. Sie war eine eigentümlich anziehende Erscheinung, eine hochgewachsene üppige Frau mit weißem Haar und einem jugendschönen Gesicht, in welchem zwei dunkel strahlende Augen eine Seele widerspiegelten. Ein bewegtes Temperament, das allmählich in Resignation übergegangen war, eine vornehme Gefaßtheit sprach aus diesen Zügen, über denen ein ganz indefinierbar verklärender Schimmer lag. Das Wort »edel« bekommt leicht einen trivialen Beigeschmack; aber es bezeichnet den Gesamteindruck, der von dieser jugendlichen Matrone ausging. Sie war mit irgendeinem Herrn von Borch verheiratet gewesen, der, ich weiß nicht wann, gestorben war, und hatte in München gelebt, bevor sie nach Berlin kam. Sie wohnte mit ihrer siebzehnjährigen Tochter im vierten Stock eines Hauses an der Potsdamer Brücke. Diese Tochter, Gisela, habe ich nie gesehen, aber auch über diesem jungen Mädchen lag ein geheimnisvoller Zauber des Schmerzes; sie sollte zart und schön und ewig siech sein, und als sie eben siebzehn Jahre war, starb sie an ihrer langsam zehrenden Krankheit. Für dieses Kind scheint die Mutter vor allem gelebt zu haben; sie sprach von ihr, wenn ein Fremder nach ihr fragte, in einem Tone unterdrückten Schmerzes und grenzenloser Liebe, so daß der Fragende betroffen rasch darüber hinwegzukommen suchte. Sie nährte sich und diese Tochter durch ihre Übersetzungen; sie übertrug Ibsen, Knut Hamsun, Jacobsen und andere nordische Autoren. Als ich sie einst nach Haus begleitete und ihr gute Nacht wünschte, lachte sie und sagte, ihre »gute Nacht« sei noch nicht gekommen; sie müsse erst noch die halbe Nacht übersetzen. Auch von Zerwürfnissen mit adligen Verwandten und der Überwindung von Standesvorurteilen erzählte

sie. Jetzt ist sie, wenige Monate nach dem Tode der
Tochter, im Krankenhaus gestorben. Eine schwierige
Operation hatte sie schon glücklich überstanden; da
nahm sie ein Herzschlag hinweg. Viele werden sich ihrer eine Zeitlang entsinnen, denn sie lebte eine Zeitlang
mit uns. Dann wird sie vergessen sein. Sie kam und ging.

Kommen und gehen – das findet in dieser Millionen-
stadt rascher statt als in irgendeiner Stadt des Reichs;
und in dieser parvenumäßig emporschießenden Stadt
rascher als in irgendeiner anderen europäischen Hauptstadt. Man lebt schnell, die Eindrücke dieser noch im
Werden begriffenen Metropole jagen einander, und die
Bewohner, deren Gemüt noch etwas ungroßstädtisch
Naives hat, reißen die Augen auf und lassen wie die Kinder ein Ding rasch stehen, um rasch ein neues zu betrachten. Während der Dauer der Betrachtung ist eine
gewisse Intensität zu beobachten, aber gleich darauf
keine Spur einer Nachwirkung. Wie leidenschaftlich hat
man sich vor zwei Wochen noch allenthalben mit dem
Fall Friedmann beschäftigt! Jetzt ist es, als sei er nie
gewesen. Die Alexianerbrüder sind das neueste Ge-
sprächsspielzeug, es wird noch einige Tage in der gleichen Intensität vorhalten, dann mit einem Schlage ver-
schwunden sein. Vorläufig werden allerhand Witzchen
gemacht, in denen der Ausruf: »Sie müssen nach Mariaberg!« und Vergleiche mit dem Bruder Heinrich eine gewisse Rolle spielen. Auch hat dieser Prozeß den Bewohnern des Westens Gelegenheit gegeben, allerhand
Reiseerinnerungen auszukramen. In Breslau hat man
den Katholizismus in unmittelbarster Nähe. Für Berlin
ist er in seinen konkreten Lebensäußerungen fast ein
Mythus. Man kennt ihn nur von seinen Reisen. Da ist
man gern in diese bunte, glühende, stille Welt gelegentlich eingetaucht, die für den echten Mittelnorddeut-

schen den ganzen Reiz einer Kuriosität hat. Man weiß
hier vor allen Dingen genau, daß es in Fécamp Mönch-
lein gibt, welche Schnäpse von unbezahlbarer Güte
brauen. Und man hat auf sommerlichen Touren in manche dämmerige Klostereinsamkeit hineingesehen, wo in
Kreuzgängen mit gemalten Scheiben sich die Sonne
bricht und Kühle herrscht und Glockentöne zu innerem
Frieden und ernster Selbstbetrachtung mahnen. Die Berliner waren bei den Franziskanern in Salzburg und haben das eigenartige Pansymphonikon spielen hören,
welches der feinhörige Pater Singer dort gebaut und der
künstlerischen Welt hinterlassen hat. Sie haben, wenn
sie eine Donaufahrt machten, die grandiose Abtei Göll-
wath bewundert, die eine Miniaturstadt auf einem Berge
ist. Sie fuhren von Venedig nach San Lazzaro hinüber,
wo einst Byron mit den armenischen Mönchen lebte,
und staunten über die typographische Betriebsamkeit,
die heut auf diesem winzigen Friedenseiland herrscht.
Sie stiegen auch in Prag auf den Hradschin und besuch-
ten die Prämonstratenser und ihre prachtvolle Bücherei – und hier wie überall waren sie entzückt von der
weltmännischen Liebenswürdigkeit des führenden Pa-
ters und vor allem von der wundersamen Ruhe, die selig an diesen abgelegenen Stätten in die Herzen zog.
Aber das ist ziemlich alles, was hier das Gros vom Katholizismus kennt, und wenn ein katholischer Geistlicher im roten Talar in Berlin auf der Straße gesehen
würde, es gäbe einen Auflauf wie um einen exotischen
Fürsten. Der Prozeß, der durch die Enthüllung zahlreicher Ungeheuerlichkeiten überall stark gewirkt haben
muß, machte hier um dieser mit offenem Munde be-
staunten katholisch-rituellen Akzidenzien willen einen
ganz besonders tiefen, ja namenlos verblüffenden Eindruck. Der Berliner besitzt in seinem Lokaldünkel eine

gewisse Beschränktheit, und deshalb wollte man es hier am wenigsten glauben, daß alle diese Dinge sich wirklich in Deutschland abgespielt. Die Verwunderung wird so rasch vergehen, wie sie rasch und intensiv gekommen ist.

Kommen und Gehen ist die Devise. Und jetzt auch äußerlich auf den Straßen und Bahnhöfen. Es will kein Mensch mehr in Berlin bleiben, an allen Nachmittagen, auch in der Woche, sind sämtliche Vorort-Bahnhöfe voll von schwitzenden, keuchenden und mehr oder minder hellgekleideten Menschen, die nach zehnminutigem Schmoren in der Pferdebahn zum zweiten Male fünf Minuten am Billetschalter geschmort werden, um nach erbittertem Ringen einen Waggon zu erklettern und sich dann irgendwo absetzen zu lassen, wo »Gegend« ist. Es will kein Mensch mehr in Berlin bleiben, denn es ist nichts los in Berlin. Und um dieser schwerwiegenden Tatsache willen habe ich unwiderruflich beschlossen, den zweiten Teil dieses Berliner Briefes erst in acht Tagen »stattfinden« zu lassen. Hoffentlich passiert inzwischen etwas.

23. Juni 1895

Ich drohte den Lesern der »Breslauer Zeitung«, eine Fortsetzung meines letzten Briefes zu liefern. Inzwischen ist in der ereignislosen Hitze dieser Zeitläufte der Prozeß des Fräulein Dubberstein ein bright point geworden. Anna Dubberstein, die große Gaunerin, ist für Berlin ein interessanter Mythos und ein Gesprächsmittelpunkt.

Wir Literaturmenschen und leidenschaftlichen Beobachter – die wir eine halb-perverse Menschengattung sind – können es nicht lassen, im Leben an den Ereignissen vor allem die künstlerische Seite abzuschätzen. Wir bringen gewiß einige Entrüstung für verbrecherische Handlungen auf; wir sind inneren Anteils für geschädigte Menschen nicht bar. Aber gleich regt sich uns neben der ethischen Seele die ästhetische Seele, und wir empfinden eine gewisse Genugtuung über den »schönen Fall«.

Die Taten des Fräulein Anna Dubberstein, der falschen Erzherzogin, sind unter starkem Aufsehen vor Gericht erörtert worden. Es gibt auch in diesem Fall Geschädigte. Aber wenn wir scharf kontrollieren, was bei der Betrachtung der erörterten Dinge in der Tiefe unserer schönen Seele vorgeherrscht hat, müssen wir feststellen, daß es, psychologisch gesprochen, »Lustgefühle« waren. Sie wurden erzeugt durch die lebensvollen, bunten Bilder, die hinter den Fakten dieses Prozesses lockend hervorstehen: blendende Ausschnitte aus der bewegten Fülle eines Weltstadtdaseins. Zum zweiten erwachte ein Lustgefühl in mir (ich will es nur gestehen) durch die Betrachtung der Heldin. Sie ist ganz gewiß eine Verbrecherin; denn sie hat eine Anzahl von Männern um ungeheure Summen beschwindelt. Aber daneben ist sie ein, sozusagen, tolles Frauenzimmer. Ein Phänomen durch ihre grenzenlose Unverschämtheit; aber zugleich ein Phänomen durch den persönlichen Zauber, der bestrickend von ihr ausgegangen zu sein scheint. Es ist nicht anders denkbar: sie muß einen eigentümlichen persönlichen Reiz besessen haben – etwas Indefinibles, Unwägbares, das ihr den individuellen Zug gab und ihr die Herzen zufliegen ließ. Es war keineswegs der schwindelhafte Titel allein, der ihre Opfer lockte, wenn er auch stark mitgewirkt hat. Sie wußte ihre Fürstenwürde mit der Würde einer Fürstin zu tragen, und selbst ein weltkundiger Offizier zweifelte keinen Augenblick, die wahre Erzherzogin vor sich zu haben: aber alle fühlen sich daneben durch das Weib in ihr hingerissen. Ein Lieutenant nimmt sie tragisch und faßt eine tiefe, innige Neigung zu ihr; ein süddeutscher Referendar verehrt sie um der Hoheit willen, die in religiösen Gesprächen von ihr ausgeht; ein dritter opfert ihr sein ganzes Eigentum, *obgleich* er genau weiß, daß sie keine Erbin, sondern eine Dubberstein ist. Hunderteinundsechzigtausend Mark sind es im ganzen, die ihr der eine zu Füßen legt, der andere reist mit ihr, der dritte macht ihr Geschenke, die nach Tausenden beziffert werden, der vierte – dieser Zug hat hier am humorhaftesten berührt – läßt ihr Malunterricht geben. Sie wohnt in der entzückend am Wasser gelegenen Corneliusstraße, in jenem feinsten Viertel, wo die Villen der Hochfinanz und des reichsten Militär- und Hofadels durcheinander in stillen Vorgärten träumen (auch Leberecht Kotze wohnt hier gleich um die Ecke), sie weiß im Gothaischen Almanach Bescheid wie der Pastor in der Bibel, sie fährt in einem königlich geschmückten Wagen zum Blumenkorso und zeigt ihrem Ritter kühl lächelnd ein Zeitungsblatt, in dem sie schon beginnt als Gaunerin betrachtet zu werden: die Person hat etwas Geniales.

Man muß die Gestalt rekonstruieren, denn sie selbst ist verduftet. Aber man gewinnt ein Bild von ihr. Und dieses Bild zeigt so viele typische Züge, neben allem Individuellen, daß aus seinem Grunde ein Stück modernster Sozialpsychologie herausleuchtet.

Berlin ist der Ort, wo man noch Karriere machen kann. Es bleibt eine Parvenustadt, in der sich bei dem steten Zuzug eine feste, alteingesessene Gesellschaft noch kaum gebildet hat und wo darum selbst sozial höhere Schichten vor Abenteurern und Hochstaplerexistenzen wenig sicher sind. Was sind hier für Elemente versammelt! Wer sie entwirren könnte – die Schwarzen von den Weißen trennen, die Gauner von den Ehrlichen. An einem einzigen Abend in einem einzigen »populären« Lokal festzustellen, womit sich die eleganten Anwesenden ernähren – es müßte ein Genuß sein; die überraschendsten Dinge kämen zutage. Hier konnte Fräulein Dubberstein Karriere machen ... Begonnen hatte sie sie freilich schon in Stettin. Sie war im Geschäft des Herrn Löwenthal. Sie verkaufte Damenmäntel. Es war ihre erste Etappe. Eben, um auf diese Anfangsstufe zu kommen, bedurfte sie schon einiger Gaben. Denn sie stammte, ach, von einer ganz kleinen Arbeiterfrau ab, welche dazu den Fehler begangen hatte, sie in die Welt zu setzen, ehe sie sich eines Gatten erfreute. Also aus den denkbar mißlichsten Verhältnissen steigt sie in die Konfektion. Und schon damals fiel es, nach der Aussage eines maßgeblichen Zeugen, auf, daß sie »viel Chic« besaß. Sie hatte das beste Mittel des Emporkommens: feine Sinne. Man denkt an Strindberg, welcher den männlichen Typus dieser Gattung gezeichnet hat: den denkwürdigen Diener Jean, den Wahlbräutigam der Gräfin Julia. Jean ist ein »werdender Herr«; er stammt aus der Tiefe, aber er steigt, und aus demselben Grunde: weil er »fein entwickelte Sinne hatte und Schönheitsgefühl«; auch er eignet sich auf Grund dieser Fähigkeiten rasch »die Geheimnisse der guten Gesellschaft« an, und der Kätnersohn wird als rumänischer Graf enden; das ist immerhin soviel wie eine falsche Erzherzogin Este.

Bei dem vielbesprochenen Fräulein Dubberstein mögen die fein entwickelten Sinne von der Geburt her stammen: man weiß ja nicht, wer ihr Vater war. In ihrem Beruf aber liegt ein zweites Moment, das zur psychologischen Erklärung der merkwürdigen Gestalt dient. Er steht allem, was Grazie und äußeren Chic des Lebens bedeutet, unleugbar nahe. Die Erzherzogin konnte gerade in der Konfektion Studien machen! Fontane läßt einmal eine »Franziska Franz«, die als Gräfin Petöfy endet, zu ihrer Vertrauten sagen: »Im allgemeinen, darin hast du ja recht, gehört zu einem Grafen eine Gräfin; wer wollte das bestreiten? Aber wenn es keine Gräfin sein kann, so kommt nach der Gräfin gleich die Schauspielerin, weil sie, dir darf ich das sagen, der Gräfin am nächsten steht. *Denn worauf kommt es in der sogenannten Oberschicht an?* Doch immer nur darauf, daß man eine Schleppe tragen und einen Handschuh aus- und anziehen kann. Und sieh, das gerade lernen wir aus dem Grunde. So vieles im Leben ist ohnehin nur Komödienspiel, und wer dies Spiel mit all seinen großen und kleinen Künsten schon von Metier wegen kennt, der hat einen Pas vor den anderen voraus und überträgt es leicht von der Bühne her ins Leben.« Nach der Gräfin, meint sie, kommt gleich die Schauspielerin. Aber nach der Schauspielerin kommt gleich die Konfektionsdame, wenigstens in Berlin. Auch sie kennt das Spiel, auf das es in der Oberschicht ankommt, mit seinen großen und kleinen Künsten zum größten Teil von Metier wegen. Und welche Rollen in Berlin gerade Vertreterinnen dieses freundlichen Berufs spielen, zeigte vor zwei Jahren die im Westen noch unvergessene Helene Goldstein. Diese Berühmtheit, die schließlich in den Prozeß eines diebischen Bankiers verwickelt wurde, hatte gleichfalls die Manieren einer Fürstin. Von Hause aus war sie gleichfalls blutarm, sonst wäre sie auch kaum ins Geschäft gegangen – und siehe, noch ehe sie den erfindungsreichen Hugo Löwy kennenlernte, besaß sie, wie gerichtlich festgestellt, allein eine Einrichtung im Werte von zwanzigtausend Mark! Diese und andere Summen hatte sie wahrscheinlich von ihrem Gehalt erspart. Solche Pflanzen kommen hier zu Hunderten vor. Bühne

und Konfektion ist die »schwarze Erde«, auf der sie gedeihen, und hier ist auch die berühmteste der Schwestern gewachsen, die »Prinzessin Dubberstein«.

Was die Psychologen Lustgefühle nennen, weckt dieser Prozeß. Denn auch die Gefoppten sind schließlich
nicht sonderlich zu bedauern. Das Quentchen Streber-
tum, das ihnen bei ihrem Unglück anklebt, reicht aus,
um sie mit dem Heiligenschein der Lächerlichkeit zu
schmücken. Vous l'avez voulu, vous l'avez voulu, vous
l'avez voulu. Nur daß die Herren, die ihre Kraft und ihre
Zeit in so zweifelhaften Aventiuren verausgaben, grade
die Stützen unseres Staats sind. Offiziere, juristische Beamte und Studenten, denen nach unverbürgten Weis-
heitssprüchen immer die Zukunft gehört – das könnte
nachdenkliche Menschen nachdenklicher stimmen. Und
während hier ein Skandal um falschen Adels willen den
Betrachter ergötzt, produziert der waschechte Adel
gleichfalls amüsante Skandälchen, und die Zeitungen
teilen mit, daß endlich, nach Duell und Kriegsgericht,
Herr Leberecht Kotze, den ich oben erwähnte, und Herr
von Schrader vor den Schöffen erscheinen werden. Die
beiden Zeremonienmeister werden sich der ganz gemeinen bürgerlichen Justiz fügen. In welchen Zeitläuften
leben wir, o meine Freunde!

14. Juli 1895

Berlin ist leer. Diese Stadt zählt sonst, wie ich sagen
hörte, eine Million und siebenhunderttausend Einwohner. Jetzt ist »alles« verreist. Es sind höchstens eine Million und sechshundertneunzigtausend Einwohner noch
anwesend. Die Stadt ist verlassen.

Im Westen ist sie es wirklich fast. In meinen lieblichen
kupferfarbenen Schuhen, die so sehr drücken, schlen-

dere ich (nie hat ein Feuilletonist gelebt, der eine andere Gangart zugegeben hätte) – also schlendere ich am Wasser entlang, über das graziöse Hohenzollernbrückchen mit dem tiefen, stillen Reiz seines grünen eleganten Blicks, durch die asphaltfriedliche, feine Hohenzollernstraße, dann ein Stückchen Tiergartenstraße, dann ein Stückchen der alleeartigen Friedrich-Wilhelm-Straße, dann schlendere ich durch die Rauchstraße, dann durch die Hitzigstraße und die Corneliusstraße, bis ich in den kupferfarbenen Schuhen meiner Wohnung entgegenschlendere. Und überall, das heißt zuweilen, sind die Marquisen und Holzjalousien heruntergelassen, dicht an den Spiegelscheiben der schlanken Fenster, damit kein Sonnenstrahl in die Sanktuarien mit den Teppichen, Statuen, Divans, Palmen und schlechten Gemälden dringe: die Einwohner sind verreist.

In einem etwas realistischen Jugendgedicht, das halb ironisch, halb empfindsam einen abendlichen Gang in demselben Viertel schilderte, hatte ich einst gesungen:

Ich wandelte in jenen Zonen,
Wo Villen glänzen, Gärten blüh'n
Und Ahlwardts liebste Freunde wohnen
Die Reichenheim und Saloschin –

und eine späte Strophe lautete:

Zu einem Fenster, wo noch Licht war,
Sah ich hinauf und suchte … sie;
Doch ach, kein Schatten wurde sichtbar;
Ich machte kehrt: Café Bellevue.

Dieses Café hat ja, seitdem ich die schrecklichen Verse sang, bereits das Los der Schönen auf der Erde geteilt, aber wie damals sah ich jetzt hie und da empor zu einem der verhängten Fenster. Und hie und da dachte ich an ein paar Augen. Augen, die jetzt in St. Moritz oder Heringsdorf wer weiß für wen klappern. Berlin ist leer.

Aber die Bevölkerung ist durch drei Orang-Utans vermehrt worden. Der Zoologische Garten, wo sie hausen, ist darum zum Wallfahrtsort geworden. Und am letzten Sonntag sollen so viel Besucher, als der fünfte Teil der Einwohnerzahl Breslaus beträgt, dort gewesen sein. Beinahe wären diese Tiere imstande gewesen, westliche Berliner am Tage in den Zoologischen Garten zu locken. »Jott, nu schon bei Dage!« sagt Fontanes Witwe Pittelkow. Es hätte nicht viel gefehlt. Aber sie besannen sich rechtzeitig. Sie gehen nach wie vor bloß abends hin. Da aber, wenn der harte Ausdruck erlaubt ist, haufenweise. Der Zoologische Garten ist nämlich – da die Theater geschlossen sind bis auf das neue Theater mit »Tata-Toto« und das gräßliche Schiller-Theater und diejenigen Kunstinstitute, in welchen alte Opern oder »Das Geheimnis der alten Mamsell« oder »Im Irrenhause« gegeben werden – der Zoologische Garten ist unter diesen Umständen das einzige Genußmittel für gebildete Europäer, weil man ja in den Bilderpark am Lehrter Bahnhof abends nicht mit Töchtern und in die italienische Ausstellung abends auch nicht mit der Gattin hingehen kann. Da lebt und liebt man denn in den zahlreichen Gängen, die sich um die Käfige schlafender Bestien schlängeln oder sich in der Mitte zwischen einem künstlichen Teich und einem Gewirr von besetzten Tischen von einem Orchester zum andern entlangziehen. In den Gängen wandelt die Jugend, welche in Berlin beim weiblichen Geschlecht mit dreizehneinhalb Jahren, beim männlichen mit fünfzehn aufhört, und auch die älteren Generationen wandeln bis zu siebzehn und zwanzig; und sie treiben ihre Flirtgeschäfte so ungeniert, so positiv und so kalt lächelnd, daß man sich darüber entweder sehr ärgert oder, wie ich es vorziehe, sehr freut. Diese Bengels in den hellen Strandanzügen, die zugleich

girren und zugleich renommieren, und diese früh gescheiten Mägdlein in den weißen und mattrosa Battist-
und Satinfähnchen kümmern sich um die neuangekommenen Riesen-Orang-Utans so viel wie ich um die
Seeschlacht bei Wei-hai-wei. Auf der Terrasse aber sitzen ihre Eltern, die Abonnenten, und trinken Weißwein
und unterhalten sich und träumen von Ehebrüchen, Or-
densverleihungen, Toiletten und Kursstürzen; denn
pessimistisch, wie sie sind, glauben sie meist an die
Baisse. Und wer hätte im Glauben an die Baisse nicht
schließlich recht behalten ...

Übrigens sitzt es sich wundervoll auf dieser Terrasse.
Das heißt, mitunter auch nicht, wie mein Freund Fontane, der eben erwähnte, sagen würde. Sitz ich mit dem
lieben Felix da, meinem berlinischen Pylades, welcher
dem Assessorenstande angehört und sich so sehr kränkt,
daß ich diese Berliner Briefe schreibe, und lausche den
namenlos interessanten Reden seines seeschlangenarti-
gen Anhangs, so darf ich nach bestem Wissen und Gewissen sagen, daß meine Seele sich mopst. Mitunter ist
es aber anders. Ein kleiner Kreis von Architekten, Offi-
zieren, berufsfreien Gentlemen und Malern mit den entsprechenden Damen. Glücklicherweise ohne die Offi-
ziersdamen, denn die sind leicht langweilig. Wir sind
die letzten Gäste. Die große, plumpe Uhr auf der Terrasse zeigt drei Viertel eins. Wir haben allerlei erzählt
und gehört. Allerlei Menschliches, das meist sogar wahr
ist. Höchstens, daß einer die Abenteuer eines Bekannten als eignes Erlebnis auftischt; aber das merkt man
gleich und grollt ihm nicht; das gehört dazu. Die wundervolle Sektbowle mit zarten Erdbeeren regt die Stimmung an und kühlt sie zugleich. Ein berühmter Bildhauer, nennt man die besten Namen, so wird auch der
seine genannt, ist mit einer seltsamen Erzählung zu

Ende, die halb mystisch ist und uns in der Nachtkühle leise schauern läßt, in der Erinnerung an die Vergänglichkeit der Dinge, die auch durch keine noch so ideal gebraute und gekühlte Bowle aufgehoben werden kann. Eine halb berauschte, selige, vergessenheitssehnsüchtige Stimmung ergreift uns, noch einmal werden drei bauchige Flaschen demi sec in den aromareichen Kessel gestülpt (ein Feuilletonhonorar rinnt stromabwärts – hols der Teufel!), noch einmal klingen die Tonnengläser aneinander, noch einmal blicken wir in Augen, die angeregt lachen oder süß und verheißungsvoll und heimlich winken und versprechen; dann wird der Kellner gerufen; die letzten Gäste, verklärt und selig und doch mit einem Beisatz von Nachdenklichkeit, schreiten wir durch die Gänge, in denen durch das wirre Geäst der alten Bäume ein weißlich glühender Himmel und der Mond blickt (welcher in Berlin bei Gott nicht häßlicher ist als anderswo), durch diese Gänge, in denen die Söhne und Töchter der Kuponschneider vor drei Stunden ihr greisenhaftes Liebesspiel gespielt, die Musik ist längst verstummt, und auch wir kümmern uns im geringsten nicht um die neuangekommenen drei Riesen-Orang-Utans; denn unsere Gedanken haben mancherlei anderes zu tun. Und wir wandeln langsam den toten Kurfürstendamm entlang, welcher im bläulichen Licht der symbolistischen Maler lang und still vor uns liegt und schweigt.

Glücklicherweise wird man von Zeit zu Zeit auf die Besitzungen seiner guten Freunde eingeladen; denn Berlin, weil es ja leer ist, wirkt auf die Dauer wirklich etwas stumpfsinnig. Ein Künstler – ich scheue mich, eine angeborene Schamhaftigkeit, den Namen zu nennen, weil das etwas Profanierendes hat – lud uns auf seine Villa, die in italienischem Osteria-Stil mitten auf sandigem Bo-

den in einer Kolonie von kahlen Fichten und Kiefern gebaut ist – und doch einen herrlichen, unbestimmbaren
Reiz bietet, der vielleicht zum Teil durch die Hausfrau,
die kluge und schöne Tochter eines politischen Humo-
risten von historischem Range, bedingt wird. Wir waren en petit comité, spielten Boccia, lachten, diskutier-
ten und speisten schließlich, etwa fünfzehn Mann hoch,
auf der Veranda zur Nacht. »Was *gab's*? Sardinen, Roastbeef, Eier. Wir plauderten und schrie'n im Chor. Sie
lachten stark, Herr Doktor Meyer – es schallt mir heute
noch im Ohr« – schrecklich, daß mir meine realistisch-
lyrischen Jugendsünden immer in die Quere kommen.
Nachher saßen wir im Garten, auf länglichen, strohge-
flochtenen Divanen, auf gewöhnlichen Rohrstühlen und
spartanisch abhärtenden Holzbänkchen. Der Professor
Meyerheim erzählte von seinen bunten Erlebnissen in
Ägypten und dachte heimlich an die drei Orang-Utans,
die er wahrscheinlich malen wird; Emil Döpler der Jüngere unterhielt sich, liebenswürdig und frank wie immer, mit dem Hautprofessor Lassar. Der Hausherr und
Meister selbst blickte, die Zigarre im nächtlichen Dunkel rot erglühen lassend, still über den Rasen nach seinem herrlichen, kraftvollen Löwen hin, der noch immer
die eisernen Muskeln und die Riesenpranken gewaltig
angestrafft hielt, die Damen schwiegen oder lispelten –
und da bekam ich den Einfall, auf das Dach zu steigen.
Ich teilte ihn einer jungen Sängerin mit, und der impres-
sionistische Maler Lesser Ury erfaßte ihn sofort auf sug-
gestivem Wege. Wir stiegen zu dreien die Stufen hinan,
die zu dem kleinen Turme führten, und traten hinaus
auf die Plattform. Sie war ganz mit Moos bewachsen.
Unter uns sahen wir hier und da elektrisches Licht, denn
in der Umgebung Berlins spielt dieser Beleuchtungs-
effekt eine nie zu umgehende Rolle und macht dem

Monde aufdringliche Konkurrenz. Unter uns sahen wir aber auch ein bewegtes Feld von Baumwipfeln – diese Kiefern, die sich von unten so ruppig ansehen, haben oben wirklich den Charakter von Bäumen, was man nicht glauben sollte. Es war ein Meer von grünen Wipfeln. Von der Seite und von oben her fiel ein weißlichbläuliches Licht, welches direkt vom Himmel kam; vom Himmel, an welchem leichte Wolkenzüge schwache, feine Schatten warfen. Das Licht und der Schatten fiel auf uns herab. Der kleine Impressionist hatte sich hingekauert und maß mit vorgestrecktem Arm die Größenverhältnisse, um diese berauschende und überwältigende Stimmung am nächsten Morgen in einer Farbendichtung festzuhalten. Das Mädchen in ihrem langen herabhängenden weißen schlanken Kleid, das nur in der Nähe des Gürtels eine Spur von schwarzem Sammet zeigte, stand an der Balustrade, wie gelähmt von dem Schauspiel ringsum. Ich konnte nichts Besseres tun als sie ansehen. Nach einer Weile kam es von ihren Lippen durch das Dunkel: »Du bist die Ruh.« In der Ferne hörte man leise Musikklänge – ein Blechorchester zwar, aber doch Musik; dann war es still. Man hörte unten tief im Garten bloß die Gäste auf den Strohdivanen plaudern, die Professoren und die Gastgeber und die Frauen. Auf einmal bemerkten sie uns oben und riefen hinauf, das Fräulein solle ein Volkslied singen. Und sie trat wieder an die Balustrade und sang: »Ich weiß nicht, was soll das bedeuten.« Die Abendluft strich leise um unsre drei Köpfe. Und wieder stand ich da und wußte nichts Besseres, als die junge Sängerin anzusehen, die Melodie zog langsam und schwer in die Ferne.

Berlin ist leer, aber es gibt doch noch einiges, um dessentwillen man froh ist, nicht weggegangen zu sein.

8. September 1895

Die friedlichen Tiere, welche den Ruf haben, eher durch ein Nadelöhr zu gehen, ehe denn ein Reicher in den Himmel kommt, genießen jetzt in Berlin eine Beachtung, die weit über die Grenzen des Zoologischen Gartens hinausgeht. Das Schiff der Wüste hat treffliche Eigenschaften: es ist ausdauernd, und es ist getreu, sogar getreu bis in den Tod, indem es vorsorglich Wassermengen in einem Teile seines Magens aufspeichern soll, welche dem elend verschmachtenden Araber, nachdem er den Dolch in den Busen des edlen Tiers gebohrt, in rührender Weise zugute kommen – so stand es in den Lesebüchern: im Oltrogge, im Seltzsam und im Hopf und Paulsiek. Dieses gute Tier ist in der Betrachtung der Menschen herabgesetzt worden, vielleicht gerade wegen seiner Geduld (»der Gerechte muß viel leiden«, heißt es in Psalm 34). Zwar geschieht die Anwendung seines Namens auf freie Studenten, die keiner Verbindung zugehören, ohne beleidigenden Nebensinn. Aber in der landesüblichen Mehrheit der Fälle bedeutet der Vergleich mit ihm einen gewissen Zweifel an der Genialität eines Menschen. Hierin liegt die Hauptbedeutung der Kamele für die Gegenwart. Der Ausspruch, den ein deutscher Krieger tat: »Schulze, Ihnen fehlen zum Kamel bloß noch die Hörner!«, zeigt sogar unwiderleglich, daß dem modernen Mitteleuropäer die Vorstellung des konkreten Kamels überhaupt abhanden gekommen ist. In seiner Seele lebt ein ideelles Kamel, ein Begriff, der mit dem Begriff des Minderbegabtseins gleichgesetzt werden muß.

Es erwächst nun die erwägenswerte Frage: Ist man mit Sicherheit ein Kamel, falls man keine dreihunderttausend Mark für einen Kirchturm hergibt? Oder die Frage kann variiert werden, sie kann in komparativer,

in konträrer, in eventualer Form gestellt werden, etwa:
Ist man ein Kamel, und ein größeres, falls man die dreihunderttausend Mark hergibt? – und was der annehm-
lichen logischen Spielereien mehr sind. In Berlin hat die
berühmte Gedächtnis-Skulptur, welche sich zur Beja-
hung der ersten Frage entschloß, eine neue Ära des Kir-
chenschmuckes eingeleitet. Mancher Andächtige, der im
Gebet seinen Blick über die eine Tür richtet, wird des
friedlichen, getreuen Tiers, in Stein gemeißelt, ansichtig
werden – und allerdings vielleicht in der Weihestim-
mung einen zeitweiligen Schreck bekommen. Friedrich
Rückert, welcher singt:

Er blickte in die Höh' und sah

Dort das Kamelhaupt furchtbar nah

hat den Vorgang bereits geschildert. Auch früher gab es
mancherlei zoologisch-botanischen Zierat in Kirchen.
»Im phantastischen Schmucke der steinernen Blätter
und Blumen, der Schnörkel und Fratzen, frommer Tiere
und der alten bezwungenen Drachenbrut spiegelte sich
die Fülle der Natur und Phantasie«, so sagt in seinem
herrlichen reichen und gedrungenen Stil der Kirchen-
historiker Karl Hase. Jetzt ist die Sache amüsanter geworden, man fügt zu den Fratzen und frommen Tieren
eine kleine Ulk-Inschrift, weil doch in einer Gedächtniskirche unbedingt für Spaß gesorgt werden muß, und
daß diese Inschrift eine ganz unverschämte Beleidigung
der tüchtigsten europäischen und ersten deutschen
Stadtverwaltung enthält, kommt wohl weniger in Betracht. Der Urheber ist unbekannt – der Urheber dieses
»Scherzes«, wie der Baurat Schwechten sich in christ-
licher Milde ausdrückte. Die Stadtväter, über die jeder
denken kann, wie er will, die aber hier offenbar in
grundloser Weise angerüpelt werden, bloß weil sie in
dieser Zeit dringender sozialer Anforderungen keine

Der Kaiser kommt: Einweihung der Gedächtniskirche in Anwesenheit des Kaiserpaares, 1. September 1895

Viertelmillion für einen Kirchturm übrig haben, werden hoffentlich in der Behandlung des Falles weniger christliche Milde üben.

Die Fremden, die gegenwärtig in Berlin sind, fahren noch immer vom Nollendorfplatz mit der Dampfstraßenbahn zu der neuen Kirche, um sie zu besichtigen. Ihre Zahl ist jetzt enorm: Berlin gehört den Fremden, nicht ganz Berlin, aber doch die Friedrichstadt. Dort kommen sie meistens an, dort wohnen sie, dort finden sie die Hauptrestaurants, die Hauptvergnügungstempel – und wenn sie die Friedrichstraße, die Linden und die Leipziger Straße ein halbes Dutzend Mal auf und ab gewandelt sind, bilden sie sich ein, Berlin zu kennen. Natürlich liegt Berlin ganz woanders als in diesem Hotel- und Tingeltangel-Stadtteil. Ich selbst mußte den Fremdenführer machen, für einen lebemännischen, vollblütigen und etwas renommistischen Slawen, der zum zehnten oder zwölften Mal hier war und – wie das Gros

der Kultur-Menschheit augenblicklich – aus Ostende
kam. Wir waren abends in dem Zoologischen Garten,
wo ich ihm Ludwig Pietsch zeigte, wir waren im Bilderpark am Lehrter Bahnhof, wo er sich an Boldinis unhei-
liger Familie, dem modernen und angezechten Straßen-
kleeblatt, ergötzte, wie sich bereits die eine Million und
siebenhunderttausend Einwohner zählende Bürgerschaft Berlins daran ergötzt hat, wir waren fünfmal im
Café Bauer, wo gegenwärtig nur polnisch und amerika-
nisch gesprochen wird, wir waren in den »Webern«, wir
speisten nachts im English buffet in der Passage, von wo
aus er gelegentlich beim zweiten Glase Ale ein Gratis-
schauspiel hatte: ein Fräulein, das unten in der Passage
lustwandelte, bekam von einem Jüngling Hiebe, ein Ta-
schendieb wurde verhaftet, da man ihn beim Arbeiten
betraf, zwei Araber, ein alter und ein junger, gingen im
weißen Wüstengewand spazieren und riefen zuweilen
Salem aleikum oder etwas Ähnliches, und einem jungen
Börsenherrn wurde der Zylinder eingeschlagen. Mein
Slawe war seelenvergnügt, als er sich so mitten in der
dicksten Weltkultur drinfühlte, beklagte sich über den
Stumpfsinn des Daseins in Warschau, wo so etwas nie
vorkäme, und bestellte sich das dritte Glas Ale, aber
diesmal mit etwas Stout drin. Als wir dann die Königgrätzer Straße entlangschritten, nach meiner westlichen
Heimat zu, fing er an zu weinen, weil er das Goethe-
Denkmal sah. »Bei uns«, sagte er, »darf man das Wort
Mickiewicz nicht einmal erwähnen; die russische Zensur errrlaubt nicht; von Denkmal keine Rrrede, aber dem
Paskjewitsch Eriwanski, der Warschau erobert hat, haben sie Denkmal gesetzt, *das* können wir sehen.« Nachdem er dies gesprochen, gingen wir fröhlich zu Josty am
Potsdamer Platz; und er stieß mich an den Ellbogen,
während er ein allein sitzendes, Eis essendes Geschöpf

mit kleinem stumpfem Näschen innig betrachtete. Er lä-
chelte und war selig.

Die zahlreichen Fremden, die jetzt hier sind, sollen
Berlin zuweilen für eine italienische Stadt halten. Es wird
wirklich langsam maccaronisiert, und wo man hinblickt,
sieht man grüne Röcke, rote Kopfdeckeltücher und Tam-
bourins. Nicht nur in der italienischen Ausstellung, wo
ein halbes Hundert namenlos gelangweilter Sänger und
Sängerinnen aus Neapel und den benachbarten Dörfern
sich mit Kantilenen und Rezitativ-Tremoli noch immer
abrackert. In allen Stadtteilen, in den verschiedensten
Restaurants, selbst in Stadtbahnwaggons trifft man die
wohlbekannten Gestalten, die zu keinem andern Zwecke
hier sind, als um funiculi, funicula zu singen, das Mar-
gherita-Lied zu grölen und »bell'è l'amore, l'amore si va«
pointiert zu flöten. Sie sind bei der Bevölkerung unendlich beliebt, weil ihre jauchzende Lebendigkeit und ihre
strahlende Grazie auch die schwerfälligsten Bären hin-
reißt, die bei einem Glase Weißbier über das Universum
und den Magistrat nachdenken; und die Lieder, die sie
zum besten geben, sind Volkslieder geworden. »Sie gehen durch Mark und Bein«, sagen die älteren Berliner,
»sie sind zu schön, ich mag sie nicht hören.«

Berlin ist jetzt die Stadt der Fremden, der durchzie-
henden und der dauerhaften: in den eignen Angelegenheiten ist noch alles stagnierend bis auf Sedan und die
Kamelangelegenheiten – nächstens berichte ich, was
sich Neues ereignet hat.

25. Dezember 1895

Wie das klimatische Milieu der Ibsenschen »Gespenster«, die »düstre Fjordlandschaft, welche durch einen
gleichmäßigen Regen verschleiert wird«, wirkte Berlin

jetzt am »hellen Mittag« – welcher kein heller Mittag war. Es war schaudervoll, in dieser ewigen Feuchtigkeit, welche von unten und von oben durch alle Poren der äußeren Hülle dringt, über die Straße zu gehen. Und schaudervoll zugleich, bei dieser düstren, fahlen Beleuchtung arbeiten zu sollen. Am besten wär' es, schlafen zu können! Schlafen – während der ganzen abscheulichen Zwitterzeit, die nicht Nacht und nicht Tag ist, sondern Nebel und Dämmerung und Zahnschmerzen in sich birgt und geschwollene Backen ... Und das ist Weihnachten ...

Draußen strömten Hunderttausende. In den Pferdebahnen waren die Plätze so rar wie die anständigen Leute in der Welt. Man fuhr die Leipziger Straße entlang; Ecke Friedrichstraße: stop! Es war ringsum schwarz. Sie wimmelten und krauchten an diesem Riesenkreuzungspunkt nach vier Seiten hin, die Menschlein, die einander erfreuen und dabei sich selbst wohl auch ein bißchen amüsieren wollten; die einheimischen und die fremden, die männlichen und die weiblichen, die honetten und die andern. Die Omnibusse zwängten sich mühsam durch; die so allgemein beliebten Diener der Hermandad (»Hermandad« muß ein Feuilletonist immer sagen) erteilten freundliche Anweisungen, brüllend und mit rollenden Augen, manchmal schon recht amüsabel heiser, und daneben überwachte noch eine nicht genau kontrollierbare Anzahl von Detektivs die fröhlichen Teilnehmer an den Vorfreuden des fröhlichen Christfestes. Geben ist seliger denn Nehmen; aber auch Nehmen ist selig, und es wird während der Vorfreuden des fröhlichen Christfestes gern geübt ... Ein furchtbarster Wirrwarr herrscht an den Türen der verschiedenen holländischen Schnapsstuben in der Friedrichstraße. Diese noblen und teuren Destillen, von Erven Lucas Bols, und wie sie heißen, sind außen belagert und innen

bis an die Wände vollgepfropft von stehenden, gestiku-
lierenden Personen, die sich an die Bar drängen wollen,
mit Ellbogenpüffen und Rufen wie bei einer Auktion,
und von denen jeder nur den einen Wunsch in seiner
Seele fühlt: eine holländische Mischung hinter die kräf-
tige deutsche Brust gleiten zu lassen. Nicht bloß mit
Weihnachten können diesmal so kleine Alkohol-Aus-
schweifungen entschuldigt werden, sondern weit spe-
zieller mit der herrschenden Witterung. Und solche
Anlässe darf man sich nicht entgehen lassen.

Grau sind diese Weihnachten auch sonst für manchen.
Den armen genialen Kerl, den Fritz Friedmann, hat es
nun doch ereilt. Er ist fort. Wenn er nicht dringend ge-
mußt hätte, würde er diesen Boden nicht verlassen haben, in dem er ganz wurzelte, eine »Pflanze« in jedem
Sinne dieses Worts, in dem ein absprechendes Urteil und
zugleich ein uneingestandenes leises Wohlwollen steckt.
Wie schade um diesen Mann! Denn jetzt gibt es keinen
Rückweg mehr. Jetzt wird er unweigerlich ausgemerzt
aus der Reihe der forensischen Redner, deren glänzend-
ster er gewesen ist. Jetzt wird ihm der Gerichtshof, der ihn
jüngst noch einmal vor dem Äußersten bewahrte, keine
Gnade mehr gewähren. Les absents ont tort. Woran geht
der Mensch zugrunde? fragt jemand in dem etwas kari-
kierten Sodom, das Herr Sudermann gezeichnet hat; und
die Antwort sagt: am Pokerspiel und am Weibe. Auf
Friedmann trifft es unheimlich zu. Jetzt sind seine Möbel
versteigert worden, seine zwei Frauen, die geschiedene
und die rechtmäßige, sitzen in Berlin, mit einer dritten ist
er in London, und dort mag er mit der Freundin unter
den Kunstschätzen der Westminster-Abbey oder bei der
Lektüre des Wilkie Collins, auf den er immer ein Auge
hatte, oder in den Premièren des Alhambra-Theaters sich
nach den Verfolgungen der nervösen Berliner Gläubiger

für eine Weile verschnaufen. Jetzt ist er vor die Notwendigkeit gestellt, sich zu entscheiden, welche Art menschlicher Wirksamkeit er fortan wählen wird. Die Angst ist vorüber, es gibt nichts mehr zu verheimlichen, es gibt nichts mehr zu halten; die klärende Kraft, die jeder Zusammenbruch hat, ist wohl auch ihm zugute gekommen, und wahrscheinlich war ihm seit langen Jahren nicht leicht um das vieles umfassende Herz wie jetzt endlich. Man wird ihn nicht in Bausch und Bogen mit dem Lumpen Hammerstein vergleichen dürfen. Schon die Genialität scheidet ihn von dieser weit mehr frechen als begabten Erscheinung, und Friedmann hat Schulden, keine Unterschlagungen gemacht. Aber gemeinsam hat er mit ihm die ruinöse Neigung zu üppiger Lebensführung, die tiefe Anhänglichkeit an das Weib, die Art des Verduftens und – vielleicht! – etwas anderes. Es heißt, daß er von London aus den Fall Kotze »literarisch zu verwerten« die Absicht habe. Er würde also auch eine Art Enthüller werden. Hier ist der Punkt, in welchem die Entscheidung liegt, ob er nur »leichtsinnig« gewesen ist oder ob er komplett unanständig wird. Die Zukunft wird es lehren.

Seinen prinzipiellen Gegner, den eifrigsten Dämpfer anwaltlicher Ambitionen vor Gericht, den berühmten Brausewetter, hat fast gleichzeitig ein widriges Schicksal ereilt. Die Antipoden sind nun beide ihrem Beruf entfremdet worden. Herr Brausewetter freilich wohl nur vorübergehend und aus völlig anderen Gründen: er leidet an allen Nerven, wenn Friedmann nur an dem einen nervus krankt. Niemand wird Herrn Brausewetter, auch wer mit seiner Art der Verhandlungsleitung noch so wenig einverstanden war, menschliche Teilnahme versagen. Aber viele werden es bedauern, daß dem überaus nervösen Herrn der Gedanke, die Geschäfte eine Zeitlang niederzulegen und eine Kur zu brauchen, nicht früher gekommen ist. Das ist nicht scherzhaft, sondern sehr ernst gemeint. Vielleicht wäre dadurch mancher Ärger erspart worden. Die Berliner Zeitungen haben erst jetzt wieder von gewissen Pfefferkucheninschriften berichtet, die auf dem Weihnachtsmarkt zu sehen waren und die auf ihn Bezug hatten. Sie zeigten, wie sich die Volksseele mit dieser ihr unsympathischen Erscheinung nach Kräften abzufinden suchte; und aus so kleinen Symptomen läßt sich doch erkennen, wie dieser Mann (gewiß ohne es zu wollen) dazu beigetragen hat, eine gewisse Verbitterung zu schaffen. Ein Vorgehen wie das seinige, klassische Aussprüche wie der von der nicht vorhandenen Öffentlichkeit, die ganze prinzipielle Haltung des Mannes gegen oppositionelle Elemente: das vergißt sich nicht. Wieviel an alledem schon damals pathologisch war, läßt sich heut schwer feststellen. War er schon damals krank, so wäre er entschuldbar. Die Vorwürfe würden dann andere treffen. Diejenigen, die in seiner Umgebung waren und, vorausgesetzt, daß sie die Sachlage erkannten, nicht mit genügender Energie auf seine zeitweilige Entfernung drangen. Auch jetzt, wo an seinem Krankheitszustand, an einer gewissen seelischen Unzurechnungsfähigkeit, nicht mehr zu zweifeln ist, hat niemand anders als er selbst die nötigen Schritte getan. Wenn er diesen guten Willen nicht gehabt hätte, würde er vielleicht künftighin wie früher in seiner besonderen Art an der Ausübung der Justiz ungestört mitgewirkt haben. Jedenfalls hat auch dieser unpopulärste aller Berliner Juristen graue Weihnachten, wie der andere, der lange Jahre hindurch der populärste war.

Und ein Schimmer von Melancholie liegt auch über einem andern Antlitz um diese fünfundneunziger Weihnachten. Es gehört der Frau Vilma Parlaghi, die zu jeder Zeit stärker als irgendeine andre Frau öffentlich besprochen wird – und die nicht immer ungehalten ist, wenn sie zu jeder Zeit stärker als irgendeine andre Frau öffentlich besprochen wird. Seitdem sie geschieden ist und einsam durch die westlichen Gesellschaften wandelt, ist eine erstaunliche Veränderung mit ihr vorgegangen. Dieses funkensprühende, selbstbewußte, fast herausfordernde Weib ist jetzt elegisch, schwer, müde geworden. Alles, was Dur an ihr war, ist Moll geworden. Aber es steht ihr vorzüglich. Diese sammetweichen dunklen Augen, in denen Schwermut schwimmt, diese lässig-langsamen, trägen Bewegungen, diese Stimme, in der etwas Verhaltenes, Schmerzlich-Erlebtes ruht, dieses gelegentliche lange Schweigen: das gibt ihr einen Reiz, den sie früher nicht besessen. Und wenn man sie in irgendeiner Gesellschaft nachts um eins nach dem Kaffee über dasjenige sprechen hört, »was in zweitausend Jahren sein wird«, und sie tief zurückgelehnt beobachtet – die riesigen Kolbenärmel ihrer grünseidenen Taillenjacke verdecken das melancholisch-versonnene Gesicht fast –, dann fühlt man sich an eine entfernte, leise, schwere Zigeunerweise erinnert, die weich und zart und traurig durchs Ohr zieht. Sie ist nicht nur eine Malerin: sie ist auch ein Gegenstand der Malerei. Und wie gesagt, jetzt mehr als früher. Wie werden ihre nächsten Weihnachten sein? Ich denke, sehr fröhlich. Sie wird wieder mal einen Lebenssatz in Dur spielen. Sie wird noch vieles erleben. […]

Graue Weihnachten! Aber jetzt eben, wo dieser Brief nach Breslau soll, ist es etwas besser geworden. Die Straßen sind so gut wie trocken, und die eklig-feuchten Wolken haben sich verzogen. So darf man vielleicht doch noch auf ein gutes Fest hoffen. Und dieser Hoffnung gibt der taktvolle Feuilletonist gleich die Form eines Wunsches. Eines Wunsches für die wohlwollenden Leser dieser bescheidenen Briefe.

1896

29. März 1896

So ist denn dieser Winter unwiederbringlich zu Ende. Es war, alles in allem, ein milder Winter, ein lauer Winter, ein flauer Winter; ohne große Aufregungen, ohne große Umwälzungen, ohne große Errungenschaften. Die Leute sitzen jetzt wieder bei Josty im Freien und trinken Kaffee, sie spielen wieder lawn tennis in ihren Gärten, sie fahren wieder nach dem Café Grunewald, um Abendbrot zu essen, und sie spazieren wieder an der Rousseau-Insel, um jemanden zu treffen. Das wird eine Weile dauern, bis dieser frühreife Lenz dem nachkommenden Frost noch einmal gewichen ist – es fängt schon an –, und dann beginnt die ganze Wonne von neuem.

Indessen wächst mehr und mehr die Spannung, mit der man der Ausstellung entgegenlebt. Die Wirtinnen werden größenwahnsinnig und machen Steigerungsversuche. Selbst wer im Westen wohnt, eine Meile vom Ausstellungsdorf, ist nicht sicher vor eingeschriebenen Briefen und mündlichen Auseinandersetzungen, die immer mit Treptow enden. Nur wer robur et aes triplex um sein Herz gegürtet hat und die Kunst des kalten Abblitzens zu üben weiß, kann gerettet werden; die übrigen müssen bluten, bluten, bluten. Auch die Restaurateure, die hie und da beim Abendessen ein unwillkommenes Gespräch mit dem Gast beginnen, träumen einzig von der Ausstellung. Im Café Ronacher – traurig, aber wahr – kenn' ich einen zwölfjährigen Piccolo mit zartem Milchgesicht, der mit Rücksicht auf die Ausstellung gleichfalls wahnsinnig geworden ist; der bedauernswerte Knabe phantasiert davon, wöchentlich fünfundsiebzig Pfennige an Trinkgeldern zu verdienen. Das schönste Mädchen vom Foyer-Buffet des Lindentheaters – sie trägt ein schwarzes Kleid, hat schweres blondes Haar und will Elly heißen – geht ebenfalls am ersten Mai nach der Ausstellung. Bisher hat sie Süßigkeiten verkauft und durch ihren Anblick die Besucher dieses Festspielhauses erquickt, die in der Pause, um sich von den geistigen Anstrengungen des »Obersteigers« und anderer zeitgenössischer Musikdramen zu erholen, an ihr vorüberstrichen, das Monocle in das rötlich gedankenschwere Antlitz geklemmt. Vom Mai ab wird sie in Treptow Sekt verschenken; glasweise, und mit noch unschuldssüßerer, verschämterer Grazie.

Die Ausstellung erzeugt auch kleine Vorläufer-Ausstellungen. Die Kaninchen können auf einer Gewerbe-Ausstellung nach Lage der Dinge nur schwach berücksichtigt werden. Denn ist ein Kaninchen ein Industriegegenstand? Durchaus nicht. Höchstens in der letzten starren Phase des Ausgestopftseins, wenn die Seele dem Leibe längst entfloh. So veranstalten die Kaninchen eine eigene vorherige Ausstellung. Am 3. April wird sie in Berlin eröffnet werden, und keine nationalen Schranken sollen die Kaninchen verschiedener Länder hindern, daran teilzunehmen. Die Kaninchen wünschen sogar ausdrücklich, daß alle Rassen vertreten sind, und die auswärtigen Mitglieder des Kongresses werden dieselben Rechte genießen wie die hier ansässigen Teilnehmer. Da die Ausstellung in einem großen Restaurant der Rosenthaler Straße stattfinden soll, wird es sich empfehlen, an diesen Tagen dort zu speisen. Und auch die deutschen Frauen haben es sich nicht nehmen lassen, vorläufig eine kleine Ausstellung zu veranstalten. Sie stellen aber nicht die tüchtigsten und markantesten Exemplare ihrer Gattung aus, sondern eine Reihe von Gegenständen, die sie hergestellt haben; Dinge, die mit Speis' und Trank zusammenhängen. Es ist fatal, daß diese Kochkunstausstellung an zwei räumlich getrennten Orten stattfindet, im alten Reichstag und in einem – horribile dictu – Eisenbahn-Betriebsamt in der Königgrätzer Straße. Fataler ist, daß man unter Umständen hingehen muß; die Ausstellerinnen sind meist westliche Damen, und diese verlangen, wofern sie grausam sind, von ihren Freunden und Freundinnen, daß man ihre schmackhaften Kunstwerke ansieht; sie zeigen sich, weil die Beteiligung an dieser Ausstellung sehr fashionable ist, von einer gänzlich neuen und originellen Seite, von der traulichen, hausfraulichen; so plötzlich? entsetzlich; die Frage nach der wahren Urheberschaft der Speisen ist übrigens untersagt …

Aber es gibt nette Sachen da. Ein Fugger-Gastmahl ist hergerichtet, nach den genauen Angaben des einstigen kurmainzischen Hofkochs Rumpoldt, der um 1585 ein Kochbuch herausgab. Man kann hier historisch essen. Auch von den Bedingungen, unter denen Ludwig der Sechzehnte speiste, bekommt man greifbare Vorstellungen, und das ist wertvoll. Bei einem Rundgang, den ich in freundlichster Stimmung machte (es war Nötigung und Bedrohung vorausgegangen, und das Ganze stellte sich als vorsätzliche Freiheitsberaubung dar), fiel mein Blick auf mehrere dicke Bücher, sie enthielten »Menus regierender Fürsten«. Anheimelnd wirkten auf den Beschauer allerhand Teetische – nah, wie die Phantasie gleich zu spielen begann. Aber eine merkwürdige Ausstellung! Rosen, aus Brot geknetet und gefärbt, mögen mit der Kochkunst noch in Zusammenhang stehen. Doch was haben Reitkostüme mit ihr zu tun? Und sind Broschen, Uhrketten, Armbänder gekocht? Sind wasserdichte Schuhe gebraten? Sind Pianinos geröstet? Sind Schattenrisse aus schwarzem Papier gepökelt? Ich hätte nur gewünscht, das Orchester wäre gedämpft gewesen. Tragen Sie mir diesen Witz nicht nach, Leser! Tatsächlich spielten die munteren Geiger und Bläser so, als ob sie für fortissimo ausschließlich gemietet wären, und beim Eröffnungsakt gab es überdies Chorgesang; man hörte die nahen Stimmen furchtbar kräh'n; an der Stätte aber, wo Bismarck, Windthorst, Lasker stritten, drängen sich jetzt leidenschaftslose Menschen und essen von Papiertellerchen kleine heiße Würste (mit Senf), die an Ort und Stelle gearbeitet worden sind; über dem Wurstkessel schwebt der Friede, der liebliche Knabe.

Mit dem Ende des Winters ist auch das Ende der Gesellschaften gekommen. Sie haben nichts Neues gebracht als das wachsende Überhandnehmen der periodischen Empfangsabende. Man erhält nach Weihnachten eine Einladung für sechs Dienstage oder sechs Mittwoche im Laufe dreier Monate, immer nach dem Ersten und Fünfzehnten. Man wird im Abonnement eingeladen und braucht nicht abzuschreiben, wenn man für einen Abend 'mal keine Lust zum Liebenswürdigsein hat. Im übrigen ist alles dasselbe wie beim abonnement suspendu, bloß daß man im Korridor nicht das verhängnisvolle Kärtchen mit der aufgezwungenen Tischnachbarin findet; es herrscht hier das schönere Prinzip der freien Wahl. Der Chronist müßte von Rechts wegen (– wie denn Chronisten unter dem Strich ironisch-überlegen zu sein haben –) eine gewisse Gleichgiltigkeit gegen alle derartigen Genüsse zur Schau tragen; er müßte auf die Gesellschaften mit lächelnder Ermüdung herabsehen. Das würde sich sehr gut machen. Aber im vorliegenden Falle fällt es ihm schwer. Es gibt Individuen, die in dieser Hinsicht nur mit großer Anstrengung eine leidliche Blasiertheit zustande bringen, die es im Grunde ihres Herzens noch immer gern haben, sich von einem ausgeschnittenen Mädchen anderthalb Stunden bei Tisch etwas vorlügen zu lassen: es macht sogar großen Spaß zu konstatieren, daß der holde Schwindel eigentlich in jedem Fall derselbe ist; aber auf den kleinen, feinen Abstufungen und Unterschieden beruht das Vergnügen.

Durch diese Gesellschaften ist in den letzten Wochen eine seltsame Gestalt gegangen: eine Bäuerin. Überall im Westen tauchte sie auf, wo man bei Sekt und Trüffelpurée biedere Gefühle austauschte. Trüffelpurée ist beiläufig seit Harden zu einem falschen Ruf gelangt; einige Leute glauben immer noch, daß es gut schmeckt (es schmeckt miserabel), und Maximilian lebt gar in dem Wahn, daß es kostspielig ist! Also bei Sekt und Trüffelpurée im Westen tauchte Johanna Ambrosius auf. Sie war vielfach eingeladen, gefeiert, bestaunt, beglückwünscht am Nachmittag wie am Abend, bei Kaffee-Fêten wie bei Soupers – bewundert viel und nirgends gescholten. Es ist eine magere, kleine fahle Frau von fünfzig Jahren: mit braunem Haar, einer länglichen Nase und vorstehenden Backenknochen. Hübsch ist anders. Sie macht nicht den Eindruck einer Bäuerin. Eher den Eindruck einer körperlich verkümmerten Kleinbürgerin, der es ihr Leben lang schlecht gegangen ist. Dennoch erscheint sie in Gesellschaft nicht gedrückt. Sie ist entschieden nicht schüchtern: ihr Poetenbewußtsein trägt sie über diese Kleinlichkeiten hinweg. Aber sie ist auch nicht unternehmend und unbefangen lebensfroh: sie mag zu vieles durchgemacht haben. Sie hat den gewissen Gleichmut, den Erfahrungen und wohl auch seelische Überlegenheit verleihen. Wer sich mit ihr unterhält, hat wieder die Empfindung, daß nicht eine Bäuerin, sondern eine Kleinbürgerin spricht. Ihr ostpreußischer Dialekt ist nicht im mindesten ausgeprägter als bei den meisten Stadtkindern dieses Landstrichs. Daß sie nicht »Fenster«, sondern »Fanster« sagt, ist selbstverständlich. Im weiteren Laufe des Gesprächs macht sie den Eindruck einer innerlichen stillen und zugleich phantasievollen Natur. Sie ist sicherlich in ihrem Wesen echt; aber daß die Huldigungen der Außenwelt an dieser schlichten Frau ganz spurlos vorbeigegangen sind, ist undenkbar. Ich erinnerte mich an meinen Bekannten Julius Petri: das war ein westfälischer Bauernsproß, der in Berlin studiert hatte und früh starb; Erich Schmidt gab dann seinen dichterischen Nachlaß heraus, und ich durfte ihm dabei helfen. Im Leben schien mir dieser prachtvolle frische und kantige Westfale eine einsame Insel in der Überkultur des westlichen Berlins. Aber ich merkte ihm zugleich öfter an, daß er sich seiner Bauernabstammung sehr bewußt war und daß er mit diesem interessanten Zug und Vorzug seiner Person rechnete; dabei war er im ganzen doch eine naive Natur. So ähnlich scheint die Ambrosius zu sein. Sie ist naiv und zugleich bewußt. Sie weiß, daß sie eine Art Phänomen darstellt, und hat Bedacht, die Merkmale dieses Phänomens nicht zu verwischen, auch sie gelegentlich zu betonen. »Die Form liegt so in mir«, sagt sie ablehnend auf die Frage nach dem Ursprung ihrer formalen Sicherheit, sie beruft sich mehrmals auf ihre geringe Schulbildung und weist auch die Einwirkung des Kirchenlieds zurück; sie sei schon gar nicht so fromm – »die Form liegt so in mir«. Eine Frau aber, die unter andrem in reimlosen fünffüßigen Jamben dichtet, im klassischen Blankvers, hat zweifellos gewissen Bildungseinflüssen unterstanden. Die angeborene Weichheit, zugleich wohl die Dankbarkeit für die glänzende Aufnahme in Berlin (sie weilt hier seit ihrem Vortrag im Verein Berliner Presse und wohnt seit Wochen bei Sudermanns) hindern sie an scharfen Urteilen über die ihr neuen Kreise. »Was sagen Sie nun zu der Ausgeschnittenheit aller dieser Frauen!« – »Na, was soll ich dazu sagen – ich selbst würde ja nicht so gehen; aber warum sollen sie es nicht, wenn sie so hübsche Schultern haben.« Wenn diese Antwort nicht prachtvoll ist, heiße ich Hans; sie wird sehr vernünftig, ohne Lustigkeit gegeben. Ihre eigne Tracht ist von schwarzem Stoff; wie ein verspätetes Konfirmationskleid. Sie sieht mit ruhigem Blick in das buntbewegte Treiben um sie herum. Wärmer wird sie, als das Gespräch auf ihre frühere unberühmte Epoche kommt. Sie erzählt von dem Hohn, mit dem ihr von den Zeitungen und Zeitschriften ihre Gedichte zurückgesandt wurden. Sie spricht mit einer Art Sehnsucht von den Tagen, wo sie von Ruhm träumte: sie selbst braucht dieses abstrakte Wort »Ruhm«. Sie dachte sich damals immer: ganz durchdringen, den *ganzen* Ruhm bekommen – das muß herrlich sein! Trotz der schönen Berliner Tage und der großen Aufmerksamkeiten freut sie sich jetzt auf ihre Heimat und auf die Ruhe; auch auf die Landarbeiten (sie betont ausdrücklich, daß sie Landarbeiten verrichtet), und sie weiß übrigens, daß sie gegen Mann und Kinder Pflichten hat, die erfüllt sein wollen. Auch sonst ist viel zu tun: sie erhält zu Hause täglich etwa siebzehn Briefe, die zu beantworten sind. Die dichterischen Stimmungen kommen ihr am besten, wenn sie allein ist; bei der Feldarbeit, auch am Kochherd; und oft fällt ihr gleich eine Melodie zu den Versen ein. Ihren achtzehnjährigen Sohn scheint sie besonders ins Herz geschlossen zu haben. Er ist auf der Präparandenanstalt, um »Schulmeister« zu werden, und sie ist glücklich, daß sie ihm einiges von Wert wird hinterlassen können. Sie macht nach allem den Eindruck einer vortrefflichen, innerlichen und für ihre Verhältnisse ungewöhnlichen Frau. Sie hat in Berlin durchaus persönliche Erfolge errungen.

Einen persönlichen Erfolg errang am nahen Schlusse dieses Theaterwinters auch Josef Kainz. Er ist in eine neue Epoche eingetreten, und der langjährige Romeo und Ferdinand spielte den hinkenden Unhold Richard III. Es war eine unfertige Leistung, der nach dem Ausgang hin auch die körperliche Kraft fehlte – aber doch eine glänzende, ja eine geniale Tat, die unbegreiflicherweise nicht den zehnten Teil der verdienten Anerkennung bei der schon etwas ermüdeten Kritik fand. Kainz war als Richard nicht der grimmige, scheusälig-hohnlachende Bösewicht, als der er landesüblich dargestellt wird. Der Künstler faßte ihn als den letzten entarteten Sprossen entarteter Geschlechter; als einen degenerierten Rassenausläufer; in einem feinen, halbverkümmerten Körper wohnt ein spiritualistischer Verbrecher. Der brutale Zug, das Eberhafte, kam ganz in zweiter Reihe; ein geistreicher, verkommener und verwegener Fuchs blickte mit blassem Antlitz durchdringend in die Welt – in diese Welt, in der er leisen Schrittes und mit chronischer Verderbtheit furchtbare Taten ins Werk setzte und grausame Wandlungen schuf. Der schmächtige, stimmschwache Kainz war hier dreimal größer als die berühmtesten Brüllaffen der deutschen Bühnen, welche je den Richard geschrieen, gehohnlacht und getobt haben.

12. Juli 1896

»Immer höher muß ich steigen, immer weiter muß ich schau'n.« Euphorion, der holde Hüpferich, den Faust recht sehr zielbewußt mit der griechischen Helena zeugt, ruft jauchzend diese Worte. Und die lieben Frauen und Jungfrauen an der Panke, welche jetzt ein Pferdebahnverdeck unbehindert von des Staates Häschern besteigen dürfen, wiederholen die Worte jauchzend. Immer höher dürfen sie steigen, und hoch oben dürfen sie ihre Füße herabbaumeln lassen und den Saum ihrer Unterröcke zeigen, auch wenn ihre Mutter keine Helena war. Dadurch wird eine belangvolle Veränderung des Straßenbildes wiederum herbeigeführt. Nur dunkelgekleidete, eckige Gestalten hockten bisher dort in den Luftsitzen, phantasielose Geschöpfe in Hosen, und sie rauchten Zigarren. Jetzt werden die hellen Fähnchen daneben thronen, die rosa Blusen und die weißen Blusen, die lila Röcke und die Crème-Röcke; und Mull und Satin und Foulard an Stelle des ewig nüchternen Kammgarns.

Ist es nicht eine Lust, Chronist zu sein und so wesentliche Ereignisse verzeichnen zu dürfen! Spaßhaft scheint jedenfalls das Vorgehen der Polizei, welche nur probeweise das Emporklettern der Weiberchen erlaubt und dadurch gewissermaßen einen erziehlichen Einfluß zu üben gedenkt. Benehmt ihr euch unanständig, so dürft ihr nicht mehr klettern! Seid ihr aber artig, dann dürft ihr oben bleiben und »immer weiter schauen«. Der erste Anstoß zu dieser epochalen Veränderung wird, so mich der angeborene Scharfblick nicht trügt, von den Mailcoaches ausgegangen sein. Das sind die berüchtigten englischen Kutschen, die man jetzt für Ausstellungsfahrten bei uns eingeführt hat. Sie gleichen alten, schweren Postwagen, bei denen immer zwei »Chaisen« zu einem großen länglichen Gefährt zusammengeschweißt sind, welches von vier Pferden gezogen wird. Oben sitzt neben dem englisch rasierten Kutscher ein englisch rasierter Gehilfe, ein Coachman mit einer schmalen länglichen Tuba. In diese Tuba stößt der Coachman, und ein Ton erschallt, furchtbar und mahnend wie der grelle Klang der altjüdischen Schofar-Trompeten. Hier aber mahnt der Ton nicht zur inneren Einkehr; er mahnt nur an die Unzulänglichkeit der wirtschaftlichen Verhältnisse dieser Mailcoach-Gesellschaft. Denn immer und immer fahren die stolzen Maskenfuhrwerke verödet einher. Es sitzen zwei Leute drauf – der Rosselenker und der Tubabläser –, aber sie sind die einzigen. Zuweilen kauert ein Ausstellungsbesucher aus der Provinz in einem der Sessel; doch während der Fahrt über die Friedrichstraße wird ihm unheimlich, weil ihn die Menschen anstarren, als ob er der Reiter über den Bodensee wäre. Und schamhaft birgt er das edle Antlitz nach der Seite. Schon hat man in einem Couplet die Frage aufgeworfen, ob es nicht sinnreicher wäre, hier vier Gäste durch ein Pferd fahren zu lassen als immer einen Gast durch vier Pferde, und eine gewisse Berechtigung läßt sich der Frage –

Aber ich komme ab. Die Mailcoaches, das wollte ich sagen, besitzen gleichfalls Decksitze. Und auf diese dürfen die Damen von jeher klettern. Es geschieht aber auf folgende Weise. Eine schmale, zierliche, zwei Meter hohe Leiter von rotem Holz wird einfach an den Wagen gelehnt, man erklimmt die Sprossen und sitzt bald vergnügt auf Deck. Immerhin, eine besondere Vorsicht ist beobachtet. Die eine Seite der Leiter, diejenige, welche nach unten kommt, ist mit Leinwand tapeziert. Dadurch wird jeder Durchblick frecher Männeraugen verhütet; die Sache stammt aus England. Weil nun bisher sich ein öffentliches Ärgernis aus diesen Kletterversuchen nie

ergeben hat, ist wohl das Herz der Behörde erweicht
worden, und man gab auch die vulgären Pferdebahnen
frei. So daß jetzt die bedenkliche Situation, welche der
alte Fontane einmal in knapper Meisterschaft gezeichnet hat – die Fensterputzerin –, auf allen Straßen und
allen Wagen sichtbar wird. Die Moral hat darunter nicht
gelitten.

Aber schließlich ist die neueste Polizeierlaubnis nur
ein Gleichnis. Das Emporklettern der Weiberchen zu immer weiterem Schauen ist ein reinstes Symbol von er-
staunlicher Aktualität. Heut klettern sie in Berlin überall empor; nicht zuletzt die Treppen der Universität,
nicht zuletzt die Treppen der königlichen Bücherei,
nicht zuletzt die Redaktionstreppen. Noch jetzt, wo eine
»Bullenhitze« im letzten Monat vor den Ferien über den
Hörsälen lagert, wandeln sie mit ihren Mappen durch
die Korridore und schreiben auf den Pulten nach, wie
wenn sie pro Stunde bezahlt würden. In dem kühlen
Zeitschriftenlesezimmer des Bibliothekflügels in der
Behrenstraße sitzen sie über mathematischen und juri-

Potsdamer Platz – Zeitenwechsel: Der Aufstieg aufs Oberdeck ist
jetzt auch Frauen gestattet, Foto um 1910

stischen Journalen, oder sie lesen die »Zeitschrift für deutsches Altertum« und machen Notizen. Gekleidet sind sie nicht immer so asketisch, wie ihr gelehrter Beruf vermuten läßt. Oft zwar ein schwarzes Kleid, aber mit einer gewissen Raffiniertheit im Sitz, die ein angelegentliches Probieren der Wirkung voraussetzt. Vollends die Führerinnen der Bewegung kleiden sich nicht in härene Gewänder. Die Lily von Gizycki, die Maria Janitschek, und wie die Heroinen heißen, ziehen sehr elegante und sehr gut sitzende Toiletten irgendwelcher Emanzipierten-Uniform vor. Und, großer Vater, ist es nicht ein Glück, daß sie manchmal so hübsch aussehen! Man soll das Gute nehmen, wo es sich bietet. Und wenn erst die Philister weiterer Kreise wissen, daß selbständige Frauen im Äußeren nicht immer Petroleusen gleichen, wird die frischfröhliche Bewegung noch rascher wachsen als jetzt, wo in Berlin eine einzige flammende Erregung die Busen hebt und senkt; wo selbst die kleinen Mädchen, die bei Gerstel Hüte garnieren oder bei Gerson Schirme verkaufen oder mit der Musikmappe in die königlich Joachimsche Hochschule gehen, nichts anderes tun als auf den Reichstag nachträglich schimpfen; wo selbst diese Erlaubnis zum Verdeckklettern einen Schrei des Jubels ringsum geweckt hat.

Und gerade in diesem heißen Julimond tritt auch eine andere Gattung befreiter Frauen scharf hervor – die elegantesten und zahmsten; die nur körperlich emanzipierten: die Radlerinnen. Die wohnen meist im Westen, wo er am westlichsten ist. Weil wir eine Ausstellung haben, sind viele Kuponschneiderfamilien nur im Mai auf vierzehn Tage nach Karlsbad gegangen und bleiben vorläufig in Berlin, bis sie im August ein Seebad aufsuchen. Indessen wird geradelt. Die Gattinnen radeln, und die Töchter radeln hinterher. Das geschieht jetzt in auffal-

lendem Umfange auf dem Kurfürstendamm, jener breiten Zukunftsstraße, die nach dem Grunewald führt und
welche einst im Range an die Stelle der Tiergartenstraße
treten wird – einst, wenn die künftigen Millionäre sie
vollständig mit Villen bebaut haben werden. Hier sieht
man jetzt täglich Schwärme von Damen in seltsamen
Kostümen. Sie tragen keine Röcke, sondern weite, bau-
schige Hosen. Einige zwar stecken noch im Rock, aber
die sozial besseren Elemente treten nur in Hosen auf.
Eine berühmte Radfahrerin ist Frau Agnes Sorma; sie
bevorzugt gleichfalls die Hosen; jetzt freilich radelt sie
nicht in Berlin, da sie von Karlsbad über das Salzkam-
mergut nach Konstantinopel eine Landpartie macht.
Sonst ist sie ein täglicher Gast auf dem Kurfürstendamm. Die Gestalten, die sich jetzt dort tummeln, sehen
zum Teil reizend aus; besonders wenn ihr Radkleid hell-
grau und ihr Haar blond ist, zwei Farben, die vortrefflich zusammenpassen. An die Form der Hosen gewöhnt
man sich schwer. Etwas von der ruhigen Würde wird
ihren Trägerinnen genommen; sie nähern sich, auch mit
ernsten Mienen, immer einem drolligen halb kindlichen
Typ, und bei minder graziösen Erscheinungen wirkt das
nicht angenehm. Bei manchen aber tritt jener reizvolle
Zug hervor, der das Weib mit dem Knaben verbindet;
der Zug, welcher am Georg im »Götz« oder an dem
Wilbrandtschen Nymphas in die Augen springt. Natürlich erscheinen die Gestalten kleiner und wesentlich ver-
zierlicht. Am hilflosesten sehen sie in jener Nachbar-
straße des Kurfürstendamms aus, der Knesebeckstraße,
die man wegen ihrer Stille und ihres geeigneten Pfla-
sters zur Lehrbahn gestempelt hat. Hier werden unter
freiem Himmel die ersten Strampelversuche aller fashio-
nablen Fahrerinnen gemacht. Ein Angestellter von
»Meyer« – ein gewisser Meyer macht auf diesem Gebiet

alles – läuft neben jedem Rade her und hält die Dame an einem breiten Ledergurt mit hinten befestigtem Griff. Sie vollführt krampfige Gliederzuckungen, lacht, schreit, kräht, taumelt – aber ehe sie ganz gefallen ist, hat sie der Mann aufgehalten. Sie erholt sich, sie steigt zaghaft wieder aufs Rad – »treten! treten!« brüllt der Mann, sie tritt, sie fährt zwei Meter weit, dann sieht man sie erbleichen und sinken hin, und dieses angenehme Schauspiel wiederholt sich stundenlang und an fünfzig verschiedenen Stellen. Wer Muße hat, sieht mit hochgezogenen Augenbrauen den Übungen der Tapferen zu und freut sich still im Gemüte, daß in dieser Zeit der erbarmungslosen sozialen Kämpfe noch ein abgelegener Raum ist, wo derlei Dinge mit solchem Eifer getrieben werden, als hinge von ihnen die Erhaltung des Menschengeschlechts ab.

Die Emanzipierten haben auch auf der Bühne jetzt das Heft in den Händen. Sie treten seit gestern abend im Schillertheater auf, in Elsa von Schabelskys angeblich satirischem Lustspiel »Die Frauenfrage«. Warum man dieses Werk, welches bereits an einem unseligen Aprilvormittag vor wenigen Kennern ein einziges Mal erscheinen durfte, jetzt den naiven Hörern dieses billigen Volkstheaters vorsetzte, ist nicht zu erkennen. Vielleicht, um sie zu belehren? Denn lehrhaft ist die Dichtung des Fräuleins in reichem Maß. Was sie bietet, ist ein Katechismus der guten und der schlechten Emanzipation. Die gute Emanzipation ist natürlich diejenige, welche die goldene Mittelstraße einhält: rastloses Schaffen, energische Tätigkeit, männliche Geisteskraft – aber zugleich Wahrung aller echt weiblichen Eigenschaften; auf der einen Seite lebendiger Anteil an spiritualistischen Kämpfen, auf der anderen Vertrautheit mit dem Kochtopf. Ein namenlos edles Frauenbild namens Wanda Konski verkörpert dieses Ideal. Auch eine gewisse Ma-

Berliner Radfahrschule – Holzstich nach einer Zeichnung von Werner Zehme, aus: Illustrierte Zeitung, Leipzig und Berlin 1896

rie Schmidt kommt ihm nahe; sie ist unverheiratet und gründet eine gemeinnützige Unterrichtsanstalt, was sehr schön von ihr ist. Dagegen treten andere Emanzipierte auf, die als abschreckende Beispiele durch Elsa von Schabelsky stabiliert worden sind. Hierher gehört eine gewisse Melitta, welche nur so tut, als ob ihr die Frauenbewegung am Herzen läge, während sie in Wahrheit einzig auf einen Mann Jagd macht. Ihr zur Seite steht ein Geschöpf, welches den etwas auffallenden Namen Concordia Wurm trägt und sich so benimmt, wie nie ein Weib getan: sie flucht, schnarrt, raucht, trägt ein Monocle, läßt beim Sprechen alle Pronomina weg und klopft die Mitbürger dröhnend auf die Schulter, so daß sie vor Schmerz zusammenzucken; kurz, sie ist eine Emanzipierte im üblen Sinne; sie stammt weniger aus dem Leben als aus den »Fliegenden Blättern«. Und als weiteres abschreckendes Beispiel fehlt die sanfte Emanzipierte nicht, die in schönrednerischen Floskeln erstirbt und vor Künstelei sich nicht zu lassen weiß. Es ist bezeichnend für das realistische Gefühl unserer Dichterin, daß sie ihr den Namen Sappho Lehmann gibt; auch sie stammt aus den »Fliegenden Blättern«. Aber das ganze Stück ist leider nicht so lustig, wie es die »Fliegenden Blätter« manchmal sind. Vielmehr wird darin so lange geschwatzt, bis auch ein kräftigerer Hörer umgeworfen wird. Und der Inhalt der langen Leitartikel hält sich, wie die edle Wanda Konski, nur auf der Mittelstraße; auf der Mittelstraße der Gemeinplätzigkeit. Das Fräulein von Schabelsky will es sich nicht klarmachen lassen, daß sie ein hervorragendes Talent für die Gemeinplätzigkeit hat. Ihr Geist ist im besseren Sinne nicht emanzipiert. Und wenn sie etwas weiter schauen will, wird sie zunächst noch etwas höher steigen müssen.

26. Juli 1896

Um Berlin in seiner jetzigen Verfassung zu malen, müßte man den göttlichen Dante Alighieri bemühen, welcher die Hölle und das Fegefeuer zu schildern wußte. Wesentlich wärmer wird es dort nicht gewesen sein, aber wahrscheinlich war die Luft besser. Hier ist es fürchterlich. Die Verurteilten wandeln in diesem fidelen Inferno auf einem Asphalt, welcher in Weichheit und Wärme geneigt ist, die Form ihrer Füße zu verewigen. Es geht sich unheimlich mollig, ein gewisser Pechduft steigt von unten auf, von der Seite kommt die Hitze aus den warmen Steinmassen der Häuserkolosse, hier und da riecht es nach Pökelfleisch und Sauerkohl, wobei das Pökelfleisch eine Art Wildgeruch von sich gibt, an Buttergeschäften und Fleischerläden streicht man in vorsichtiger Entfernung vorbei wie ein Junggeselle an Standesämtern, und die Luft ist so dick und staubgesättigt, daß man sie mit seinem Taschenmesser zerschneiden zu können glaubt. Wer ein paar Tage im Gebirge verlebt hat und dann in diesen großen Hitzkessel zurückkehrt, der kennt nur eine einzige Sehnsucht – hinaus! Aber die Tausende, die aus der Provinz gekommen sind, kennen sie nicht. Sie drängen sich immer dichter durch die Straßen und amüsieren sich schwitzend; sie schwitzen sich durch die Ausstellung durch, schwitzen sich durch die Restaurants, schwitzen sich auch durch die Nationalgalerie und die Schlösser und schwitzen sich durch die Theater. Es ist eine schwere Arbeit; am Abend sind sie zerschlagen und gerädert, und sie sitzen körperlich gebrochen bei Dressel oder Tucher oder im Franziskaner und kauen müde an einem Rumsteak – mit einem Blick, der sagt: ich habe mich geopfert; ich habe etwas Großes versucht, doch ich bin unterlegen; aber morgen, so Gott will, führe ich den Kampf weiter; es muß sein ...

Wir leben in den Zeitläuften, da sich alles, aber wirklich alles, um diese Provinzialen und diese Ausstellung dreht; da man im Eiskeller (o erquickender Begriff! es ist aber nur das Bierhaus in der Chausseestraße gemeint) ein Drama spielt des Titels »Robinson Krause in Kairo«; daneben übrigens eine falsche Madame Sans Gêne und eine falsche Ballhaus-Anna; wo das berühmte »National-Theater« in der Großen Frankfurter Straße allabendlich das Schauspiel »Die Reise durch die Gewerbe-Ausstellung« aufführt; wo jeder ruppige Biergarten sich den ahnungslosen Fremden durch freche Schilder als »größte Sehenswürdigkeit der Residenz« weismachen will; wo jeder halb bankrotte Gastwirt Spezialitätenvorstellungen veranstaltet und durch das Engagement »bewährter Kräfte« ein letztes Attentat auf die Provinz versucht. Es ist fast deprimierend; und die Ausstellung, ein Gegenstand der hohen Liebe und der Begeisterung im Anfang, nähert sich allmählich dem Stadium, wo man nicht mehr von ihr sprechen hören kann.

Hand in Hand mit dieser rein gefühlsmäßigen Tatsache gehen einige real-praktische Tatsachen. Es gibt fortwährend Krach. Krach zwischen den Ausstellern und dem Triumvirat des Vorstandes. Es gibt Krach zwischen Treptower Gendarmen oder Treptower Landräten und den Ausstellern. Es gibt jeden Tag Krach an den Kassen. Es gibt gedruckte Äußerungen zahlreicher Aussteller, aus denen eine gewissermaßen leidenschaftliche Enttäuschung spricht; sie sind wütend, nicht auf die Kosten gekommen zu sein, und blicken trübe in die Zukunft. Und einen Hintergrund zu alledem bildet die eben jetzt bekannt gewordene erste Konkursanmeldung, die von dem längst verstorbenen Theater Alt-Berlin nun erst offiziell erfolgt ist. Dem gegenüber steht die Tatsache eines enorm wachsenden Zudrangs; also des finanziellen Erfolges. Freilich wird man die finanziellen Erfolge scheiden müssen in solche, die das Unternehmen als Ganzes, eben als Unternehmen, bringt, und in solche, welche die beteiligten Gewerbetreibenden verzeichnen können. Wird es dann ein gewerblicher Erfolg sein oder ein Vogelwiesenerfolg? so fragt man sich. Und die Meinung neigt immer mehr zu der letzten Annahme. Natürlich ist im Grunde bei allen Ausstellungen, namentlich bei Weltausstellungen, der Erfolg ein Vogelwiesenerfolg. Aber in Deutschland sträubt sich, so scheint es, ein Rest der angestammten Solidität hiergegen. Das alles wirkt zusammen, um in der Stimmung gegen die Ausstellung einen gewissen Umschwung herbeizuführen. Man spricht von ihr wie von einem halben Übel, und das Adjektivum »leidig« beginnt auf sie von nervösen Leuten angewandt zu werden. Das ist jetzt im Juli, nachdem sie fast drei Monate bestanden hat. Es wird noch eine Zeitlang anhalten. Dann, im September, wird sich die Stimmung ihr zuwenden, und sie wird

noch einmal getragen werden von dem ganzen Enthu-
siasmus, den man ihr im Anfang so überraschend ent-
gegengebracht hat. Noch einmal, eh' man von all dem
Glänzenden, das sie trotz alledem bot, für immer Abschied nimmt. Denn so ist dieses Volk von Berlin zu
allen Gelegenheiten gewesen.

Mit dem Fall des Theaters Alt-Berlin ist für kurze Zeit
wieder eine Persönlichkeit in den Vordergrund getreten,
die ich früher schon einmal nannte. Das ist Sehring, der
Baumeister. Er hat auch dieses hübsche altdeutsche Büh-
nenhaus geschaffen, wie vordem so manches, was
hübsch und altdeutsch war. Doch nicht einmal eine
Künstlerschar von der ästhetischen Bedeutung der Liliputaner vermochte Leute in diesen Bau zu locken, in
dem sich so zahlreiche Tragikomödien vorher abgespielt
hatten. Ach, es war ja begreiflich. Draußen gab es so viel
zu sehen, daß man keine Lust haben konnte, sich für drei
Stunden ein gutes Theaterstück anzusehen. Geschweige
denn ein schlechtes. Das Konkursverfahren wäre übrigens beinahe unmöglich geworden wegen »Mangels an
Masse«. So groß war die Schlappe. Es war das erste Mal,
daß Sehring vor eine breiteste Öffentlichkeit trat; daß er
auf dem Wege war, populär zu werden, und dieser erste
Schlag mißlang. Denn für die Ungeschicklichkeiten im
einzelnen mag der »Direktor« Blumenreich verantwortlich sein – das Gesamtunternehmen fand in Sehring
seine Seele. Immerhin: der kluge Mann wird wissen, daß
dieser erste Versuch eine Episode war und nichts weiter. Er ist zu unternehmungsfroh, um zu rasten, und er
hat offenbar noch vieles vor, bis er als Millionär enden
wird. Vorläufig hat er einige hundertzwanzigtausend
Mark verloren, ohne von Hause aus Kapitalist zu sein.
Er ist ein besonderer Typ des Empordringers; ein ganz
interessanter, der literarisch noch keine Verwertung

gefunden hat. Die Brutalität der Unternehmer vom Schlage des Zolaschen Aristide Saccard bleibt ihm fremd. Er ist der angenehme struggleforlifer. Eine ganz neue Art Eroberer. Er bricht allen etwaigen Angriffen von Neidern und sachlichen Gegnern die Spitze ab durch die ungezwungene und regsame Äußerung seines verbindlichen Wesens. Er ist ein Gemisch von großer Verbindlichkeit und einer gewissen Naivetät, auf deren Grunde eine nicht gewöhnliche Schlauheit ruht. Und er bietet zugleich sachlich ein Gemisch von Künstlertum und Unternehmertum. Das Künstlertum ist durchaus nicht von wahnsinnigem Idealismus, der etwa den Boden unter den Füßen verlöre; das bleibe den Phantasten. Und das Unternehmertum ist auch nicht so brutal hervortretend, daß es gerade das Künstlertum kompromittierte. Er ist ein Mann für die Welt, wie er ein Mann von Welt ist. Bei alledem ist er als ein Verkehrserschließer und als ein geschickter, wenn auch nicht allzu kühner Neuerer zu schätzen. Besonders die Charlottenburger haben sich bei ihm zu bedanken. Sein Name wird noch oft genannt werden. Der erste größere Schlag mißlang – aber er endet trotzdem als gemachter Mann.

Jetzt baut man in diesem Charlottenburg einen neuen Stadtbahnhof – und auch hierbei hat Sehring seine Hand im Spiele. Er hat den Garantiefonds aufbringen helfen und selber Geld gegeben – weil er einen neuen Bahnhof für sein »Theater des Westens« braucht. In kurzem wird dieser neue Stadtbahnhof, der zwischen dem Zoologischen Garten und dem Bahnhof Charlottenburg liegt, eröffnet werden, und es wird jetzt etwas zu viel über ihn geredet, weil sich zahlreiche Spreebürger über die hierdurch entstehende Verteuerung der Fahrt nach Charlottenburg grämen. Der neue Bahnhof liegt am Savignyplatz, einem Quadrat, das vor wenigen Monaten noch

ein wüster Bauflecken war und jetzt ein gar zierlicher
und frisch grünender Schmuckplatz ist. Er ist nur ein
Symbol für das rapide Emporblühen der ganzen Gegend. Dieses Charlottenburg mit seiner besseren Luft
und seiner größeren Stille hat die Zukunft. Schon jetzt
ist die Bevölkerung, die dort wohnt, etwas besser als
eine bloße »Bevölkerung«. Sie besteht vorwiegend aus
wohlhabenden Leuten, die zugleich eine geistige Tätigkeit ausüben. Es ist nicht eine bequeme Geldaristokra-
tie, sondern ein großer Kreis von vermögenden Architekten, Ingenieuren, Künstlern, auch Schriftstellern. Zu
den letzteren gehört Ludwig Fulda, der sich seit seiner
Übersiedelung von München dort ansässig gemacht hat.
Und auch wo bloß Geld wohnt, Rente ohne geistigen Beruf, ist ein Unterschied gegen die Börsenbürger des Tier-
gartenviertels wahrzunehmen. Der Tiergarten ist ziemlich quietistisch und bewegungsfaul – hier aber blüht
jede Art von Sport. Hier gibt es in jeder Familie drei
Zweiräder, hier wird lawn tennis nicht bloß in zierlicher
Dilettanterei, sondern mit trainierlichem Ernst gespielt
und als echte, schwere Kunst getrieben. Hier ist man
Mitglied von Ruderklubs und schindet sich wöchentlich
mehrmals im triefenden Schweiße seines Angesichts.
Hier schwimmen die Töchter »Touren«, nicht bloß dreimal ums Bassin herum. Kurzum, hier nähert sich alles
einem wohlhabenden deutschen Engländertum. Und in
diese Gegend hat Sehring die Grundsteine seiner Häuser und seiner Bedeutung verlegt. Er hat sich kein
schlechtes Feld ausgesucht. Der neue Bahnhof wird ihm
und seinem Theater Zufuhr schaffen und eine kleine
Kulturaufgabe lösen. Die Hinterwäldler aus Westend
und aus dem tiefsten Charlottenburg werden der Büh-
nenkunst zugänglich gemacht; bisher waren sie ihr ab-
hold. Und das ist immerhin etwas.

Ein Konkurs, wie dem Ausstellungstheater, war auch dem Schaustellungstheater prophezeit worden; der Olympia-Bühne des Magyaren Bolossy Kiraliy, die auch vorwiegend für die Provinzialen errichtet worden ist. Ich wartete auf den Augenblick, wo die Insolvenz angemeldet würde, um dem Unternehmen einen kurzen warmen Nachruf zu widmen. Aber Bolossy Kiraliy ist ein Oppositionsgeist: er hatte Erfolg; und gerade jetzt, wo die Hitze so fürchterlich ist, darf er sich ausverkaufter Häuser rühmen. So muß man denn einmal über diesen Riesen-Mumpitz reden. Ein Mumpitz ist dieses taktmäßige Vorstrecken und Heben schwachbekleideter Beine jedenfalls. Aber daß er eben in so riesigem Umfange stattfindet, verleiht ihm fast etwas Imposantes. Die Geistlosigkeit streift hier nahezu das Erhabene. Es wirken nur tausend Personen auf der Bühne mit, zahlreiche Tiere daneben, um bunte Bilder aus dem alten Osten in unerhörter Farbenpracht zu zeigen. Dieser Reichtum, dieser Glanz und diese Massenhaftigkeit arbeiten zusammen, um auch einem skeptischen Betrachter ein vorübergehendes Staunen abzuringen. Offenbar sollen die Norddeutschen von ihrem asketischen Geschmack geheilt und zu höherer Schätzung einer sinnlichen Kunst erzogen werden. Die Sinnlichkeit soll Triumphe feiern, obgleich sie im Grunde in Berlin nicht zu kurz kommt. Sie kommt auch – im berlinischen Sinne – in diesem Theater nicht zu kurz. Dafür sorgt der erwähnte Glanzmoment, wenn sich vier- bis achthundert Trikotbeine à tempo in die Luft strecken. Hier bricht immer frenetischer Beifall los. Hier ist man Mensch, hier darf mans sein. Den Naturalisten wird oft vorgeworfen, daß ihre Kunst zu wenig positiv sei; hier aber ist etwas sehr Positives. Übrigens auch abgesehen von den Beinen; es gibt sogar auf einem wirklichen See antike Seegefechte. Die sind beinah so großartig wie die Marineschauspiele in der Ausstellung. Nur wird nicht mit Pulver geschossen; eben weil sie antik sind. Das Ganze versucht zum ersten Mal, amerikanischen Kunstgeschmack in das Land der Dichter und Denker (das sind wir ja wohl?) zu übertragen. Und die Provinz weiß dieses Entgegenkommen zu schätzen. Die meisten der kleinstädtischen Ausstellungsbesucher reißen sich eher ein Bein aus, als sie »Olympia« versäumen. Es muß gesehen werden, es muß mitgemacht werden, auf eine Strapaze mehr kommt es nicht an, man hat ja sowieso so viel zu arbeiten. ...

9. August 1896
DER SOZIALISTISCHE WELTKONGRESS
Ein Rückblick

Er ist zu Ende. Der letzte Funke der violetten und orangefarbenen Leuchtkugeln, welche im Park des Crystal Palace durch die milde Sommernacht flogen, erlosch im Dunkel. Noch einmal sammelten sich, lustwandelnd nach gehaltenen Reden und verbranntem Feuerwerk, was unter Umständen dasselbe war, sechshundert Sozialistenführer, die aus allen Arbeiterländern der bewohnten Erde, auch aus Südamerika und Australien, hergekommen waren. Sie schlürften jetzt kühlende Getränke und ergingen sich mit der Londoner Bevölkerung in diesem klapprigen Gigantenbau aus Glas und Eisen, welcher das Areal eines Dorfs bedeckt und in dessen Höhen und Tiefen die Menschen wie Ameisen herumklettern. Als es aber halb elf schlug, spielte das Orchester God save the Queen, was hier immer den Schluß bedeutet. Und so endete der achttägige Proletarierkongreß zufällig mit einer Hymne auf die – Königin.

Mittags war es anders gewesen. Im Sitzungssaal hatte

man die letzte Resolution angenommen – da ging es wie ein Ruck durch die Versammlung, Hunderte von Kehlen stimmten ernst und bewegt die Carmagnole an, stehend sang man sie, stehend auch die Marseillaise, und weil das Sozialistenparlament ein Musiksaal war, begleiteten Orgeltöne von oben brausend die alten Freiheitslieder. Auf dem Vorstandspodium stand eine Reihe namhafter Leute, die Tochter von Karl Marx, Frau Eleanor Aveling, neben ihr die alte Vera Sassulitsch, der Rentier Singer, die englischen, die französischen Führer, der italienische Professor Enrico Ferri, der Russe Plepanoff, noch andere, und alle reichten einander in plötzlicher Eingebung die Hände, mit verschränkten Armen eine Kette bildend, wie wir es so oft auf der Universität bei der »alten Burschenherrlichkeit« getan. Manchem der Untenstehenden traten die Tränen in die Augen; es gab Leute darunter, die seit zwanzig Jahren das Brot der Verbannung aßen und keine Aussicht hatten, die Heimat noch einmal zu sehen. Der Staatsanwalt kennt im Punkte der Cäsarenbeleidigung kein Erbarmen – und Jahr für Jahr wird der Steckbrief erneuert; vollends die Aufreizung, die bei Antisemiten so auffallend schwer entdeckt wird, muß an Sozialdemokraten noch in späten Jahren sorgfältig geahndet werden; und mancher fand darum wohl im Mitmachen dieser melodramatischen Szene eine gewisse Entschädigung für reichliche Bitternisse.

Aber grade im Melodramatisch, im Rein-Demonstrativen lag die Hauptbedeutung des Kongresses. Daß er nicht viel praktische Folgen haben würde, war den Führern selbst durchaus klar, und mehr als einer von ihnen hat es mir unverhohlen gesagt. Kongresse bleiben Kongresse. Darum war auch »Nazi« – das ist Auers Spitzname in der Partei – nicht mitgekommen, er, der realste unter den sozialistischen Realpolitikern. Bebel hielt sich

sehr gleichgiltig und ließ Herrn Singer und dem »Alten«
– so heißt der gute Liebknecht – die Ehren des Auf- und
Hervortretens. Einen gewissen praktischen Wert für die
deutsche Sozialdemokratie hat die Tatsache, daß sie hier
die Führer der ausländischen Sozialdemokratien näher
kennenlernen konnte, daß also eine Abschätzung des
Menschenmaterials, mit dem zu rechnen ist, ermöglicht
war. Aber allzuhoch ist das auch nicht anzuschlagen.
Auch Gegner der Partei mußten zu der Erkenntnis kommen, daß hier trotz aller rüpelhaften Skandalszenen eine
der größten politischen Bewegungen unserer Zeit für
acht Tage vollständig zentralisiert war. Telegraphische
Anträge, Fragen, Zustimmungen, die so gut aus Mel-
bourne wie aus Rixdorf, aus Armenien wie aus Sachsen,
aus St. Louis wie aus Budapest kamen, ließen begreifen,
wie viele Augen auf diese Zusammenkunft gerichtet waren und welche Massen hinter diesen Vertretern standen. Ein gewisses praktisches Ergebnis ist die Klärung,
die sich in bezug auf den Standpunkt der Mehrheit voll-
zog. Der Kern der europäischen Sozialdemokratie ist
konservativer geworden. Allzu radikale Bestrebungen,
die meistens zugleich ideologisch sind, finden keine Un-
terkunft. Bismarcksche Grundsätze scheinen auf den Sozialismus übertragen: man will Realpolitik treiben, vorläufig das Erreichbare nehmen, wo es zu nehmen ist,
unbequeme Schwärmer und Träumer nachdrücklich ab-
schütteln und dafür den schätzbaren Machtfaktor der
gemäßigten englischen Gewerkschaften für sich gewinnen; das ist eine ziemlich bürgerliche Schar. Man muß
gesehen haben, mit welcher dicken Brutalität Herr Singer die Ideologen niederbrüllte und niederklingelte, um
die ganze Entschlossenheit der Partei in dieser Hinsicht
zu begreifen. Sie wird fett und fetter, und damit wächst
das ängstliche Streben, Errungenes sicherzustellen. Aber

wesentliche Folgen, wie gesagt, wird dieser Kongreß
aller Wahrscheinlichkeit nach nicht haben.

Immerhin: was er einem still forschenden Betrachter
menschlicher Dinge bot, war viel. Ich nehme keinen Anstand zu bekennen, daß die Eindrücke dieser letzten
Tage zu den stärksten gehören, die ich in meinem bis-
herigen Leben empfing. Dabei wirkte freilich diese
unglaubliche Stadt mit. Vor allem aber die hinausge-
worfenen Gegner des Kongresses, die ideologischen Anarchisten und Halbanarchisten, die Schar der Wahnsinnigen und Glaubensstarken, die Wolkenkuckucksheimer,
die schmerzvoll aufbrüllten, weil man sie an einer hei-
ligsten Menschheitssache nicht mitwirken lassen wollte,
die wahren Enterbten jetzt, wo ihnen parlamentarisch
frisierte Brüder den Rücken wenden. Hier sind die seltsamen Erscheinungen zu finden, die, vom »Geist« erfaßt, Unerhörtes reden, die mit dem Dynamit so wenig
zu schaffen haben wie etwa der anarchistische Privatier
John Henry Mackay zu Berlin, die ausdrücklich den
Gedanken als den wahren Sprengstoff erklären; und
mögen sie reinen Blödsinn sprechen, mögen sie einen
Schein von begreiflichem Individualismus durchleuch-
ten lassen, mögen sie ein sorgsam ausgearbeitetes System vertreten, wie Elisée Reclus, der Geograph, den ich
in einer Anarchistenversammlung kennenlernte und der
mir eines Vormittags bei sich in der Gowerstreet aus-
führlicher diese Weltanschauung entwickelte, wobei er
mit der ruhigen, klaren Milde eines tief Überzeugten jeden erstaunten Einwand widerlegte: sicher ist, daß unter den Führern auf jeden Komödianten und jeden
Schreihals zwei Märtyrer kommen. So wird man rein ge-
fühlsmäßig zu diesen törichten Stiefkindern hingezogen, bei klarer Erkenntnis ihrer Torheit. Als Bebel die

Liebenswürdigkeit hatte, im Sonnenschein mich in den
Regents-Park zu führen und mir die heiter-bunte Schönheit dieser frischen Londoner Oase zu zeigen, stellte er
im Gespräch die Behauptung auf: wenn Schriftsteller
aus den bürgerlichen Parteien zum Sozialismus übergehen sollten, würden sie nicht zu seiner Partei, sondern
häufiger zum anarchistischen Sozialismus gehen. Er ist
ein kluger und nüchterner Kopf. Er wußte auch diesmal,
was er sprach.

Wie ging es bei den parlamentarischen Revolutionären
zu?

Man stelle sich einen eleganten Musiksaal vor, etwa
vom Schlage der Berliner Singakademie. An der Decke
Malereien; zwei luxuriöse Ränge; alles von ruhig-beque-
mem Reichtum. Auf diesen Rängen interessierte Gesichter, auch junge Damen sitzen dort, hübsch und hell gekleidet; hie und da nur lugt ein Banditenantlitz vor, und
aus weit aufgerissenem Munde tönt in Skandalszenen
heiseres Brüllen gegen den Sozialismus, für die Anar-
chie. Unten im Saal an rotbezogenen Tafeln die sechs-
hundertfünfzig Delegierten aus allen Ländern. Wenig
äußerer Fanatismus, viel Intelligenz und reichliche
Wohlgenährtheit. England hat sich vornan die besten
Plätze gesichert.

Oben auf der Bühne das Bureau. Es wird flankiert von
zwei Frauen. Die eine ist Eleanor Marx-Aveling – in der
Partei »Toussy« genannt –, von dunklem Haar, mit klugen heiteren Augen, einen Kneifer auf der ausgeprägten
und vorgeschrittenen Teresina-Tua-Nase; Alter: fünf-
unddreißig; Grundzug: lebendige und fröhliche Energie – zuweilen eine kaum merkliche Spur von Gefall-
sucht. Ihre Mutter war die Gräfin Westfalen, welche Karl
Marx ihre Hand reichte; aber Toussy hat offenbar mehr

vom Vater als der Mutter. Sie spricht das Englische und das Deutsche gleich gut und dient als Dolmetscherin. Im engeren Gespräch ist sie von frischester Liebenswürdigkeit. Auf der anderen Seite die Genossin Clara Zetkin, wohnhaft in Stuttgart. Das ist die Heldin des Kongresses. Alle, die Franzosen zuvörderst, haben dieses tüchtige Weib leidenschaftlich bewundert. Ihr Name klingt sehr russisch, sie ist aber in Wahrheit eine Sächsin. Sie verdolmetscht die französischen Kongreßreden in die sächsische Sprache, ich meine ins Deutsche. Aber mit so viel Temperament, mit so viel Raschheit und Entschiedenheit, daß alles die Bedeutung selbständiger rhetorischer Leistungen gewinnt. Sie ist eine gedrungene Blondine mit scharfen gealterten Zügen und hat die Dreißig lange hinter sich. In ihrer eindringlichen Geschwindigkeit und den heftigen belehrenden Bewegungen wirkt sie sehr grotesk, zumal ihre Stimme ein wenig piepst. Aber man verliert keinen Augenblick das Bewußtsein, daß sie durchaus ernst zu nehmen ist und daß man ein Menschenkind von ungewöhnlicher Leistungsfähigkeit vor sich hat. Sie steht in der Sache drin wie keine zweite und beherrscht das Material trotz einer ganzen Kommission. Es kommt ihr nicht darauf an, den Franzosen eine lange deutsche Rede eins, zwei, drei in fließendem, energischem Französisch ausführlich wiederzugeben, und als sie gegen den Inhalt lärmend protestieren, so daß sie übertönt wird, sieht sie scharf hin und ruft ihnen entgegen: »Citoyens – si vous n'avez pas de regards pour une camarade de lutte, ayez des regards pour une femme!«, worauf die Gallier hingerissen in wahnsinnigen, minutenlangen Beifall ausbrechen und der ganze Kongreß mit ihnen. Sie ist ein Pfundweib, und man wird noch viel von ihr hören. In der Partei heißt sie Clärchen.

Marx hat seine zweite Tochter einem französischen Sozialisten gegeben, dem jetzt sechzigjährigen Paul Lafargue. Der englische Gatte der anderen, Dr. Aveling, schreibt Musikkritiken und scheint weniger hinter Parteiinteressen her zu sein. Aveling hat ein glattrasiertes Charakterspielergesicht und verkündet etwa die Stunde des Feuerwerks mit intrigantem tiefem wichtigem Ernst. Lafargue aber ist ein glutäugiger alter Kämpfer mit gelbem Antlitz und riesigem weißem Schnurrbart; er trägt als Proletariermerkmal nie einen Kragen, sondern nur ein gelbes Halstuch, nachlässig in eine Schleife gebunden. Als Redner kann er Altersspuren freilich nicht verbergen. Ein anderer Franzose, der grauköpfige Millerand, ist als Redner tüchtig, ohne hinzureißen. Charakteristischer wirkt Vaillant, der Gemeinderat, ein weißborstiger Spießbürger mit Schnapsnase, auf der eine ordinäre Stahlbrille sitzt; er redet rasch, und die dunklen Schweinsäuglein blitzen lebendig, er spricht noch rascher und rascher – ohne in Hitze zu geraten, er bleibt immer nur lebendig.

Der beste Redner der Franzosen aber ist Jaurès. Er ist zugleich der beste Redner des Kongresses, von *einem* englischen Rivalen abgesehen. Jaurès ist eine tief sympathische Erscheinung. Ein Mann von noch nicht vierzig Jahren mit edlem, ehrlichem, kraftvollem Gesicht, dem ein zweigeteilter brauner Bart den Ausdruck des Zuverlässigen, Positiven gibt. Er spricht zunächst leidenschaftslos, nur etwas nervös; er könnte Advokat sein (in Wahrheit ist er professeur gewesen); dann erfolgen allmählich monotone, hastig hebende und senkende Handbewegungen, nach einer Weile nimmt er beide Arme zu Hilfe, die er gen Himmel hebt und zur Erde senkt, ununterbrochen, abwechslungslos, heftig und nachdrücklich, er redet mit steigender Erregung, die

Stimme vibriert, sein Gesicht wird röter, er ruft in fast
schmerzvoller Bewegung die Worte in die Luft, er
schwitzt, die Stimme wächst, die Arme fliegen heftiger
und häufiger denselben Weg auf und nieder, er ist hingerissen, fast besinnungslos, er reißt auch die anderen
hin, und mag er bloß über ein nüchtern sachliches Thema
gesprochen haben – ein wilder gewaltiger Beifall bricht
los, in welchem sich die zusammengepreßte Erregung
Luft macht. Jaurès ist ein Volksredner ersten Ranges.

Aber Tom Mann überragt ihn. Diesen vergötterten Arbeiterführer vom radikalsozialistischen Flügel hätte ich
nie für einen Engländer gehalten. Er ist rabenschwarz,
er sieht wie ein Italiener aus mit dem glänzenden Haar,
den tiefliegenden schwarzen Glutaugen, dem schwarzen langgezogenen Schnurrbart. Gewittermächtig ist
seine Rede – ich habe eine gleiche oratorische Wirkung
nie gespürt. Die Leidenschaft dieses Menschen ist mit
einer stählernen Kraft gepaart. Er ergreift das Gitter neben sich, es zittert; seine Stirnadern schwellen, jedes
Wort begleitet er mit einem kurzen Ruck seiner zusam-
mengeballten Knochenhand, die Sätze knattern aus seinem Munde wie aus dem Revolver geschossen, er stößt
mit dem Fuß auf den Boden, er dreht sich halb um seine
Achse, es gibt kein Halten mehr, die Leidenschaft tobt,
und doch hat man das Bewußtsein, daß sie am letzten
Ende durch Riesenstärke gebändigt bleibt, die Hörer
wagen nicht, sich zu rühren, ein übermenschliches Cre-
scendo tritt in der Rede ein, und dann, wenn sie den
Gipfelpunkt erreicht hat – ein Ruck, ein Krach, er bricht
ab, er macht kehrt, und er stürzt von der Tribüne: es ist
vorbei. Unerhörter, nicht zu beschreibender Beifall, don-
nerähnlich, rast minutenlang durch den Saal; die Menschen benehmen sich wie die Verrückten, so überwäl-
tigend ist auf sie die Wirkung, und man begreift jetzt

den enormen Einfluß dieses Tom Mann auf große Massen außerhalb eines Kongresses. »Il a du tempérament«, sagte ein Redakteur des Pariser »Matin« zitternd und atemholend zu mir – »il a du tempérament« …

Gegen ihn kam sein engerer Genosse – und engerer Nebenbuhler – Keir Hardie nicht an. Beide leiten die »Unabhängige Arbeiterpartei« (Independent Labour Party), welche den anarchistischen Sozialisten nicht ohne weiteres abweisend gegenübersteht. Beide nehmen eine gewisse Zwitterstellung ein: sie wollen es im Sozialismus eben nicht nach links und nicht nach rechts verderben, und Bebel sieht sie zweifelnd an. Hardie kleidet sich auffallend, indem er in derben Kniehosen und derben hohen Strümpfen herumläuft; er hat auch einen auffallenden Heilandskopf; aber seine Redekunst ist nicht auffallend. Sie ist mäßig bewegt und nicht immer ohne Konfusion. Im Kampf um die Führerschaft wird Tom Mann, der Stählerne, schließlich siegen.

Der dritte englische Führer, Hyndman, steht beiden feindselig gegenüber. Er ist der Parlamentssozialist strikt gemäßigter Richtung; im Äußeren ein wohlhabender Bürger mit gepflegtem langem Bart; er redet wie ein deutscher Familienvater; langsam, mit weit mehr Behagen als Witz, und wenn er eine Spur von Humor geltend machen will, wartet er die Wirkung ab und lacht selbst voll geistloser Behäbigkeit. Aber er soll einen gewissen Organisationssinn haben und genießt das Vertrauen seiner englischen Handwerksfreunde, die weit weniger Sozialdemokraten als Kleinbürger sind, aber diesen Kongreß mitmachen.

Zwei fesselnde Gestalten hat Holland gesandt. Der angesehenste Vertreter ist der vielberufene Aufwiegler Domela Nieuwenhuis. Er war früher Geistlicher und zieht jetzt häufig an der Spitze revolutionärer Massen durch die Straßen Amsterdams. Der Gefürchtete ist ein schlanker älterer Herr mit zartem Künstlergesicht, das fein durchgeistigt ist und in einem gewissen asketischen Zuge zeigt, daß sein Inhaber keine Völlerei treibt. Er naht sich den Sechzigern, und die grauen Haare, die er nach Künstlerart hinten ein wenig länger trägt, geben ihm, im Verein mit dem grauen Vollbart, etwas Verklärendes. Seine Rede ist leidenschaftslos; vielleicht weil er sie in französischer Sprache halten muß. Im Anarchistenmeeting dann, als er holländisch spricht, legt er energischer los. Aber viel Temperament ist nicht da. Er macht, alles in allem, den Eindruck, als ob er nicht zufrieden wäre. Ich weiß nicht, was ihn drückt.

Dagegen ist sein jüngerer Genoß Cornelissen, ein Dreißiger, durchaus zufrieden mit sich. Er strahlt eine große Naivetät aus. Auf dem Kongreß wurde dieser magre Hering sofort einer der bemerktesten Redner und Skandalmacher. Er hat das Gesicht eines in der Entwicklung zurückgebliebenen grüngelben Kindes; aber dieses Gesicht ist von einem Wald von schwarzen Haaren umgrenzt, die nach hinten wie eine fliegende Mähne fast waagrecht stehen. Er schreit, emphatisch gestikulierend, die Stimme zu höchster Höhe emporgeschraubt, und was er auch sprechen mag, er gewährt das Bild eines grotesk fanatischen Wanderredners. Bei jeder Gelegenheit springt er auf die Bank, um in deutscher, französischer und englischer Sprache zu protestieren und zu unterbrechen. Und in dieser Kunst des Hochhüpfens wird er nur von einer französischen Delegiertin übertroffen, der Mlle. Collot, meiner besonderen Freundin, genannt »die Bombe«. Sie ist ein kleines energisches Persönchen, siebenundzwanzig Jahre alt, voll sozialen Mitleids und persönlicher Koketterie, die auf Mord über den Anarchismus debattiert (so kam unsere Freundschaft zustande) und die in Intervallen von fünf bis sieben Minuten in die Luft geht. Sie springt auf den Tisch, bittet ums Wort, erhebt schreienden Einspruch, und wenn die Kongreßmitglieder sie anlachen und »die Bombe!« rufen, setzt sie sich gutmütig wieder hin.

Aus Italien ist der junge Professor Enrico Ferri gekommen, ein intelligenter, schlanker Riese mit lockigem schwarzem Haar, langem Spitzbart und schönen Augen. Er ist die Autorität unter seinen Landsgenossen, die mehr oder minder brigantenmäßig aussehen. Von Österreich ist der wackere gutmütige Dr. Victor Adler hergereist, ein abgearbeiteter bebrillter Vierziger. Auch ein freundlicher Steiermärker in Kniehosen ist da, Resl, dem man in all seiner Gemütlichkeit den Sozialismus gar nicht glaubt. Wie viele charakteristische Gestalten aus den verschiedensten Ländern sind sonst noch vertreten, Gestalten, die ich schildern könnte, wenn ich kein Feuilleton, sondern ein Buch schreiben dürfte. Vera Sassulitsch, die Attentäterin, die jetzt, ein altes, unendlich mageres Marktweib, mit einem kiepenartigen Strohhut herumläuft, so dünn wie ein Plättbrett, und die vor Angst und Verfolgungsnervosität beim Anreden zusammenfährt. Sie ist persönlich halb scheu, halb freundlich; sie wünscht nicht, daß über ihr jetziges Leben etwas in die Zeitungen kommt, und ich achte ihren Wunsch; sie tat mir herzlich leid. Dann der greise Kropotkin, der anarchistische Prinz, mit seiner Stahlbrille und seinem langen, grau melierten Bart – und mit der unausgesprochenen Sehnsucht nach einem Ende des Exils; ein Mann, von dem man mit einem Schlage die Überzeugung gewinnt, daß er innerhalb seiner Theorien ein ganz Echter, ein Durchdrungener ist; auch er tat mir leid.

Aber den stärksten Eindruck machte eine andere Gestalt, mit der ich leise befreundet wurde. Eine sechzigjährige magre greise Jungfer mit spitzer Nase, offenem Haar und gütig-feurigen Augen: Louise Michel. Sie mißverstand mich und meinen törichten Beruf als Kongreßbummler und forderte mich in einem unserer Gespräche auf: »Eh bien, jeune homme – steigen Sie auf die Tribüne, reden Sie!« Ich tat es nicht, aber sie selbst hörte ich dann am Abend reden, als sie auf der Anarchistentribüne stand. Sie sprach – einfältig, schlicht und voll der tiefen Güte, die ihr innewohnt; sie sprach für die Elenden, die Leidenden, die misérables foules, sie appellierte schlicht an das, was uns alle einigt, die souffrance humaine, und sie schloß fast resignierten Tones: vive la liberté. Ich kann die alte Frau nicht vergessen. Wer ihre Stimme hörte, der wird sie noch Jahre hindurch hören.

23. August 1896

Das Wetter schwebt zwischen Herbst und Sommer, ein Zwitterding. Und ein Zwitterding, wie das Wetter, ist jetzt das ganze Berlin. Es ist nichts los; doch hat es den Anschein, als ob etwas los wäre. Die Leute, welche die sogenannte Gesellschaft dieser Stadt ausmachen, sind nicht vollzählig hier. Mögen sie geistig oft noch so unbedeutend sein: von ihnen hängt manches ab, das geistige Interessen birgt. So stagniert alles; denn die Fremden speist man ja mit Surrogaten.

Auf der Straße werden Bekannte zweiten Ranges getroffen; Notnägel, die man nur jetzt anspricht und späterhin sehr freundschaftlich aus der Entfernung grüßt. Wer kurze Zeit weg war, findet Einladungen vor, ungiltig gewordene und frisch giltige für die nächsten Wochen; zum Tennis, zu einem Landaufenthalt von Sonnabend bis Montag, zu einem Löffel Suppe in einer Villa an der Wannseebahn, zu einer großen Wagentour zwischen Biesental und Bernau mit Waldfrühstück, wenn's hochkommt, zur Jagd. Noch kann man sich nicht eingewöhnen in diese Stadt, in welcher (es erscheint mir nicht bloß so) kein rechter Zug ist. Ich sehe zu viele, die nicht da sind. Und *wenn* sie dasein werden ...!

Man macht ein paar Besuche und ist erstaunt, denselben namenlos wichtigen Personalklatsch zu hören, bei dem man vor fünf Wochen stehengeblieben war. Etwas Krähwinkelei lebt hier, das sieht ein Blinder. Man folgt auch der Einladung zum Waldfrühstück und genießt den Löffel Suppe an der Wannseebahn, auch mit dem Racket fuchtelt man etwas herum, und in der Nähe von Jüterbog erlegt man mit einem »wohlgezielten« Schuß ein Eichhörnchen. Aber diese so notwendigen und belangvollen Handlungen täuschen kaum über die Tatsache, daß in Berlin nichts los ist.

Bezeichnend für die Ereignislosigkeit ist, daß vorwiegend über spitzbergensche Verhältnisse gesprochen wird. Nicht von sachgemäß Interessierten, sondern von der sogenannten Bevölkerung. Nachdem man so lange über die Gerichtsvollzieher geplaudert, die um den Berliner Nordpol streichen, den verkrachten in der Ausstellung, erwärmt man sich für den wirklichen Nordpol. Es ist sehr drollig, zu beobachten, wie die Nansensche Expedition hier zur Höhe eines lokalen Ereignisses heranwächst. Das hat seine besonderen Gründe. Die Bürger an der Spree und Panke freuen sich gewiß über eine Bereicherung der Wissenschaft und über jeden Fortschritt der Aufklärung – das ist die alte berlinische Anhänglichkeit an den gesunden Menschenverstand. Diesmal aber ist die Freude an den Ereignissen fast zurückgetreten vor der Freude an ihrer Berichterstattung. Bekanntlich hat das populärste Berliner Blatt, der Lokal-Anzeiger, einen jungen Wissenschaftler von journalistischer Veranlagung dort oben hinaufgeschickt und läßt sich von Spitzbergen telegraphisch alles genau erzählen, was mit Andrée oder Nansen irgend Neues los ist. Es braucht da nur eine Kleinigkeit zu passieren – am nächsten Tag steht sie gedruckt in der beliebten Zeitung, die sich so gewissermaßen mit dem zu entdeckenden Nordpol in direkten Anschluß gesetzt hat. Und diese Tatsache imponiert den Berlinern gewaltig. Man wird ihnen recht geben, daß für deutsche Zeitungsverhältnisse hier ein ungewöhnlicher Unternehmungsgeist zutage tritt und daß ihr Leibblatt, in der Berichterstattung wenigstens, ein Weltblatt ist. Aber es wird hier eben nur getan, was in einigen anderen Ländern längst zu den Selbstverständlichkeiten gehört; die übergroße Freude zeigt also eine kleine Krähwinkelei; und wenn hier zuvörderst immer der »Lokalanzeiger« und erst in zweiter Linie der Nordpol kommt, so weiß man nicht mehr, wie man das nennen soll. Wenn Andrée Glück hat und den Nordpol wirklich entdeckt, wird der tüchtige und kluge Herr Scherl sicherlich als erster in Deutschland seinem Blatt diese Nachricht zuführen – in Berliner Spießerkreisen aber wird an diesem Tage ein Schrei des Jubels ringsum gehört werden, daß wir es so herrlich weit gebracht, nämlich nicht in der Entdeckung des Nordpols, sondern in der modernen großstädtischen Zeitungsberichterstattung. Auch wir – auch wir … O Schilda, mein Vaterland!

Nächstdem befaßt man sich noch immer mit dem unglücklichen Handwerker, welcher das große Los in der Ausstellung nicht gewann. Dieser Handwerker – wenn die Wendung nicht zu kühn ist – wird breitgetreten. Die furchtbaren Bekannten zweiten Rangs, die man jetzt trifft und die ich erwähnte, fragen mit schöner Regelmäßigkeit: »Haben Sie Ausstellungslose?«, um dann auf

diesen Handwerker überzugehn. Der Mann mag einige
Schmerzen erduldet haben, indem ihm eine selige Hoffnung zu Wasser wurde; aber er hat noch mehr Schmerzen verursacht, indem er die Menschen mit seiner Person langsam zu Tode plagt; ich hasse ihn. Möge ihm
Gott alles Gute geben, aber es ist nicht schön von ihm,
sich so in den Vordergrund zu drängen; es ist nicht
schön von ihm, die Bevölkerung einer großen Stadt so
arg in Anspruch zu nehmen; es ist nicht schön von ihm,
selbst ein so elementares Ereignis wie die Zeitungsberichterstattung über zwei Polarreisende in den Schatten
zu stellen. Denn daß Lehmann (er heißt wohl nicht Lehmann, aber meinetwegen soll er so heißen), daß Lehmann der Held, der Allererste, der Vorderste ist im öffentlichen Interesse des Gemeindewesens Berlin, darf
bis auf weiteres nicht bezweifelt werden. Erst Lehmann;
dann der Lokal-Anzeiger; dann der Nordpol. O Schilda,
mein Vaterland! Rührend sind übrigens die anderen
Hoffnungen, die an die künftigen Ziehungen der Ausstellungslotterie geknüpft werden, an die Ziehungen,
von denen vielleicht eine immerhin giltig sein dürfte –
man kann nicht wissen. Da gibt es junge Ehepaare in
spe, von denen weder der Jüngling noch das Mädchen
etwas sein Eigen nennt, das mit einer Einrichtung auch
nur in dunklem Zusammenhang steht. Ehen, die sich
»schon machen lassen würden«, wenn bloß der Grund-
stock vorhanden wäre, der allernötigste, bloß die Möglichkeit, drei oder vier leerstehende Räume mit irgend
etwas zu besetzen. Das sind so Berliner Paare, die zwei
bis sieben Jährchen geduldsam warten, ehe sie zu des
Lebens schönster Feier, so auch des Lebens Mai endet,
schreiten können. Ach, ein abgekürztes Verfahren wär'
ihnen ja so willkommen! Sie ist im Geschäft, und er ist
irgendwo »junger Mann«. Oder er ist Assessor, und er

beging die Torheit, sich zu verlieben. Oder man darf mit dem witzigen David Kalisch sagen: er war Schriftsteller, und auch sie hatte nichts. Die alle, alle, alle zählen ja auf die Einrichtungen, die man draußen in Treptow im eventuellen Falle einer dereinstigen – vielleicht giltigen Ziehung – immerhin doch möglicherweise – gewinnen kann –, und ihre Klagen, Wünsche, Sehnsüchte und Hoffnungen erfüllen gegenwärtig die Berliner Luft. Allenthalben hört man sie. Deutsches Herz, verzage nicht, ruft sich der starke Charakter hinter dem Ladentisch jetzt zu. Den Wegfall der Abzahlungskosten, der unangenehm langwierigen Amortisation überschlägt der edle und schlanke Jurist. Und der Schriftsteller murmelt bereits halluziniert mit Iphigenien: »So steigst du denn, Erfüllung, schönste Tochter des größten Vaters, endlich usw.«. Sie alle rechnen auf die Einrichtung und haben mit Lehmann nicht das geringste Mitleid. Im Gegenteil. So ist das Leben. Auf französisch: que voulez-vous, c'est la vie!

Es ist nichts los in Berlin. Bloß Rebhühner werden gegessen; das bleibt schließlich das belangvollste Ereignis. Wieder hat man sie eine Zeitlang entbehrt, die lieben Tierchen. Sie sind doch zu herzig, wenn sie wieder freundlich und verheißungsvoll neben dem mattgrünen zarten Sauerkohl liegen, der in Sekt gekocht ist; freundlich und verheißungsvoll, und braun und duftig. Und diesmal waren sie sogar so lieb, auch billig zu sein. Jeder Berliner Untertan darf sein Rebhuhn sonntags im Topfe haben, hätte ich beinahe gesagt. Es kostet nur eine Mark. Bis die maßgebenden Westberliner zurückgekehrt sind, beschäftigt man sich allein mit Rebhuhnessen; es gibt ja kaum etwas Interessanteres, es sei denn das Rebhuhnschießen. Hier kann man seine natürliche Kaltblütigkeit, seine Geistesgegenwart, kurz seinen Charakter noch betätigen. Denn wenn man mit Hunden und Freunden und Gastgebern langsam an Wiesengräben entlangstreift, in der Nähe von Jüterbog, »gespannt das Feuerrohr«, und mit dem Auge eines Indianers das Gras und die Grabenabhänge durchforscht, kann es plötzlich geschehen, daß jene seltsamen Töne laut werden, die uns zugleich erschrecken und zugleich für sofortige Ausübung des sogenannten Waidwerks begeistern, nämlich: prrrrrr. Dies fährt immer ein bißchen in die Glieder, und man hat nicht gleich Zeit, das Feuerrohr emporzureißen und auf ein bestimmtes Exemplar in der Luft zu »halten«. Bloß auf den Schwarm im großen, ganzen und allgemeinen darf man bekanntlich nicht zielen, weil dabei nach alter Jägerweisheit nie etwas getroffen wird. Ehe man aber zielt, sind die aufgeflogenen Vögel oft schon fort – so boshaftig sind solche Tiere. An Kugelschüsse ist nicht zu denken, und das Schrot, das nach allen Seiten dringt, erreicht doch meist nicht das, was es erreichen sollte. Das ist bitter. So scheint es denn in Wahrheit wesentlich geratener, seine Rebhühner bei Kempinski zu verzehren, als sie zu erlegen, was denn auch die Mehrheit gewissenhaft befolgt.

Und sonst? Es sind fünf Madagassinnen in Berlin. Das ist ein weiteres Ereignis. Sie sollen die Nachfolgerinnen der Barrison-Ekels werden. Aber es scheint, daß sie viel netter sind als diese. Schon haben sie eine Art Popularität erlangt, denn ihre Bilder prägen sich täglich, von den Litfaßsäulen aus, den Augen und Herzen der Vorbeischreitenden »unwiderstehlich« ein. Und abends, wenn sie auftreten (es ist im Wintergarten), wird dieser Plakat-Eindruck nur unwesentlich abgeschwächt. Es sind reizende Wesen. Tiefbrünett, aber mit einem merkwürdig zarten Teint. Und in ihrem Verhalten haben sie etwas, das an die Lotosblumen erinnert. Zwar genau beobachtet habe ich Lotosblumen noch nicht, aber die dunkle Empfindung besteht: so ähnlich müssen sie sein. Leider ist die Temperatur, in der sie auftreten, ihrem Wesen entsprechend; nämlich tropisch. Und darum wird Schillers Wort »der Mann muß hinaus« bei ihnen bald zur Losung. Wenn mich aber nicht alles trügt, werden diese fünf Holden noch eine Rolle in Berlin spielen. Natürlich erst, wenn die Maßgebenden zurück sind. Vorläufig wird ja nichts entschieden. Es ist nichts los, es ist nichts los.

In vierzehn Tagen schon dürfte das Gegenteil der Fall sein. Und dann soll mein nächster Brief länger ausfallen als dieser.

13. September 1896

BERLIN UND LONDON

I

»Berlin is a nice place.« Die Dinge dieser Welt vom berlinischen Standpunkt zu betrachten ist eine Beschränktheit. Es muß ein enges Wissen sein, das immer den einen Maßstab bereithält. Darauf beruht die unausstehliche Art der Berliner Lustreisenden, welche die heimatliche Schnoddrigkeit in jedes südlich-traumstille Heiligtum tragen, die venezianische Piazza San Marco mit dem Alexanderplatz vergleichen und die seligen Höhen am Gardasee mit Freienwalde. Das Zitat aus dem Horatius »caelum, non animum mutant« ist hier für einen Feuilletonisten, der auf sich hält, nur mit Anstrengung zu unterdrücken. Es sei allenfalls beiläufig für die Leserinnen bemerkt, daß die deutsche Übersetzung ist: sie haben in einem neuen Himmelsstrich nur ihren alten Horizont. Auf einem ganz anderen Blatt aber, das wird mir jeder Gerechte einräumen, steht der bewußte Vergleich zweier so kommensurabler Größen, wie Berlin und London zu sein scheinen. Beides europäische Millionenplätze, beides Zentralen ihres Landes. Für einen Berliner, der nach London kommt, wenn er auch nur drei Wochen dort spazierengeht wie ich, liegt nichts näher, als daß er beständig Parallelen zur eignen Hauptstadt zieht; er hat das Bewußtsein, daß diese ein aufstrebendes riesiges Gemeinwesen darstellt; es an einem anderen riesigen Gemeinwesen messen zu wollen ist sehr begreiflich.

Erst wer den Londoner cursum durchschmarutzt hat, sieht am Ende ein, daß die zwei Städte nicht kommensurabel sind. Man kehrt an die Spree zurück und findet, daß das aufstrebende riesige Gemeinwesen ein Idyll ist. Eine reizende Stadt mit sauberen Straßen, einem hübschen Tiergarten und einem freilich weniger hübschen Flüßchen, freundlich am Fuße des Kreuzberges gelegen. Als ich in London meiner Wirtin erzählte, daß ich von Berlin komme, sagte sie wohlwollend: »– aoh, Berlin is a nice place«. Zu deutsch: Berlin ist ein niedlicher, netter Ort. Sie hatte recht: nice ist es. Wie eine jugendgrüne Naive zu einem ausgewachsenen Heldenweib verhält es sich zu der ungeheuren Themsestadt.

Um es kurz zu sagen: London hat vierzig bis fünfzig Friedrichstraßen. Man kann eine Stunde herumkutschieren und kommt aus dem Gewühl nicht heraus. Aus einem Gewühl, wie es in Berlin bei besonderen Anlässen vorhanden ist. Man will uns weismachen, London sei am Sonntag totenstill. Das ist unwahr. Es ist am Sonntag stiller als an anderen Tagen; aber dann noch so bewegt wie eine lebhafte Straße in Berlin. Bloß im reinen Geschäftsviertel, in der City, herrscht sonntags auffallende Stille; wie diese Gegend auch am Abend in der Woche einen verlassenen Eindruck macht. Wer das Londoner Straßenbild zuerst auf sich wirken läßt, fühlt eine leise Beklemmung. Er wünscht, in dem ameisenartigen Treiben, das sich ununterbrochen entwickelt, nur ein einziges Mal eine Pause eintreten zu sehen; man sucht einen Abschnitt, um Atem zu schöpfen. Aber es geht mit steter Gleichgiltigkeit weiter, kalt, ruhig, maschinenmäßig; ohne daß eine besondere Hast zutage tritt und doch mit konzentrierter Geschäftigkeit. Das Temperament eines Volks springt entgegen, welches so besonnen und im Prinzip so aufregungslos ist, wie es in der Tätigkeit energievoll, mit zusammengebissenen Zähnen und ohne Zeitverlust vorgeht. Berlin hat hiergegen etwas Gemächliches, Zerstreutes, etwas von der Bequemlichkeit einer kleinen Stadt; das rein Zweckmäßige, Knappe tritt bei uns in den Hintergrund; man nimmt hier noch in Geschäften den Hut ab, man sagt guten Tag, und oft in einem Ton, wie wenn man hinzufügen wollte »Herr Nachbar«. Es sind Kleinstädtereien.

Ähnlich steht es mit den Fuhrwerken; sie gehen in Berlin in einem verhältnismäßig gemütlichen Trab, und selbst wenn die Gangart Galopp ist, scheint es ein launiger Wille des Kutschers zu sein. In London ist die Gangart von gleichmäßiger höchster Geschwindigkeit. Und auch hier tritt die Temperamentseigentümlichkeit dieses Volks hervor: es ist Geschwindigkeit, aber keine Hast; es ist keinerlei Aufregung dabei; die Cabführer fahren nicht so hitzig und nicht mit solchem Elan wie etwa die Wiener Fiaker, aber sie fahren wahrscheinlich rascher; und sie werfen seltner um. Kraftersparnis und Zeitersparnis bleiben die Hauptsache, Äußerlichkeiten fallen als kindisch weg. Weil der freien, tätigen Besonnenheit des einzelnen vieles überlassen bleibt und Zwang nun einmal als hinderlich betrachtet wird, gibt es keine Pferdebahnschienen in London; erst in den Vorstädten beginnen sie. Im ganzen wird aller Verkehr durch rasche kleine viereckige Gefährte von brauner, gelber, grüner Farbe bewältigt, welche mit unseren schnöden Omnibussen nichts als den Namen gemein haben; auch dieser Name wird praktisch in bus verkürzt. Die busses schießen die Straßen entlang, oben und unten mit Menschen dicht besetzt, und obgleich jedes Gefährt dreißig bis vierzig Personen mit sich führt, wimmelt auf einer Straße eine größere Zahl von Omnibussen als in Berlin von Droschken; ganze Heereszüge busses galoppieren in der gleichen oder in entgegengesetzter Richtung, keiner stört den andern, und Tausende von Menschen werden schleunigst befördert. Wie geschäftiger Müßiggang erscheint dagegen die Fortbewegung der klingelnden Berliner Pferdebahnen, die in schematisch vorgeschriebenen Rinnen, ohne ausweichen zu können, die Leipziger Straße entlangschieben, voll schweren Gewichts, bürokratisch und belämmert. Praktisch verkürzt wie der Name der Omnibusse ist der Name der Cabs, die ursprünglich Cabriolets hießen. Und sie selbst sind praktisch verkürzt; denn in der klaren Erkenntnis, daß Reibung ein Hemmnis ist, hat man ihnen im ganzen zwei Räder gegeben. Auf diesen zweien gehen sie wie der Teufel. Die Cabs sehen wunderbar elegant aus, wie unsere schlanken schwarzlackierten Sportequipagen, und der Mann, der sie lenkt, trägt keine Uniform, sondern gleich den Fiakern in Wien einen beliebigen bürgerlichen Anzug.

Wie denn die Uniformlosigkeit für berlinische Augen eins der auffallendsten Merkmale im Londoner Straßenbild ist. Weder Kondukteure noch Kutscher auf den Busses sind im Maskenkostüm. Der Kondukteur ist ein Gentleman in privater Kleidung, der wohl einen gebildeten, scharfgeschliffenen Schildpattkneifer trägt. Der Kutscher hat oft ein modernes braunes Herrenhütchen auf, er plaudert vertraulich mit einer bekannten Dame, die auf dem Verdeck dicht neben ihm sitzt; und er raucht eine may-blossom-Zigarette. Auf dem Cab thront er hinten, hoch oben, die Zügel gehen über das lackierte Dach des Wagens hinweg, so daß der Fahrgast der kleinen Equipage die volle Aussicht hat, und wieder ist er nicht bloß in der Tracht, sondern im ganzen Wesen ein privater Gentleman. Gehandelt oder parlamentiert wird nicht. Es gibt eine Nachfrage und ein Angebot. Der Kutscher ist nicht der sehr ergebene Diener dessen, der den Wagen nimmt, sondern er macht ein Geschäft mit ihm. Es sind zwei gleiche Kontrahenten. Dieses höhere Gefühl für Menschenwürde hat wahrscheinlich die Abneigung gegen die Livree gezeigt. Und auch die Offiziere tragen hier auf der Straße keine Uniform. Sie wird abgelegt, sobald der Dienst zu Ende ist. »Warum geschieht das?« fragte ich einen Londoner. Er lachte. »Es ist zuweilen vorgekommen«, sagte er, »daß ein Offizier in Uniform durch die Straßen ging, aber jetzt ist es nicht mehr möglich; die Arbeiter würden an ihn herangehen und sagen (wie es vorgefallen ist): Na, kleiden wir dich gut, füttern wir dich gut? Willst du noch was haben? Hier hast du einen Penny! Das Militär wird hier als unfruchtbarer Stand zu gering geachtet.« Also sprach er. Ich dachte, daß auch in dieser Hinsicht in Berlin alles wesentlich anders ist.

18. September 1896

BERLIN UND LONDON

II

Bei den Uniformen war ich stehengeblieben, die man nicht sieht. Auch amtliche Anstalten haben in London wenig Uniformiertes. Eine Post sieht wie ein Privatladen

aus. Allenfalls wie ein Bankgeschäft. Es hantieren darin
junge Mädchen in Straßentoilette oder Herren in bür-
gerlichem Anzug. Sie arbeiten prompt, möglichst laut-
los und vor allem ohne Brummigkeit. Wie man denn in
London immer den chimärischen Eindruck genießt, daß
die Beamten für das Publikum da sind. Nicht das Publikum für die Beamten. Der aus Feuilletons berühmte
policeman ist für diese Tatsache ein Musterbeispiel.
Aber ich will nicht lange von ihm reden. In Berlin wird
jede Frage an den Schutzmann mit den dummen Worten eingeleitet: »Entschuldigen Sie, Herr Wachtmeister
u. s. w.«. In London entschuldigt man sich nicht, wenn
man von einem Beamten Auskunft verlangt. Der Bursche wird ja dafür bezahlt, zum Donnerwetter. Der
Polizist antwortet rasch, sachlich, ohne schnauzenden
Unteroffizierston; aber auch ohne Unterwürfigkeit. In
London steht er im Dienste der Allgemeinheit; in Berlin
im Dienste der Regierung; das ist der Unterschied.

In London ist das Publikum besonnener als in Berlin.
Das springt dem Besucher nach kurzer Zeit in die Augen, und nur eine Heimatliebe könnte es leugnen, die
mit Verlogenheit gleichbedeutend ist. Es finden in London weniger Radauszenen statt. Im Verhältnis. Der einzelne hat weniger Neigung zum skandalierenden Ulk.
Die Spottsucht ist bei diesem objektiven Volk nicht ausgebildet, oder sie versteckt sich. Man kann auf der Straße
tun und lassen, was man Lust hat, ohne blöde angegafft
zu werden; ohne krähwinklige Hohnrufe zu verneh-
men. An der Spree ist das anders. In London trifft man
zwar auf Schritt und Tritt betrunkene Weiber, auch in
guten Gegenden; stumpf glotzende Gestalten mit tiefen
Säcken unter den Augen. Das ist scheußlich. Und zuweilen macht am Abend ein Dirnchen, das sich in Brandy
beschwipst hat, eine öffentliche Szene. Aber man tut, als

sähe man sie nicht; alles geht weiter. In Berlin würde ein Auflauf entstehen und der Vorfall zum großen »Feez« aufgebauscht werden; dann würde ein Schutzmann kommen und dazwischenbrüllen; dann würde die Arretierte von einem johlenden Zug durch die Straßen begleitet werden, und die Zoten würden hageln. Man macht sich hier ein Vergnügen aus Dingen, die man dort peinlich als Unwürdigkeiten empfindet. Es hilft kein Vertuschen: Die Londoner scheinen ein gereifterer und ein taktvollerer Menschenschlag als die Berliner zu sein. Drei Wochen ging ich jeden Abend auf der eleganten, belebten Oxfordstreet spazieren, und ich schäme mich, es zu sagen: sooft Krach zwischen zwei »Damen« war, die mit Sonnen- und Regenschirmen aufeinander loshieben, so oft waren es Deutsche. Vertraut und abstoßend drangen Worte an mein Ohr, die unsere Muttersprache besitzt, ohne sie loswerden zu können.

Ich bekenne, daß das Gewahrwerden einer reiferen Kultur die allerstärksten Eindrücke während meines kurzen Aufenthalts weckte. Man lebt in London in einer Sphäre von Liberalismus, im größten und tiefsten Sinne dieses vielgewandelten Wortes. Berlin ist als wissenschaftliche Stadt großartig. Aber es hat dennoch nichts, was sich mit dem Britischen Museum vergleichen ließe. Wohlverstanden: wenn Berlins Sammlungen ebenso reich wären wie die des Britischen Museums, bestände noch ein Unterschied in der Art, wie sie dem Publikum zugänglich gemacht werden. In Berlin ist alles durch eine Spur von Gelehrtenbürokratismus erschwert. In London ist alles der Allgemeinheit in möglichst großer Bequemlichkeit nahegebracht. Weitherzig und ohne törichten Stolz macht man die Sammlungen so mundgerecht und so populär, wie es irgend angeht. In Berlin werden die besten Schätze der Königlichen Bibliothek vergraben gehalten. In London liegen sie unter Glas für jeden offen da, mit Erklärungen, die den Katalog überflüssig machen. Die großen nationalen Geister erscheinen mit ihren Handschriften, mit seltenen Ausgaben ihrer Werke vor every man. Es ist eine ständige Riesenausstellung von kostbaren codices, aus dem frühen und späten Mittelalter, aus der beginnenden und der fortgeschrittenen Neuzeit, von wichtigen Briefen und Manuskripten aller bedeutenden Söhne dieses Volks, so daß jeder Straßenjunge sich einen greifbaren und rascheren Begriff von großen kulturgeschichtlichen Erscheinungen machen kann, als es nach der Lektüre mehrerer Bücher möglich wäre. Es mag lächerlich klingen, aber es ist die Wahrheit, daß einem stark empfindenden Betrachter die Tränen in die Augen treten können beim Anblick dieser grenzenlos splendiden Preisgabe ungeheurer menschlicher Kulturreichtümer.

Berlin hat auch keine Westminsterabtei. Es hat neue, ziegelrote Kirchen, die an Zahl (bei Gott!) nicht zu gering sind, die aber vor Kahlheit und Spitzheit und Ödheit erfrieren. London hat eine prachtvolle, altersgraue Gotik. Graue Riesen ragen aus dem unendlichen Meer der kleinen zweistöckigen Häuser. Die Zeit lagert auf diesen Riesen. Sie sind keine frischlackierten Parvenugebäude, nicht attrappenartig, nicht mit faulem Stuck und Putz außen hui und innen pfui; sondern schwer und echt und moosbewachsen und ehrwürdig. Und wiederum: *wenn* Berlin das Gebäude einer Westminsterabtei schon hätte, es bliebe noch immer ein grundlegender Unterschied zwischen diesen zwei Abteien. In dieser Londoner Kirche ruhen die großen Kinder Englands. Ohne Ansehen der Partei. Keine autokratische Regierung schafft ein Pantheon des politischen Konservatismus. In Berlin würde man Wrangel dort begraben; auch allerlei Fürsten, welche dem Empfinden der Nation zeit ihres Lebens Wurst geblieben sind. In der Westminsterabtei schläft der Atheist Charles Darwin neben Kardinälen. In der Westminsterabtei steht das Bildnis dieses Atheisten in Marmor gehauen. In der Westminsterabtei schlafen die großen englischen Schriftsteller, auch wenn sie wild und frei und aufwieglerisch waren. In dieser schönen feierlichen ernsten Kirche ist einer Schauspielerin eine Statue errichtet, der großen Sara Siddons. In dieser Kirche hat man auch die Jenny Lind begraben, die Bühnensängerin. Und in dieser Kirche steht, schräg vom Altar, der getaufte Jude Beaconsfield lebensgroß auf dem Marmorsockel. Das alles ist typisch. Es bezeugt eine Vorurteilslosigkeit; es bezeugt jenen großen und tiefen Liberalismus, über den ich sprach, Dinge, von denen man in Berlin noch nichts ahnt.

Rücksichten der Zweckmäßigkeit scheinen in London unter allen Umständen ausschlaggebend zu sein. Wer durch eine wissenschaftliche Sammlung in eifriger Betrachtungsarbeit wandert, kann leicht Hunger bekommen. Wollte man in Berlin neben den ägyptischen Altertümern ein Restaurant innerhalb des Museums auftun – heimische Professoren würden sich vor Schmerz die Beine ausreißen. Im Britischen Museum aber ist mitten zwischen den griechischen, assyrischen, römischen Denkwürdigkeiten eine Kneipe errichtet. So kann man dort seinen Hunger stillen und mit mehr Kraft und minderer Nervosität das Besichtigungswerk fortsetzen; im Berliner Museum ist die Würde besser gewahrt, im Londoner hungert man weniger. Vorurteilslosigkeit ist die Parole. In London trug man auch kein Bedenken, aus Zweckmäßigkeitsgründen das Standbild des Herzogs von Wellington dicht vor die Börse zu setzen. Warum nicht? Der Platz war sonst geeignet. Das Prinzip der möglichsten Raumausnützung spricht. Dieses Prinzip zeigt sich auch dicht hinter und unter dem Wellington-Denkmal. Da befindet sich eine jener öffentlichen Wohlfahrtseinrichtungen, die leichter anzudeuten als beim Namen zu nennen sind. Um Platz zu sparen, sind alle diese Anstalten unterirdisch. Über ihre Dächer weg traben die Omnibusgäule. Wellington aber konnte durch ein Institut, welches dem Wohle der Allgemeinheit dient, nicht herabgesetzt werden …

Der Raumausnutzung zuliebe sind die Londoner Stadtbahnen ebenfalls unterirdisch. Kleine niedrige Eisenbahnzüge rasen in den Eingeweiden der Erde herum. Man steigt auf Treppen in einen tief gelegenen Bahnhof, der von oben Tageslicht empfängt. Von da geht es dampfend in dunkle nächtige Zylinder, unter den Straßen entlang, ja unter dem Flußbett der Themse entlang. Diese Züge sind im Aussehen weniger elegant als die berlinischen: aber sie fahren noch einmal so rasch. Das ist wieder typisch. Konstruktionen großartigster Beschaffenheit wie die der Untergrundbahn finden sich vielfach. In Berlin gibt es keinen Holborn-Viadukt. Das ist eine Straße, in die Luft gebaut; eine Straße mit Tausenden von Wagen, Häusern, Menschen, Steinen, Geschäften, unter der andere Straßen hindurchlaufen; eine Friedrichstraße auf Pfeilern. In Berlin lebt man bloß auf der Erde; in London nebenbei noch in der Hölle und im Himmel.

Daß die Londoner Geschäfte an Eleganz die Berliner überragen, ist kaum nötig zu erwähnen. Wie London überhaupt die eleganteste Stadt ist, die ich kenne; und nicht bloß das neblige Fabrikloch, von dem man uns so viel erzählt. Wer in der Regentstreet die Schaufenster ansieht, dem hat die Leipziger Straße nichts mehr zu bieten.

Dafür ist Berlin sauberer (Seestädte stinken immer!), und es hat bessere Theater. Denn die Kunst ist drüben auf dem Hund. Das sind wenigstens zwei Vorzüge. Nur zwei. Und wenn man mich nach alledem fragt, ob ich lieber in London oder in Berlin leben möchte, so antworte ich: in Berlin. – »Der Sirius«, sagte David Friedrich Strauß, »ist vielleicht größer als die Sonne; aber er ist es nicht, der unsere Trauben reift.«

20. September 1896

Damit man gegenwärtig nicht vor Langweile verende, finden hier allerhand Zusammenkünfte statt. Ein heiterer Kongreß jagt den anderen. Erst kamen die Schriftsteller. Nämlich diejenigen, deren Verband unter der Leitung des deutschen Dichters Julius Wolff steht. Sie aßen ein Festmahl, bei Adlon und Dressel in Treptow. Dann kamen die Rechtsanwälte. Ihr Kongreß war reich besucht, denn es erschienen ihrer tausend Mann, mit Weibern, Schwägerinnen und Cousinen. Sie aßen ein Festmahl, bei Adlon und Dressel in Treptow. Jetzt sind die Frauenrechtlerinnen gekommen. Nicht bloß aus Deutschland, sondern aus Amerika, aus Armenien, aus Frankreich, sogar aus Friedenau. Sie essen ein Festmahl, bei Adlon und Dressel in Treptow.

So schlingt sich um diese Zusammenkünfte mit verschiedenen Bestrebungen ein gemeinsames, ein einigendes Band. Im übrigen gingen die Rechtsanwälte am Anteil der Bevölkerung spurlos vorüber. Die von Julius Wolff Angeführten erst recht. Aber die Weiber, die vom Sonntag ab im Rathaus tagen, wecken starke Beachtung. Warum? Zunächst, weil sie Weiber sind. Man erwartet sich ein Fest; etwas, das sehr merkwürdig verläuft; das leicht grotesk werden kann. Denn auf diese Wirkungen geht man hier zuerst. Dann aber, weil das Streben der Frauensbilder doch als etwas wahrhaft Berechtigtes im

Grunde gefühlt wird. Man glaubt, hier eine moderne Bewegung mitzumachen, während in den Verhandlungen der Anwälte und der Schriftsteller minder wesentliche Fachsimpeleien erblickt wurden. Das mag im ganzen stimmen.

Ich habe das Programm des Frauenkongresses durchgelesen. An der Spitze steht (wie könnte es denn anders sein?) Lina Morgenstern. Sie ist eine alte Berühmtheit. Beiläufig hat sie unbewußt eine politische Bedeutung bekommen. Sie ward die Schwiegermutter des Bimetallismus. Ihre Tochter Olga ist vom Abgeordneten Arendt geheiratet worden.

... Daneben las ich den Namen Natalie von Milde. Ich kannte ihn; nicht freilich seine Trägerin, die in Weimar wohnt. Ein klar und fest geschriebenes Manuskript, das vor Monden mit der Post nach Berlin kam, enthielt einen tapferen, fast leidenschaftlichen Angriff gegen die Marholm, die klügste Widersacherin der Geschlechtergleichstellung. Dieser Aufsatz stammte von einem Fräulein Natalie von Milde; ich freute mich, seine Veröffentlichung nach mancherlei Abweisungen in einer Berliner Zeitschrift durchzusetzen.

Dann wird Hermine von Preuschen sprechen; die dichtende Malerin, die malende Dichterin. Sie lebt für gewöhnlich in Rom, mit ihrem sympathisch-schweigsamen, langbärtigen Conrad Telmann, dem sie vermählt ist. Vor zwei Sommern waren beide in Helgoland, und ich machte ihre Bekanntschaft. Im Gespräch ist die Preuschen, wie es sich für ein Eheweib ziemt, ganz die Ergänzung des stummen Gatten. Sie redet fließend darmstädtisch, und nach einer Weile muß man ihr gut sein. Es spricht aus ihr eine Seele, die nach allen luftigen Höhen strebt und die Vorurteile von sich abgeblasen hat wie Staub von einem grünen Blatt. Das nimmt für sie ein. Ihr Äußeres besticht nicht. Es hat etwas Spitziges, Unverheiratetes. Bestechend ist dieses Wesen, mit der Mischung von prickelnder Lebhaftigkeit und seliger Sehnsucht. Dabei steht sie hart an der Grenze eines noch erlaubten Alters. Sie war vor zwei Jahren sechsunddreißig. Jetzt ist sie also siebenunddreißig.

Dann wird Adine Gemberg einen Vortrag halten. Ich kenne die Dame von einem Buch her, welches sie geschrieben. Leider. Sie soll zwar nachher ein anderes verfaßt haben, die Aufzeichnungen einer Diakonissin. Aber das erste kann ihr nicht verziehen werden, und wenn sie hundert Jahre alt würde. Denn wie das Hohelied, das Lied der Lieder, so ist dieser Novellenband der Schund des Schundes. Er heißt »Morphium«. Plumpe, klotzige Sensationswirkungen, innigste Unwahrheit, die ganze vorlaute, aufdringliche Darstellung im bösesten Sinne frauenhaft. Die Verfasserin prahlt da mit ärztlichen Kenntnissen und ahnt nicht, daß sie *mit* solchen Kenntnissen künstlerisch genauso falsche Töne bieten kann, genauso Unreifes und Posiertes wie die erste beste Daheim-Dichterin. Was mir in dem furchtbaren Bande dieser Jodoform-Sappho auffiel, war ein aggressives Vorgehen gegen uns arme Mannsen. In der einen Novelle geht es zuletzt einer tüchtigen Frau glänzend, der ihr korrespondierende Mann aber kommt elend um, und hier leuchtet etwas wie jubelnde Gehässigkeit zwischen den Zeilen hervor.

Regungen wie diese, an anderen Frauen beobachtet, mögen einen Strindberg mitbestimmt haben, als er zur Ansicht vom ewigwährenden, blutig-ernsten Kampf zwischen Mann und Frau kam. Er ist ein Weiberängstling noch mehr als ein Weiberhasser; und vor allem, was beides erklärt: ein weibsüchtiger Sinnensklave. Ibsen hat vor wenigen Tagen einem Reporter gegenüber geäußert,

daß Strindberg nach seiner Meinung allzu extrem sei.
Das ist er gewiß oft. Aber oft drängt sich vor diesem europäischen Zickzackgenie, das doch so manche Züge
mit Rousseau gemein hat, die Frage auf: ist dies etwas
»allzu Extremes«, oder ist es ein letztes, höchstes Kon-
sequentsein? Ist es Wahnsinn, oder ist es vielmehr
mutig-zähe Logik? Wie dem sei: zweifellos ist, daß der
seltene Schwede als erster gewisse Punkte der Ge-
schlechterfrage aus dem Neckisch-Spielenden in eine
Sphäre gehoben hat, in welcher erbitterter Ernst herrscht
und eine Katze immer eine Katze genannt wird. In ihm
trat einer auf, der nach Jahrhunderten endlich das alte
gleisnerische Scherzspiel vom »Pantoffel« satt bekam,
unter dem oft ein lebenslanges Martyrium versteckt
war, und der wutzitternd, ohne Angst vor Lächerlichkeit, den Satz aussprach: wenn es wahr ist, daß wir Menschen vom Affen abstammen, so stammen wir sicher
von zwei verschiedenen Rassen. Nicht daß er gewisse
bestehende Grundunterschiede der männlichen und der
weiblichen Natur zuerst mit Bewußtsein aufgezeigt hat,
kann ihn lächerlich machen. Sondern seine Manie: die
Welt allein unter diesem Gesichtspunkte anzusehen
und, gleich dem dümmsten Kerl unter den Antisemiten,
grenzenlos zu vergröbern und zu verallgemeinern. In
diesem Punkt, keineswegs in der Betrachtung von Ein-
zelfällen, ist er »allzu extrem«.

Werden die in Berlin versammelten Frauen seine
Büste verbrennen? Und werden sie auf dem Spittelmarkt einen Scheiterhaufen errichten und die gesammelten Werke der Frau Marholm hineinschleudern? Die
hassen sie nach Strindberg am meisten. Ja vielleicht
mehr als ihn. Der Schwede ist schließlich ein natürlicher
Gegner; er ist ja vom Geschlecht der Unterdrücker. Die
Marholm aber stammt aus den eigenen Reihen. Das

schmerzt doppelt. Dazu ist sie keine gewöhnliche Gans, sondern eine kopfstarke Person, die alles leistet, was von einer geistig Emanzipierten geleistet werden kann. Das schmerzt zehnfach. Diese Dame, die (nach Art aller wesentlichen Philosophen) von der Beobachtung des eignen Ichs ausging, kam freilich zu merkwürdigen Ergebnissen. Sie schrieb dem Weibe vornehmlich ein Trieb-Leben zu, wo im Mann ein Verstandes-Leben herrsche. Darum sei die Frau minderwertig. Sie hatte so wenig Furcht vor Lächerlichkeit wie Strindberg, und sie verallgemeinerte – nach den Beobachtungen, die sie an sich gemacht – so sehr wie jener. Beide waren rousseauartig zu heimlichsten Bekenntnissen bereit; nur daß der Schwede in wirklichem, tiefem Schmerz aufbrüllte, während die Dame sehr bewußt, sehr drapiert und sehr effektgierig getüftelte Paradoxen auf den Büchermarkt zum Verkauf brachte.

Beide sind immerhin die markantesten Gegner der im Rathaus zu Berlin versammelten Frauen. Die andren Gegner dieser Frauen, die alten Philister, die Zurückgebliebenen, die Spießer, werden auf dem Kongreß wahrscheinlich vorwiegend bekämpft werden. Denn sie sind die dicke Wahrheit. Wesentlicher aber wäre vielleicht (und interessierender für alle feineren Köpfe) die Auseinandersetzung mit diesen zwei Geistern – die heut nicht vereinzelt dastehn. Man kann ihnen unmoderne Gesinnung nicht gut vorwerfen, denn sie haben jenes Stadium der unbedingten Emanzipationsfreundlichkeit einmal durchgemacht – und glauben es überwunden zu haben. Grundverschieden von ihnen, aber gleich im Ziel, im Angriff gegen die sogenannte Frauenbewegung, ist etwa der Züricher Professor J. Platter, ein sehr moderner und ein sehr sozialer Mensch, welcher gerade jetzt einen einschlägigen Aufsatz veröffentlicht hat. Er ist in der »Neuen Deutschen Rundschau«, der von Oskar Bie vortrefflich geleiteten Berliner Monatsschrift, erschienen, die man früher »Freie Bühne« hieß. Platter scheint ein etwas grobkörniges Individuum zu sein, doch oft hat er recht. Er will den Frauen Zutritt zu allen beliebigen Berufen vergönnen. Den wollen sie ja. Sie sollen also Schlosser, Schmiede, Fuhrleute, Tischler, Abdecker, Maschinenbauer, Sattler, Stubenmaler, Lackierer, Kaminfeger, Pflasterer, Kanalräumer, Maurer, Glaser, Dachdecker, Lokomotivführer, Parkettbodenleger, Messerschmiede, Schuster, Bergleute – und auch sonst alles werden können. Es fällt dem Professor nur auf, daß sie sich um die genannten Berufe gar nicht reißen. Hierzu haben sie ja heut schon Zutritt. Trotz der immerfort wiederholten Forderung voller Gleichstellung weisen die Emanzipationskämpfer niemals auf alle diese von Männern doch so viel benutzten Nahrungsquellen hin, obwohl hier eine ganze Menge Gelegenheit zu ökonomischer Selbständigkeit vorhanden und vollkommen zugänglich wäre für das »versklavte Geschlecht«. Daraus ließe sich am Ende folgern, daß die Frauenbewegung im wesentlichen eine Damenbewegung ist. Man streitet vorwiegend (nicht ausschließlich, aber am heißesten) für den Zutritt zur ärztlichen und juristischen Laufbahn und um das Studium in der philosophischen Fakultät. Es scheinen also Ideale vorzuschweben, die für »unanbringliche Beamten- und Professorentöchter« zugeschnitten sind. Soweit Platter. Ist es nun ein Zufall, daß jetzt die sozialistischen Frauen, die eminent tüchtige Zetkin, die so emanzipiert ist, wie man es überhaupt sein kann, und die andern alle – eine Beteiligung an diesem Berliner Kongreß abgelehnt haben? Sehen auch sie in seinen Bestrebungen wesentlich Damenbestrebungen? Offenbar. Aber auch die Sozialisten dürfen nicht pharisäisch tun. Auch bei ihnen nimmt die Frauenemanzipation zuweilen sehr bourgeoise Formen an; und hier darf man vielleicht persönliche Dinge streifen.

Bebel hat eine Tochter. Ihr Name ist Frieda. Sie studierte in der Schweiz Medizin. Nun lese ich bei Platter den Satz, daß nach seinen Beobachtungen Frauen in akademischen u. s. w. Berufen sich gar nicht besonders wohl fühlten, daß die Mehrzahl »bei passender Gelegenheit sehr gern in die Ehe tritt und dann die Ausübung des mit so großen Kosten und Mühen Erlernten mit Vergnügen aufgibt«. Das scheint nicht nur auf den Durchschnitt zuzutreffen, sondern auch auf besondere Exemplare. Denn die Tochter des Mannes, welcher das berühmteste propagandistische Buch über die Frauenemanzipation geschrieben hat, Frieda Bebel, hängte die Medizin an den Nagel, sobald sie sich mit einem gescheiten Mitglied des anderen Geschlechts, dem Dr. Ferdinand Simon, verlobt hatte. Auch sie entschloß sich also rasch, die »Ausübung des mit großen Kosten und Mühen Erlernten mit Vergnügen aufzugeben«. Ich betone nochmals, daß ich nur zögernd mir erlaube, persönliche Angelegenheiten heranzuziehen. Aber vielleicht sind, bei Leuten von einer gewissen Bedeutung, persönliche Angelegenheiten öffentliche Angelegenheiten. Ich weiß von der jungen Dame nichts als Ausgezeichnetes. Bloß daß sie hier gehandelt hat wie eine Bourgeoise. Und es ist doch anzunehmen, daß bei der Tochter eines solchen Vaters das Verhalten eine gewisse Vorbildlichkeit birgt. Daß man für den Schritt der Tochter auch den Alten verantwortlich machen muß.

»Wer deutet mir die bunt verworrene Welt!« So ruft Grillparzers Bischof Gregor. Wo ist die Wahrheit? Bei den Rathausfrauen ist sie nicht; bei Strindberg und der

Marholm ist sie nicht; bei den Sozialisten wieder nicht; und in Lina Morgensterns Suppenkelle auch nicht. Ich ahne, daß die Wahrheit in den einzelnen Exemplaren steckt. Nämlich wenn sie in ihnen steckt.

Ich habe so viel über Frauen geredet, daß ich zum Schluß auch von der neuesten Frau sprechen muß, die sich in Berlin am Freitag gezeigt hat. Das ist Hans Oldens »Offizielle Frau«, und sie erschien auf dem Berliner Theater in der Charlottenstraße. Der Erfolg dieses fünfaktigen Schauspiels war sehr groß; aber fragt mich nicht, bei wem. Ein bekannter Berliner Theaterdirektor, der sich trefflich mit dem Sittenstück, doch schlecht sich mit den Fremdwörtern abzufinden weiß, soll einmal gerufen haben: ich stehe hier vor einer Nymphe, denn er verwechselte das mit Sphinx. Diesen geflügelten Ausdruck möchte ich Olden gegenüber brauchen. Er ist im Leben ein geschmackvoller, anständiger Mensch – und schreibt solche Stücke; ich stehe vor einer Nymphe. Die illustrierte Kolportage ist hier in der unverhülltesten Form, gewürzt durch amerikanische Trucs, auf die Bühne gekommen. Sensation, Spannung, gemeinster Kulisseneffekt, höchster Schmierenreiz und grelles Kostüm wirken harmonisch zusammen. Das Stück wird hundertmal gegeben werden, und Olden wird viel Geld daran verdienen. Immerhin: ich stehe vor einer Nymphe.

15. November 1896

Als man sich anschickte, Schillers hundertsten Geburtstag zu feiern, anno 59, stiftete der preußische Prinzregent, nachmals Deutscher Kaiser, den seitdem in weiteren Kreisen bekannt gewordenen Schillerpreis. Er betrug tausend Taler für je drei Jahre; so daß man die deutsche Dichtung jährlich mit dreihundertdreiunddreißig Talern unterstützte. Das war nicht viel; aber der preußische Staat besitzt keinen Überfluß. In den siebenunddreißig geschlagenen Jahren, die seitdem verflossen sind, hat die Stiftung einiges Pech gehabt. Schlemihl warf auf ihre Schicksale einen dunklen Schatten; nicht der Chamissosche, der ja keinen werfen konnte, sondern dessen ewiges Urbild. Die Dichter, die den Preis bekamen, wurden nicht ganz ernst genommen. Der Preis sank im Werte durch die Gekrönten. Wer ist Albert Lindner? Wer ist Franz Nissel? Zwei Schillerpreisgekrönte; sonst nichts. Als man sich in der Kommission einmal auf Anzengruber besann, mußte er sich von diesem Nissel und dem schmächtigen Wilbrandt flankieren lassen – auf ihn selbst fiel nur ein Drittel der Ehre. Wir haben nun in Deutschland seit sieben Jahren eine neue dramatische Kunst; sie hat uns im Drama in die vorderste Reihe aller Europäer gestellt. Bloß die deutsche Regierung weiß offiziell von dieser Kunst nichts. Die von ihr ernannte Kommission hat den Preis, um ihn ja nicht einem der Pfadfinder zu geben, um die uns das Ausland beneidet, einmal statutenwidrig an zwei Epiker verliehen. Sie hat dann den zahmen Ludwig Fulda vorgeschlagen, wo sie einen weit Größeren hätte vorschlagen können. Diesmal endlich scheint sie neben Wildenbruch auch Gerhart Hauptmann empfohlen zu haben. Ja, nach den Mitteilungen, die jetzt in die Öffentlichkeit dringen, hat sie es ganz sicher getan. Aber der Kaiser strich ihn von der Liste und gab dem Heinrichsdichter Wildenbruch den ganzen Preis. Daraus geht jedenfalls eine bemerkenswerte Tatsache hervor: daß der Kaiser Gerhart Hauptmanns Dichtungen liest. Denn daß er sie strich, ohne sie gelesen zu haben, wäre eine beleidigende Annahme. Im Theater gesehen hat er sie nicht; die Stücke, die er sieht, werden ja bekanntgemacht; er sah Skowronneksche

Bühnenspiele, sowohl »Halali« als auch »Die kranke Zeit«, und lobte sie, ferner ein Werk des Dichters Wichert, ferner ein Stück von Karl Niemann, neuerdings Schönthans und Koppels »Renaissance«, die er warm lobte, natürlich auch Wildenbruchsche Stücke und verschiedenes andere – jedenfalls nicht Hauptmann. Er muß ihn also wohl lesen. Und das ist bei den mannigfachen Zerstreuungen, welche das Hofleben mit sich bringt, bei allen den Regierungsgeschäften, den Jagden und der eignen künstlerischen Betätigung doppelt hoch anzuschlagen. Bedauerlich bleibt, daß zwischen der Individualität des Kaisers und der unseres großen Dichters bei dieser Lektüre keine Einigung erzielt worden ist. Wildenbruch ist ja ein herrlicher Mensch vom reinsten Wollen, aber sein Heinrichsdrama ist fürchterlich; die Zeit, in der er als wesentlich neuer Faktor einen Preis verdient hätte, liegt um anderthalb Jahrzehnte zurück; damals hätte man ihn krönen sollen – eiligst, eiligst –, heut ist für diese Erscheinung die Zeit schon wieder verpaßt. Dem Schillerpreis aber würde es sehr nützlich gewesen sein, wenn er einmal mit einem Namen von starkem und wahrhaft inhaltstiefem Klang verbunden worden wäre; der Preis wäre dadurch im Preise gestiegen; er hätte die schlemihlige Glorie am Ende verloren und vielleicht gar für unsere Nation eine Art Bedeutung gewonnen, die er jetzt nicht im mindesten hat. Es hat nicht sollen sein. Item!

Vor anderthalb Jahrzehnten hätte auch Fräulein Maria Barkany vielleicht eine Krönung verdient. Oder vielleicht auch damals nicht? Jetzt trat sie nach langer Pause am Theater des Westens auf, bekam Kränze und Blumenarrangements und hinterher schreckliche Kritiken. Sie spielte die Maria Stuart. Ich habe an dieser Schauspielerin nie etwas finden können, außer daß sie mit der

Das neue Luxus-Theater des Westens in der Kantstraße am Bahnhof Zoo, Architekt: Bernhard Sehring, Foto: Gebrüder Haeckel, um 1910

deutschen Sprache auf gespanntem Fuße steht. Sie spricht rumänisch oder ungarisch oder beides, jedenfalls nicht unsere liebe Muttersprache. Es ist zum Schreien komisch, wie sie das harmlose »r« behandelt. Sie schickt ihm meistens einen kräftigen Nebenton voraus, dessen Qualität nicht genau festzustellen ist. In jener merkwürdigen ersten Aufführung der »Ehre«, welche vor sieben Jahren Sudermanns Ruhm und Überschätzung begründete, gab sie die Lenore. Ich weiß noch, als ob es gestern geschehen wäre, wie possierlich und unausstehlich zugleich sie am Schluß den jungen, namenlos edlen Heinecke anrief. »Robert! Robert!« wollte sie rufen. Sie schrie aber »E-Robert! E-Robert!«, und ich wälzte mich vor Lachen, ganze Bänke von Hörern taten desgleichen. Diese Künstlerin ist vielleicht die letzte ragende Säule eines heute hinabgesunkenen Komödiantentums, dessen Stolz die unsinnige Betonung, der bloße edle Tonfall ohne Berücksichtigung des Inhalts, dessen Größe die sympathische Pose, dessen Seligkeit die falsche Interessantheit war. Die Muse der Maria Barkany ist eine Schmerzensbringerin, eine von gewaltsamster Art, und der Hörer ruft mit der Jungfrau von Orleans: »Mußtest du ihn auf sie laden, diesen furchtbaren Beruf?« Man sieht in der Tat auch bei angestrengtem Nachdenken nicht die Notwendigkeit ein, weshalb dieses Mädchen Theater spielt. Vor zwanzig Jahren war sie noch um zwanzig Jahre jünger – eine Bemerkung, gegen die sich logisch nichts einwenden läßt. Heute ist sie über das, was Skatspieler kaltlächelnd »Schneider« nennen, spielend hinausgereift und gibt dennoch schottische Königinnen in des Lebens Maienblüte. Auffallend ist, und psychologisch nicht ohne weiteres einleuchtend, daß sie bei alledem eine Gemeinde hat; eine Schar von Leuten, die sogar beträchtliche Ausgaben für Blumenkörbe und breite Seidenschleifen nicht scheuen. Vielleicht sind sie mit ihr älter geworden, und sie sehen in dem einstigen Stern des Schauspielhauses eine lebende wehmütige Erinnerung an die längst entschwundene Kindheit; »ach, wie weit, wie weit«, oder so ähnlich. Die anderen aber, die Nicht-Gemeindemitglieder, begreifen jetzt Herrn Witte-Wild, von welchem der verflossene Blumenreich in seiner Broschüre erzählt, daß er eine Antipathie gegen Maria Barkany hatte. Ich habe immer behauptet, daß Witte-Wild gewisse Qualitäten besitzt. […]

1897

20. Juni 1897

Weiß der Himmel, es ist ein heikles Thema. Immerhin: es muß besprochen werden. Es muß. Ein schrecklicher Kampf ist entbrannt. Man hat ja davon gelesen. Glauben Sie wohl, Leser, daß ich bis über die Ohren rot werde beim Schreiben dieser Zeilen? Bis über die Ohren? Hilft nichts – es muß besprochen werden.

Also ein schrecklicher Kampf ist entbrannt. Um die Jungfern. Hu, wie ich mich schäme. Auf der einen Seite kämpft der Magistrat in edlem Zorn; auf der anderen glaubensstarke Gottesmänner in heiligem Eifer. Unser Zelle, stolz und ritterlich, bricht seine Lanze für das Vorhandensein von Jungfern in Berlin. Er verbürgt sich, daß welche aufzutreiben sind. Er ist Bürgermeister; und selig macht der Glaube. Hoch aufgerichtet steht er unten am Sockel der steinernen Berolina, am Alexanderplatz, zur Seite ihm der greise Langerhans, und beide weisen mit erhobenem steifem Zeigefinger auf das gepanzerte Mädchen und verbürgen sich. Die Kirchenlichter munkeln das Gegenteil; der eine oder andere muß wohl Erfahrungen gesammelt haben. Keine von beiden Parteien aber vermag das Rätsel ganz zu lösen. Wenigstens löst es kein alter Bürgermeister und kein alter Synodale.

Vielleicht, wenn beide ihre Assessoren und ihre Theologiestudenten gefragt hätten, wäre die Auskunft maßgeblich gewesen. Denn diese strebsamen jungen Leute stellen mit Eifer statistische Erhebungen an. Sie hätten ohne Bedenken unserem Zelle recht gegeben. »Wir alle«, so rief Zelle, da er von dem zweifelnden Synodalen sprach, »wir alle sind von der Unwahrheit seiner Behauptung überzeugt, und es würde leicht sein, den Gegenbeweis aus großen und kleinen Familien zu erbringen.« Nach einer Weile fuhr er fort: ein Gegenbeweis sei gar nicht nötig. »Zunächst«, schrie er, und jedermann wird seine Worte billigen, »zunächst müßte der Herr doch selbst einen Beweis erbringen!« Das war ein durchschlagender Grund; der Synodale hatte diesen Beweis nicht erbracht. Auch nicht im geringsten hatte er ihn erbracht, der Synodale. Und wenn zwischen Stralau und Treptow ein ähnlicher Strudel wäre wie bei Regensburg –

> wem der Myrtenkranz geblieben,
> landet froh und sicher drüben;
> wer ihn hat verloren,
> ist dem Tod erkoren

– so würden noch immer mehrere Mädchen lebendig in Berlin herumlaufen. Man lese den Cervantes. Cervantes stellte sich, als ob er in der Jungfernschaft seiner Zeitgenossinnen ein minder großes Verdienst erblickte als in der Jungfernschaft ihrer Vorfahrinnen, der kämpfenden Heldenweiber. Von ihrer Tugend, so ungefähr sprach er, habt ihr gar keinen Begriff; denn nachdem sie einsam und allein durch Wälder geritten waren, Feinde überwunden hatten, nachts in der Wildnis kampiert, Jahre unter freiem Himmel zugebracht, von Ort zu Ort ohne Begleitung gezogen, in die mannigfachsten Abenteuer verstrickt waren – nachdem sie alle diese Taten vollbracht, waren sie noch so unberührt wie die Mutter, die sie geboren hatte. Der letzte Satz ist wundervoll.

Ja, der Spanier war ein Schalk; er durfte sich einen Spaß erlauben. Auch ein Chronist ist manchmal schalkhaft gestimmt und darf leise über die Berliner Jungfrauen spaßen; das ist Chronistenrecht. Jedoch ein Gottesmann scheint zum Ernst verpflichtet. Ihm steht es am Ende übel an, so allgemein kitzlige Behauptungen auch nur zu kolportieren, in der Versammlung frommer Amtsbrüder. Und daß in dem kitzligen Ausspruch, es gebe in Berlin keine Jungfrauen, sogar eine Beleidigung »höheren Orts« gefunden werden kann, hat unser Freund nicht bedacht. Es gibt in Berlin auch einen Hof. Zeter! Zeter! Und keine Jungfrau in Berlin? Er hat sich nichts dabei gedacht – nichts gedacht! Unsere Priester geben dem Hofe, was des Hofes ist. Bei Gott, das tun sie. Er hat sich nichts gedacht ... Daß übrigens bei dem ganzen Gerede nur die Absicht hervorsticht, den verhaßten Berlinern etwas am Zeuge zu flicken, sieht ein Blinder. Daß diese alte Neigung, Berlin als schlimm hinzustellen, sehr unsinnig ist, weiß auch jeder, der ländlich-schändliche Verhältnisse durch längeren Aufenthalt kennt. In jedem Falle Preis und Dank unsrem ritterlichen Zelle, dem Anwalt der Berlinerinnen. Wie Heinrich Frauenlob zu Mainz wird man ihn einst auf Händen tragen. Und eine ungemischte Deputation weißgekleideter ... Jungfrauen möge ihm indessen nahen mit einem grünen Lorbeerkranz. Auf dem Spittelmarkt aber wird ein Holzstoß erstehen und jenes schlimme Buch eines Galliers verbrannt werden, das auch in Berlin leider stark verbreitet ist – les demi-vierges.

Leser, ich atme wieder, daß ich das heikle Thema verlassen kann. Es mußte sein. Es mußte. Man kommt um synodale und kirchliche Angelegenheiten nicht herum, in der angenehmen Epoche, in der wir leben. Bezeichnend für diese Epoche ist die Äußerung, die hier noch immer einem Schusterjungen in den Mund gelegt wird. Dem bekannten mit dem gesunden Menschenverstand. Eine fromme Hofdame, die in ihrer Equipage mit betreß-

ten Dienern die Linden langfährt, wird von einem kahl-
köpfigen Herrn gegrüßt. Na, Sie kennen das schon, wie
ich merke. Tut nichts: Der Herr entblößt seinen Schädel,
und der Junge ruft: »Setzen Sie den Zylinder auf! Wenn
unsere Hofdamen den leeren Fleck sehen, lassen sie
gleich eine Kirche drauf bauen.« Soweit der Schuster-
junge mit dem gesunden Menschenverstand. Liegt nicht
eine symbolische Kraft und Bedeutung in der Äußerung,
die ihm in den Mund geschoben wird? Es liegt eine drin.
In diesen Zeitläuften, wo die äußere Schaufensterverhängung am Sonntag zwischen zwölf und zwei immer
inquisitionsmäßiger bewacht wird, während drin flott
verkauft werden darf (die letzte Woche hat wieder nette
Verschärfungen gebracht) – in diesen Zeitläuften kommt
man um kirchliche Angelegenheiten nicht herum. Das
haben auch die Herren Bleichröder und Schwabach gedacht, welche britannische Konsuln in Berlin sind und
zum Jubiläum der greisen Viktoria etwas stiften mußten. Sie hätten für ihre 20 000 M. die alte Dame von Lenbach malen lassen können und in der englischen Bot-
schaft aufhängen. Oder von Eberlein meißeln lassen (der
ist immer für das Zarte, Schlanke). Oder sie hätten von
den Zinsen der Summe englische Gouvernanten in
schwierigen Lagen, wie sie in Berlin zuweilen vorkommen, unterstützen können. Oder sie hätten einen jähr-
lichen allgemeinen öffentlichen Freitrunk in Porter,
Stout und Ale eingerichtet, von Whisky, Brandy, Gin
und einem Zubiß von eggs and bacon ganz zu schweigen. Das alles hätten sie tun können. Aber sie haben ihre
zwanzigtausend Mark der Kirche, für kirchliche Zwecke,
in Dei et Victoriae gloriam, überwiesen. Das machte ihnen mehr Spaß und kam ihnen wohl auch tiefer aus der
Überzeugung. Denn Bleichröder und Schwabach sind
überzeugte Kirchenfreunde. Die Vorfahren wußten die

Segnungen der Synagoge kräftiger zu schätzen, die Nachfahren verstehen ihre Zeit. So kommen sie selbst beim harmlosen Jubiläum einer fremden Fürstin nicht um kirchliche Angelegenheiten herum. In der Zeit, in welcher die Kotze-Briefe, die Frauenrankünen, Fräulein Flora Gaß, gemeine politische Raub-Intrigen und die stumpfsinnigste Verschwendungs- und Repräsentationssucht eine Rolle spielen (wie schade, daß man die schlimmsten Verschwender nicht leicht unter Kuratel stellen kann), in dieser Zeit tritt die strenge Kirchlichkeit, der Kuli des keuschen, herben Glaubens der armen christlichen Gotteskinder, am offiziellsten und aufdringlichsten hervor. Ja, diese ganze Zeit gleicht dem neuen Polizei-Sabbat. Die äußere Schaufensterverhängung ist streng notwendig; innen kann flott verkauft werden, was man will.

»Durch die Reise des Kaisers nach Bielefeld und Köln hat die Erledigung der schwebenden Fragen, betreffend die Veränderungen in den höchsten Regierungsstellen, natürlich, eine weitere Verzögerung erfahren« – so meldet heut, Sonnabend früh, das Organ meiner guten Wirtin, der Lokal-Anzeiger, ein polizeifrommes Blatt, das vor Loyalität manchmal nahezu platzt. Es ist doch immerhin auffallend, daß durch eine zufällige Reise nach Bielefeld und Köln wichtige Regierungsakte verzögert werden sollen. Die Nachricht muß also ganz sicher falsch sein. Das Wohl und Wehe von fünfzig Millionen Menschen steht auf dem Spiele – und durch eine Reise nach Bielefeld und Köln, durch eine Denkmalsenthüllung, eine Einweihung, kostümierte Eskorten und klangvolle Reden soll die Entscheidung über Entscheidungsfragen aufgeschoben werden? Unsinn. Ein vaterlandsloser Geselle wäre der, der so dächte. Die Reise nach Bielefeld und Köln geschieht, weil alles bereits in trefflicher Ordnung ist. Die Beschlüsse sind offenbar gefaßt, die Regelung ist erfolgt, die Minister sind kommandiert. Die Reise nach Bielefeld und Köln ist also weit eher ein beruhigendes Symptom als ein beunruhigendes. Und besonders beruhigend ist sie im einzelnen für die Großindustriellen. Denn obgleich gegenwärtig kein bedeutenderer Strike besteht, ist doch durch den Satz »schwerste Strafen demjenigen, der seinen Nachbar an freiwilliger Arbeit hindert«, für die Zukunft eine Gewähr geleistet, daß aufständige Frechlinge nötigenfalls stramm gemaßregelt werden. Und grade im industriereichen Westfalen muß dieser Satz eine tiefe und besondere Wirkung üben. Zugleich wurde das Arbeiterheim »Bethel« besichtigt, wo der orthodoxe Pastor Bodelschwingh seines Amtes waltet. Es sind hier zweifellos segensreiche Einrichtungen getroffen, und es bleibt nur fraglich, ob die Arbeiter, die richtigen Arbeiter, nicht schon zu sehr korrumpiert von den verderblichen Ideen der Neuzeit sind, um soziale Hilfe immer mit Gebet und Predigt genießen zu wollen. Wir verzichten gern auf die fromme Hülle und nehmen bloß den eßbaren Kern. Aber das eine wird nicht ohne das andere abgelassen, die Zeit fordert ihren Tribut, man kommt um kirchliche Dinge nicht herum.

Die Sanftmut der Kirche ist auch auf den Gerichtssaal übertragen. Äußerungen in scharfer Form sind strafbar, und recht leicht saust eine Pön von ich weiß nicht wieviel Mark auf den hernieder, der die Wahrheit gesagt, aber in scharfen Worten gesagt hat. Ich meine damit nicht Majestätsbeleidigungen; denn die werden heut nicht mehr allzu streng gesühnt, wie das Schicksal des Herrn von Tausch beweist. Ich meine Privatsachen. Trotzdem geht der freundliche Schreiber dieser Zeilen in guter Hoffnung und gutem Humor dem kommenden

Montag entgegen, wo in Moabit über die bestechlichen Musikkritiker gerichtet wird. Er denkt schließlich mit dem unchristlichen Anzengruberschen Steinklopferhans: »Es kann mir nix g'scheh'n!« Zugleich aber soll der Hinweis auf diesen zu einer Sensation aufgebauschten Lappalienprozeß eine Entschuldigung sein, daß dieser Brief leider um mindestens sieben Zeilen zu kurz ist. Wann alles vorbei ist, kommen wahre Bandwurmbriefe. Vorläufig verzeihe mir um meiner Recherchen willen der Leser – in kirchlicher Milde.

15. August 1897

– – Abends um zehn geht man noch für eine Stunde in den Zoologischen Garten. Hört etwas Musik an; atmet die abgekühlte Luft, schlürft Selter mit Mosel, begafft die jungen Mädchen.

Gelegentlich entfernt man sich aus der Lichterhelle und besucht die Kalmücken. Sie sind noch nicht lange in Berlin. Nächtiger Friede ruht in den halbdunklen Gängen des alten Riesenparks, und hinter einer Holzbalustrade, auf einem mondbeschienenen Fleck stehen sie. Ein langer Kerl im Priestergewand raucht eine dicke Zigarre und genießt die Abendluft. Auch kleine, weltliche Kerle genießen die Abendluft und rauchen Zigarren. Sie sind munter, gewandt, gutmütig, liebenswürdig. Neckische Leute, uns gar nicht fremd; sehen zwar wie Chinesen aus, mit Schlitzaugen und vorstehenden Backenknochen, doch dem westlichen Empfinden stehen sie näher als diese. Eine dicke Kalmückin, kaum mieser als der Durchschnitt berlinischer Kommerzienrätinnen, wackelt wie eine Ente über den Platz; und ein niedliches Mädchen in den Lümmeljahren springt an der Balustrade empor und reißt dem Publikum die Zigaretten aus dem Munde, kalmückisch lachend. Gymnasiasten, welche die Söhne von Aktionären sind und jeden Abend diesen Garten besuchen, reden in der Ursprache Kalmückiens mit ihr; sie haben sich kleine Wortverzeichnisse im Notizbuch angelegt, mit Bleistift an Ort und Stelle aufgeschrieben; es sind sehr ausgeruhte Gymnasiasten. Die Horde nimmt weiterhin kleine Angebinde zum Rauchen entgegen und läßt sich vom Mond bescheinen. Es macht einen durchaus kalmückischen Eindruck.

»Sprechen Sie auch Polnisch?« sagt eine Dame, weißes Kleid und blonde Haare, zu dem Oberkalmücken. Er verneint es in deutscher Sprache. Er sei des Russischen mächtig. Alle können die wichtigsten Dinge wirklich schon auf deutsch sagen. Sie sind liebenswürdig, gutmütig, munter und gewandt. »Ich selbst«, erzählt die Dame laut, »stamme aus Warschau.« Alles sieht sich nach ihr um. »Aber es ist schon lange her«, fährt sie mit lauter Stimme fort, »daß ich nach Berlin gezogen bin.« Die Zuhörer sind über diesen Punkt jetzt ganz beruhigt, Gott sei Dank. »Dobranotz!« sagt die Dame mit märkischem Accent, geht davon und blickt sich um, ob ihr niemand folgt. Es folgt ihr niemand. Die Einsame verschwindet in einem belaubten Gang nach dem Orchester zu. Dort wird sie das Glück von neuem versuchen. Im Mondschein stehen die Kalmücken, rauchend. Die Gymnasiasten blättern suchend in den Notizbüchern und lachen. Aus dem Hintergrunde wackelt die dicke Kalmückin wieder nach vorn, im Mondschein.

Berlin ist jetzt grauenhaft. Man atmet während des Tages keine Luft, sondern lauwarmen Unrat. Die Atmosphäre läßt sich schneiden. Darum fliehen während des Tages viele Menschen auf die Gewässer in der Nähe. Sie rudern und ertrinken dabei zuweilen. Vorher aber haben sie wenigstens noch einmal Luft geschnappt. Auf dem Müggelsee, auf dem Tegeler See, auf den Grunewaldseen drängen sich die Boote. Selbst an den Zelten, auf der ruppigen Spree, schaukeln sie hin und her. Mit zwanzig Ruderschlägen gelangt man hinaus, irgendwohin, an eine stille, grüne Stelle, dann zieht man die Ruder ein, legt sich nieder und läßt sich langsam treiben. Man schläft beinah. Nur zuweilen blinzelt man, ob etwa ein motorisches Fahrzeug so frech ist, einen zu überrennen. Auf der Spree, an den Zelten, sieht man vom Wasser aus auch allerhand Geheimnisse auf den böhmischen und hamburgischen Riesenkähnen, denn intimes Familienleben spielt sich dort in schwach geschützten Räumen ab. Man treibt an Kistenmachers Biergarten entlang, dessen Tische drei Meter über der dunklen Wasserflut, mit roten und blauen Kaffeeservietten bedeckt, hinabgrüßen. Eltern mit jungen Mädchen sitzen daran. Bürgerliche nette Mamas, gut konservierte hübsche Berlinerinnen, vierzigjährig; sie häkeln an breiten Hemdeneinsätzen. Vater raucht. Es ist wie in der konstitutionellen Bürger-Ressource zu Breslau, am Freitag, bloß wohlhabender. Die Töchter gucken aufs Wasser nach den Ruderern. Wenn man sie vom Wasser aus anlacht, lachen sie wieder. Aber diskret. Sie möchten, statt am Tisch sehnsüchtige Gedanken zu spinnen, lieber von irgendeinem in Wildheit gerudert werden. Ein Konditorjunge, weiß gekleidet, rennt mit einem Kuchenbrett hin und her, von der Sechsuhrsonne satt beleuchtet. Die weiße Shirtingmütze hat er schwitzend auf den Hinterkopf geschoben. Die jungen Mädchen denken: Kuchenessen ist süß. Aber gerudert werden (denken sie) muß noch viel süßer sein. Immer blicken sie hinab auf die ruppige Spree, wo allerhand treibende Bootfahrer augenblinzelnd hingleiten.

Aus der Atmosphäre des lauwarmen Unrats fliehen die Menschen in die Luft der Müggelberge. Großer Vater, es sind leibhaftige Gebirgsberge. Man könnte auch sagen Hügelhöhen. Kurz: Gebirgsberge und Hügelhöhen; Hirsch Hyazinthos würde nicht bessere Namen finden. Im Ernst erinnern diese Berge den unbefangenen Betrachter, der gegen die spröde Mark kein Vorurteil hat, in ihrer wunderhübschen Lage neben dem grünen Dahme-Fluß an berühmte Donaupartien, etwa die zwischen Linz und Wien. Ja, wenn man dreist und gottesfürchtig ist, darf der Rhein zum Vergleich herangezogen werden. Nur die Schornsteine in Köpenick und Grünau und Friedrichshagen verderben die Reinheit des Blicks ein bißchen. Immerhin: am Spätnachmittag liegt ein seltsamer violetter Duft versöhnend über diesen Waldgipfeln, die man in der Tiefe erblickt, über den dunklen Fichten und den lieben, zutraulichen Birkenwipfeln; es ist eine Landschaft des Friedens nach der Arbeit, und in der Ferne steigt der Berliner Ratsturm aus einer Riesenwolke von Unrat empor, den Wanderer mahnend, daß er sich nur vorläufig in der Freiheit und in anständiger Luft befindet. Auf diesen Gebirgsbergen also kriechen die Leute aus Berlin jetzt herum, weil ihre Stadt grauenhaft ist und die Atmosphäre dort sich schneiden läßt.

Es ist aber eine Insel genüber den Gebirgsbergen. Ganz klein; so daß nur das Allernötigste darauf Platz hat: ein Garten und ein Tanzsaal. Boote aber liegen, im abendlichen Dunkel, schweigend vor Anker bei dieser Insel. Leise schwanken sie auf und nieder, und die zuweilen friedfertigen Müggelwellen schlurfen wie in Novellen glucksend an ihre kleinen Wände. Wie in Novellen. Ein Schleier von Melancholie schwebt hier in Wahrheit abends nieder; er hüllt alles ein, und die Tanzmusik

klingt schwermütiger. Zwanzig Menschen sind Abend-
gäste auf der Insel. Fünf davon sitzen etwa draußen und
essen zur Nacht. Die übrigen fünfzehn gehen teils in den
dunkelgrünen Gängen umher, teils tanzen sie. Der Saal
auf diesem einsamen Müggelschlößchen ist mangelhaft
erleuchtet, und – seltsame Zusammenstellung – ein Klavier und ein Triangel erzeugen die Musik. Es ist kein
einziger Herr da, nur junge Mädchen tanzen untereinander, ohne irgendeinen Tanz auszulassen. An die In-
selseite mit den verankerten Booten dringt die Musik
nicht. Die Boote schwanken dort schweigend auf und
nieder. »'n schöner Abend«, sagt der Bootswächter aus
Friedrichshagen. »'n schöner Abend.« Ein paar Mädchen in hellen Kleidern, die aus dem Tanzsaal ver-
schwunden sind, sitzen bei ihm in dem vordersten an-
geketteten Boot. Sie singen jetzt. Es ist ein sogenannter
Schmachtfetzen; aber wie die Töne über das Wasser ziehen, wirkt das Ganze sehr seltsam auf die Stimmung.
Der Refrain dieses empfindsamen Lieds birgt die ent-
setzlichen Worte:

Ich weiß ein Herz, für das ich bete,
Und dieses Herz, es ist mir gut.

Sie singen es über das schweigende Wasser; und
durch die Nacht weht ein Hauch von Sehnsucht; mag es
auch berlinische Sehnsucht sein. Junge Mädchen sind
junge Mädchen; und Sehnsucht, o Leser, ist Sehnsucht.
»'n schöner Abend«, sagt der Bootswächter.

Dieses Lied aber ist das neue berlinische Leiblied. Was
früher der Sang vom Sonntag hell und klar und dem
wunderschönen Tag im Jahr gewesen ist, das scheint
dieses Lied werden zu wollen. Auf allen Landpartien
und im Tiergarten hört man es jetzt. Die Melodie ist von
weicher Trivialität, dergestalt, daß das frühere Lied der
kleinen Mädchen sie weit an selbständiger Schönheit

übertraf. Die Weise vom Sonntag hell und klar war bloß
Leierkasten; diese jedoch ist Leierkasten mit Tremolo
und gebrochenen Akkorden. Die Reime »flehte« und
»wehte« und »Morgenröte« bereiten auch den Refrain
vor, dann eine Spannungsfermate, und es ergießen sich
die vibrierenden Worte, der Sänger wisse ein Herz, für
das er bete, und dieses Herz, es sei ihm gut.

Auch öffentliche Sänger tragen in diesem August-
mond das neue Lied vor. Schöneberg und der äußerste
Teil der Potsdamer Straße, da, als sie anfängt, ruppig zu
werden, treffen sich in erlesenen Exemplaren ihrer Bürger und jungen Bürgerinnen am Abend in den »Drei Ra-
ben«. Dieses ist ein im Berliner Roman noch nicht im
mindesten gewürdigtes Bieretablissement; das einzige,
in dem an kühner malerischer Ausstattung, Scherzhaf-
tigkeit, Liebesleben und Chantantgesang (um Hyazinthos noch einmal reden zu lassen) ein sozusagen
künstlerischer Zug weht. Das Lokal hat einen gewissen
Avec, wie man hier sagt: anständige Pärchen, in ret-
tungsloser Liebesglut entbrannt, speisen hier zur Nacht.
Auch Familien erscheinen. Und so viel ungelöschte Leidenschaft hier unter der Oberfläche lebt und webt, so
wenig darf sie nach außen in die Erscheinung treten. Das
Prohibitive vollzieht sich in der Form, daß der Wirt, falls
ein Gast die Hand um den Nacken der Begleiterin
schmiegt oder allzu heftig küßt, mit ernsten Schritten
naht und ihm die folgenden schlichten Worte auf einem
Plakat zeigt: »Hier darf nicht geknutscht werden.« Auch
fordert er direkt auf, die Liebkosungen jetzt mit Rücksicht auf die Familie zu unterlassen.

In diesen heiligen Hallen also singt allabendlich ein
gemieteter Sänger, Baritonist, das Lied von dem Herzen,
für das man betet – und so weiter. Und hier vor allem
wird der Refrain mit Inbrunst mitgesungen. Auch die

Familien beteiligen sich. Der Sänger sitzt am Klavier, er bibbert mit den Fingern, läßt die Stimme edel erzittern, und der ganze Garten heult mit. Geknutscht darf nicht werden, aber einen traumhaft schönen Versch mitzusingen, kann der keuscheste Wirt nicht verbieten. Und von hier aus scheint das Lied die Reise durch Berlin angetreten zu haben.

Dieses Lied ist nur eine der Zerstreuungen, mit denen man sich die Zeit in diesem Augustmonat vertreibt, während Berlin so grauenhaft ist und die Luft sich aus lauwarmem Unrat zusammensetzt.

29. August 1897

Die Gipsschultzen war eine rabiate Wirtin – sie würde sich im Grabe umdrehen, wenn sie sähe, wie ihre Ermordung dem Hause geschadet hat. Jetzt ist es zwar desinfiziert worden. Aber nur von dem Leichendunst, der fürchterlich, mit Müllgeruch untermischt, zum Himmel emporstank. Ich ging vorbei, besah das elegante Schild »Joseph Gönczi u. Co.« und wäre beinah umgefallen.

Desinfiziert ist es jetzt worden, das Haus. Aber nicht von der inneren Schreckensatmosphäre, die darin webt und flüstert und raschelt. Es besteht keineswegs die Absicht, o Leser, Ihnen die Haare zu sträuben. Doch grauenhaft, voll wilder, dunkler, halbkomischer Gräßlichkeit muß man sich diesen Mord vorstellen. Ein bißchen gespenstisch mit Edgar Poeschen Kellerkatzen und unhörbaren Flüsterstimmen – mit heiserem, ersticktem Brüllen, mit angstverzerrten blauen Gesichtern und heraustretenden Augen, mit krampfigen, knackenden und greifenden Fingern, mit taumelnden Schritten und drei … vier Zuckungen. Zweimal spielt sich diese Szene ab, nur in den Einzelheiten verschieden: denn die Alte ist stramm und kräftig, das Töchterchen aber (die mit 51 Jahren von der Mama ihre Prügel bekommt) recht schwach und zart. Zweimal tut der ungarische Werkmeister sein Werk, und es ist anzunehmen, daß er keine größere Erregung gezeigt hat, als mit ungewöhnlicher Arbeit naturgemäß verknüpft ist. Denn der Mann, der ruhig Wachstuchsäcke vorbereitet, ruhig nach der Tat Erde anfahren läßt, ruhig ein Schloß vorlegen läßt und ruhig sich als Hausverwalter vorstellt: der scheint nicht nervös zu sein. Jedenfalls zieht ein Grauen durch dieses Haus, in dem die schaurig-komische Wirtin im Keller liegt, in eine Kiste gepackt, so daß »die Beine über den Rand nach der Straße zu hängen«. Hoch und elegant ist das Haus, es beherbergt die beste Gesellschaft; sogar, o Gipfel, einen Geheimrat. Vorzüglich ist es gelegen, nicht weit vom Potsdamer Platz, gegenüber vom herrlich-stillen Garten des Prinzen Albrecht, wo Fontanes Effi Briest in ihren trüben Tagen einsam spazierengeht. Erker hat es auch. Sogar das Museum für Völkerkunde ist in der Nähe. Dennoch: Grauen zieht durch dieses Haus, es flüstert und raschelt und krächzt unhörbar an den Treppengeländern entlang, bis hinunter zum Keller. Und nur äußerlich kann es desinfiziert werden. Und die Gipsschultzen ärgert sich im Grabe tot, daß die Mieten sinken, sinken, sinken. ...

Die Gipsschultzen war ein sogenanntes Original. Jede Stadt hat ihre sogenannten Originale; sogar Breslau. Und neulich las ich, seltsam berührt, bei Jean Paul von einem Breslauer Original. Der große und geliebte Meister schreibt im Hesperus am Beginn des 17. Hundsposttags folgendes: »Ich sagte in Breslau: ›ich wollt', ich wäre der Fetspopel!‹ da ich gerade das Portrait dieser Person verzehrte; der Fetspopel ist eine Närrin, deren Gesicht den breslauischen Pfefferkuchen aufgepresset ist.«

Soweit Jean Paul, der große und geliebte Meister. Der
Fetspopel war vor meiner Zeit, und ich kenne ihn nicht.
Dunkle Erinnerungen nur an eine sichere Ellen-Male
steigen empor. Dunkle und freundliche. In Berlin gibt
es andre Typen: hier herrschen obenan die Harfen-Jule
und die Eis-Rieke. Beide sind wohl ebenso unglückliche
Geschöpfe wie die meisten anderen Originale – bis zu
Gerhart Hauptmanns Hopslabär, dem man zuruft
»Hopslabär, hops a mol!«, und bis zu dem in Wüste-
giersdorf, Kreis Waldenburg, wohnhaften Eier-Karle,
dem meckerigen und zierlichen Bauerngreislein, das
alles tut, was möglich ist, Hühner schlachtet, Eier verkauft, betet, Dienstmann und bevollmächtigter Gesand-
ter ist, sein Vermögen der katholischen Kirche ver-
schreibt, Speisereste aufzehrt, hin und her eilt, die Mütze
abnimmt, ohne Grund lacht und heimlich auf Gerhart
Hauptmann wartet, um sich von ihm in die Unsterblich-
keit einschmuggeln zu lassen. Ein Original von der Art
dieser Originale war die Gipsschultzen, nicht glück-
licher als die anderen. Sie hatte die zwei Eigenschaften,
die nötig sind, um zur Rangklasse des Originals von der
Volksseele erhoben zu werden: den Zusammenhang mit
den Niederen, denn sie ging in Lumpen, schippte Schnee
und sprach berlinisch; und den inneren auffallenden
Kontrast – denn sie war nebenbei schwer reich. Aber sie
ließ sich nichts Neckendes gefallen, sie war geizig, und
so zählte sie nicht zu den beliebten Originalen. Sie wäre
weit beliebter gewesen, wenn sie Zehnmarkstücke verteilt hätte. Sogar ein weit größeres Original wäre sie
dann gewesen. Die Abneigung der meisten Menschen
gegen den Kapitalismus anderer findet im Anblick eines
Geizhalses Ausdrücke von erschütternder Ethik. So waren die Hausgenossinnen diesmal in der Lage, auf beide
Parteien zwanglos schimpfen zu dürfen: auf den ver-

ruchten Mörder, wie natürlich, und auf die im Keller in der Kiste Verblichene, welche ihres irdischen Gutes in allzu genauer und, fürwahr, nicht segensreicher Weise gewaltet hatte. Jetzt lag sie in der Kiste! Das hatte sie davon!

Allein das Original Anna Schultze, genannt Gipsschultzen, zeigte nebenbei ein zweites Gesicht. Sie war nicht immer geizig. Gegen junge Leute nicht immer. Die einundsiebzigjährige Witwe hielt es wohl mit Freiligrath: »O lieb', so lang' du lieben kannst.« Sie war ja rüstig, es fehlten ihr noch neunundzwanzig Jahre bis zur Centenarfeier – und Herr Gönczi mit dem schwarzgefärbten Haar und den interessanten, auswärtigen Augen konnte sich sehen lassen. Man muß sich diese tüchtige und energische Person vorstellen wie Max Halbes jüngste Novellengestalt Frau Meseck – dieses halbmythische Menschenbild, das als Neunundsechzigjährige mit einem Mann von fünfundzwanzig Jahren in die Ehe tritt. Alles an ihr ist Kraft und Aktivität; sie will vielleicht nachholen, was sie im früheren Leben versäumt hat. Und hier ist die Stelle, wo die Gipsschultzen sterblich war. Hier hat sie anscheinend das Verderben ereilt. Ein Zug, durch den die Gesamterscheinung der Frau einen Stich mehr ins Grausig-Komische erhält, ins Humorhaft-Tragische. Hier wächst sie über Edgar Poe hinaus.

Herr Gönczi aber wirkt auf die Gemüter durch ähnliche Nebenzüge. Der Günstling der Dame – das ist er anscheinend gewesen – lebt zugleich in seinem sogenannten Heim als ein Graf von Gleichen. Er hat neben der greisen Freundin noch zwei häusliche Frauen. Eine ältere angetraute und eine jüngere adoptierte. Und da sich diese beiden untereinander gut vertragen, ergibt sich ein ganz allerliebstes Familienidyll. Durch solche Züge erhält ein Mord, sei es auch ein so origineller wie dieser, erst die letzte Würze für verwöhntere Zeitgenossen. Man vergißt beinah den Mord über den Verhältnissen, die zugleich mit ihm enthüllt worden sind. Und die kritischen Betrachter lesen mit saftigem Behagen, daß der Held aller dieser Situationen, Herr Josef Gönczi, ein gar frommer Mann gewesen ist und jeden Morgen zur Messe in die Michaeliskirche ging. Leser – wenn ein moderner Schriftsteller diese Züge in einen naturalistischen Roman zusammengewebt haben würde: ich frage, ob man ihn nicht in magistralen Brusttönen der plumpsten und krassesten Übertreibung bezichtigt hätte. Gewiß, entrüstet hätte man ihn bezichtigt! Entrüstet!

Die Zeiten sind ernst. Und es ist ein Glück, daß es an heiteren Momenten nicht völlig fehlt. So wurde befohlen, daß der heutigen Parade die Kalmückentruppe aus dem Zoologischen Garten mit männlichen und weiblichen Mitgliedern beizuwohnen hat. Daß das in heiterer Absicht geschah, ist nicht zu bezweifeln. Denn weshalb werden die Kalmücken zugezogen? Daß unsre Soldaten sich vor ihnen produzieren? Daß die Zirkus-Kalmücken nach der Rückkehr in ihre Steppen von der Herrlichkeit des deutschen Heeres erzählen sollen? Durchaus nicht. Erstens kehren diese durch weltstädtische Schaustellungen nahezu entkalmückisierten Kalmücken überhaupt in keine Steppen zurück; und zweitens kann niemandem daran liegen, was sie dort über die ernste und wichtige Institution des Heeres und über das Aussehen unseres obersten Kriegsherrn erzählen. Sie wurden offenbar zugezogen, um das Paradefeld ein bißchen zu beleben und die Möglichkeit zu einigen heiteren Intermezzi zu geben. Und das ist froh zu begrüßen – auch im Sinne der Soldaten, denen jede Abwechslung an diesem Tage großen Spaß macht. Auch im Sinne der unbemittelten Bürger, welche bei der Rückkehr auf diese Art die Kalmücken gratis in der Friedrichstraße zu sehen bekommen. Es ist froh zu begrüßen.

An heiteren Momenten läßt es auch das Polizeipräsidium nicht fehlen. Die Charlottenburger wollten eine Friederikenstraße, nach Friederike von Sesenheim benannt, und sie ist ihnen untersagt worden: weil Goethe unsittliche Beziehungen zu diesem Mädchen unterhielt. Wahrscheinlich hat sich Froitzheim, der bekannte Gelehrte und Friederikengegner, hinter das Polizei-Präsidium gesteckt. Froitzheim behauptet, daß Friederike sogar zwei uneheliche Kinder ihr eigen nannte. Aber selbst wenn der Polizeipräsident von Froitzheims Existenz keine Ahnung haben sollte (mir ahnt sogar, daß er keine Ahnung hat), wäre das Verbot doch durch die zweifellos wiederholte Vornahme unzüchtiger Handlungen, die zwischen dem pp. Goethe und der unverehelichten Brion in einer Laube stattgefunden, sehr gerechtfertigt. Als erschwerender Umstand fällt ins Gewicht, daß selbiges in der unmittelbaren Nähe eines evangelischen Pfarrhauses geschehen. Und da gleichzeitig ein gewisser Lenz, Stürmer und Dränger von Beruf, wahrscheinlich Sozialdemokrat, eine Anzahl von Friederikenliedern gedichtet hat, ist es überhaupt fraglich, ob die Brion, falls sie heut in Charlottenburg leben würde, nicht einer regelmäßigen Beaufsichtigung durch die Organe der Polizei anheimzufallen hätte. Wir leben in einem christlichen Staat, in welchem Kirchen, wenn schon nicht häufig benutzt, so doch recht häufig erbaut werden. Wir haben eine mustergiltige Hofgesellschaft, in welcher Übertretungen niemals vorkommen. Wir umkleiden jetzt sogar die wilden Männer auf den preußischen Staatswappen mit schützenden Lappen, weil jede Blöße etwas Unmoralisches hat. Und wir können darum nicht zugeben, daß die lüderliche Tochter eines sonst

ehrenwerten Geistlichen Anlaß zur Benamsung einer
Straße gibt. Wir schlagen dafür vor: Lilienweg oder
Fromme-Helenen-Allee. In Epochen, wo ein Gönczi lebt,
wo selbst einundsiebzigjährige Frauen ... u.s.w., darf
der Unzucht unter keinen Umständen fernerer Vor-
schub geleistet werden.

Die Zeiten sind ernst. Es ist ein Glück, daß die Originale nicht aussterben. Ich meine: die Harfenjule und die
Eisrieke und die Leute vom Schlage des Eier-Karle und
des Fetspopels. Und die anderen.

31. Oktober 1897

Gestern, Freitag abend, bevor ich schlafen ging, sah ich
Oswald Alving blödsinnig in einem Sessel sitzen. Er rief
mit starker gleichgiltiger Stimme nach der Sonne. Es
dröhnte durch die Seele, wie er schrie, in gemessenen
Zwischenräumen, idiotisch-kräftig: sole; – – il sole; – –
sole; – – so – –; – – sole; sole; sole. Man fühlte: jetzt war
in seinem Innern alles erloschen an Beseeltem, er war
jetzt wie mit Stroh ausgefüllt; ein sozusagen gesunder,
ein körperlich starker Blödsinn schrie zufrieden aus
ihm; sole; – – sole; – – sole; – – ein Ochse saß im Sessel.

Das war im Neuen Theater, wo »Spettri« von Enrico
Ibsen gespielt wurden. Oswald war Ermete Zacconi.
Wenn ich zurückdenke, wie er die ganze Gestalt verkör-
perte, so ist zu sagen: ein einheitliches Bild blieb nicht
zurück. Das Spiel zerfiel in tausend und drei Einzelzüge;
und doch – es war etwas Unvergeßbares darin. Nicht
vergessen wird man diesen liebenswürdigen, gütigen,
jungen Menschen, der mit unendlichem Schmerz fühlt,
daß er verloren ist. Nicht bloß mit Schmerz: mit einsamer Verzweiflung. Das letzte Mitleid wird wachgeru-
fen, und stürmisch schießen den Hörern die Tränen in

Die Friedrichstraße mit der Kaiserpassage: Einkaufs- und Erleb-
nisstraße, Foto: E. Linde & Co., 1901

die Augen. Die Züge Oswalds gehen auseinander, er
fährt sich hilflos in die Haare, beugt den Kopf nach hinten, und er weint. Dieser Oswald wagt nicht auszudenken, was mit ihm vorgeht, aber etwas übermannt ihn,
und die Betrachter packt eine Art Verzweiflung, daß der
liebreiche und freundliche Künstler sein schauriges
Schicksal zu leiden hat. Diese Zwittermomente, die zwischen Wahnsinn und Gesundheit schwanken, in denen

Oswald in seine Zukunft zitternd sieht, sind das Größte und Erschütterndste an Zacconis Leistung. Nur so viel Liebenswürdigkeit, wie sie Zacconi in Oswalds Augen und seinen armen Mund zu legen weiß, ist fähig, ein so schluchzendes, elementares Mitleid zu erwecken. Wie schade, wie schade! schreit etwas in dem Zuschauer. Wie schade um ihn! Ich habe Antoine als Oswald gesehn, auch Emmerich Robert vom Burgtheater in der verheißungsvollen ersten Vorstellung der Freien Bühne und neuerlich Rudolf Rittner. Hiervon schien Robert am schlechtesten, Rittner ergreifend, und die stärkste Erinnerung bildet Antoine. Es war eine gradlinige, einprägsame Leistung, aus einem Guß. Er gab einen düsteren, mürrisch-müden Oswald. Er kam schon als offenkundig Gehirnkranker auf die Bühne, und Frau Alving hätte weniger klug zu sein brauchen, als sie ist, um die Sachlage sofort zu übersehen. Antoine war in der ganzen Haltung bedrohlich und tierisch. Aber Zacconi gab die Übergangszüge, welche entscheidend sind. Im übrigen gab er zu viel. Er scheint wahrhaftig ein Italiener zu sein, welches Volk dazu neigt, alles troppo zu machen. Sie genieren sich nicht. Bourget, der Seelenprofessor, hat sie mit Recht daraufhin festgenagelt in seinem dickleibigen Kosmopolitanroman. Und so hatten die Berliner Hörer geteilte Empfindungen über Ermete Zacconi: Zur Hälfte ein großer Künstler, zur Hälfte ein großer Macher! Die Krankheitserscheinungen gab er glänzend. Er stammelte, markierte beginnende Aphasie, und die Hände lallten ataktisch. Er hat das Wort atavismo zu sagen; er sucht danach; man hört etwas wie ismo, dann avismo; schließlich atavismo – er hat es gefunden. Zuweilen erreichte er diejenige Grenze, die man hier rüde mit dem Kosewort Mumpitz beibenennt. Aber weiß der Himmel, es ist der genialste Mumpitz, den ich

kenne. Zuweilen hatte man diesem Virtuosen gegenüber
eine Empfindung, die sich in dem Begriff »Garrick« zu-
sammenfaßt. Überlieferte Anekdoten haben ein Bild von
diesem Künstler in mir entstehen lassen, und ich bin erstaunt, zu finden, daß Zacconi sich mit jener Vorstellung
deckt. Er nahm ein Fußbänkchen in den Arm, so haben
wir gelesen, und weinte wie um ein totes Kind, und alle
Hörer weinten mit. Man hat das Gefühl, daß auch Zacconi so etwas vermöchte.

In diese Woche fiel noch ein anderes erstes Auftreten
in Berlin. Ich wurde beim Zusehen fast erquetscht. Der
Debütant hieß Reinhold und spielte unter den Linden.
Er hatte starken Zulauf und war im ganzen eine Enttäuschung. Er ist offenbar weder Virtuose noch genial, sondern ein anständiger und durchschnittlich begeisterter
deutscher Provinz-Marquis-Posa. Herr Professor Reinhold macht nicht den Eindruck einer Persönlichkeit. Es
ist ja gefährlich, nach einer Begegnung zu urteilen – aber
er macht nicht den Eindruck einer Persönlichkeit. Einen
lyrischen Zug hat Herr Professor Reinhold, aber auch
der ist nicht genügend ausgeprägt, um ihm etwas, na,
genügend Ausgeprägtes zu geben. Er ist ein Schwärmer,
doch ein maßvoller Schwärmer, ein gebürsteter Schwärmer, ein konzessionierter Schwärmer. Er scheint unter
den Sozialrevolutionären gewissermaßen ein Logenbru-
der zu sein. Äußerlich ein netter Mensch: sauber, vierzigjährig, zuverlässiger Schnurrbart, ruhevolle Haltung,
offenbar frei von Nervosität. Er wird hier schon nervös
werden. Wird schon werden, wird schon werden. Unangenehm und, ich kann mir nicht helfen, logenbrüder-
lich berührt die Art des Vortrages. Die Stimme wird fest-
rednerisch-weihevoll gehoben in edlem, periodisch
steigendem und sinkendem Pathos, und bevor man
genau hört, was der Professor Reinhold sagt (denn die

Vordermänner und Vorderfrauen sind recht unruhig, und das Knacken ihrer Halswirbel, die sie sich ausrenken, gibt Geräusche), bevor man ihn versteht, ist man durchdrungen, daß er von der Größe der Natur und von der Vorsehung redet und vom Eindringen des Geistes in den tieferen Sinn der ewigen Gesetze, und man hat die spezielle Vermutung, daß er das Wort »innere Harmonie« und den Ausdruck »das Göttliche im Menschen« recht häufig braucht. Nachher, als sich die Nachbarschaft etwas beruhigt hat, merkt man den Irrtum und hört die Worte Staatsidee, Privateigentum, Straßenputsch, Gesellschafts-Ordnung, Expropriation, marxistische Theorie, Wirtschaftssystem und Klassenstandpunkt. Die Hörer wissen nicht recht, nach welcher Richtung sie demonstrieren wollen, ob für, ob gegen und ob stark oder leise, denn aus den ewig edlen Sätzen mit ihrer begeisterten Neigung zur rollenden Periode springt der Sinn nicht immer schlagend und mit knapper Schärfe heraus, und lange Zeit weiß man nicht, ob Herr Professor Reinhold ein überlegener Sozialistenfresser oder ein heimlicher Sozialistenfreund oder ein pädagogisch-milder Sozialistenmahner und Warner oder sonstwas ist. Er redet so, und er redet so. Er redet nach rechts, und er redet nach links. Er redet metaphysisch, und er redet realpolitisch. Und eine Oase ist erreicht, wenn er, mit mehr als gewöhnlich edler Stimme, sich gegen diejenigen wendet, welche den Sozialismus lediglich als eine Erbärmlichkeit ansehen. Er sagt ungefähr von hervorragenden politischen Kaffern, daß sie »denn doch« in der Entwicklung zurückgeblieben sind und daß »denn doch« der Fall nicht so leicht abzutun sei. Und entzückt von dieser Originalität und diesem Mannesmut, bricht das Auditorium in Beifall aus. Die Studenten trampeln, und das Riesencorps der Laien hat an

dieser nicht überall bräuchlichen Huldigungsart eine
naive Freude. So kommt etwas Leben in die Bude. Dann
versinkt wieder alles in einen Zustand des Schnarchens.
Oben auf dem Katheder schnarcht Reinhold in sym-
metrischen Tönen, auf und ab, auf und ab. Unten
schnarchen die Leidtragenden. Er schnarcht wohl von
»innerer Harmonie« und vom »Göttlichen im Menschen« – oder doch nicht? –, und mir träumt, daß durch
die Luft gezogen kommt, Diplome tragend, eine Deputation der Loge »Gustav zu den drei Kopfkissen« und
ihm die Ehrenmitgliedschaft anträgt. Wie wird man erst
in den Winterabenden bei Reinhold schnarchen, wenn
das Gas gemütlicher rauscht und draußen die, wenn ich
nicht irre, trauten Flocken leise fallen. Großartig wird
man schnarchen, wenn die trauten Flocken leise fallen.

Indessen regen sich die Leute hier über andere Dinge
mehr auf als über den rettenden Reinhold. Sie sind auf
Nicolaus ernstlich böse, den jugendlichen Russenfürsch-
ten, der so moskowitische Knappheit in der Pflege
freundschaftlicher Beziehungen zeigt. Der »Schimpf«,
den er den treuen Badensern angetan, ist zwar mehr
komisch als tragisch, aber man benutzt in Berlin die Gelegenheit, einige flammende Entrüstung im Tiergartenviertel zu hegen. Vielleicht hegt man dieselben deutsch-
volklich-empörten Gesinnungen in jener Gegend, wo
sich Nicoläuschen jetzt aufhält, aber es ist zehn gegen
eins zu wetten, daß man die empörten Hüte ziehen
wird, wenn er vorüberfährt. Treues deutsches Herz, wir
kennen dich doch! Ernstlich aber hat man hier erwogen,
um wieviel schöner die Formen des Verkehrs im Volks-
leben als im Monarchenleben sind. Wenn hierzulande
zwei Ehrenmänner miteinander verfeindet sind oder
wenigstens der eine etwas gegen den anderen hat und
jener ihn besuchen will, so ist der Verlauf folgender. Der

»Betreffende« trifft den »Betreffenden« auf der Straße; und er sagt ihm: »Edewacht, wenn de dir noch einmal zu mir rufftraust, dann kannste wat erleben; ick sage dir, es jiebt mächtige Senge; und wenn de jetzt nich vaschwindest, kleb' ick dir sofocht eine.« Eduard schnallt dann entweder seinen Riemen ab, oder er »vaschwindet«. Niemand wird leugnen, daß eine größere Schlichtheit und Herzlichkeit in dieser Art, Verstimmungen zum Austrag zu bringen, liegt. Eduard und sein Gegner, mag es der dicke Wilhelm oder der kleine Pickel-Aujust sein, sind die allein Beteiligten. Der Erdgeruch, der vielfach in Feuilletons so unentbehrlich ist, steigt hier nahezu mit Vehemenz empor. Schwieriger wird der Fall, wenn er bürgerliche Kreise betrifft. Hier werden Briefe geschrieben, in denen »ersucht« wird, »unser« Haus »fortan« nicht mehr zu betreten. Denn Herr Püschel II aus dem Vergnügungsklub »Levkoje« habe erzählt, daß Adressat, Stümcke, sich bei Bötzow öffentlich gerühmt habe, unsre Tochter Martha auf dem Spittelmarkt geküßt zu haben. Oder: Fräulein Karkowski solle die Verleumdung von wegen falsche Zähne zurücknehmen, widrigenfalls man ihr hiermit untersagen müsse, sich je auf unserer Schwelle blicken zu lassen. Noch komplizierter wird der Fall im Westen. Komplizierter, weil schwerer erkennbar und nuancenreicher. Man erfährt dort nicht, wer überhaupt beleidigt hat und inwiefern beleidigt worden ist, auch nicht mit Sicherheit, ob die Gegenpartei wirklich beleidigt ist oder nicht. Der Betreffende oder die Betreffende wird bloß nicht eingeladen. Er erfährt eines Tages, daß X.ens eine Gesellschaft gegeben haben, ohne daß er durch ein Kartonformular benachrichtigt wurde. Das ist ein Donnerschlag. Man weiß, woran man sich zu halten hat, und die Grüße im Lessingtheater werden kühler. Zuweilen, wenn im Tiergarten Herren im

Spiel sind, soll es zu Forderungen kommen. Aber eine Sage meldet, daß sich im weiteren Verlauf die Feinde gegenseitig für satisfaktionsunfähig erklären, worauf alles weitere unterbleiben kann. Man sieht: am kompliziertesten ist der Fall in Monarchenkreisen, denn hier arbeitet man mit Reichsanzeigern, und es werden die Völker mit hineinbezogen. Bei dem Mißverständnis, das zwischen dem jungen Russen und einem ehrwürdigen deutschen Bundesfürsten gewaltet hat, sind ja kriegerische Verwickelungen hoffentlich ausgeschlossen. Doch sonst gilt noch immer das nachdenkliche Wort: Quidquid delirant reges, plectuntur Achivi.

Im Tiergarten regt man sich auch noch immer über den bösen Spiekermann auf, der einen kleinen Gesellschaftsskandal in Clubsphären hervorgerufen hat. Man weiß aus den Zeitungen, daß er auf seinem Gut die gar nicht rätselhafte Inschrift anbrachte: Hunden und Juden ist der Eintritt verboten. Wenn es wahr ist, müßte dieser Zeitgenosse ein ungewöhnlicher Rüpel sein, denn so massive Witze sind selbst im Zeitalter Ahlwardts unmodern. Mir fällt ein Zug aus dem Leben Dingelstedts ein. Er ging mit Saphir auf die Sophieninsel in Prag und zeigte höhnisch auf eine Tafel, darauf geschrieben stand: »Ein Jud und ein Schwein darf nicht herein.« Aber der legendenhafte Saphir war nicht faul. Er grinste ihn an und sagte: »Der Jud und das Schwein sind schon herein!« Spiekermann, Spiekermann! Am Ende haben Sie sich ähnliche Antworten zugezogen. Am Ende gibt es ruchlose Burschen, die behaupten, Sie hätten sich das Betreten Ihres Guts unmöglich gemacht. Spiekermann, Spiekermann! Amüsant ist das Verhalten des Clubs, der sich einzuschreiten weigerte, weil die Tafel nicht im Clublokal gestanden habe. Eine feine Gesellschaft, was? Wenn das Clubmitglied Schulze einen Lustmord in

Rogasen verübt, darf es Clubmitglied bleiben. Sollte es aber die Bluttat im Club, unter dem Kronleuchter, ausführen, dann allerdings müßte es ausgewiesen werden. Feine Gesellschaft.

Im übrigen, Leserin, kaufen Sie Blumen. Warum? Ich will es Ihnen rasch sagen, und das ist bei Gott für heute mein letztes Wort. Die Sorma kommt nach Breslau und spielt Rautendelein und Nora. Kaufen Sie Blumen.

Kaufen Sie Blumen.

28. November 1897

In Berlin ist es Winter geworden. Auf den künstlichen Eisbahnen wird gegossen. Die heiratslustigen und liebesehnsüchtigen Töchter des Westens haben Schlittschuh' am Arm hängen, wenn sie ihre Bleichsucht spazierenführen. Und der Sportplatz am Zoologischen Garten, dieser langhingestreckte Vorwand zum Anbandeln, ist belebt von teutschen Mägden und (wie der selige Paul Lindau sagte) Günglingen. Die Günglinge denken an die Mitgift, die deutschen Mägde an andere Annehmlichkeiten. Sie, die Mägde, haben noch Ideale. Am Rande aber wackeln Mütter und Tanten, verfolgen Dora, soweit es geht, mit der langgestielten Lorgnette, verfolgen auch die Mienen des Kavaliers, soweit es geht, und nähren im Busen allerhand Gedanken voll zärtlicher Kuppelei. Dora ist in den meisten Fällen etwas gerissener als Mama und kann von ihr keine Ratschläge brauchen. Welches Verhalten zu beobachten ist, während der Güngling und Kavalier ihr die Schlittschuh abschnallt, das sagt ihr das eigne, mit Respekt zu melden, Herze. Und auch Emmy und Frieda haben es ihr gesagt; sie weiß Bescheid – Dora weiß Bescheid.

Dieweil sich aber dieses Schauspiel und auch das Ab-

schnallen jährlich wiederholt, wird es ein bißchen langweilig. Die Jahrgänge unter den Tiergartenmägden
wechseln zu wenig. Die Sitzengebliebenen von früheren
Wintern rächen sich am heranwachsenden Geschlecht
der Schwestern, indem sie ihnen die Eisbahn durch zahlreiche Gegenwart streitig machen. Sie lassen ihnen
kaum Platz zum Hinfallen; so mißgünstig sind sie. Und
wenn es einer Jüngeren dennoch gelingt, einen Sturz zu
ertrotzen – hart am Charlottenburger Tattersall, wo zuweilen eine klug zu erspähende Gelegenheit ist –, werden sie olivengrün vor Neid. Und sie behaupten, daß
die damit verbundene vorübergehende malerische Un-
ordnung des Gewandes das mühsam erstrebte Ziel eines
ganzen Vormittags sei. Die zarten Pflanzen haben in der
Tat das Musikdrama »Miß Helyett« mit Nutzen gesehen
und hegen über den Reiz der Barrisonbilder selbständige Gedanken – sie werden auch hier Bescheid wissen.
Dora, mir ist, als ob ich die Hände aufs Haupt dir legen
sollt'. Die Olivgrünen aber sind in diesem Winter zahlreicher denn sonst. Vielleicht kommt es einem bloß so
vor – weil man mit steigenden Jahren immer mehr Oliv-
grüne kennt und immer weniger Backfische. Und die
Olivgrünen blicken sehr freundlich zu den Herren und
sogar schwärmerisch, die Blicke kommen gewissermaßen aus der Tiefe, und man denkt an Jean Paul, welcher
im Hesperus behauptet, »je älter ein Mädchen oder ein
eingepökelter Hering sei, desto dunkler sei an beiden
das Auge, das durch die Liebe so werde«. Dunkle Augen, seelenvolle und eingepökelte Augen sind in Wahrheit erschreckend häufig auf dieses Winters westlichen
Eisbahnen. Dora! wird einstens auch dein Auge, das jetzt
emsig klappert, von mildem, tiefem Heringsglanz um-
zogen sein? Man ahnt es nicht. Mögest du glücklich werden. Mögest du glücklich werden.

Berlinische Vorgänge sind den Leuten gegenwärtig recht gleichgiltig. Was ist uns eine Eisbahn am Zoologischen Garten? Nichts ist sie. Was die Gemüter in Anspruch nimmt, spielt sich in Frankreich und Österreich ab. Nach den Akten Scheurer-Kestners und nach der österreichischen Parlamentsprügelhalle strebt die seelische Teilnahme der Stadt Berlin. Die Dreyfus-Geschichte wird hier so lebendig und eifrig verfolgt – wie eine so seltsame und erschütternde Geschichte begreiflicherweise verfolgt wird. Allein die Erwägungen völkerpsychologischen Inhalts, allein die Betrachtung des französischen Volkes in diesem Handel fesseln die Seelen im Innersten. Wir haben, was Vorurteile anlangt, gewiß keinen Grund, pharisäisch zu sein. Aber es ist immerhin wertvoll, diese pointierten Bestien in aller freiwaltenden pointierten Bestialität zu beobachten; wir erinnern uns an Zola und die Art, wie er im Riesenepos von den Rougon-Macquarts ihren nationalen Bestiencharakter unvergänglich gezeichnet hat. Politiker, wie sie in seiner denkwürdigen Stadt Plassans am Werke sind, tauchen vor dem erstaunten Auge allenthalben auf. Plassans ist Frankreich. Wütende Tigernervosität wird das Merkmal der allgemeinen innersten Stimmung. Und mag der Hauptmann schuldig oder unschuldig befunden werden: diese Erscheinungen sind das Bleibende an den zufälligen Vorgängen, und sie fesseln in Berlin am stärksten. Viel belacht hat man hier wieder Herrn Maximilian Harden, der mit seiner putzigen Sicherheit in politischen Privatkundgebungen schon so viel zur Verminderung des allgemeinen Weltschmerzes beigetragen hat. Dieser unbezahlbare Bajazzo pflegt den deutschen und europäischen Angelegenheiten nach acht Tagen erst die letzte Weihe zu geben. Er dekretiert – und die Kenner in Berlin wälzen sich vor Vergnügen. Er ist der emsigste Klugsprecher (in Schlesien gibt es ein anderes feines Wort dafür, das man bloß nicht gut brauchen kann) der letzten sieben Jahre. Diesmal hat er dahin entschieden, daß der Fall Dreyfus als ein von jüdischen Interessenten inszenierter überflüssiger Rummel zu betrachten ist. Der Fall des Bergmanns Schröder habe lange nicht so viel Staub aufgewirbelt, weil der kein Jude sei. Nun ist Schröder zu einigen Jahren Zuchthaus, Dreyfus aber zu langsam-qualvollem Tode auf einer einsamen Insel unter raffinierten unmenschlichen Bedingungen verurteilt worden, so daß der Unterschied auch einem Esel in die Augen springt, aber die wöchentliche Verlegenheit um Sensation ist manchmal so schwerwiegend, daß ein geängsteter Apostat das Maß des niedergeschriebenen Blödsinns erst in zweiter Reihe berücksichtigen kann. Übrigens war es dringend notwendig, daß gerade unser Harden der Sache in Deutschland eine antisemitische Wendung gab. Wie alles an ihm neu ist, auch die Bildung und die Zitate, die immer vom Sonntag bis zum Freitag fleißig erworben werden, so auch das arische Bewußtsein. Er ist seit mehreren Jahren ein gerichtlich eingetragener Arier. Die Zeiten, da er noch als ritueller Felix Wittkowski auf dem französischen Gymnasium die Grundlage für seinen Zitatenreichtum zu erwerben verabsäumte, sind dahin. Gerade er mußte in Deutschland jetzt auf die Gefahren, welche die jüdische Agitation in der Dreyfussache bot, mit besorgtem Blick hinweisen. Unbedingt! Die Komik des Falls erkennt derjenige ganz, der Herrn Harden je hinter einer Logenbrüstung kokettieren sah und weiß, wie äußerst mangelhaft er getauft ist. Möge er glücklich werden.

Neben Harden und Dora und der österreichischen Prügelhalle – wenn schon gehauen wurde, ist es tief zu bedauern, daß der Edle von Abramowitsch nicht mäch-

tige Senge bekam, denn der Edle hat sie dreifach verdient – interessiert man sich hier für den Herzog Ernst
Günther. Er liegt krank im Bristol-Hotel. Lebensgefahr
ist nicht vorhanden, aber man erwog doch, was er dem
deutschen Volke bisher gewesen. Er war ein Mann voll
Lebenslust und voll Anteil für die Kunst. Wenigstens
der Verkehr mit Künstlern und mit Künstlerinnen war
ihm unendlich wertvoll. Er wollte ihn niemals missen.
Bei allen möglichen Anlässen wurde Günther genannt;
aber nicht in den Zeitungen, immer bloß streng privatim. Was Wahres über ihn berichtet wurde, was Falsches
– welcher profane Bürgerschmann wäre imstande, das
zu prüfen. Genug, er wurde genannt. Wer im Tiergartenviertel mit Malern und Bildhauern verkehrt, hat oft
genug seine Visitenkarte in der Silberschale obenauf liegen sehen. Es ist die Renommierkarte der nobelsten Berliner Bohème. Auch bei Ludwig Pietsch, dem unermüd-
lichen Festgreis, verkehrte er. Es freute ihn herzlich, dort
unter Künstlern und unter Künstlerinnen und sonstigen
Anwesenden anwesend zu sein. Es freute ihn. Eines Tages sagte er: Ich fühle mich hier so wohl; die offiziellen
Diners hab' ich dick; hier bin ich Mensch, hier darf ichs
sein; hier ist es so unoffiziell, so gemütlich. Also sprach
er, in der Landgrafenstraße. Ein Maler aber erwiderte
ahnungslos: »Oh, königliche Hoheit sollten erst mal dasein, wenn königliche Hoheit nicht da sind!« Soweit der
Maler. Möge Günther bald genesen, möge er glücklich
werden.

Gestern abend jedoch wurde im Schauspielhaus »Maria Magdalena« von Hebbel gespielt. Und man konnte
darüber allenfalls Dora, Harden, Günther, Abramowitsch und anderes vergessen. Rein vergessen, sag' ich.
Ich hatte mir geringe Wirkung versprochen und war
verblüfft über diesen furchtbaren Druck. Man sah einen

einsamen Riesen erstehen, der vor fünfzig Jahren das in Europa fühlte, was wir heut anstreben. Gestern abend wurde es mir klar, wie unverstanden Hebbel gestorben sein muß. Unverstanden trotz äußeren späten Friedens. Erst die Gegenwart hat gezeigt, was seine Ahnung war. Tief erschüttert waren alle, trotz einer oft unglaublichen Darstellung.

Das nächste Mal aber bin ich imstande, noch siebzehn Zentimeter tiefer herunter zu schreiben, so daß der Brief noch schubertisch-länger wird. Indessen, Beste, mögen Sie glücklich werden.

25. Dezember 1897

Vor einiger Zeit wurde der Schreiber dieser Zeilen ersucht, über den zweiten Prozeß gegen die als bestechlich bezeichneten Berliner Musikkritiker Tappert und Lackowitz hier etwas zu erzählen. Das kann gern geschehen; der Prozeß hat Mittwoch stattgefunden. Aber die Person des Angreifenden, des Herrn Alfred Kerr, muß hier aus dem Spiel bleiben. Denn ich kenne diesen Herrn zu genau, um ganz objektiv sein zu können. Ich war zufällig dabei, als er das Licht der Welt erblickte und seinen ersten Schrei ausstieß, und blieb dann durch zahlreiche Lenze und Winter sein unzertrennlicher Begleiter bis zum heutigen Tage. Er muß also hier ausscheiden.

Dagegen kann ich über die Verhandlung, der ich in seiner Gesellschaft beiwohnte, einiges berichten. Das Hauptinteresse nahm Herr Tappert ein. Er ist eine hohe und wohlgenährt zu nennende Gestalt mit ungeheuerlich langen, grauen Haaren, die er zuweilen schüttelt wie ein Löwe seine Mähne. Buschige Augenbrauen und tiefe Furchen in dem geröteten Gesicht geben ihm etwas

Wetterhartes, Charakteristisches. Ein riesiger Schlapphut ruht auf diesem Haupt, und wenn die seltsame Erscheinung durch die Straßen schreitet, glaubt man einen
Musiker aus versunkenen Zeiten, aus längst entschwun-
denen Epochen zu sehen. Herr Tappert, der ebenso wie
sein Genosse Lackowitz den männlich biederen Vornamen Wilhelm führt, entfaltet in seinem Wesen eine gewisse Kraftnatur. Treuherzigkeit und Derbheit scheint
aus ihm zu sprechen. Er macht den Eindruck, als ob er
die bekannte Gestalt »von altem Schrot und Korn« wäre.
Auch seine Schreibart birgt eine starke Derbheit. Kurze
Sätze stellen seine Meinung unerschütterlich und un-
umstößlich hin. Er ist mit seinen Ausdrücken nicht zaghaft, ein gewisser Grobianismus macht sich darin breit.
Nicht immer zeigt er bloß eine altväterliche »Deutlichkeit«, sondern zuweilen kommen unerhörte Schimpfe-
reien aus seiner Feder. In regelmäßigen Zwischenräumen veröffentlicht er gewisse Briefkastennotizen, in
denen er sich alles, was ihn interessiert, von der Seele
herunterschimpft. Eine von ihnen, die er vor nicht allzu
langer Zeit veröffentlichte, enthielt an eine anonyme
Briefeschreiberin folgende liebenswürdige Anrede: »Sie
elendes zweibeiniges Gestell, in welchem Hause haben
Sie denn die Hofbereinigung?« u.s.w. Nicht weniger
freundschaftlich springt er mit den Künstlern um. Er
sitzt wie Zeus in den Wolken, donnert und sendet Blitze
auf diese bejammernswerten Musikanten. Nun ist es
zweifellos das Recht jedes Kritikers, schlechte Leistungen scharf zu verurteilen; und der bescheidene Schreiber dieser Zeilen wäre der letzte, der einem Kritiker dieses Recht streitig machen wollte. Aber Herr Tappert hat
seine Blitze vorwiegend gegen diejenigen gesendet, welche so ungebildet waren, ihm keine Fünfzigmarkscheine
zu schicken. Unendlich bieder, ehrenfest und altfrän-

kisch wirkt die Persönlichkeit nach außen – aber trotz der großen Musikgelehrtheit kennt der Herr das schlichte kleine Lied nicht, das mit den Worten »Üb immer Treu und Redlichkeit« anfängt.

Es war interessant, diesen Mann in der Verhandlung zu beobachten. Als zuerst die Anschuldigung gegen ihn erhoben war, bot er seinen Gegnern kühn die Stirn. Er trat mit höchstem Selbstbewußtsein vor Gericht auf und wetterte gegen die Zeugen, sogar gegen die Sachverständigen. Mit derselben Biederkeit im Gange und in der Haltung, die ihn sonst auszeichnet, verließ er festen Schrittes damals den Gerichtssaal, und in Theatern und Konzerten schüttelte er nach wie vor, in stolzer Erhabenheit, die berühmte Mähne. In der zweiten Verhandlung, am vergangenen Mittwoch benahm er sich anders. Zuerst saß er wieder auf hohem Roß, denn er mochte die Meinung hegen, daß viele von seinen heimlichen Taten nicht an das Licht der Sonne kommen würden. Als aber Zeuge auf Zeuge erschien, als einer nach dem anderen von allerhand sinnigen Beziehungen zu dem vortrefflichen Kritiker zu erzählen wußte, Beziehungen, die immer wieder auf das hinausliefen, was man in Berlin mit dem seltsamen Ausdruck »Pinke-Pinke« bezeichnet – da versank die massige Gestalt des großen Rezensenten allmählich in eine gewisse Nachdenklichkeit. Vorher hatte er noch mit dröhnender Stimme in den Gerichtssaal gerufen: »Ich bin der einzige Berliner Kritiker, den man in der ganzen Welt kennt!« Bald aber erfuhren diese Worte eine sehr komische Bestätigung. Eine Amerikanerin, Mrs. Cottlow, trat an den Zeugentisch und bekundete, sie habe vor einem Konzert ihrer Tochter an Herrn Tappert, ohne die Ehre seiner persönlichen Bekanntschaft zu genießen, 50 M. in einem Rohrpostbrief geschickt; und auf die Frage des einen Verteidigers, wieso sie dazu gekommen sei, erklärte sie: »Ach, ich habe schon gehört, in Amerika, daß man Herrn Tappert schicken muß Geld, man hat es mir gesagt in Chicago.« Jetzt war es allerdings erwiesen, daß der große Ruf dieses Kritikers bis über den Ozean gedrungen war und daß man ihn in der ganzen Welt kennt. Nicht lange darauf, als auch die Sachverständigen ihr Urteil abgegeben und Herrn Tapperts seltsames Finanztalent vernichtend gewürdigt hatten – da brach der donnernde Zeus zusammen. Einmal noch richtete er sich auf und sprühte Gift und Galle. Dann aber erschien er hilflos und zerschmettert. Die Zuschauer hatten den betrübenden und niederdrückenden Anblick eines Gerichteten.

Man wird für diesen Mann keine Schonung beanspruchen, aber man wird ihm eine gewisses Mitleid nicht versagen. Er selbst hat zwar unendlich viele Schmerzen geschaffen; er hat in Ausübung seines Amtes unendlich vielen Künstlern den Dolch ins Herz gestoßen, und viele der tödlich Verletzten werden ihm heut' besonders fluchen, wenn sie erfahren, daß bei einer Geldsendung das Urteil über sie vielleicht anders ausgefallen wäre. Und sie hätten nicht unrecht. Immerhin, Herr Tappert besitzt zwei kaptivierende Eigenschaften. Er ist erstens ein alter Mann, und die hohe Zahl der Jahre wird ja meist als eine Art von milderndem Umstand angesehen. Zweitens aber ist Herr Tappert ein tüchtiger Musiker. Er ist anscheinend ein genauer Kenner musikgeschichtlicher Dinge, wenn auch in seinem häufigen Zitieren alter Schriften ein bißchen Renommisterei liegt. Viele mögen es also bedauern, daß eine so hervorragende Kraft so zweifelhafte oder unzweifelhafte Manipulationen vorgenommen hat. Aber wenn sie fürchteten, Herrn Tappert um dieser Dinge willen aus der Reihe der Kritiker ausscheiden zu sehn, waren sie auf dem Holzwege. Er bleibt seinem Blatte erhalten; er hat zwar sein Entlassungsgesuch eingereicht, aber die Redaktion dieser Zeitung vermochte sich nicht von ihm zu trennen. Insofern liegen die Dinge nicht ungünstig. Plötzlich brotlos zu werden, hätten ihm auch seine Gegner sicherlich nicht gewünscht. Eine andere Frage ist freilich, ob man seinem Urteil künftighin irgendwelchen Wert beilegen wird. Wer finanziellen Einflüssen so zugänglich gewesen ist, wird anderen Einflüssen noch zugänglicher sein, und der Glaube an die Sachlichkeit seines Urteils bleibt dauernd erschüttert. Was sonst die moralischen Ergebnisse dieses Prozesses betrifft, so braucht man darüber nicht viele Worte zu verlieren. Tappert hat gegen jemanden, der ihn der unlauteren Zugänglichkeit für Geldgaben bezichtigte, die Beleidigungsklage freiwillig zurückgezogen, nachdem eine Anzahl schlimmster Fälle gerichtlich erwiesen war. Da er sich auch freiwillig zur Übernahme sämtlicher Kosten bereit erklärte, liegt die Tatsache eines Rückzuges, eines Schuldbekenntnisses, auf der Hand.

Wenn man aber von der moralischen Seite absieht und nur das lebendig belebte Bild der Prozeßverhandlung ins Auge faßt, so wird niemand an den köstlichen Eindrücken vorbeigehen, welche einige der Zeugen hinterließen. Sie hatten zum großen Teil die unangenehme Aufgabe, Bestechungen, die sie selbst verübt, einzugestehen. Ein schlanker Jüngling von großer körperlicher Anmut, der den bürgerlichen Beruf eines Tenoristen ausübt, erzählte unter seinem Zeugeneid schlankweg, wie er zu Herrn Tappert gegangen sei, wie sie sich gegenseitig eine Komödie vorgespielt hätten, welche die Form einer Gesangsstunde hatte, wie der Sänger von vornherein ihm erklärt habe, daß er ganz mittelos sei und Herr Tappert trotzdem fünfzig deutsche Reichsmark nicht zurückwies. Während aber dieser Zeuge eine herzerfrischende Offenheit zeigte, konnte sich mancher andere desselben Vorzugs nicht rühmen. Bötel war aus Hamburg als Zeuge vorgeladen worden, und schon beim ersten Aufruf der Namen antwortete er mit seiner höchsten Tenorstimme: er schmetterte das Wort »hier« so wuchtig heraus, daß man, ohne den kleinen Mann in der Masse der Zeugen zu erblicken, sofort wußte, daß ein begnadeter Heldentenor diese Antwort schrie. Dieses hohe C bekam man gratis. Die Heiterkeit, welche der edle Sänger weckte, erneute sich dann, als er von seinen durchaus »harmlosen« Geldbeziehungen zu Herrn Tappert mit der Miene eines erstaunten und in seiner Unschuld verletzten Säuglings erzählte.

Ein anderer Zeuge, der für den Tenoristen Emil Götze 100 M. an unsern Tappert gesandt hatte, verstärkte dann die Heiterkeit des Publikums durch seinen ungezwungenen berlinischen Dialekt. Auch er versuchte eine große Harmlosigkeit an den Tag zu legen, bis er auf scharfe Kreuz- und Querfragen der Verteidiger sich nicht anders zu helfen wußte, als daß er beredt schwieg. Andere Zeugen gaben unter schrecklichen Windungen und Krümmungen die Tatsache der versuchten und vollendeten Bestechung zu. Es war ein wundervoller Anblick, vor dem Amtsrichter, einer streng preußischen militärischen Erscheinung, einen Konzertunternehmer von etwas exotischem Anstrich stehen zu sehen. Ein kostbarer Pelz hüllte die molligen Glieder des Trefflichen ein, ein glattrasiertes Mimengesicht mit klug zwinkernden Äuglein und gelocktem Haupthaar verzog sich hie und da zu einem mitleidigen oder überlegenen Lächeln, und er erklärte bald mit imposantem Pathos, bald mit der eleganten Sicherheit des »Weltmanns«, wie er eine Verbindung zwischen Herrn Tappert und den Moneten der

Künstler hergestellt habe. Er erzählte in einem Ton, der von herziger Menschenfreundlichkeit triefte, daß er die Jünglinge noch am Morgen vor dem Konzert durch Eilbriefe gemahnt habe, – ob sie auch Herrn Tappert das Geld ins Haus geschickt.

Einen sehr schweren Stand hatte ein anderer bekannter Konzertagent, der das Berliner Musikleben leider fast ausschließlich beherrscht. Obgleich alle Eingeweihten bestimmt glauben, daß er vieles wisse, was auf die Korruption einer gewissen Musikkritik Bezug hat, wußte er recht wenig. Wahrscheinlich ist sein Gedächtnis mit den Jahren schwächer geworden. Aber er entpuppte sich wenigstens als Philanthrop ersten Ranges, denn er hatte einen Musikkritiker, der außerordentlich günstig über die Akustik seines Konzertsaales schrieb, zu seinem Schuldner gemacht – aus Edelmut. Die Höhe der geliehenen Summe betrug 500 M., und da der bewußte Agent diese 500 M. aus »Edelmut« hergab, ohne mit dem Empfänger in einem intimen Bekanntschaftsverhältnis zu stehen, so werden nächstens geldbedürftige Erdensöhne nur an diesen Menschenfreund heranzutreten brauchen, um ihre Wünsche erfüllt zu sehen. Kritiker brauchen sie wirklich nicht zu sein, denn der oben erwähnte Herr hat ausdrücklich erklärt, daß nicht der Kritikerberuf des betreffenden Herrn ihn zu seiner Wohltat veranlaßt habe.

Solche fesselnde Bilder entrollte der Prozeß. Daß er eine praktische Folge haben wird, ist kaum zu bezweifeln. Die »Nehmer« unter den Musikrezensenten – es ist nur diese winzige Minderheit, die Mehrheit ist anständig – werden etwas zurückhaltender in ihrem Handwerk sein. Wenigstens für die nächste Zeit.

1898

16. Januar 1898

Ein Teil der Berliner Ärzte ist wenig entzückt von dem neuen Plan des Herrn Bosse, staatliche Ärztekammern einzuführen. Sie wittern allerhand Beschränkungen der bürgerlichen Freiheit; und wahrscheinlich mit Recht. Gewisse Vorteile hätte für sie die Ausführung des Planes allerdings. Im Laufe der Zeit würde sich der Brauch ausbilden, daß die Regierung nicht nur Geldstrafen und Rügen verhängt, sondern auch dem und jenem die Ausübung der Praxis untersagt. Ob sie gerade politisch unangenehme Persönlichkeiten ausstoßen würde, läßt sich nicht sicher beurteilen. Bösewichter behaupten es; auch solche Leute, die sich einbilden, unsere Zeit zu kennen. Jedenfalls würde damit ein Mittel geschaffen sein, die starke Konkurrenz zu verringern. Hierin läge der »Vorteil«. Gegenwärtig hängt höchstens die Verleihung des Sanitätsrattitels von dem frommen Wohlverhalten eines ärztlichen Untertanen ab. Künftig könnte auch der Broterwerb davon abhängig gemacht werden. Ein Disziplinarverfahren ist, wofern es nicht gerade auf Herrn von Tausch angewandt wird, eine gefährliche Sache. Kurz, die Ärzte sind von dem, was unser Bosse plant, wenig entzückt.

Auch sonst hat dieser Minister bekanntlich schon mancherlei Taten und Meinungen bekundet, die ihn als einen sogenannten Reaktionär erscheinen lassen. Er bleibt unser kleiner Pobedonoszew, und wir platzen nächstens alle vor Frömmigkeit. Sehr fesselnd ist es zu beobachten, wie er wirklich ein paar frappierende Züge mit dem richtigen Pobedonoszew gemein hat. Nicht, daß unser Bosse Bücher schriebe, in denen kitzlige Dinge so behandelt werden wie bei dem Russen. Er schreibt Bücher überhaupt nicht. Aber er ist im Privatleben ebenso liebenswürdig, so human, so liberal, so aufgeklärt, so weitherzig und so heiter wie Herr Pobedonoszew. Das soll ein Prachtkerl im Leben sein, eine Seele von Mensch. Jemand, der ihn in Karlsbad beobachtete, hat vor kurzem erzählt, wie er auf einsamem Spaziergang, obgleich er doch offiziell Antisemit ist, an eine galizische Jüdin herantrat und ihr eins, zwei, drei eine Wohltat erwies. Eins, zwei, drei. Unser Bosse ist auf einsamen Wegen mit galizischen Jüdinnen nie beobachtet worden; aber ein Schriftsteller hat mir neulich erzählt, was er selbst mit ihm im Bade erlebte. Der Schriftsteller wurde ihm vorgestellt. Darauf kaufte er sich in einer Buchhandlung sein eignes Werk – es war heiteren Charakters – und dedizierte es Bosse'n. Ich will absehen von dem Schmerz, den es erregen muß, daß ein deutscher Autor, von Jugend auf an Rezensionsexemplare gewöhnt, eine Mark fünfzig für sein eignes Buch erlegte. Genug, er schickte es mit einer freundlichen Widmung an den leutseligsten und herzlichsten aller Minister für geistliche und Unterrichtsangelegenheiten. Noch öfter war er dann mit ihm zusammen, bis beide ausgebadet hatten. Ein halbes Jahr verstrich. Da eines Tages erhält mein Schriftsteller einen Brief. Erst jetzt hatte der Minister das Werkchen ganz gelesen, weil ja die geistlichen und die Unterrichtsangelegenheiten viel Zeit rauben, und als er zu Ende war, ließ es ihm nicht eher Ruh', als bis er dem Autor sein Entzücken auf mehreren vollgeschriebenen Seiten ausgedrückt hatte. Es war nicht etwa ein Höflichkeitsakt, der wäre gar nicht mehr nötig gewesen; es war ein spontaner leutseliger Ausbruch. Nicht ministeriell, nein, fast kameradschaftlich. Sozusagen-gewissermaßen von Mensch zu Mensch! Und was das tollste ist, es handelte sich um kein patriotisches Buch, sondern um eine wahrhaft witzige und amüsante Schrift. So, Zeitgenossen, ist der private Bosse. Charmant wie Pobedonoszew. Human, liberal, liebenswürdig, aufgeklärt, weitherzig, heiter – wie der Prokurator der heiligen Synod bei der Carlsbader Kur. Es sind zwei prächtige Menschen.

Wahrscheinlich ist es auf den Einfluß unseres Bosse zurückzuführen, daß man auf Berliner Bahnhöfen jetzt den Verkauf des »Simplicissimus« untersagt hat. Diese Zeitschrift ist für mich das erste Witzblatt Deutschlands. Ohne für dieses individuelle Urteil eine allgemeine Geltung zu beanspruchen, wird man es vielleicht begründen dürfen. Die Gegenwart braucht ein Blatt wie dieses vor allem. Die Gemüter müssen heut aufgerüttelt werden. Das Lächerliche und Jammervolle gewisser zeitgenössischer Zustände wird hier, zuweilen glänzend und mit beseligender Frechheit, erläutert. Seid frech, meinetwegen; es ist nicht so schlimm, als wenn ihr stumpfsinnig seid. Hier ist endlich einmal die verdammte Harmlosigkeit abgestreift, die deutsche Kleinbürgerlichkeit, und man redet wie erwachsene Menschen, die keine Heuchler und keine alten Fräuleins sind. Mein lieber stachlichter Simplicissimus, ohne deine wöchentlichen Unverschämtheiten ließe sich diese Gegenwart mit ihrer blühenden Rückwärtserei viel schwerer ertragen. Mir lacht das Herz in der Brust, wenn ich deine Rüpeleien lese, die so gemeinförderlich sind, wie sie individuell unterhaltsam sind. Nicht bloß erziehlich wirken sie auf die sanften Hammel im Lande, denen sie ein bißchen

Gift in das blöde Blut träufeln; sie wirken auch erfrischend auf Künstlerseelen, die hier in der Rücksichtslosigkeit, in der starken Konsequenz, in dem Bisansendegehen einen Künstlergrundsatz erfüllt sehen. Was der wundersame Thomas Theodor Heine zeichnet oder der oft hinreißende Bruno Paul, das ist von so herrlicher, galliger Kraft, daß man an Hebbel und seine Meinung vom Künstler erinnert wird:

Er fragt nicht, ob ihn auch die Nacht begrabe,
Er geht, soweit er kann, in banger Lust,
Und führt *sein Narr* im Wappen die *Versöhnung,*
Er hofft nur kaum auf sie, wie auf die Krönung.

Unversöhnlich müßt ihr sein, wenn ihr nur einiges erreichen wollt. Fordert zehnmal soviel, wie zu verlangen nötig ist. Denn nur der zehnte Teil wird immer erreicht. Seid klug wie die Schlangen, seid hart wie Marmor und seid schalkhaft wie ein Simplicissimus. Aber seid nicht sanft wie die Tauben und nicht blöde wie Hammel. Mit welchem Rechte eine Bahnhofsverwaltung sich eine literarische Zensur an den feilgebotenen Zeitschriften herausnimmt, ist sehr wenig klar. Es handelt sich wohl nicht darum, die Fahrgäste für einen mehrstündigen Zeitraum moralischer und regierungsstrammer zu machen, denn nach wenigen Stunden hört dieser faule Zauber auf, bei der ersten Buchhandlung und beim ersten Zeitungskiosk. Es handelt sich vielmehr darum, die Unternehmer mißliebiger Zeitschriften materiell zu schädigen, indem man eine der wenigen Gelegenheiten, Exemplare loszuwerden, aus dem Wege räumt. Es ist ein sehr geradliniger, rechtwinkliger Kampf, ein dumpfer Polizistenkampf. Wenn unser Bosse, der prächtige Privatmensch, wirklich auf die Bahnhofsliteratur einen maßgebenden Einfluß hat, so werden nächstens gewißlich Erbauungsschriften, vielleicht auch Gesangbücher für Nichtraucher, am Ende sogar gemischte Choräle für Damenkupees verausgabt werden. In Kohlfurt oder in Wittenberge findet ein eiliger Missionsunterricht statt; durchreisende Galizier haben die schönste Gelegenheit, sich zu europäisieren; und hartleibige Atheisten dürfen als Englein in Gedanken der Himmelspforte zueilen, bei mindestens fünfzehn Minuten Aufenthalt. Den Verlag sämtlicher verkäuflicher Schriften übernimmt schließlich der Einfachheit wegen die Firma Bertelsmann in Gütersloh. Ultra Bosse nemo obligatur.

Welches Glück, meine lieben Freunde, daß in solchen politischen Zeitläuften noch immer einige verträgliche Gestalten in Berlin auftauchen. Und welcher Zufall, daß es gerade feudale Gestalten sind. Gestern lernte ich eine alte Dame kennen, die eingestandenermaßen niemals Schiller und Goethe gelesen hat, ja überhaupt grundsätzlich kein gedrucktes Buch liest. Alles, was sie vom Leben kennt, kennt sie nur aus dem Leben. Sie ist die Schwiegermutter eines vielgenannten deutschen Botschafters, die morganatische Gattin und Witwe eines deutschen Fürsten, eine schwarzhaarige Matrone voll südlicher Leidenschaftlichkeit, ein Gemisch von Rhein, Deutschland und Italien, eine wilde Rose, ein urwüchsiges, hinreißendes Menschenkind. Was tut es, daß sie sagt, Richard Wagner sei ein »Ochs« gewesen, ein plumper Ochs, der nie eine Ahnung von der Oper gehabt. Sie, die von Rossini unterrichtet und von Meyerbeer gehätschelt wurde, weiß das! Jedes Jahr geht sie nach Bayreuth, und jedes Jahr sagt sie dort, daß Wagner ein »Esel« gewesen sei und daß er bloß mit seiner Cosima ein frisch' Geld habe verdiene' wolle' (so spricht sie) und deshalb die unendliche blöde Melodie erfunde' habe, weil ihm nix mehr eing'falle sei. Der Ochs! ... Sie ist wundervoll, und vor dieser sechzigjährigen Frau steigt

leuchtend die Erinnerung empor an allerhand dämoni-
sche Sängerinnen, die bei dem Romantiker E. T. A. Hoffmann umnebelt und verschleiert und sehnsuchtsvoll
auftauchen. Es ist eine Sängerin, wie sie vor siebzig und
fünfzig Jahren in der Literatur modern waren. Sie ist
aber, was mehr sagt, ein selbständiger und eigenartiger
Mensch, der durch seine Bedeutsamkeit eine Oase bildet in der Wüste berlinischer Gesellschaftlichkeit und
durch seine Kraft ein Denkmal unter den panke-atheni-
schen Dekadenten. Es ist eine Lust, mit dieser elemen-
taren Matrone Empfindungen auszutauschen. So ähnlich muß die Frau Rat Goethe gewesen sein, weiß Gott.
Solcher Gestalten hat die Berliner Gesellschaft allzu wenige. Sie ist sehr feudal, aber sie ist ein großes Labsal.

17. April 1898

Rhodope erstach sich, weil ein fremder Mann ihre Reize
erblickt hatte. Ich spreche von Hebbels Gygesdrama, das
gestern abend, am Freitag, im Deutschen Theater gespielt wurde. Also Rhodope erstach sich, weil ein fremder Mann ihre Reize erblickt hatte. Die Berliner Frauen,
welche zuweilen Bälle ausgeschnitten besuchen, denken
anders als Rhodope. Sie müßten sich alle erstechen,
wenn es ein Todesgrund wäre, daß fremde Männer ihre
Reize erblickt. Im Tiergartenviertel blieben nur die
wenigen dann am Leben, die wegen Magerkeit und
schlechten Teints vom Blößenwahn frei waren. Die Tiergartenstraße, die Rauchstraße, die Hitzigstraße würden
schrecklich entvölkert werden; Zeitgenossen, es wäre
keine Lust mehr zu leben. Darum darf man sich hoch
und herzlich freuen, daß Rhodopes Ansichten so vereinzelt dastehen.

Im Blößenwahnsinn liegt Methode. Solange die Frau der untergeordnete Teil ist: solange sie nicht so frei sich bewegen darf wie der Mann, sondern auf Umwegen und locken muß: so lange wird sie zu diesem Mittelchen greifen. Ein gerissener Feuilletonist darf sogar sagen: Das fehlende Bruststück des Kleides ist das Symbol ihrer Hörigkeit. Warum geben wir Männer von unserem Körper nichts zum besten? Warum gönnen wir dem Auge der Ballgefährtinnen keine nackte Wade? Darum: weil wir es nicht nötig haben; weil wir auch so die Herren der Erde sind. Rhodope wurde von ihrem Gatten Kandaules, einem Herrn der Erde, als Sache betrachtet; als ein schöner Gegenstand, dessen Anblick er einem Fremden gönnte. Wir erinnern uns an Friedrich Theodor Vischer, den altväterischen Schwaben, der in der Gegenwart ähnliche Ausstellungsverhältnisse sah und auf sie losschimpfte. »Das Weib darf sich freuen, durch den vergönnten Anblick des Naturkunstwerks ihrer Gestalt zu beglücken; aber wen? jedermann?« So wettert er lobesam. Er ruft der Frau in erquicklicher Grobheit zu: »Sie hängen aus wie den Wecken auf dem Laden das, womit Sie doch billig nur den Einen beglücken sollten, der Sie liebt und den Sie lieben.«

Rhodope war ganz seiner Ansicht und erstach sich. Kandaules aber, welcher wohl zuerst den Grundsatz vertrat »Geteilte Freude ist doppelte Freude«, neigt der gegenwärtigen Anschauung zu. Auf eine überraschende Art. Er sagt: »Ich weiß gewiß, die Zeit wird einmal kommen, wo alles denkt wie ich.« Sie ist gekommen – oder ist sie doch nicht gekommen? Man unterscheide wohl: dieser Kandaules ist ein toller Kerl; nicht bloß etwa ein eitler Ehemann, der ausgeschnittene Toiletten u. s. w. schmunzelnd duldet; er sieht tiefer, er blickt hinter die Dinge; er erfaßt den Ewigkeitsgedanken, daß sittliche

Anschauungen nur von der Zeit abhängen, daß Entschleierungen und Verschleierungen heute sittlich und morgen unsittlich sind; und er fragt darum: »Was steckt denn auch in Schleiern, Kronen oder rost'gen Schwertern, das ewig wäre?« Dieser Ewigkeitsgedanke hat ihm schließlich den Mut gegeben, seine Gattin entschleiert dem griechischen Freunde Gyges zu zeigen, dessen unsichtbar machenden Ring zu solchem Zwecke zu brauchen. Zweifellos, er ist ein toller Kerl. Der Grieche tötet ihn dafür im Zweikampf, von der beleidigten Rhodope gestachelt; und sie, die ihren ersten Gatten liebt, durchsticht sich, sobald sie dem zweiten zur Sühne angetraut ist. Seelen, die sich hassen und sich lieben, die mißtrauen und anbeten, einander morden und einander treu sind. Hebbel hat sie auf eine ähnliche Weise in »Herodes und Mariamne«, dem größeren Werke, gezeichnet. Er liebt diese Zwitterzustände des Inneren; er zeigt sich hier wieder als ein sattsam großer Vorläufer des modernsten Dramas. Aber nur einer von den Schauspielern war seiner Kunst gewachsen: Kainz, der den leichtsinnigen und tiefsehenden Ehemann Kandaules mit unvergeßlich bestrickendem Zauber, mit allem letzten wundersamen Reiz eines gebenedeiten Sünders spielte; so wie es in Europa kein zweiter können wird. Ich habe diesen launenhaften Künstler, der auch heute launenhaft war, nie größer gesehen, nie adliger. Wenn er den Lyderkönig gab, gab Herr Carl Wagner aus Hamburg den Gyges. Allein man durfte fragen: wer ist denn hier der Grieche? Herr Wagner war es nicht. Er kann als Angehöriger der verschiedensten Volksstämme auftreten, bloß bitte nicht als Grieche. Bei aller Begabung hat er etwas Schmalziges in der Sprechweise, das Illusionen zerreißt. Seine idealistische Spielmanier wird in Berlin durch Matkowsky unendlich großartiger vertreten. Herr Wagner wird es recht schwer haben, der Nachfolger von Kainz zu werden. Die Dumont, die als schamhaft-stolze Rhodope zwischen beiden stand, versagte diesmal; sie hatte ihre Seele zu Haus gelassen und brachte nur die schwere Zunge mit. Die ganze Aufführung aber war, insofern sie Friedrich Hebbels Erweckung zum Ziel hatte, höchst dankenswert. Herodes und Mariamne möge bald folgen.

Die Hörigkeit des Weibes scheint ein Lieblingsgedanke unseres sogenannten Kultusministers zu sein. Diesem Lieblingsgedanken nachhängend, hat er die Genehmigung zum Breslauer Mädchengymnasium versagt; ein behördlicher Akt, der in Berlin einigen Staub aufwirbelt. Kinder, Kinder – findet sich schon mal ein Oberbürgermeister, der für neuzeitliche Ideen ins Zeug geht wie Herr Bender, so schneidet ihn die Regierung mit gedoppelter Schärfe. Nicht einmal die Gründe für die Ablehnung würdigte man ihm darzulegen. Man schleuderte ihm einfach einen Stein entgegen, zur Strafe für verwogenes Beginnen. Das ist nun dieser leutselige Bosse! Bosse, der auf Schriftstellerbanketten »in diesem Sinne« begeisterte Toaste ausbringt. Bosse, der Schriftstellern privatim liebenswerte und freigeistige Briefe schreibt. Bosse, der Aufklärungswitzchen gegenüber israelitischen Privatdozenten riskiert. Mag sein, daß er im Herzen kein Schlimmer ist; er folgt vielleicht nur den Weisungen irgendeiner höheren Stelle, an denen wir Gott sei Dank gegenwärtig keinen Mangel haben. Die höheren Stellen besorgen den Bau der Kirchen, die nachher an mangelnder Besuchtheit so Großartiges leisten. Die höheren Stellen verdammen vielleicht die überflüssige Bildung und Selbständigkeit bei Frauen. Daß eine Jungfrau religiöse Krankenpflegerin wird, leuchtet dort noch ein; daß sie regelrecht Medizin studiert, nicht

mehr. In Berlin aber beginnt sich selbst unter den Tier-
gartenmädeln ein Umschwung bemerkbar zu machen.
Sie malen nicht mehr bloß Porzellan und lernen Italienisch. Es gibt welche, die, wenn sie malen, ganz ernsthaft malen sollen. Ganz ernsthaft, sag ich, mit allen
Knifflichkeiten der Technik, gewissermaßen ganz fachmännisch. Es gibt auch andere, die Landrecht studieren,
ohne es nötig zu haben. Den Wohltätigkeitsschwindel
haben sie aufgegeben; sie setzen nicht mehr Billets für
Wohltätigkeits-Konzerte ab; sondern sie fahren selbst in
die Hütten des Elends (fünf Stock hohe Hütten), sie eilen
geschäftig nach der Triftstraße und nach der Brunnen-
straße im hohen Norden, und manche fallen sogar nicht
in Ohnmacht, wenn sie eine Wöchnerin vor sich haben.
Die Wissenschaften blühen, die Künste gedeihen, die
Tiergartenmädel wirken sozial, o Jahrhundert, es ist eine
Lust, in dir zu leben. Und in diese sprießende Bewegung, in diese allgemeine Sehnsucht nach Hilfe und
Fortschritt senden höhere Stellen einen Bannstrahl gegen das Mädchengymnasium. Da kann man nur sagen:
pereant, pereant, pereant!

Was die sonstigen Kunst- und Kulturdinge betrifft, so
hat ein Dankestelegramm reichliches Aufsehen gemacht,
welches unser Kaiser Wilhelm der Zweite durch den
Grafen Hochberg an Blumenthal (nicht an den General,
sondern den Lustspieldichter) und Kadelburg senden
ließ. Das »Weiße Rößl« hat unserem Kaiser gar so gut
gefallen. Und impulsiv, wie er ist, läßt er es die Dichter
gleich wissen. So sind denn Blumenthal und Kadelburg,
Kadelburg und Blumenthal eingetreten in die Reihe derer, welche im Zusammenhang mit den Kunstliebhabe-
reien Wilhelms des Zweiten von der Nachwelt genannt
werden dürften. Groß ist die Reihe und mannigfaltig.
Richard Wagner und Victor Neßler stehen auf musika-

lischem Gebiet nebeneinander. Begas und Knackfuß im Reiche der bildenden Künstler. Was aber das deutsche Drama anlangt, an dem unsere Sehnsucht hängt, so steht Friedrich Hebbel, der Nibelungendichter, neben Herrn v. Wildenbruch, neben Schönthan und Koppel, den Sängern der Renaissance, Lauff schwebt über beiden, Skowronnek, Charleys Tante, Blumenthal und Kadelburg vertreten die heitere Gattung, sozusagen den Humor, und die zwei Letztgenannten dürfen nun sicher sein, infolge des kaiserlichen Telegramms ihre Tantièmen am »Weißen Rößl« zu verdoppeln. So viel bringt ein kaiserliches Telegramm jedesmal ein. Bisher haben sie bloß dreimalhunderttausend Mark an diesem Werke deutschen Humors eingenommen: jetzt werden sie nochmals dreimalhunderttausend Mark verdienen. Und so dürften beide mit erneutem Mut und erneuten Kräften weiterarbeiten an der Entwicklung des modernen deutschen Dramas, an welchem unsere Sehnsucht hängt. Wir rufen gratulierend: Heil Blumenthal und Kadelburg! Heil Kadelburg und Blumenthal!

Soll ich noch von dem neuen Lustmord reden? Nein, sagen Sie. Schön. Auch von Berliner Beziehungen zu Cuba, Spanien und Amerika nicht? Wie Sie wollen! Auch von dem verstorbenen Maler Knille nicht? Ich habe ihn gar nicht gekannt. Das nächste Mal indessen berichte ich von weit zahlreicheren Kulturereignissen als heut. Dreißig Zeilen mindestens mehr. Wenn ich es nicht tue, Leser, so will ich ein schlechter Kerl sein.

19. Juni 1898

Die Wahlen sind vorüber, wenn diese Zeilen erscheinen. In Venedig regnet es. Heut, als am Donnerstag, da in Deutschland gewählt wird, ist die große Lagune stür-

misch bewegt, und sie schlägt an die Steinfliesen der
Piazzetta.

Gestern nacht saß in den gedeckten Säulengängen des
Dogenpalastes allerhand verlumptes Volk und zog sich
in sich selbst zurück vor dem Winde, der über die La-
gunenstadt jagt. Vermummt schlüpften sie über die kleinen Marmorbrückchen, die Kapuze über den Kopf gezogen, so daß sie wie dunkle Spitzsäulen, die zwischen
fallenden Wassern heimlich tanzen, ganz märchenhaft
dahinhuschten. Und doch – wenn man sie anspricht, haben sie nichts Koboldgleiches. Sie antworten mit adliger
Sittenfeinheit und Bescheidenheit, mit Takt und stiller
Einfachheit in eben diesen nächtlichen Wetterschauern,
wenn sie wie dunkle Spitzsäulen über die Brückchen irr-
lichterlieren und in Seitengäßchen auf schmalen Pfaden
am Wasser verschwinden. Um Mitternacht, als der
Sturm recht drohend war, saßen die wassergewohnten
Venezianer in mancher erleuchteten Weinschänke und
manchem ihrer kleinen Kaffeehäuser inmitten von Straßen, die sonst in Tiefdunkel starrten und von Wassern
stärker und melancholischer durchrauscht wurden. Um
Mitternacht fuhr ich ein Stück auf dem Canal Grande,
bis zur Rialtobrücke, an dem goldnen Haus vorüber, ca
d'oro geheißen, und an dem Palazzo Vendramin vorbei,
in welchem Richard Wagner gestorben ist; die Wasser
rauschten oben und unten, der Vendramin war klit-
schenaß, und in meinem Herzen lebte dennoch eine unsagbare Freude. Um Mitternacht ging ich durch einsame
Gäßchen, deren Bewohner längst gestorben schienen,
durch schmale steinerne gestorbene Gäßchen, durch
Gäßchen mit alten verrosteten Pfortengittern zum
Durchgucken, durch Gäßchen mit stummen, verwitterten Marmortieren, über kleine gequaderte, gestorbene
Plätze mit drei Brunnen aus altem Marmor und mit einer

plötzlichen grauen Kirche von holden runden Formen. Und einmal sah ich im Vorbeischreiten, beim schmalen Durchblick in eine schmale Ferne, die Seufzerbrücke nächtlich schweben, und die fallenden Wasser weinten an ihr hernieder.

Heute wird in Deutschland gewählt. Wer möchte nicht gern dabeisein und mithelfen – ein Trost bleibt es, daß in Berlin das Ergebnis von vornherein feststeht und daß die Stimme eines in Venedig weilenden Menschen nicht mehr in Betracht kommt. Wenn Not an den Mann käme, wär' es doch verfluchte Pflicht und Schuldigkeit, abzureisen und den allgemeinen, geheimen und direkten Zettel kräftig in die Urne zu schieben. Wir denken heute viel an Deutschland. Es ist über dem grünen, weiten, stürmischen Wasser Morgen geworden, über das der Blick bis an jenen Punkt schweift, wo die heller grünen Wogen des Adriatischen Meeres heranbranden. An die Piazzetta und ihre Marmorquadern schlagen die Wellen; oben auf der schlanken, hohen Säule brüllt der venezianische geflügelte Löwe in die Gewässer, die Augen weit geöffnet, der Schwanz peitscht die Lüfte.

So viel Löwen wie hier sieht man nirgends in der Welt. Und alle sind geflügelt. Manche davon sind uralte, halb zerbröckelnde Löwen, aus grauen Zeiten der Republik, Löwen mit komisch eingebogenem Hintern und wehmütig-stolzem Gesicht. Sie sitzen auf dem Allerwertsten, und ihre Verkürzung ruft ein herzliches Mitgefühl mit solchen uralten, ehemals republikanischen Löwen wach. Inzwischen waren sie nämlich österreichisch, und heut sind sie friedliche Bewohner der friedlichen Provinz Venezien, der stillsten aller italienischen.

Die pensionierten Löwen gleichen den Bewohnern dieser Stadt. Es ist schwer zu glauben, daß hier einstmals Renaissancemenschen gelebt haben. Aller Trotz, alle

wilde Majestät, die um die Weltmacht ringt, Meere bän-
digt, Griechenland erobert, Selbstvergottung treibt und
nur die gigantische Verquickung des Wüstenkönigs und
des Adlertiers, der Pranken und der Fittiche, als ein leid-
liches Symbol der eigenen Herrlichkeit aufstellt – das
alles ist dahin. Ist dieses Volk verbraucht? Oder hat es
vielmehr die höhere und edlere Kulturstufe der unkrie-
gerischen Menschen erklommen, auf der die schwerblü-
tigen Germano-Slaven des preußischen Nordens erst in
vier Jahrhunderten stehn werden? Sei dem, wie ihm sei,
wir werden bei unseren Lebzeiten kein vornehmeres
und lieblicheres Volk auf Erden sehen als diese Venezianer, die einzigen, die uns eine Ahnung des versunkenen
Griechentums geben. Vielleicht waren sie früher deshalb
wild, weil sie noch mit Naturgewalten zu kämpfen
hatten, weil sie Dämme errichteten, Murazzi, weil sie Ul-
menpfähle in den Wassergrund rammen mußten, um
Brücken, Stadtviertel, Kirchen, Palazzi darauf zu bauen,
weil sie von Feinden umtost waren. Heut ist alles gesichert. Gefahren gibt es nicht, die Arbeit ist längst vollendet, und nur die Vornehmheit jener stolzen Zeiten, nicht
ihre Härte ist den Bewohnern geblieben. Sie leben in
einer Stadt, die keinen Nerven unzart erregt, sie wissen
diese stillen Herrlichkeiten selbst zu schätzen, sie sind
arm und adlig und fast bedürfnislos, und solches Gemisch von stiller Heiterkeit und stiller Melancholie, das
der Wasserstadt zu eigen ist, bildet den Grundzug ihres
Wesens. Denn Freundlichkeit allein wäre läppisch, wenn
sie nicht zugleich so ernst, fast schwermütig, Grazie
allein wäre abstoßend, wenn sie nicht zugleich so stolz
und sanft erschiene. Ja hier lebt versunkenes Griechen-
tum, oder vielleicht mehr als Attikas herrlicher, doch
fühlloser Glanz; hier ist Moderneres, Menschlicheres.
Um es kurz zu sagen: hier lebt der Begriff Duse.

Fast vierzehn Tage bin ich jetzt hier, bald von Venedig nach der Zauberinsel Chioggia eilend, bald von der Insel im Abendschein gen Venedig über die Flut getragen. Jetzt haben wir uns dauernd in der Wasserstadt niedergelassen, vom Fenster seh ich die Kirche della Salute, aus der Lagune steigend, ich sehe das Sklavenufer entlang, ich sehe den goldenen Dogenpalast mit den weißen Säulen, ich sehe den einzigen Campanile ruhig in den Himmel dringen, ich sehe die Piazzetta und die Palazzi, und alles erscheint mir, als ob es, mit Perlmutter eingelegt, auf einem altmodischen Portemonnaie angebracht wäre, aus den dreißiger Jahren, wie ich es bei uns im Hause erblickte, bevor ich in die Schule ging. Dieses Portemonnaie lag in einer Schublade, nachher in einem Fache des Mahagonispindes, Chiffonnière beibenannt, neben den silbernen Leuchtern, der silbernen Fischkelle und den Operngläsern, und es gehörte meiner Großmama, einer feinen, alten Dame mit weißen Löckchen, Amalie mit Vornamen. Sie sang öfter das Lied »Hektors Abschied«, denn sie hatte Gitarre spielen gelernt, und ich entsinne mich, wie sie stets einen Fehler machte, wenn sie begann:

Will sich Hektor ewig von mir wenden,
Wo Achill mit den unnahbarn Händen
Dem Petroklus gräßlich Opfer bringt.

Ich weiß nicht, woran es lag, daß meine Großmama Petroklus und nie Patroklus sang. Manchmal sang sie auch das Lied: O Maler, o mal' mir mein Liebchen, o mal' es so schön, wie es ist, o male die lächelnden Grübchen, o Maler, vergiß es mir nicht. Jedenfalls besaß sie das Perlmutterportemonnaie, und an ihr gütiges Gesicht werd' ich hier immer erinnert, wenn die Sonne über Venedig scheint und wenn von den Perlmuttersäulen und Perlmutterbogen der perlmutternen Paläste die

perlmutterne Lagune glitzert. Das alles darf ich wirklich
sehen, was in dunklen Kinderjahren in einer dunklen
Schublade lag, und wenngleich ich schon einmal drei
Wochen hier hauste, kann ich mich noch immer nicht
daran gewöhnen. Meine liebe Großmama ist nie hier-
hergekommen. Und doch hätte sie hier auch Gitarre-
spielerinnen finden können, von denen die eine vielleicht das Lied von Achilles und Petroklus, zum
mindestens aber ein Lied von irgendeinem Maler und
seinem Liebchen gesungen hätte. Das Andenken meiner
Großmama sei gesegnet! Hätte ich doch ihr Portemonnaie hier! Und (Leser, bleiben Sie stark) wäre es doch
zufällig zum Platzen voll!

In Berlin wird heute gewählt. Auch in dieses veneti-
sche, dieses stille Land der Träume dringt zuweilen ein
verlorener Ton aus dem politischen Getöse. Als wir auf
Chioggia wohnten, war an jedem dritten Haus eine
Mahnung in schwarzer Ölfarbe zu lesen: Votate per il
professore Giuseppe Veronese – stimmt für den Professor Giuseppe Veronese. Und in die herrlichsten Herrlichkeiten dieser Insel drängte sich immer der Name des
Professors. An einer stillen Seite aber stand, gleich wenn
man dem Fischer-Eiland sich näherte: Onorate la memoria di Felice Cavallotti! In schwarzer Ölfarbe war diese
Erinnerung an den Toten, den lebenslänglichen Kir-
chenfeind, Dichter und Duellanten hingemalt: Caval-
lotti-Teller aus Metall, mit dem Bildnis des Erstochenen,
wurden uns in diesem selben Chioggia auf der Straße
verkauft, als eben ein Gottesdienst für die Schutzheili-
gen der Insel von der Klerisei abgehalten worden war
mit rotem und goldenem Gepränge, mit modernem
Konzert und hinreißend reaktionären Predigten. Und
ein Cavallotti-Lied kaufte ich auf dieser Fischer-Insel bei
einem Bänkelsang-Händler, der an einer Ecke am Sonn-

tag Liebesweisen und Stücke aus der Göttlichen Komödie und Schauerballaden und Gesänge auf den afrika-
nischen Feldzug gegen Menelik feilhielt. Es war betitelt:
Il duello mortale di Felice Cavallotti – canzone popolare
novissima, und enthielt das tiefe Bedauern, daß Cavallotti, als er mit Macòla die Klinge maß, einen Stich in den
Mund bekam, so daß sein edles Blut dahinfloß, was allen
nur Schauder erwecken konnte. Es begann mit den
schwer zu übertreffenden Versen:

> Cavallotti con Macòla
>
> La sua spada misurò;
>
> Ma la punta nella gola
>
> Per la bocca penetrò.
>
> Corre il sangue in larga vena,
>
> Cessa l'anima e il respir:
>
> A così tremenda scena
>
> Debbon tutti inorridir.
>
> D'Italia il bardo
>
> Forte e gagliardo
>
> Così finì
>
> L'ultimo dì.

Zum Schluß hatte die dichtende Volksseele mit hohem Recht auf die allgemeine Blödsinnigkeit des Duells
hingewiesen. Maledetto sia il duello, grollte sie; es sei
ein »dummes Laster«, es sei ein Vorurteil; eine brutta
usanza; und immer wieder klagte das Refrain: d'Italia il
bardo usw.

Auch in der Kirche war die Politik im Spiel gewesen.
Man feierte das Fest des heiligen Fortunat und des heiligen Felix, der besonderen Patrone der Insel Chioggia.
Es ist ein in ganz Italien berühmter Tag, und die Schiffer kehren aus den entferntesten Gewässern heim, um
ihn mitzumachen und ihre Gattinnen wieder einmal
zwei Tage lang zu küssen. An diesem Fest hielt ein feiner

und starker Pfaffe, die Auslese alles edelsten Pfaffentums, die Predigt vor den Chioggioten. Er sprach nicht pfäffisch, nicht zelotisch, sondern mit weicher, voller Kraft, er ging auf und ab, er gestikulierte, seine Stimme zitterte und war eindringlich, er sprach mit der schlichten Überzeugtheit eines ganz selbstverständlich Gläubigen und zugleich mit der Überlegenheit eines seelenbannenden Redners, und er war ein schöner, ernster Mann und hatte ebenso gesunde wie künstlerisch durchseelte Züge, die aller abgestuften Wandlungen fähig waren. Und mit diesen Mitteln zog er gegen die moderne Welt zu Felde – und erklärte doch: er sei nicht gegen den Fortschritt, nur eins solle man ihm lassen: Gesù, Gesù, Gesù. Und die Kirche sei gar nicht freiheitsfeindlich, und die Wissenschaft wolle sie auch nicht hemmen, aber die Kirche sei das einzig Wahre, und es gebe heut eitle und unsaubere Schriftsteller, und die Chioggioten seien ein begünstigtes Volk, und er erzählte den Lebensgang ihrer zwei Heiligen, des heiligen Felix und des heiligen Fortunat, und beide standen, sowohl Fortunat wie Felix, als Wachspuppen unterhalb der Kanzel, mit römischen Kriegsrüstungen angetan, sehr niedlich, und darunter mit wollenen Kleidchen, und die Füße standen auf niedlichen Kanonenrohren, obgleich die zwei Heiligen, Felix sowohl wie Fortunatus, zur Zeit des Kaisers Diocletian gelebt hatten, wo es Kanonen nur in verschwindend geringer Zahl gegeben haben wird. Die chioggiotischen Schiffer, die heimgekommen waren, ihre Frauen zu küssen und die Patrone zu ehren, hörten dem politischen Pater zu, und ich dachte, daß das Deutsche Theater in Berlin einen so eindringlich-bewegsamen und aristokratisch-innigen Seelenzergliederer gegenwärtig nicht besitzt.

An alle diese politischen Begebnisse in Italien muß ich heute denken, da in Deutschland Wahl ist. Die Wellen

schlagen stark an die Piazzetta, über die Brückchen fegt
der feuchte Sturm; morgen früh beim Tee lesen wir hoffentlich die Telegramme in der Gazzetta di Venezia, die
aus Deutschland den Sieg der vorwärtsdrängenden
Mächte melden. Indessen beschließe ich diesen »Berliner« Brief, der heut nacht noch über die Alpen muß,
beim Scheine zweier Lichter, die ich jetzt angezündet
und auf zwei blaue hölzerne Heiligenleuchter gesteckt
habe.

Ich habe diese Heiligenleuchter in der Via Garibaldi
gekauft und noch einen Antonius von Padua dazu. Er
ist aus Holz und einem aufgeklebten Bild, recht einfach.
Auch eine kleine Lampe gehört dazu und ein Rosenkranz und dann ein Gekreuzigter aus schwarzem Holz.
Adieu!

26. Juni 1898

ITALIENISCHER REISEBRIEF

Wozu es verheimlichen, Leser, daß ich tagsüber, seit ich
in Florenz bin, ohne Bekleidung herumlaufe oder her-
umliege. Man kann gar nicht anders. Höchstens daß
man zum Frühstück ein bißchen zu Bonciani geht, immer im Häuserschatten, ganz kätzchenhaft an der Wand
entlang. Dort ißt man zwei Pfund Maccaroni mit Toma-
tensaft und Parmesan, dahinter drei Scheiben kaltes
Roastbeef, dahinter eine Süßigkeit, das Ganze begießt
man mit einem halben Liter Chianti vecchio (bianco), es
kostet nicht allzu viel und ist ausgezeichnet, und wenn
die elfte Vormittagsstunde eben vorüber ist, sitzt man
schon wieder im kühlen verdunkelten Zimmer, ein
schmachvoll Entkleideter, und die Wirtin, wenn sie an-
klopft, muß erst siebeneinhalbe Minute warten. Gegen
Abend geht man dann aus, in der Dunkelheit nimmt

man die Hauptmahlzeit, und wenn die Mitternacht schon näher zieht, löffeln alle Florentiner aus Weingläsern Limonen-Eis, manche auch Tamarinden-Eis, und manche aus Wassergläsern den blutroten Eistrank Grenatino. Dies die wichtigsten Angaben über die Kunststadt Florenz.

Vielleicht beschreib' ich sie ein andermal. Nur wer diese Hitze kennt, weiß, was ich leide. Eine Ahnung steigt mir auf, mit geradezu verblüffender Klarheit: daß dieser Brief nicht allzu lang werden wird. Es ist ein Glaube, ja eine Gewißheit, mir ist, als ob in der Ecke des dämmerig verdunkelten Zimmers ein Engel stände und zu mir spräche: »Über ein kleines, so wirst du aufhören zu schreiben.« Wird er recht behalten? Es ist aber ein Botticellischer Engel, wohl aus den Uffizien durch die Sonnenglut herübergeschwebt, und seine stillen schönen nackten Füße stehen lieblich auf dem kühlen Fußboden. Der Bursche gefällt mir. Er könnte einen mit den Flügeln sehr hübsch fächeln. Und dann seine Prophezeiungen sind so angenehm.

Heute früh stand in der Zeitung Fieramosca einiges über unseren Ernst Günther von Schleswig-Holstein. Er soll sich nächstens vermählen. Ich wußte noch gar nicht, daß seine Erwählte, die kleine Coburgerin, eine Tochter jener Luise ist, die jetzt mit ihrem Gatten Zerwürfnisse hat. Ich wußte gar nicht, daß Ernst Günther die Tochter dieser Luise heiratet. Aber es stand in der florentinischen Zeitung Fieramosca – basta così. Des ferneren stand darin, daß Luise sehr viele Schulden hat und daß – der Leser merke jetzt auf – und daß der Schwiegersohn einen großen Teil davon bezahlt habe. Als ich dieses gelesen hatte, wurde mir klar, daß die Phantasie der romanischen Völker von tiefer Farbenglut ist, gewaltig ausschweifend und bis in die fernsten, schwindelnden

Höhen siegreich fliegend. Nachdem ich es schwarz auf weiß hatte, daß Ernst Günther die Schulden seiner Schwiegermutter bezahlt, legte ich die Zeitung Fieramosca weg und frühstückte weiter.

In der Ecke, wo der Engel gestanden hat, summen jetzt allerhand zanzare, welche man auch gewissermaßen-sozusagen Mücken nennen könnte. Die Fensterläden sind zu, nur der eine läßt ein bißchen durchgucken. Unten in der Sonne traben kleine Wagen mit vorgespannten munteren Eselein dahin. Daß die Tiere nicht blödsinnig vor Hitze werden, bringt mich in Erstaunen. Auf den Kopf freilich hat man ihnen sehr liebenswerte Hauben gesetzt, aus weißer Leinwand und mit Häkeleien durchbrochen. Auch die florentinischen Omnibuspferdchen tragen weiße Hauben, weiter hinten noch eine Art Jäckchen, bei den größeren ist das schon eine Nachtjacke, und sie sehen aus wie Beamtenfrauen in der Morgenstunde. Das alles sehe ich aus meiner Wohnung. Mit Wohnungen habe ich großes Glück. Die jetzige liegt an dem Flusse Arno, schrägüber von der steinernen Burg des Signoriapalastes, in welchem die Medici das große Wort führten, und von den an Bedeutung unerhörten Uffizien. Unten am Haus ist nach dem Wasser zu ein kleiner Garten, in welchem abends etwan hundert Leuchtkäfer schwelgen. Diese grünschimmernden Lümmels treiben einen beispiellosen ausgelassenen Unfug mit nächtlichem Herumfliegen in Ölbäumen und Weinspalieren, und wenn man so gegen zwölf hinuntersieht, wird man fast geblendet, wie sich die Kerls balgen und küssen und auftauchen und verschwinden. Jetzt ist es leider noch Tag, und ich sehe – jenseits des Gärtchens und jenseits des Flusses und jenseits der florentinischen Türme – durch diesen Fensterladenspalt gerade auf die Zypressenhöhen und Olivenhaine der

Talwände. Die Höhen, von denen Florenz umgeben ist,
sind das Lieblichste an dieser Stadt. Denn im Innern ist
sie wenig reizvoll und lange nicht so schön, wie ihr
Name uns klingt. Ich hatte mir etwas Phantastisches gedacht und fand einen geräuschvollen, geschäftereichen
Ort. Nach Venedig ist es schwer, hier zu leben. Glaubet
mir, liebe Freunde, es gibt auch einen Italien-Schwindel.
Es wird übertrieben. Was ein anderer sieht, sehe ich
auch. Aber nach den Schilderungen deutscher Italienfahrer hatte ich mir unter Florenz – immer die innere
Stadt ins Auge gefaßt, denn die Landschaft der äußeren
ist entzückend – einen Böcklinschen Platz vorgestellt.
Ich dachte mir etwas Schattig-Schönes. Etwas Dunkel-
grün-Steinernes mit zarten Rosen – ja das war was: dun-
kelgrünes Gestein mit Blumen, mit Schatten, mit Böck-
linscher Stille. Aber die Wirklichkeit brachte mir den
verdammten Vergleich mit Dresden nahe. Er ist schon
so oft gemacht worden, und der Musikhistoriker Ambros hat eigens einen Aufsatz geschrieben, um nachzu-
weisen, daß Florenz in Wahrheit mit Elbflorenz nicht
verglichen werden dürfe. Hol ihn der Teufel, ich brauchte
fast eine Woche, um den Gedanken an Dresden loszuwerden. Vielleicht war mir Florenz im Anfang bloß deshalb unsympathisch, weil es an Sachsen erinnerte. Das
beiläufig. Ich kann dieses Königreich nicht leiden.

Ich habe mir Erdbeeren-Eis holen lassen. Ein großer
Weinkelch voll kostet fünfzehn Centesimi oder zwölf
Reichspfennige. Es erfrischt sehr. Beim Essen las ich in
der »Tribuna« die neuesten Reden unseres Kaisers, Wilhelms des Zweiten. Er hat zu den Schauspielern am Tage
seines Regierungsjubiläums gesprochen, und sie sollen
sehr überrascht gewesen sein. Großer Vater, das läßt sich
denken. Sie werden von der Kritik immer schlechtge-
macht, und sie erfahren nun, daß sie, die Histrionen des

Berliner Schauspielhauses, bedeutsam genug sind, bei dem königlichen Selbstrückblick auf ein zehnjähriges, ungemein rastloses Wirken und Schaffen als besonderer, als der am meisten ausgezeichnete Faktor in Betracht gezogen zu werden. Das muß den Frohsinn dieser Bühnenmitglieder außerordentlich erhöhen, und mit doppelter Freudigkeit werden sie künftig die vom kaiserlichen Herrn auf dem Hoftheater bevorzugten Dichter, sei es Hebbel, sei es Lauff, zu Ehren bringen. Was aber den Naturalismus anlangt, gegen welchen der Jubilar polemisierte, so ist der doch auch bei Hebbel zu finden. Ja, viele behaupten, daß die modern naturalistische Dramendichtung zum großen Teil grade auf jenem erbarmungslosen Psychologen aufgebaut ist, der es nicht verschmähte, in die gemeinsten, schmutzigsten Tiefen der sogenannten Menschenseele und des Lebens hinabzudringen, der in beinah jedem seiner Werke einen sexuellen Konflikt und nicht nur das, sondern einen ganz ausgesucht sexuellen Konflikt bietet. In diesem Punkt also müssen wir dem Kaiser in aller Bescheidenheit von Florenz aus widersprechen. Ein anderer Umstand aber hat unsere Genugtuung erweckt. Es geht wiederum hervor, daß der Kaiser naturalistische moderne Dramen aus dem Verlag von S. Fischer liest. Er hat nachweislich diese modernen naturalistischen Dramen niemals auf einer Bühne gesehen. Da er ein Urteil über sie fällt, hat er sie also ganz zweifellos gelesen, sonst würde er ja nicht so scharf und nicht mit so großer Sicherheit abgeurteilt haben. Und da er sich mit diesen Werken privatim befaßt, wird er sich vielleicht allmählich an sie gewöhnen.

Donnerwetter, da steht der Engel wieder. Endlich! Ich hab' ihn schon lange erwartet. Er gibt mir ein Zeichen. Er selbst wischt sich mit der Rückseite der linken Hand den Schweiß von der Stirn, fächelt sich mit einem sanften, frommen Schnupftuch ein bißchen und schaut genäschig auf meinen Rest Erdbeer-Eis. Keinen Strich mehr, sage ich – höchstens noch einen leidlichen Schlußsatz anstandshalber. Wenn ich wieder in Berlin bin, schreib' ich längere Briefe; die beiden jüngsten waren ohnedies zu lang. Also adieu, Sie kleiner Botticelli, machen Sie, daß Sie wieder in die Uffizien kommen. Ich begieße mich jetzt noch einmal mit Wasser von Kopf zu Fuß, ziehe mich langsam und sorgfältig und recht leicht an und wanke dann zum Abendessen. Bis Mitternacht schlürf ich nachher Limonen-Eis, und nach der Heimkehr stecke ich den Kopf aus dem Fenster und beobachte die Leuchtkäfer.

Uff!

17. Juli 1898

So sitzt man denn wieder in Berlin, hat Rom und Florenz und Venedig den Rücken gekehrt und ist wahrhaftig imstande, einiges über den Wasserfall im Victoriapark zu schreiben. Dieser Wasserfall soll von kommender Woche ab elektrisch erleuchtet werden, immer am Mittwoch und Sonnabend, und die städtischen Behörden wollen damit ein »eigenartiges Bild« zum besten geben. Warum sollen sie nicht mal ein eigenartiges Bild zum besten geben? Sie haben es auf diese Art noch nie getan, und wenn sie die fallenden Fluten rot und grün und blau bespiegeln, so tragen sie zum Vergnügen der Einwohner bei, denn sie laben ihre Sinne. Nach Einführung des grünen, blauen, roten Lichts wird jeder Berliner, der Mittwoch und Sonnabend Lust hat, einen Gratisspaß zu erleben, ihn wirklich gratis haben. Und ein Blick auf die italienischen Städte lehrt, wie weit die Behörden sich die Sinneslabung ihrer Bürger angelegen sein lassen können. Dort im Süden gibt es Stadtkapellen, die eigens für diese Bürger am Abend aufspielen. Auf irgendeiner Piazza stellen sie die Pulte im Kreis herum, der Dirigent tritt in die Mitte, und es geht los: Gounod, der Donauwalzer, Aida, sogar das Vorspiel zum Tristan nebst Isoldens angeknüpftem Liebestod, ja selbst der Totentanz von Saint-Saëns wird gespielt. Auf diese Art hebt sich der künstlerische Sinn der stumpfen Menge von Magistrats wegen, und es ist nicht genug zu preisen, daß die Berliner Stadtherren durch Grün und Rot und Blau auf die Gemüter der Allgemeinheit zu wirken wünschen, und sie erhalten nahezu einen Anstrich von römischem Cäsarentum, indem sie dem Pöbel neben dem Notwendigen auch einige Circusspiele bieten. Das sinnenfrohe Volk der Panke-Athener schwelgt in farbigem Rausch, es wird Weinlaub in sein Haar flechten und gemeinsam das Wort Evoë ausstoßen, geradeüber von dem Wassersturz. Der Imperator Kirschner gar reitet vorbei auf seinem goldgezäumten Araber, Lorbeer um die hohe Unterdrückerstirn gewunden, ein bleiches Lächeln auf dem furchtbaren Tyrannenantlitz, und er freut sich, heiser lachend, der schweigenden Masse. Hi, hi!

Im Ernst ist es ganz gut, wenn deutsche Behörden mit solchen Dingen anfangen. Es ist vielleicht der Anfang zu allgemeinerer künstlerischer Betätigung. Und in einer Zeit, wo es ihnen nicht erlaubt ist, das Niederlegen von Lorbeerkränzen an den Gräbern politischer Kämpfer zu dekretieren, läßt man ihnen in bezug auf rote, blaue und grüne Beleuchtung von Wasserfällen den hochherzigsten Spielraum. So betätigt sich denn der Magistrat künstlerisch, auch sonstwie, und die neue Potsdamer Brücke ist des ein Zeichen. Wer sieben Wochen von Berlin weg war, ist sehr erstaunt zu finden, daß diese verhältnismäßig wichtige Straßenangelegenheit

ein klein bißchen vorwärtsgerückt ist. Ganz wenig natürlich, aber doch erkennbar. Bis auf weiteres »reift« die
Brücke noch immer der »Vollendung« »entgegen«, was
sie bereits seit einiger Zeit tut. Ich glaube, sie wird leidlich hübsch werden. Und leidlich hübsch ist das Ziel
aller Kunstbestrebungen der Stadt Berlin. Es soll nicht
gerade ganz ruppig und elend aussehen, als ob mans
nicht dazu hätte – aber künstlerischen Aufwand treiben
ist nicht. Ein bißchen guten Eindruck machen genügt;
Kunst aus dem vollen treiben wäre Quatsch. Außerdem
bekäme man allerhand böse Dinge von den Bürgern zu
hören. Verschwendung … keine anderen Sorgen … Säk-
kel der Steuerzahler … in einer Zeit sozialer Kämpfe …
Spielerei … sonst was.

Bloß mit dem Demokratismus hängt solche Halbheit
in Kunstdingen nicht zusammen. Florenz war in seiner
großen Zeit im wesentlichen demokratisch geleitet und
brachte das Glänzendste zuwege. Andererseits sehen
wir, daß heutzutage hohe Mächte, die in Kunstdingen
selbständig dilettierend herumpfuschen, vielfach reinen
Blödsinn zutage fördern. Es liegt also einfach an dem
mangelnden Gefühl und dem mangelnden Unternehmungsgeist der heutigen Stadtväter und an der gerin-
gen Kühnheit der namhaften Künstler. Nur namhafte
werden zugezogen – wie von einem Bankier; nur ge-
setzte fertige Persönlichkeiten beauftragt. Einem von
dem auflebenden jungen Geschlecht eine Mission zu geben, ein Experiment zu machen, fällt den Herren nicht
ein. Sie stehen meist der Kunst zu fern, als daß sie sich
nicht auf autoritative Empfehlungen verlassen müßten.
Sie klammern sich also an die sogenannten Bewährten,
um niemals blamiert zu sein. Dennoch, Freunde, wer-
det ihr eines Tages blamiert sein; vor der so vielfach in
Betracht zu ziehenden Nachwelt; ja vielleicht brauchtet

ihr nicht so lange zu warten. Es ist kaum nötig zu sagen, daß die Beschäftigung heimischer Künstler für sie zugleich eine Hauptsache ist. Einem fremden, etwa gar einem vom Stamme des Erbfeindes oder aus Österreich, eine Statue übertragen wäre schlechtweg verbrecherisch. Und in der Bürgerschaft wäre der Teufel los. Infolgedessen werden die Statuen weniger bedeutend als einheimisch. Manche sind in hohem Grade einheimisch. Und Berlin wird auf diese Weise nie eine Kunststadt werden. In den großen Kunstzentren der Medici und der Päpste galten die Niederländer und die Deutschen ebensogut wie die eingeborenen Italiener. Und wir, die wir den Vatikan studieren und durch den Palazzo Pitti nachdenklich wandeln, danken ihnen das von ganzem Herzen. Dürer in Florenz zu treffen läßt einen wackeren Mann, der in Teutonien großgeworden ist, ergriffen zusammenschauern. Und neben Raffael, den ich in Italien *hassen* lernte, den unendlich größeren Michel Angelo zu sehn, der von germanischem Geiste infiziert scheint, ist eine ganz besondere Seligkeit. Als ob man neben einem italischen süßen Kirchenlamm plötzlich Beethovensche Töne vernähme. Es ist nun einmal dieser Beethoven, der Einzige, der größte Musikus aller, aller Zeiten – der den sächsischen Agitator R. Wagner recht verächtlich erscheinen läßt –, es ist nun einmal dieser Ludwig van Beethoven, der den Italienfahrer an Michel Angelo mahnt und nichts Höheres mehr gelten läßt. Man sehe die »Nacht« dieses Michel Angelo, die allen tiefsten Gram der Menschheit, ja der Menschenmöglichkeit, in großen Beethovenschen einfachen Zügen an sich trägt, die trotz der körperlich seltsamen Haltung auf die Dauer eines ganzen Lebens einen Menschen umkrempeln kann – man sehe sie und suche zu leugnen, daß dies ein Beethovensches grave ist; oder daß Beethovensche Stimmungen

Michelangeleske Ewigkeiten sind. Man versuche das zu leugnen, und ich erkläre den für einen Hundsfott, der es will, und für einen Esel, der es kann. Nieder mit Raffael!!! Stoßt euch nicht daran – es muß Wahrheit werden; er ist bei aller leuchtenden Innigkeit ein Maler des reinen, schlitzäugigen, widerlichen, süßlichen Christianismus, während Michel Angelo Christ und Heide in einer Person ist. Raffael ist lämmchenhaft innig, Michel Angelo ist beethovenisch stark und innig; das macht den Unterschied – neben vielem anderen. Stoßt euch nicht daran.

Aber was ich sagen wollte: man kommt auf diese Weise ganz von der Potsdamer Brücke ab. Vielleicht wird sie wundervoll! Wer kann es wissen. Nur vorläufig, teurer Leser, sieht sie nicht so aus. In der Mitte ist ein Lichtschacht (gräßlicher Begriff), um den unten durchfahrenden Schiffern Licht zu geben. Das berühmteste Inventarstück der Potsdamer Brücke aber ist verrückt worden. Ich meine natürlich die kohlensaure Marie. Was dachten Sie denn, Leser? Die ist nach dem Wasser zu gedrängt. Sie kann nichts dafür, daß sie jetzt als schönste Jungfrau sitzet dort oben wunderbar, obgleich ihr goldnes Geschmeide nicht blitzet und sie ihr goldnes Haar nicht kämmt. Wie sollte sie auch goldnes Haar kämmen, da es in Wahrheit gewissermaßen sozusagen schwarz ist. Jedenfalls hat man sie und ihren Zeitungspavillon ans Wasser geschoben. Von Bülow her ist sie berühmt, und wenn sie es nicht wäre, bliebe sie noch immer ein vortreffliches Menschenkind. Sie also wohnt am Wasser, beobachtet von dort die Ereignisse dieser Welt, soweit sie sich zufällig an der Potsdamer Brücke abspielen, und tut das Ihrige, um sie gehörig zu erläutern. Und diese Marie ist nicht nur nach dem Wasser zu gedrängt worden, nein, es erfordert für ihre siebzehnhundert Verehrer und Verehrerinnen geradezu einen gewissen Orientierungssinn, sich in der veränderten Sachlage zurechtzufinden. Wenn man sie hat, d. h. heraus hat, ist man sehr froh und plaudert mit ihr. Aber die Tatsache, daß ihr Gesichtspunkt verändert ist; daß man überhaupt nicht mehr an diesem Zeitungspavillon vorüberkann, ohne von ihr erkannt zu werden – das ändert den Fall. Sie war bisher eine holde Beobachterin; jetzt ist sie eine unerbittliche Wächterin. Man kann immer genau bei ihr erfahren, ob jemand vorübergekommen ist oder nicht – sie gewinnt polizeilichen Einfluß.

Dieses sind die Ereignisse von der neuen Potsdamer Brücke. Kunstwerke wie die Helmholtz-Statue von Max Klein sollen durch solche Erwägungen nicht berührt werden. Auch das ist zweifellos, daß die Stadtverordneten mit ihren Aufträgen noch immerhin ersprießlicher wirken, als wenn sie gar keine erteilt hätten … Es bleibt ein schwacher Trost; die Herren müssen aufs Ganze gehn. Sonst wird – wirklich, ich drohe das nochmals an –, sonst wird Berlin nie Kunststadt. Und hierfür bestehen mehr Aussichten, als man glaubt.

4. August 1898

Am Sonntag morgen wußte man, daß er tot war. Es hängt eine Zeitung an der Wand, man nimmt sie herunter, will in gleichgiltiger Stimmung die erste Seite umdrehen und liest die Nachricht von seinem Verscheiden. Ein Schauern und ein Zittern ergreift einen – auch wenn man nicht will. In dieser Sekunde fühlt man, mag eine Art Haß die Grundempfindung gegen ihn gewesen sein, wie tief man ihn immer grollend geliebt hat. Ein Stück von Deutschland ist es, das in die Fluten des Weltgeschehens für alle Ewigkeit versank. Fahre wohl.

Die äußere Wirkung, welche dieser Tod in Berlin her-
vorrief, ist von einigen Zeitungen übertrieben worden.
Sie war, sieht man von den paar Fahnen ab, so gut wie
null. »Ein Tag der Volkstrauer war über Berlin herein-
gebrochen«, schrieb Herr Conrad Alberti; das ist die
reinste Unwahrheit. Eine ganz ausgesuchte Unwahrheit.
Niemand, der sich durch das sonntägliche Gewühl
schlängelte, wird tiefergehende Veränderungen ehr-
licherweise wahrgenommen haben. Es war wie an allen
Sonntagen. Man muß als anständiger Chronist nicht verheimlichen, daß stramm getanzt wurde an diesem Tage.
Wir saßen im Ruderboot auf der Oberspree und legten
an. Es war windig, durchaus nicht warm. Alle Biergär-
ten zum Brechen überfüllt. Volksbelustigungen im aus-
gelassensten Betriebe. Und getanzt wie verrückt. Wir sahen eine Weile zu; konnten es drin vor Staub schließlich
nicht aushalten. Dieses geschieht, sagte ich, am heutigen Tage; die Leute sind erholungsgierig nach der Arbeit der Woche, oder sie kümmern sich nicht viel um
den Toten; oder beides; und es sind Bürgerschichten,
nicht etwa Dienstmädchen und Füsiliere, die da tanzen.
Der Monarchismus ist in Deutschland so ausgebildet,
daß immerhin beim Tod eines Potentaten mehr äußere
Wirkung zu spüren gewesen wäre.

Alles ist eitel. Niemand war von diesem Satze fester
durchdrungen als Bismarck. Er hat einen ungeheuren
Einfluß bei der breitesten europäischen Masse erreicht,
wurde eine wahrhaft populäre Gestalt und ist im Grunde
Misanthrop gewesen. Wie ein erfahrener, geprüfter,
schwermütiger Psalmist schreibt dieser klare Taten-
mensch, im beginnenden Mannesalter: »Völker und
Menschen, Torheit und Weisheit, Krieg und Frieden, sie
kommen und gehen wie Wasserwogen, und das Meer
bleibt; es ist ja nichts auf dieser Erde als Heuchelei und

Gaukelspiel, und ob nun das Fieber oder die Kartätsche diese Maske von Fleisch abreißt, fallen muß sie doch über kurz oder lang ...« Mit solchen Überzeugungen trat er seine Sendung an.

Es scheint, daß der feste Pol in der Riesenskepsis dieser Weltanschauung das monarchische Gefühl gewesen ist. Das verkleinert sie. Der Gottesglaube wird ihm daneben ein etwas naives Postulat, weil das Leben sonst zu dumm wäre; der Monarchismus aber braucht überhaupt nicht diskutiert zu werden, er sitzt ihm im Blut. So scheint es wenigstens. Er sagt einmal in den Briefen an Leopold von Gerlach, es sei mißlich, seinen Freunden die Abrede zu brechen: aber auf ausdrücklichen Befehl des Königs werde er es tun. Das ist sehr monarchistisch. Die Prinzessin Carl plagt ihn damals mit Aufträgen, die sich auf die Besorgung von Mostrich und Wachslichtern erstrecken, und er bekennt: »Ich gehöre überhaupt zu den unverdorbenen Preußen, die sich durch dergleichen Beweise des Vertrauens geehrt fühlen.« Als vor fünfzig Jahren der Prinz Wilhelm irgendeinen Bock schießt und Bismarck irrtümlich für den Schuldigen gehalten wird, läßt der ergebene Lehnsmann diese Schuld auf sich sitzen. Es ist aber nicht Demut oder Noblesse – denn diese Eigenschaften zeigt er den andern Personen gegenüber kaum –, sondern Ehrfurcht vor prinzlichen Herrschaften. Später hat er sich in Einzelheiten hiervon emanzipiert; doch ohne den Grundzug des Monarchismus ist er so wenig zu denken wie wir Menschen, nach Kant, ohne die eingeborenen Anschauungsformen von Raum und Zeit. Sein Monarchismus ist der engste, vasallenhafteste, realste; er gilt seinem König, nur dem seinigen, basta – keine allgemeine Legitimitätstheorie steckt dahinter. Noch in der selbstgewählten Grabschrift betont er nichts als das eine: er sei ein treuer deutscher Diener Wilhelms des Ersten gewesen. Dieses Epitaph bietet kaum das Fazit seines Lebens, denn für Deutschland ist er mehr geworden; aber vielleicht bietet es die Urmotive seines Handelns. Ja, er war bloß ausgezogen, die Eselin des Königs von Preußen zu suchen; und fand ein Reich – das tausend treue Männer mit bewußterem Verlangen zuvor gesucht. Man mußte, freilich, um es zu finden, seine Augen haben. Und seine Beine.

Es reizt, dem bismarckschen Monarchismus auf den Grund zu kommen. Er hat die Komitragödie dieses großen Lebens heraufgeführt. In ihm lag die Nemesis eingeschlossen. Im höchsten Alter war der Fürst nicht alt genug, eine neue Stellung gegen diese Begriffe zu offenbaren. Zu offenbaren: denn ob ihm zum Schluß die neue Erkenntnis erst aufging oder ob sie ein Leben lang im verschwiegenen Herzen schon bestanden, das ist zweifelhaft. Unzweifelhaft ist eins – (der Tote will nur die Wahrheit) –: daß sein Monarchismus unklar oder unecht gewesen ist, ein Leben lang. Alles, was er tat, tat er für seinen kaiserlichen Herrn. Bei allem, was er tat, war das oberste Augenmerk auf den kaiserlichen Herrn gerichtet. Das monarchische Prinzip ging über alles. Noch auf dem Grabstein nichts andres als ein Diener des kaiserlichen Herrn. Und nur die Kleinigkeit, daß der Diener stets seines Herrn Herr gewesen, wurde diskret übergangen. Wenn Bismarck ein Junker war, bietet er hier zum alten Junkerspruch »Und der König absolut, wenn er uns den Willen tut« ein ganz individuelles Analogon. Als ein König seinen Willen nicht mehr tut, hört er auf, so bedingungslos monarchisch zu sein. Es war zu spät. Wilhelm der Zweite zog schließlich die Konsequenzen bismarckscher Grundsätze. Der nicht mehr als ein Diener sein wollte, wurde als Diener auf den Ruheposten kommandiert. Der sich als Diener selbst bezeichnet hatte, wurde von Wilhelm noch deutlicher als Handlanger bezeichnet. Weil er keinen menschenfreiheitlichen Staat, sondern eine Machtsteigerung der Monarchie im Auge gehabt, deshalb konnte ein in der Macht gesteigerter Monarch ihn nach seinem Willen spazieren schicken, und auf diejenige Art, wie es geschehen ist.

Und hier in dem Deutschland, das Bismarck vorbereitet hatte, durften die Gegner solcher Maßregel nicht zu mucksen wagen. Angeblich war er der Heros des ganzen deutschen Volkes – und dieses »ganze« Volk rührte keinen Finger. Man hätte ja demonstrieren können; man hätte ihn in hundert Wahlkreisen aufstellen und in allen hundert wählen können: das wäre gegen diese Entlassung ein Protest von der Macht eines Volksgerichts gewesen; ohne unmittelbaren Zweck gewiß; aber der »größte Deutsche« (manche erklären ihn dafür) wäre nicht ganz so belanglos, klanglos, sanglos, als ein Verabschiedeter seines Wegs gezogen. Daß dieses Wegziehen möglich war – so möglich war, hat Bismarck als Erzieher bewirkt, der das Selbstbewußtsein der Einwohner ewig klein zu halten strebte, zugunsten monarchischer Macht. Hätte er heut, nach den letzten acht Jahren wilhelmischen Regiments, noch einmal jung sein können, er würde mit neuen Grundsätzen auferstanden sein. Doch es gibt keine Auferstehungen. Vielleicht nach dem Tode – aber zuerst kommt der Tod.

Er hat auch an diese Auferstehung nach dem Tode fest geglaubt. Mit einer naiven Begründung, wie gesagt: weil sonst das Leben keinen Zweck hätte. Und er hat an Gott geglaubt. »Gott« beiläufig in dem Sinne, daß man nach der Redigierung einer Depesche mit dankbar-frommen Gefühlen den Erfolg eintreten sieht. Es ist ungefähr der Gott, der »unser Alliierter bei Roßbach« war.

Wir modernen Menschen stehen solchem Empfinden fern. Beide festen Pole in seiner Weltanschauung – dieser Monarchismus und die Art der Religiosität –, beide sind nicht Geist von unserem Geist. Es bleibt ein Pech Deutschlands, daß der Mann, welcher die belangvollste Umgestaltung seiner äußeren Verhältnisse schuf, bis in die Mitte des Leibes in einer sinkenden Epoche steckte. Das wirkt nach. Es bleibt ein Schmerz für uns, daß wir diese wundervolle Gestalt nicht mit ungebrochenen Empfindungen betrachten können, nämlich für uns moderne Menschen, die wir von den vorwärts drängenden Mächten alles erwarten und die wir jetzt den Kampf Wilhelms des Zweiten und seiner Soldaten gegen diese Mächte mit erleben werden.

Selig sind, die da arm im Geiste sind: sie dürfen bewundern und draufloslieben; sie brauchen nicht unter die Oberschichten und hinter die Dinge zu sehn wie wir; sie brauchen nicht einzuschränken; sie brauchen auch nicht fein zu fühlen wie wir, die wir im Zeitalter der Reformation uns immer dem Erasmus näher gespürt haben als dem Luther.

Wir sehen den herrlichen Mann, den wir grollend lieben, fast mit denselben Augen an, mit denen ein gewisser Jemand den jungen Goethe sah: als ein »schönes Ungeheuer«. Doch mancher von uns hat das Glück gehabt, bei einem Besuch diese Zaubermacht an sich selbst zu fühlen. Mancher hat, entzückt von dieser hinreißenden Erscheinung, die eine deutsche Sehnsucht war und heut eine deutsche Trauer ist, sich niedergebeugt und grollend die alte Hand geküßt. Und keiner von uns hat ohne die innerste Erschütterung diese letzten Tage durchlebt.

Denn er war unser.

11. September 1898
Die letzten Tage haben uns mehrere Reden unseres Kaisers gebracht. Der an Ideen so fruchtbare Monarch hat über äußere wie über innere Angelegenheiten geplaudert. Auf dem einen Gebiet ist er gegen die Abrüstung, auf dem anderen gegen das Strikerecht der Arbeiter aufgetreten. In der deutschen Presse waren die Vorschläge des gekrönten Russen meist mit Jubel begrüßt worden; in den Herzen der Leser auch. Wie sehr wird man jetzt bedauern, daß die Neigung unseres obersten Kriegsherrn von den Neigungen dieser Leser abweicht. Dagegen ist freilich nichts zu machen. Auch in dem Strikepunkt weicht der Kaiser von einer in Deutschland weitverbreiteten Ansicht ab. Bisher galt es als Recht der Arbeiter: gemeinsam einen höheren Lohn vermöge gemeinsamer Arbeitsniederlegung anzustreben. Der Strike ist doch wohl ein Regulierungsmittel. Er hat eine Art wirtschaftlicher Beweiskraft. Der Kaiser verbietet auch den Strike nicht; bloß die Aufforderung zum Strike. Ein Strike ohne Aufforderung ist aber nicht gut möglich. Es muß eine Abrede vorausgehen, die Abrede schließt eine Aufforderung in sich. In Wahrheit also will unser Monarch den Strike selbst bestraft wissen. Und zwar gleich mit Zuchthaus. Nicht mit Gefängnis, auch nicht mit Festung, wohin ja Arbeiter sowieso nicht kommen, sondern eben mit Zuchthaus. Die Entscheidung über solche Dinge steht nun allerdings nicht bei Wilhelm II., sondern beim Reichstage. Dagegen ist auch nichts zu machen.

Über diese Punkte wird recht viel geplaudert. Manche sagen, unmöglich seien die Reden im echten Wortlaut wiedergegeben. Andere sagen, sie seien durchaus glaublich. Wenn sie nicht so gehalten worden sind, hätten sie doch so gehalten werden können. Nebenbei plaudert man anregend über die Begnadigung des Lieutenants von Brüsewitz, der seine Tapferkeit am inneren Feinde Siepmann bewährte, und man denkt darüber nach, wie trefflich er sich geführt haben muß, daß er schon jetzt aus dem Gefängnis – nicht etwa Zuchthaus – freikam. Wieder dasselbe Spiel: einige sagen, es könne nicht wahr sein; andere sagen, es sei wahrscheinlich, auch wenn es nicht wahr wäre. So sind die Meinungen geteilt. Nebenbei beklagt man die lippeschen Soldaten, die ohne rühmende Erwähnung ausgingen. Zu bedauern sind sie gewiß; doch ich halte es für einen Zufall. Wegen der Zwistigkeit mit Ernst von Biesterfeld wird unser Kaiser die unschuldigen Soldaten dieses Landes nicht büßen lassen durch Erwähnungslosigkeit. Glaubt man denn, er versteife sich, den Begriff Lippe überhaupt nicht in den Mund zu nehmen? Es war ein Zufall. Nebenbei plaudert man vom 24-Stunden-Rennen.

Es hat in Halensee mit dem Siege des Franzosen Huret geendet. Zweiter war ebenfalls ein Mann mit gallischem Namen. So schloß leider dieses eminente nationale Unternehmen mit einem schmerzlichen Mißklang. Zwanzigtausend Mark waren insgesamt an Preisen ausgesetzt. Den größten Teil steckte ein Erbfeind ein. Ich muß es als Schande, als eine Schmach bezeichnen, daß sich weder nationale Beine noch patriotische Gesäße von hinreichender Widerstandkraft fanden, welche die Ehre des mehrfach besungenen Landstrichs zwischen Frankreich und dem Böhmerwald bei dieser Gelegenheit hochhielten. Bei solchen Vierundzwanzigstunden-Rennen handelt es sich darum – nicht etwa vierundzwanzig volle Stunden auf dem Rad zu verbringen, sondern darum: innerhalb dieser Zeit möglichst lange auf dem Rade gewesen zu sein. Und wie sehr es uns allen von jeher ein

Bedürfnis gewesen ist, endlich einmal klar zu wissen, wer von uns so viel nationale Kraft in den Lenden u. s. w. aufgespeichert hat, daß er etwa zweiundzwanzig Stunden sitzen und eine Kurbel drehen kann, das brauch' ich nicht zu erörtern. Eine Sehnsucht war es. Wenn also jetzt ein ausländisches Gesäß den Ehrenpreis einstreicht, so ist selbst die treffliche Leistung unseres Herrn Huhn kein rechter Trost dafür. Herr Huhn kam als vierter an, obwohl Herr Huhn kein Berufsfahrer ist: Herr Huhn ist nur Herrenfahrer. Er nimmt keine baren Preise, nur Ehrenpreise, er ist ein Vierundzwanzigstundenrenner um der guten Sache selbst willen. »Deutsch sein heißt eine Sache ihrer selbst willen treiben«, sagt Richard Wagner. Herr Huhn also kam als vierter und erhielt einen Ehrenpreis. Und das verbreitetste Berliner Blatt schrieb:»Dem deutschen Radfahrer-Bunde aber, dem Herr Huhn angehört, kann man aufrichtigst gratulieren, ein solches Mitglied zu besitzen.« Das denk ich auch. Aufrichtigst kann man ihm gratulieren und Herrn Huhn selbst wiederum aufrichtigst. Ihm ist es besser gegangen als dem Herrn Miller. Herr Miller schlug sich halb tot. Fiel herunter vom Rade und mußte bandagiert werden. Blutend noch stieg Herr Miller – um der Sache willen – wiederum aufs Rad. Verwundet fuhr er, um der Sache willen, mehrfach rundherum, rundherum, immer rundherum. Herrn Huret jedennoch unterstützte seine Frau durch Darreichung eines nassen Schwammes, auch brachte er sich durch kalte Douchen und anregende Getränke wieder zum Bewußtsein, wenn er umzusinken drohte, und so saß er im ganzen einundzwanzig und eine halbe Stunde auf dem Rad. Ehre seinem –! Da ihm die Frau den Schwamm reichte, erfuhr man, daß er verheiratet sei, und ist darüber erstaunt. Wer solche Touren auf dem Rade macht, was wird der einer Gattin noch widmen

können, an Zeit und Sorgfalt? Recht wenig. Und es ist in
der Tat eine meiner lebhaftesten Sorgen, wie Herr Huret sich im Familienleben verhält. Möge er glücklich werden. Die Zuschauer aber schienen einig darüber, daß die
näheren Umstände dieses Rennens bloß noch mit dem
Wort Schweinerei zu bezeichnen seien. Und so darf man
alles in allem der Stadt Berlin »aufrichtigst« gratulieren,
daß sie die schöne Feier erlebt hat. Zwanzigtausend
Mark. Der Schillerpreis beträgt viertausend. Und es steht
kaum fest, ob nicht ein Dramendichter unter Umständen mehr Schweiß absondert als ein Vierundzwanzigstundenrenner.

Diese ganze Sportsphäre ist eine Welt für sich. Wer in
Halensee oder Friedenau an einem Sonntag seines
eiligen Weges zieht, der hört gelegentlich ein Riesenge-
brüll von zehntausend Menschenstimmen. Sie rufen:
»Willy, feste!« Gemeint ist Herr Arend, der wegen großer Beliebtheit beim Vornamen genannt wird. Offenbar
ist da drin im Zirkus eine Entscheidung vor der Tür, und
sie feuern den Liebling des Volkes an. Rhythmisch skan-
dalieren sie: »Wil-ly, fe-ste, Wil-ly, fe-ste!« Als ob eine
große Schule gemeinsam etwas aufsagte, klingt der Cho-
rus auf die Landstraße hinüber. Der Wanderer sagt sich:
hier kannst du nicht mehr mit, hier hört deine Kompe-
tenz auf. Am Abend, wann man mit einigen Freunden
im Wirtshaus Halensee den Volksbelustigungen zu-
schaut, gerät der Garten plötzlich in Aufregung. Ganze
Familien rennen nach vorn. Was ist los? Dort ist der erste
Sportfreund soeben angelangt, der die Rennresultate
von der benachbarten Bahn überbringt. In fieberhafter
Aufregung ist er hergeeilt, der Wichtigkeit der Sache
entsprechend. Die Familien lassen ihn kaum durch. Alle
wollen Einzelheiten wissen. Vater, als der Oberschaute
der Familie, fragt rasch mit energischen Gesichtszügen,

ob »Willy« auch in guter Form gewesen. Er forscht dann mit befehlendem Ernst, wann Bourillon oder ein anderer Franzmann angekommen. Hat das deutsche Bein gesiegt, so wird eine nationale Bemerkung schwer zu unterdrücken sein. Hat ein Ausländer gesiegt, so wird der Nationalitätenpunkt mit Takt übergangen. Es stehen dann eben reine Sportinteressen im Vordergrunde. Schließlich kehrt Vater mit der Familie an den Tisch zurück, um mit entschlossener Strenge ein Helles nach dem andern zu trinken. Elf Helle hat er am Schluß des Abends getrunken. Es tut der nachdrücklichen Festigkeit keinen Eintrag. Er ist Beamter. Der Turnverein »Hohenzollern«, die Loge »Gustav zu den drei Kopfkissen« und der Kriegerverband »Kaiser Wilhelm der Große« wissen, daß er in Vereinsangelegenheiten eine ernste Kraft ist. Jetzt nur wendet er seine energischen Bestrebungen zugleich dem deutschen Radsport zu. Er betont kraftvoll und häufig die militärische Verwendbarkeit des Rades. Und Herrn Hauptmann Marheineke von der Radfahrerabteilung hatte er die Ehre durch einen Zufall auf der Potsdamer Chaussee kennenzulernen. Herr Hauptmann war für einen Augenblick heruntergestiegen und stand abseits.

Ich schließe diese Zeilen mit einem ziemlich gleichgiltigen »Heil!«. Große Lust, Berliner Briefe zu schreiben, hab ich in dieser Woche nicht. Selbst ein Rückblick auf Herrn O. Blumenthals zehnjähriges Wirken, Schalten, Walten und Schaffen im Lessingtheater hätte nur verhältnismäßigen Reiz für mich. So will ich denn bloß noch einem Wunsche Ausdruck geben, der mich bewegt: daß bei einem nächsten Vierundzwanzigstundenrennen unser deutscher Willy Arend den Sieg davontrage. Ich wüßte nichts, das mir größere Freude machte.

Und somit: Heil!

30. Oktober 1898

Es ist wieder Frühling. Am Boden zwar rascheln die bekannten braungelben Blätter, die in Novellen so auffallend häufig vorkommen. Aber die Luft ist lind, und es
ist Frühling. Mit gehobenen Empfindungen und aufge-
knöpftem Jacket gehen durch die Gänge des Tiergartens
noch einmal vor dem Abschied junge Mädchen, und sie
lassen sich küssen. Von der linden Luft zunächst. Sie
küßt ihre Wangen, sie küßt ihren Hals; und unter den
lauen Wehen erschauern sie. Sie unterlassen es in der
Tat selten, zu erschauern.

Sie finden jetzt, es sei zum Spazierengehen »solche
schöne Zeit«. Und sie erinnerten sich nicht, daß solcher schöner Herbst je dagewesen. So streichen sie mit
Vorliebe, zu zweien untergefaßt, um das Denkmal der
Königin Luise, wo ganze Haine in Rotbraun von der
gewissermaßen südlichen Luft gefächelt werden. Und
ein Spaziergänger hört allerhand seltsame Bemerkungen über diese heilige Frau, wie sie Ernst von Wildenbruch in preußischer Religiosität getauft hat. Ein großer
Teil stößt schwärmerische Ausdrücke in die weiche
Atmosphäre. Doch es gibt andere, die eine Art Eifer-
sucht fühlen. Sie werden beinahe heftig, wenn man die
edle, legendenhafte Königin lobt, und vermuten derb,
daß sie auch menschliche Regungen gekannt haben
wird.

Was ich sagen wollte: manchmal geht man in diesen
späten Frühlingstagen auch vormittags um 10 an den
stillen Gewässern des Lützow-Ufers entlang; an grünen
abgedachten Rasenflächen vorbei, bis zur Schleuse mit
ihrem weißen Strudel; und über die Schleuse hinaus auf
einsamen Wegen, wo alte Riesenbäume sich im grünen
Wasser spiegeln und die braunen Blätter nicht wegge-
fegt sind. Da erwägt man, leise beschwipst durch die

Frühlingsluft, ob es nicht mal wieder nützlich, passend, angenehm wäre, den ganzen Berliner Krempel mit einem kleinen Fußtritt im Stich zu lassen und irgendwo in einem Dickicht zu hausen. Was braucht man viel? Ein Haus im Dickicht, eine Bibliothek, einen Flügel, ein Pferd, einen Hund, ein Weib. Das wird doch noch zu haben sein. Und gelegentlich erhält man dann einen Brief von einem Freunde, tröstsam und heiter und saftig gehalten, und man vergißt in dieser räumlichen Entfernung, daß der Freund in der Nähe auch ein Halunke ist, und lacht herzlich. Im übrigen spielt man Beethoven, besonders die Scherzi, redet nicht mit den Bauern auf zwei Meilen im Umkreis, weil sie gleichfalls Schufte sind, liest alles, was Gerhart Hauptmann jeweilig drucken läßt, und schreibt ihm dann einen Brief; Kritiken aber veröffentlicht man nicht mehr. Abends stöbert man im Don Quixote. Ewigkeitsperspektiven öffnen sich. Morgens reitet man aus, wie dunnemals, als man in brandenburgischem Kieferngelände auf einer Trakehnerstute gezwiebelt wurde. Fäuste abrunden! Hacken herunter! Fußspitzen nach innen! Ellbogen an Leib! Schenkel ran, Schenkel ran, laufen, was er laufen kann! Man ist in Luft gebadet, und die Pferde scheinen erhöhtes Daseinsbewußtsein zu haben. Wir alle haben es. Nach vier Stunden aber, beim Absteigen, zweifelt man, ob sämtliche Knochen vorhanden sind; man zieht das Schnupftuch, um sie zu sammeln. Beim Gehen torkelt man. So müßt' es wieder sein, alle Morgen. Bloß allein.

Und das Weibsbild müßte einen Schuß Mozart in sich haben. Eine Musik im Wesen. Schalkhaft und lind. Und dürfte nicht umfallen, wenn sie eine Balgerei mit ansieht. Mit einer fernen Buchhandlung müßte man in Verbindung stehen, die einem frische Geisteswerke sendet. Und man hätte das Glück, die Bücher zu lesen, ohne die

Urheber sehen zu müssen. Über dem Eingang des Hauses aber würden die wundervollen Judenverse stehen:
    Gott mög' mich benschen,
    Ich soll nicht brauchen *Menschen*!
Benschen heißt segnen und kommt wohl von bénir. Ja,
bei solchem Dasein könnte man am Ende das große Rauschen deutlicher hören, das über uns schwebt, und mit
tieferem Bewußtsein der langsam andämmernden Ver-
nichtung entgegenziehen. Nur von Zeit zu Zeit müßte
man in die Welt eilen, den Eitelkeitsmarkt betreten, mit
der Bande leben, mit der Bande sich balgen, Taten tun,
jedem Kohlhaas helfen, jeden Vogt aufspießen und dann
dreimal spucken und verschwinden. Das müßte man.
Die Beschwipstheit dieser Frühlingsluft läßt solch ein
Ziel ganz nah erreichbar scheinen. Wenn aber die Uhre
sieben schlägt –
    Wenn die Uhre sieben schlägt, muß man ins Theater.
Nicht ins Dickicht. Und wer Glück hat, sieht ein Bis-
marckstück von Felix Philippi. Ein begnadeter Kopf hat
es gemacht. Ein Gebenedeiter. Er gibt weniger auf das
Rauschen der Ewigkeit als auf das Rauschen der blauen
Scheine unserer Zeitlichkeit. Ist aber mehr dran zu sehen als sonst an einem Theaterstück. Denn es führt den
Nationalheiligen der Deutschen auf die Bretter, und es
bleibt fast so gewinnreich, das Publikum zu beobachten
wie die Vorgänge auf der Bühne. Bismarck tritt mit
einem rötlichgrauen Vollbart auf, gleicht im Äußeren
einem jovialen Sanitätsrat, also gar nicht dem verstorbenen Kanzler, und heißt auch anders. Er wird von Pitt-
schau gespielt. Der Kaiser, von dem seelisch noblen
Sommerstorff dargestellt, hat das Äußere eines jungen
Aristokraten, ohne Flottheit, mit einem ernsten und, wie
gesagt, seelisch noblen Zug, doch mit jener Selbständigkeit des Willens, die ein gütliches Auskommen mit Bis-

marck unmöglich macht. Bismarcks Charakteristik wird durch eine Fülle von burschikosen Redewendungen bestritten. Er erscheint als saftige Natur, als humorhafter alter Student, der unwiderstehlichen Einfluß auf die Gemüter übt. Seine Orden bewahrt er despektierlich in einer Zigarrenkiste. Feierlichkeiten erscheinen ihm albern. Zu seiner Frau pflegt er zu sagen: »Gib mir 'n Kuß und mach', daß du rauskommst!« Bismarck ist bei dieser Jovialität von starker Verschlagenheit; und wenn es sein muß, führt ein einfacher Überfall von brutaler Kraft die Lösung herbei. Bismarck ist der liebenswürdigste, schlaueste und tatkräftigste der Menschen. Er mogelt manchmal, doch immer zum Besten des Reichs, das hier durch ein Eisenwerk symbolisiert wird. Bötticher dagegen tritt als Theaterintrigant mit gefärbtem Vollbart auf und bekommt zum Schluß die gebührende Strafe, als Bismarck und der Kaiser sich aussöhnen. Philippi nämlich, der gebenedeite Kopf, führt einen sanften Ausgang herbei: der Kaiser will Bismarck wieder einsetzen, doch Bismarck zieht sich freiwillig nach Friedrichsruh zurück (es heißt hier Klausendorf). Bismarck wird sich von Herzen freun, aber von Herzen, wenn der Kaiser seinen Vorgänger in der Politik erreicht. Das ist sein innigster Wunsch. Man sieht, die Historie ist frei behandelt, wie es gebenedeite Köpfe lieben.

Gleichviel: Der Leser wird sich schwer einen Begriff machen von der fast erschütternden Wirkung, welche das Kolportagestück im Berliner Theater übt. In diesem Hause können Abonnentenfamilien Kaffee kochen; der gute Bürgerstand geht hinein; doch zugleich andere, die, losgelöst von Familienhaftigkeit, bloß theatralische Kunst genießen wollen. Sie alle (und der Chronist kann sich nicht ausnehmen) sehn mit den absonderlichsten Gefühlen von der Welt die populärste deutsche Gestalt

auf der Bühne. Man sagt sich: so hat er sich wirklich ge-
bärdet, so hat er wirklich gesprochen, wenigstens
manchmal. Nicht Bismarck, aber zweifellos ein paar Seiten seines Wesens sind hier porträtiert. Und so wahr
man nicht vergißt, daß ein naiver Ausschlächter auf Sensation arbeitet, so wahr ist man in starker Erregung; ergriffen durch diese teilweise Leibhaftigkeit. Ich hätte nie
gedacht, daß ein Aktualitätsschmarren so viel anschauliche Kraft haben könnte. Man begreift jetzt die Erfolge
des Dramas »Kapitän Dreyfus« und manchen Bruder-
werks. Das Beste bleiben die Hörer. Die Hörer im Berliner Theater benehmen sich naiv. Es sind sittenge-
schichtlich denkwürdige Zustände, wenn sie, Tränen in
den Augen, in jubelndes Händeklatschen für den verstorbenen Abgott ausbrechen; wenn sie mit schluchzen-
dem Eifer den Worten des Depossedierten zujauchzen
und wenn sie Bismarcks Unterscheidungen zwischen
mühelos ererbtem Besitz und mühseliger Schaffung des
Besitzes stürmisch billigen. Ich spreche nicht von der
ersten Vorstellung. Kein Mensch denkt mehr an ein
Theaterstück. Es ist eine politische Kundgebung. Zum
Applaus regen sich die Hände all derer, die nie eine
Hand gerührt haben, als Bismarck entlassen wurde.
Weil er gestorben ist, stehen sie ihm mild gegenüber; wie
wenn etwas gutzumachen wäre. Besonders Frauen und
Mädchen sehen nur die Grundlinien der Antagonisten,
dort den Gekrönten, hier das Genie, und ein unmittel-
bares ethisches Gefühl läßt sie demonstrieren. Es liegt
Demokratie in diesem Klatschen und ein bißchen Welt-
geschichte in dieser ganzen Vorstellung. So erscheint es
nicht als das größte Pech, das man haben kann, am
Abend eines nachdenklichen Frühlingstags in so lebens-
volle Bewegung versetzt zu werden. Auch hier wird das
Rauschen leise hörbar.

Das nächste Drama Philippis wird vielleicht den Fall Hartert behandeln. Daraus läßt sich etwas machen. Alle zehn Finger kann man sich danach ablecken. Eine Frau, welche das – wenn man so sagen darf – Treiben der Berliner Lebewelt fördert und beschwiegermuttert, erscheint als Heldin rentabilitätsfähig. Frau Hartert besaß eine legitime und eine illegitime Seite. Sie befaßte sich mit der Vermittelung von Heiraten und auch mit der Vermittelung freier Liebe. Vielleicht um die Kavaliere zu entschädigen, bevor sie in den sauren Apfel bissen, gönnte sie ihnen Erholungsabende mit ungebundneren Mitmenschinnen in ihren traulichen Anstaltsräumen am Magdeburger Platz. Noch ein bißchen tollen und toben, dann ran an den Speck. Heute nur, heut noch bin ich so schön, morgen, ach morgen muß ich vergehn. Ist es nicht menschlich? Wenn Elisabeth Hartert die Minnevermittelung mit etwas Plötzensee gebüßt hat, so ist die Ehevermittelung doch ihr belangvollerer Teil. Sie erwärmte sich für die Kreuzung von Kriegern mit Bankfamilien. So wurde Elisabeth Hartert ein Zeitsymptom. Die Bankfamilien scheinen sie manchmal beauftragt zu haben. Die läppische Sehnsucht sonst gar so kluger Menschen nach einem pleite gegangenen Ritter tritt wieder beschämend in die Erscheinung. Kann man es den Rittern verargen, wenn sie schließlich, alles in einen Topf werfend, von der Sippschaft geringdenken? Sie, die ja wissen, wie wenig sie selber wert sind. Außerdem aber ist dieses Verfahren unpraktisch. Solche Schwiegersöhne vergeuden gern, was durch zwei Generationen aufregungsvoll erspekuliert worden ist. Woran man die Aktionäre bemogelt hat, davon machen die Schwiegersöhne Fettlebe. »La revanche de l'actionnaire« nennt das Paul Bourget, der selbst eine Gattin aus dieser Finanz errungen hat und Kenner ist. Schade, daß man jetzt keine Namen erfahren hat. Das Tiergartenviertel hätte kopfgestanden. Diebisch würde man sich gefreut haben über den Reinfall. Der verstorbene Theodor Fontane fand zwar gegen Vernunftehen nichts Triftiges einzuwenden. Und andre mit ihm. Er wollte mit ketzerischer Kühnheit auf die Liebe husten, wenn nur sonst die Verhältnisse stimmten. Doch er dachte kaum an Elisabeth Hartert. Vollends das neue Bürgerliche Gesetzbuch ist sehr für Liebe und sehr gegen Vermittlung. Denn es bestimmt, daß Heiratsvermittlergebühren nicht mehr einklagbar sind, weil contra bonos mores verstoßend. Ein blühendes Gewerbe dürfte so von 1900 ab ruiniert werden; und Elisabeth Hartert wird, eine tragische Vorläuferin dieser dahinwelkenden Mitbürger, die letzte Säule ihres Fachs gewesen sein. Und sie hatte den Wurf, und sie hatte den Schwung, und sie hatte den Elan. Ihr Andenken in Ehren.

Der Professor Eck liest jetzt den Berliner Anwälten Kolleg über das Bürgerliche Gesetzbuch. Die meisten dieser westlichen Rechtsanwälte sind verheiratet, und rationell verheiratet. Als Herr Eck an den Paragraphen von der Vermittelungsgebühr kommt, sagt er erläuternd, mit der Naivität eines Gelehrten: »Es soll nämlich in einigen Gegenden Deutschlands unter der bäuerlichen Bevölkerung der Brauch bestehen, daß die Heiraten durch Vermittler geschlossen werden.« Die Rechtsanwälte neigen die Köpfchen und suchen ihr Lachen zu ersticken. Manche puffen sich gegenseitig unter der Bank.

...... Es ist mein Schicksal, Leser, mit einem Frühlingstage zu beginnen und mit diesen Rechtsanwälten zu enden. Ich bin Chronist. Es ist mein Schicksal. Jetzt ist der Abend herabgesunken, und die lauen Lüfte wehen noch immer, frühlingsgleich. Vor dem Schlafengehen schreite ich durch den Frühling und stecke das Feuilleton in den Briefkasten. Das ist mein Schicksal.

Um Mitternacht, für sieben geschlagene Stunden, bezieh' ich dann mein Haus im Dickicht.

Gute Nacht.

18. Dezember 1898

Nur unter einer tiefen seelischen Depression kann ich den heutigen Brief beginnen. Die Angriffe gegen mich mehren sich, zum Teil unter Verweisung auf diese Briefe. Wo soll ich mich hinkehren, ich armes Brüderlein? Männer von Geist und Talent im »Kleinen Journal« erheben die Feder wider mich. Keller, der Lokalredakteur des »Berliner Tageblatts«, hat auch schon ein Entrefilet voll ätzender Lauge veröffentlicht. Selbst Hans Land griff mich an. Wenige werden diesen Schriftsteller gering einschätzen; nämlich bloß diejenigen, die ihn gelesen haben. Herr Land hat eine Zeitschrift gegründet, konnte aber bereits vorher nicht schreiben. Selbst seine Gegner gestehen ihm das zu. Neben der dichterischen Tätigkeit arbeitete Herr Land an der Börse, und im Schwarm der unvereidigten Fondsmakler machten seine umlockten Leidenszüge einen tiefen Eindruck. Man gönnt diesem betrübten Menschen, der außer einem gewissen Mangel an Beanlagung lauter gute Eigenschaften besitzt, das Allerbeste; und es ist zu wünschen, daß der Börsen-Asra endlich mit seiner Zeitschrift Glück hat. Sonst schreibt er wieder Novellen. Übrigens hat er mich zur Mitarbeit an dieser Zeitschrift aufgefordert, und ich hatte abgelehnt, solange ich nicht wisse, was er zustande brächte; sein Angriff hängt wohl damit nicht zusammen.

Auch der Dr. Rudolph Steiner, Philosoph, liest diese Berliner Briefe. Im »Magazin« erklärt er, aus ihnen zu wissen, daß ich Nietzsche »nicht zu mögen geruhe«. Ich

geruhe in der Tat nicht. Der Herausgeber des »Magazins« ruft mir zu, daß Nietzsche von Hartlebens »Sittlicher Forderung« entzückt gewesen wäre. Das könnte
ein Grund mehr sein, ihn nicht zu mögen. Denn Hartlebens Einakter ist zwar ein unterhaltendes, feines Stück,
aber grade sittlich recht unbedeutend. Doch wer kann
Nietzschen so nahe stehn wie jener Steiner? Im Re-
klameteil der Zeitschrift findet sich folgendes Urteil
über sein Nietzsche-Buch: »In der immer mehr anschwellenden Nietzsche-Literatur bildet diese wahrhaft
bedeutende Erscheinung einen Markstein.« Darunter
steht: Verantwortlicher Redakteur Dr. Rud. Steiner.
Über ein Goethebuch findet sich die Notiz: »Rudolph
Steiners Buch ist endlich *das* Goethe-Buch, das geschrieben werden *mußte*, das aber kein anderer schreiben
konnte als usw.« Darunter steht: Verantwortlicher Redakteur Dr. Rud. Steiner. Steiner kargt Steinern gegenüber nicht mit ermunternder Anerkennung. Übrigens
ist Steiner, sosehr er als Kritiker zum Kugeln ist, ein netter Mann und hat nur eine Untugend. Als die Réjane hier
war, stellte ich das in einer Zeitung fest. Er schrieb in Begeisterung, daß ihre Liebesleidenschaft »dem Zuschauer
einen warmen Hauch durch den ganzen Leib treiben
muß«. Ich wies auf diese ungewöhnliche Wirkung hin.
Wenn ihm die Réjane schon einen warmen Hauch durch
den ganzen Leib trieb, welche Wirkung hätte die Duse
auf ihn geübt. Nicht auszudenken. Man hätte dann
schreiben können: in einer immer mehr anschwellenden
Duse-Begeisterung bildet diese wahrhaft hervorragende
Erscheinung einen Markstein. Und so weiter.

Jetzt ist die Jane Hading in Berlin. Ich will von ihr erzählen. Die Untugend, die Steinern im Anblick hervorragender Schauspielerinnen beschleicht, dürfte wieder
in die Erscheinung getreten sein. Denn die Frau hat man-

chen hinreißenden Moment. Sie ist eine etwas übermit-
telgroße Gestalt, von wundervoller Anmut der Bewegungen; namentlich in der Gegend der schlanken
Schultern werden ihre Linien reizvoll. Es ist aber ein tie-
ferer, seelischer Reiz, der von ihr ausgeht. Am stärksten
liegt er in den Augen, die grau und träumerisch-gütig
sind. Ein lyrisches Element umschwebt sie; die Réjane
ist mehr dramatisch. Die Réjane hat die größere Technik
und ist in höherem Grad Französin. Die Hading aber, an
schauspielerischen Künsten so viel ärmer und innerhalb
dieser Künste so viel weniger vollendet, wirkt einpräg-
samer als Mensch. Sie fühlt das Leiden der irdischen
Kreaturen anscheinend in jedem Augenblick, nicht nur
in den tragischen Augenblicken. Es liegt in ihr. Sie ist ein
harmlos-gutes, mitleidsvolles Geschöpf, und im Schmerz
hat sie etwas sehr Liebenswürdiges. Eben mehr Liebenswürdiges als Tiefes. Sie erscheint als eine ernste, reizende, feine Person, und es trifft sich vorzüglich, daß sie
auch Theater spielt. Wenn die Réjane eine Lerche ist, ist
die Hading eine Art Nachtigall. Auf den Lidern dieser
Hadingschen Kameliendame ruht ein schwarzer Schatten. Ja, auf der ganzen Gestalt liegt dieser leise Schatten.
Ihre weiche Anmut ruht auf dem Grunde zärtlicher Melancholie. Leider kopiert sie in vielen Punkten die Duse.
Und auf eine Art, die nicht mehr erlaubt ist. Selbst den
Tonfall beim Anrufen der Zofe »Nanina!« ahmt sie be-
denkenfrei nach. Hat sie keine Ahnung, wie wir die Duse
kennen? Glaubt sie, daß wir die Nachahmung nicht mer-
ken? Man fühlt jedesmal genau: jetzt wechselt sie den
Ton und beginnt mit Dusescher Raschheit zu sprechen;
sie »setzt ein«. Doch neben solchen Äußerlichkeiten hat
sie Augenblicke von rein hingegebener Menschlichkeit.
So wenn sie aufspringt und an den Hals des Geliebten fliegt. Es äußert sich dann jenes Seltsame, Weibliche,

Zuckende im Schmerz, das an die Hysterie grenzt. Die Wirkung ist unmittelbar fortreißend. Was muß Steiner hier empfunden haben. Im übrigen stieg die Erinnerung an die Duse zaubermächtig an diesem Abend herauf. Die Duse ist am größten als Kameliendame. Man sieht sie mit zitternder Seele und zitternden Händen. Man fühlt, daß sich hier ein Mensch enthüllt, der in Jahrhunderten nicht wiederkehrt. Sie kann die Weltanschauung eines Zuhörers, sein Verhältnis zu den Mitmenschen umkrempeln. Als die Duse im selben Lessing-Theater die Kameliendame gespielt hatte, befand ich mich nach dem Schluß plötzlich vor der verlassenen Schauspielerpforte und wartete dreiviertel Stunden, bis sie in den Wagen stieg. Man zieht zwar den Hut, aber man möchte auf die Knie sinken. Bei der Hading sagt man nachher: »Ach, sie war reizend« und fragt anschließend: »Wo gehn wir heute hin?«

Die Politik nahm diese Woche neben der Französin stark in Anspruch. Nicht bloß der Reichstag. Stoeckers Persönlichkeit ist, seitdem »Das Volk« nach Siegen verpflanzt wurde, wieder hervorgetreten. Er scheint jetzt reif für ganz offizielle Nekrologe. Noch einmal befaßt man sich vor dem Scheiden mit dem verehrten Mann, der so mancherlei Gaben des Geistes und Charakters in sich vereinte. Sein letzter Lichtblick werden die warmen Huldigungen gewesen sein, die ihm Herr M. Harden in der »Zukunft« darbrachte. Es war eins der köstlichsten Schauspiele, als unser Isidor den Gottesmann und Volkswirt feierte. Vielleicht hat sich's bloß darum gehandelt, ihn zur Mitarbeit für die Zeitschrift zu gewinnen. Herr M. Harden schrieb, wie bekannt ist, auch an den Prof. Delbrück in überschwenglichen Worten, und als dieser Brief unbeantwortet gelassen wurde, schrieb der Stolze ganz ergebenst zum zweiten Mal. Als auch das nicht zog, dann erst schimpfte er. Warum soll er also zur Gewinnung des Herrn Stoecker nicht ebenfalls angelegentliche Mittel verwendet haben? Man kann Herrn Stoecker ohne Haß betrachten und wird doch sagen müssen: er war in jeder Regung ein subalterner Kopf. Es ist vielleicht kein Zufall, daß sein Vater Feldwebel gewesen ist. Auch der Sohn hatte als Wirtschaftsreformer einen Feldwebelhorizont. Diese gradlinigen, beschränkten Ziele; diese patriarchalisch gestrenge und schlaue Borniertheit mit den Begriffen Obrigkeit und Untertan im Hintergrunde; diese stramme Weltanschauung gegen die Wissenschaft, die ihn etwa erklären ließ, Virchows Lehre vom Urschleim sei der Urleim, auf den die Bürger gehen sollen, was ganz nach Instruktionsstunde klingt: sind es nicht Feldwebelzüge? In einer kreißenden Zeit, in der die alt' und neue Welt durchwühlt ist, das Heil von einer protestantisch-berlinischen Bewegung zu erwarten; gegen die kirchlich nicht in Reih und Glied stehenden, religiös und wirtschaftlich disziplinfreieren paar Juden scharf einschreiten, sie degradieren und auf diese Art eine europäische Gefahr abwenden zu wollen: ist es nicht feldwebelhaft? Unsittliche Züge wurden an dem Mann recht oft, die tiefe Vernageltheit aber verhältnismäßig selten betont. Sie scheint mit in erster Reihe zu stehen. Sie umspannt seinen sozusagen spezifischen Idealismus. Ihm wohnte bei allen ehrsüchtigen Motiven zugleich eine beschränkte Überzeugung inne; es ist eben das immanente platte Feldwebeltum. Daß Stoecker als ernster Faktor der Wirtschaftsreform zu schätzen sei, als in Betracht zu ziehender Arzt der kranken Zeit, wird außer Isidor, dem Zeitschrifteninhaber, niemand andeuten. Sollte der Reformer in einem Denkmal verewigt werden, so müßte er in der Mitte dargestellt werden zwischen dem Schneider Grüneberg und dem Portier Aschenbrenner; er ist über die geistig niederen Zonen nie emporgekommen, er blieb unten kleben, und etwas Spießbürgerhaft-Widerliches umhüllt ihn. Wir rufen ihm ein herzliches Lebewohl zu.

Und auch dem Leser ruf' ich es für heute zu. Wenn man ein Feuilleton zu Ende geschrieben hat, fühlt man sich so wohl. Lediglich die bösen Folgen des Feuilletons bleiben noch zu bedenken. Ich hab' solche Angst, daß ich jetzt wieder angegriffen werde um dieses Briefes willen. Ich zittere vor Keller, ferner vor dem Manne von Geist und Talent im »Kleinen Journal« und namentlich vor Hans Land. Dagegen fürchte ich mich nicht vor Rudolph Steiners Zorn. Denn, was ihn betrifft, so scheint es vorteilhafter, daß er einen nicht leiden kann, als daß er ihm den Tribut seiner Bewunderung darbringt. Lebt nochmals herzlich wohl.

1899

1. Januar 1899

Heut vormittag ist meine Stimmung sehr Alfred de Mussetsch – und ich soll doch sagen: Prosit Neujahr, mein lieber Leser. Schon gleich nach dem Aufstehen um … Uhr (ergänzen Sie, mein lieber Leser, was gut scheint) ist diese Stimmung, diese unwiderstehliche, süße, blasse, zaubervolle, sozusagen herniedergeschwebt. Hängt das mit der Verdauung zusammen? Ist es ein letzter Gruß von dem vielen Sekt, der in den Feiertagen getrunken ward? Sei dem, wie ihm sei: in mir murmelt jemand seltsame Worte. Ich sprach zu meinem Herzen, zu meinem schwachen Herzen: was willst du noch, wenn du die eine liebst? Was wechselst du? Versäumst das Glück vor lauter suchenden Wünschen. Siehst du das nicht? … So murmelt der in mir. Aber französisch heißt es:

> J'ai dit à mon cœur, à mon faible cœur:
> N'est-ce point assez d'aimer sa maîtresse?
> Et ne vois-tu pas que changer sans cesse,
> C'est perdre en désirs le temps du bonheur?

Es ist wahrlich ein sehr schönes Gedicht. Und will mir heute nicht aus dem Kopf. Immerhin sage ich: Prosit Neujahr, mein lieber Leser.

Kurz ehe das Jahr zu Ende ging, ist der ehemalige Oberstlieutenant von Egidy gestorben. Man braucht ihn als einen wesentlichen Faktor nicht anerkannt zu haben; und doch wird man auf sein Grab einen grünen Kranz legen wollen. Der Mann tat, was er konnte. Er hatte sich befreit aus dem Kerker der Kaste. Und er wollte andre Menschen befrein, nicht bloß von der Kaste, sondern von falschem Christentum und vom echten Elend. Über seine Mittel wollen wir nicht reden. Die Gestalt hat einen josephinischen Zug. Eine warme, nicht stürmische Humanität lebte sich in regsamer Geschäftigkeit aus. Über ihn schwebten in unsichtbarer Gloria die Worte »edel sei der Mensch, hilfreich und gut«, die im Laufe der Zeit und der Zeitungsartikel etwas mitgenommen worden sind. Sie haben, so gewiß sie von Goethe stammen, in diesen Tagesbewegungen ebenso gelitten wie die Erinnerung an Nathan den Weisen, der allzu oft in ungeschickten Entrefilets von schwachbegabten Redakteuren angerufen wurde. Der Nathan bleibt trotzdem der Nathan. Aber für Moritz von Egidy paßten jene Goetheschen Worte justament in dem etwas verblaßten Schimmer. Originalität und die elementare Frische großer Naturen waren seine Sache nicht. Was er als »Denker« geleistet, war von andern weit besser gesagt worden, auf deren Namen sich Nacht gesenkt hat. Ihn kündet manch Lied, manch Heldenbuch, weil er ein Oberstlieutenant war. Kennt ihr des Deutschen Vaterland? Nichts für ungut; auf Überläufer fällt meist ein doppelt heller Lichtschein; und Egidy hat sich der rasch erwiesenen Ehren nachträglich durch gute Einzeltaten wert gezeigt. Man denke an Ziethen. Wilhelm von Polenz, der mit Egidy verkehrte, ließ vor kurzem ein Drama erscheinen, das ziemlich unbeachtet geblieben ist. Es wirkt auch als dramatisches Kunstwerk in vielen Punkten schwach. Dennoch lebt in der Hauptgestalt ein Zug von Größe. Es ist ein Gefängnisarzt, der »mehr in die Weite als in die Nähe sieht«. Er will, begeisterter Reinheit voll, durch Liebe die Verbrecher zum Gesellschaftsfrieden führen. Er bricht am Schluß zusammen, als ein vertierter Bursche sein Bemühen mit Hohn straft. Warum bricht er zusammen? Ein anderer, den er erlöst, ist ja auf gutem Weg geblieben. Der Dichter bleibt die Antwort schuldig. Jedenfalls scheint er in dieser Hauptgestalt Herrn von Egidy gezeichnet zu haben; dem nur ein gefestigteres Ende beschieden war. Polenz ist mit seinem ethisch heißen Atem ein guter Dramatiker für Herrn von Egidy. Vielleicht wäre Björnson ein noch besserer. Auch Egidy hatte, wie jener Gefängnisarzt, Verluste grade von seiner Menschenfreundlichkeit und dem nicht zu knapp bemessenen Vertrauen. Sein Vermögen mopste ihm ein Buchhändler, der Sohn eines berühmten Gelehrten; ein Mensch mit Schlapphut, wirrem Lockenhaar und Rhapsodenmanieren. Es war ein Spiel des Zufalls, das diesem philosemitischen Offizier von einem Juden widerfuhr – was ihm von einem Christen auch hätte widerfahren können. Er wechselte die Gesinnung darum nicht. Im Grunde ist es selbstverständlich; lohnt aber, heut erwähnt zu werden. Was die Regimentskameraden betrifft, so waren nicht alle auf den Oberstlieutenant gut zu sprechen. Mancher ärgerte sich über sein Auftreten, worin eine Art militärischen Hausfriedensbruchs erblickt wurde. Mancher war verschnupft, daß der Kamerad so rasch zu einer zivilistischen Berühmtheit wurde, was nicht jedem z. D. und a. D. im selben Tempo gelingt. Ich entsinne mich schmunzelnd, wie ein andrer Oberstlieutenant, mein alter Freund, im Gespräch mächtig über ihn herzog. Als aber Egidy in den Reichstag gewählt werden wollte, sammelten Tiergartendamen zur Entschädigung Stimmen von Haus zu Haus. Sie verbargen es nicht vor ihren Männern, doch oft vor ihren Vätern.

Ehe das alte Jahr zu Ende ging, fielen Bäume ins Grab. Es wurde die Umkrempelung des Tiergartens beschlossen. Der Kaiser, der nicht grundsätzlich zurückschreckt, wo Umkrempelungen dringend geboten sind, hat das Versprechen eines erneuten Tiergartens den Berlinern zum Weihnachtsgeschenk gemacht. Die Erneuerung geschieht, indem man viele Bäume niederhaut. Dadurch entstehen Spielplätze für Kinder, Sportplätze für Erwachsene. Der Tiergarten wird dann Lockmittel bieten, um volkstümliche Schichten anzuziehen. Jetzt gehört er bloß den Westlichen und den Selbstmördern. Man trifft in Wahrheit unverhältnismäßig viel Frauensbilder im holden Schauer der Waldespracht, deren Federhüte drei Stockwerke hoch sind. Und ihre Kleider rascheln und rauschen; und ihre fein behandschuhten Hände umspannen liebliche Schirmchen von extremer Pracht und Köstlichkeit. Also bewegen sie sich dahin, und wenn zwei Karawanen einander treffen, gibt es Jubelgeräusche, Schnalzen, Schnattern, Ausrufe und allgemeine Hojotohoklänge. Die Waldvögelein fliehen; die alten Bäume rasen vor Antikapitalismus. Dem wird jetzt abgeholfen. Bürgerlichere Trachten und nervige Beine werden den Park bevölkern. Der Schwarm des berlinischen Volkes macht sich ja aus der bloßen Natur nicht viel. Hierin unterscheidet er sich von der Gräfin Melanie. Nun aber dürfen sie auf dem Rasen liegen, alle, oder auf »Dritten abschlagen«. Auch können sie gratis zusehen, was die Sportbrüder für seltsamliche Hantierungen ins Werk setzen. Nun lohnt es, einen Freßkober mitzunehmen.

Meine lieben und verwitterten Bäume, fahret in Fried' und Freud' dahin. Wir haben kein Recht, den herrlichsten Teil Berlins grollend für uns allein zu fordern, und ihr fallt möglicherweise als ein Opfer demokratischen Sinnes. Möglicherweise. Seit der Studentenzeit kannten wir manchen Riesen, der auf unsere seligsten und affig-

Seite 208/209: Eislaufen auf dem Neuen See in Tiergarten, Foto: Georg Busse, 1901 sten Abenteuer herabblickte. Er wird jetzt verarbeitet. Vielleicht zu einer Wiege, darin die Tochter meiner Flamme schlummert und menschliche Verrichtungen übt. Ihr alten Kerls, die Dinge kehren nicht zurück, die wir gemeinsam erlebt; doch sie sollen nicht verloren sein, weil die Erinnerung leicht und lieblich wie versunkene Rosennächte emporweht. Auch der eine Baum vielleicht wird fallen, hinter dem eine Mutter schnaubend an einem Sommertage erschien, an ihrer Tochter Stelle. Ich wollte auf den Baum klettern, sie anscheinend auch. Ich aber aus Genierlichkeit; sie aus Wut und Zappelei. Elende, maledeit sei dein Gedächtnis. Auch am Neuen See werden sie wohl die Bäume fällen. Schade, denn er ist einigermaßen hinreißend gewesen. Was werden die Nachkommen von ihm wissen? Hört es alle: dorten gondelten wir im Sommer durch süße Buchten mit überhän-

genden Zweigen, an kleinen Inseln und Halbinseln vorbei, eh' die Sonne schlafen ging. Ganze Gesellschaften holder junger Elitemenschen schritten zum Bootsverleiher. Und wenn die Gesellschaften zwanzig Mann hoch waren, so machten sie in sechs bis sieben Fahrzeugen bunte Reihe. Wir ruderten; natürlich schweigend. Am Geländer auf kleinen Brücken, unter deren schwarzem Schatten der Nachen durchglitt, stand manchmal ein schwermütiger Mensch, ein Dichter vielleicht, und spuckte in die grün-rote Flut. Manche blickten auch einsam und anständig hinab, und es schien in den gleitenden Gondeln ihre Sehnsucht hinzufahren. Die jungen Mädchen im Boot klapperten dann mit den Augen, welches das einzige Geräusch weit und breit war. Über die Baumriesen, wie das Sitte ist, sank allmählich das Dunkel, und es geschah, was ein neuer Dichter gesungen hat:

Durch die alten Lindengänge, abendduft- und sommer-
schwer, trug der Wind noch »Rheingold«-Klänge, von
entfernten Gärten her. So war es damals, bevor die
Bäume umgehackt wurden. Wenn wir aber ausstiegen,
wurde das berühmte verwehte Trompetensolo an unser
Ohr getrieben. Und vielleicht murmelte man schon damals: Ich sprach zu meinem Herzen, zu meinem schwachen Herzen, was willst du noch ... usw.

Bevor das alte Jahr zu Ende ging, wurde das Schicksal
besiegelt in einer Kneipe, die uns teuer war. Man weiß,
daß die Akademischen Bierhallen eingehen sollen. Sie
fallen mit den alten Bäumen. Erinnerungen nehmen auch
sie ins Grab, die einen Teil unsrer geliebten, verfluchten
Jugend ausmachen. Zwischen zwei Kollegstunden gingen wir rüber Billard spielen. Das war oben im ersten
Stock. Unten durfte man nur bleiben, bis die Fleisch-
gänge und Gemüsegänge knappemang verschluckt waren. Die Kellner in Jägeranzügen ergingen sich peripate-
tisch, und sie hielten mit beiden Armen ein Gestell von
drei Etagen und boten im Ausruferton ein Helles an. Man
winkte, und ein Schnitt ward abgeladen. Tischdecken
gab es nicht. Wohl aber Wachsleinwandtücher, crêmefar-
big mit mulmigen Schattierungen. Man ging bloß dann
in diese Kneipe, wenn man absolut nichts mehr zum Versetzen hatte. Wenn alle Kommilitonen der nahen und fernen Bekanntschaft gleichfalls hinmußten: weil sie blank
waren wie eine gescheuerte Badewanne. Zähneknir-
schend oder schalkhaft, je nachdem, aß man für fünfzig
bis fünfundsechzig Pfennige ein reiches Mahl mit Zube-
hör. Brot aß man dazu für zwei Mark. Beim Austritt aus
dem festlichen Gebäude stieß man auf Hegels Denkmal;
und am achtundzwanzigsten, wenn die flüssigen Ka-
pitalien völlig Leine gezogen hatten, ergaben sich hier
Betrachtungen »de consolatione philosophiae«.

Eines Vormittags spielte ich mit dem Sohn eines Berliner Juristen oben Billard. Wir waren beide in schwerer Stimmung. Am vorangegangenen Abend in einem freien Gesangverein, den ich leitete und der aus Beamtentöchtern bestand, hatte man gemunkelt, daß es dem Kaiser Friedrich schlechtgehe. Am Morgen hatten es die Zeitungen auch gesagt. »Rieß«, sagte ich, und wir legten die Billardstäbe weg, »mir ist, als ob er jetzt gestorben wäre.« Wir gingen schwer und beklommen hinunter. In der Universität war ein dunkles, wirres Tohuwabohu. Der Kaiser war tot. Die Professoren teilten mit, sie würden nicht lesen. Die Studentenscharen gingen hinaus, nach den Linden. Die Standarte drüben war heruntergelassen. Rieß schritt an meiner Seite. Wir sprachen keine Silbe. Dieser Vormittag bildet meine stärkste Erinnerung an die alte Kneipe. Fahr dahin auch du, in Fried' und Freuden.

Egidy, der Tiergarten, die alte Kneipe – nichts von allem angetan, meine seltsamliche Stimmung zu verscheuchen. Sie ist noch mehr Alfred de Musset als vorhin. Und wieder murmelt einer in dem bedauernswerten Chronisten: j'ai dit à mon cœur, à mon faible cœur … und so weiter. Der Teufel soll das faible cœur holen.

15. Januar 1899

Herr von Kotze ist vom Kaiser wieder empfangen worden. Es wird versichert, daß sich seine volle Schuldlosigkeit herausgestellt hat; es wird versichert, daß gewisse Bedenken in einer dreiviertelstündigen Unterredung mit dem Kaiser endgiltig beseitigt worden sind. Wenn diese dreiviertelstündige Unterredung so klare und feste Ergebnisse liefern konnte, ist es herzlich zu bedauern, daß sie nicht früher stattfand. Der Kaiser, der vom Grabe des Erlösers zurückgekehrt ist, neigt wohl doppelt zur Milde und Vergebung, und deswegen hat er Kotzen empfangen. Herrn von Kotzes Unschuld an den anonymen Briefen ist sonnenklar geworden – nun würde bloß noch die Schuld an ihm haften, einen Menschen vorsätzlich getötet zu haben. Wenn nicht eben auch diese Schuld durch mehrere Monate Festungshaft gesühnt wäre. Wie dem auch sei, auf alle Fälle hat die so viel besprochene dreiviertelstündige Unterredung mit unserem Monarchen mehrere Annehmlichkeiten für Herrn von Kotze gehabt; das eben genannte Blatt meldet: »Aus den Kreisen des Hofes und der Gesellschaft sind Herrn von Kotze gestern viele Zeichen der Beglückwünschung und Teilnahme zugegangen.« Die Kreise des Hofes und der Gesellschaft haben gute Herzen. Nur eine Frage ist zu beantworten. Ob sie die Zeichen der Beglückwünschung und Teilnahme schickten, weil Herrn von Kotzes Unschuld erwiesen wurde oder weil ihn der Kaiser empfing. Wer wollte das sagen.

Gleichzeitig kam die Blätternachricht, daß der Kammerherr Baron von Beltheim auf Schönfließ vom 11. bis zum 21. dieses Januarmonats Kammerherrndienste bei der Kaiserin verrichten wird. Es scheint sich nur um eine Vertretung zu handeln. Die Nachricht ist gewißlich nicht bestürzend. Eine Hofmeldung, wie sie öfter vorkommt. Mich erinnerte sie daran, daß ich einstmals die Bekanntschaft eines Kammerherrn gemacht habe. Nicht eines ausgestopften im Panoptikum – da könnte jeder kommen! Mein Kammerherr war ein wirklicher; ein lebender, sag' ich. Nämlich eben dieser, der vom 11. bis zum 21. bei Ihrer Majestät Dienst haben wird. Er bildet eine angenehme, ja gewissermaßen frische und leuchtende Erinnerung aus der Studentenzeit. Schönfließ, sein Erbsitz, liegt sechs bis sieben Meilen von Berlin entfernt, in

jenem brandenburgischen Kieferngelände, wo wir dunnemals zu reiten pflegten. Die Pferde waren aus dem
Stall unserer Freunde vom benachbarten Gut; und
der Besitzer, Husarenoffizier, zwiebelte uns, zuerst auf
Decke ohne Bügel, dann mit Chicanen. So ritten wir eines Tags im Sturm nach Schönfließ. Und hier fand die
zu verzeichnende Begegnung mit dem lebenden Kammerherrn statt. Er hatte uns freundlich geladen, zwei
Mann hoch. Es war ein wundervoller Sommertag. Die
Schweine grunzten beim Einreiten in der Ferne, daß wir
gerührt waren. Wir nahmen ein Familienmahl im Speise-
saale – es gab dort einen altfränkischen Speisesaal, der
viel anheimelnder wirkte als die ewigen Restaurantzim-
mer Berlins –, und es saß die ladyblonde Tochter zwischen uns beiden, gegenüber der Kammerherr, daneben
die Repräsentantin, sonst überall Söhne. Nachher stiegen wir hinab in den Park, wo an einem großen grünen
Gestell eine Schnur mit einem Ring befestigt war. Es galt,
diesen Ring an einen Haken zu werfen, derart, daß er
daran hängenblieb. Und es gelang mehrfach. Dann stiegen wir eine Treppe in die Höh' und besichtigten die
Ahnengalerie. Es waren eine ganze Masse Ahnen. Hierauf stiegen wir hinab und gelangten in einen kleinen
runden hellen Raum mit mehreren Betschemeln: das
war die Privatkapelle des Kammerherrn und seiner Familie. Der Kammerherr selbst fühlte sich müde, denn
Herr von Wedell-Piesdorf hatte nachts mit ihm auf dem
Anstand gelegen; am Morgen war er nach Berlin zurück-
gefahren. Und den ganzen Nachmittag gab sich unser
kleiner Schwarm löbliche Mühe, das meiste und Erreichbare dieses Landsitzes auf den Kopf zu stellen. Als aber
dann die Nacht über die Wälder sank, kehrten wir mit
erhitzten Wangen heim. Und noch oft ritten wir hinüber.
Wenn aber der Kammerherr heut ebenso liebenswür-

dig ist wie damals – es gibt auch friedliche Kammerherren –, kann Ihre Majestät vom 11. bis 21. zufrieden sein.

Schade, daß das ganze Regime, welches jetzt in
Deutschland herrscht, ein Kammerherren-Regime ist.
Wir werden feudalistisch regiert, und wir werden mit
Zeremonien regiert. Hierin sind die beiden Hauptmerk-
male der Kammerherren enthalten, die im Privatleben
sehr liebenswürdig sein und im öffentlichen Leben
fürchterlich werden können. Die Vorträge, welche Herr
von Mirbach, auch ein Kammerherr, steigen läßt, bilden
ein Glied in der Kette. Sie sind, wenn man sie zusammenfassend charakterisieren soll, zum Brüllen. Der
Potsdamer Herold der Jerusalemiade vereint so viel Sal-
bungsfülle mit so viel gewandtem Höflingstum, daß
man sich sagt: dieser Kammerherr ist wohl der eigent-
liche Kammerherr unserer Zeit. Bibelsprüche mischen
sich bei ihm mit ständigen Hinweisen auf geglückte
Arrangements. Der frömmste Augenaufschlag zum Ge-
kreuzigten wechselt mit inniger Bewunderung für das
Walten der Polizei. Man muß sich den Mann leibhaftig
vorstellen, welcher einst zu frommen Zwecken dem
Herrn Singer einen Besuch in seiner Wohnung machte.
Man sieht ihn vor Augen, einen gesetzten Elegant mit
wachsamen Blicken für die höchste Stelle, mit halb feu-
daler, halb herbergsväterlicher Miene. Eine Art poten-
zierter Kotillonordner mit kirchlicher Sanftmut und Ge-
lassenheit. »Der Herr hat Großes an uns getan«, sagte er
in Potsdam; er meinte die Palästinarundreise. Zu diesem Gemüt bilden die mörderischen Intrigen, die le-
bensgefährlichen Eifersüchteleien gewisser Kollegen ein
absonderliches Seitenstück. Man muß gegen den weihe-
vollen Mirbach die schießenden Kammerherren halten,
um ganz zu wissen, welches der innerste Kern in den
Lebensinteressen solcher Hofbeamten unter Umständen

sein kann; um zu wissen, auf welchem Grunde diese
Blüte wurzeln kann, die im Saft junkerlich und feierlich
durchmengt ist und die jetzt in Deutschland am höchsten wuchert.

Wenn die Zeremonien bei Hofe durch Kammerherren
geregelt werden, so bedauert die Berliner Bürgerschaft
herzlich, daß nicht auch die Erteilung einer Unterschrift
oder Bestätigung an bestimmte Vorschriften gebunden
ist. Eine gewisse Zeitgrenze müßte entschieden dafür
festgesetzt werden. Gegenwärtig ist nicht gesagt, bis
wann ein Ja oder Nein, aber doch immerhin eins von beiden, erfolgt sein muß. Es gibt Blätter, die allen Ernstes
betonen, daß der Kaiser berechtigt sei, die Entscheidung
auf unbegrenzte Frist in der Schwebe zu lassen. Das
könnte also anderthalb Jahre, zwei Jahre, fünf Jahre und
was weiß ich sein? Hiernach scheint es konsequenter-
weise, daß nicht mal nach zwölf Jahren – so lange währt
die Amtsfrist – eine Bestätigung unvermeidlich wäre;
denn die abgelaufene Frist würde ja bei einem Unbestä-
tigten keine »Amts«-Frist gewesen sein; was? Ich glaube,
daß der Kaiser von diesem formalen Recht, wenn er es
haben sollte, niemals Gebrauch machen kann. Denn ein
verfassungsmäßiger Fürst kann eine kleine Lücke, ein
Versehen, einen Mangel an Genauigkeit des Ausdrucks
unmöglich dazu benutzen, kontraktlich Verbürgtes in
das Gegenteil zu wandeln. Das ist durchaus nicht anzunehmen. Und die Blätter bedenken kaum, welche Rolle
sie den Kaiser im Falle der unbegrenzten Hinzögerung
spielen lassen; oder vielmehr die Berater unseres konstitutionellen Monarchen. Es gibt eine Anekdote mit ent-
fernter Analogie zu diesem Fall. Zwei Leute wetten, daß
Schulze das Zimmer verlassen wird, bevor Müller dreimal auf den Tisch geklopft hat. Müller klopft zweimal
und wartet mit dem dritten Mal in infinitum. So kann

man allerdings Wetten gewinnen, im Spaß; doch politische Dinge sind was anderes. Darum mag die Bürgerschaft ruhig sein: *ein*mal wird Herr Kirschner die Entscheidung erhalten. Übrigens muß man in solchen Fragen heut doppelt vorsichtig sprechen und schreiben. Die Verurteilungen wegen Kaiserbeleidigungen gedeihen bekanntermaßen nicht schlecht in dieser Ära der Kammerherren. Strafen werden verhängt, so hoch und so häufig wie in den bösesten cäsaristischen Zeitaltern; im Verhältnis zu sprechen. Das Herz im Leibe kann einem weh tun, wenn ein Mann in Magdeburg jetzt vier Jahre bekommt, weil er eine Zeitungsnummer verantwortlich zeichnete, deren Inhalt er höchst wahrscheinlich nie gesehen hat. Vier geschlagene Jahre für die eventuelle Mittäterschaft an einer Beleidigung – und Herr von Kotze, Kammerherr, bekam für die Tötung eines Menschen geringe Festungshaft, mit Skatspiel, Spaziergängen und Gattinbesuch. Auch der Rittmeister von Stolberg, der einen Soldaten erstochen hat, flanierte dieser Tage in Straßburg herum, der wunderschönen Stadt, wo er die Tötung zwei Jahre lang büßt. Wenn er längst woanders flanieren wird, muß der arme Magdeburger noch immer, nämlich gerade zwei Jahre länger, im dunklen Gefängnis hocken. Das sind absonderliche Zustände, und ängstlich überles' ich noch einmal, ob in der Bestätigungsangelegenheit ja kein Wort zu viel gesagt ist. Es ist keins zu viel. [...]

5. März 1899

Die Gedanken vieler Berliner sind auf den Papst gerichtet. Sehr begreiflich. Seitdem die Zentrumpf-Partei an der Spitze der deutschen Angelegenheiten marschiert, ist der Vatikan für uns eine doppelt wichtige Sache. Ganz zu schweigen von dem menschlichen Anteil für einen Neunzigjährigen, der überdies noch Verse macht. Der römische Papst dichtet, wie der Deutsche Kaiser komponiert. Die Aufnahme freilich, welche die Leistungen beider Potentaten gefunden haben, war verschieden. Die Verse des Papstes begegneten einem ehrfürchtigen Schweigen, während der Sang an Aegir allenthalben fröhliches Händeklatschen zeitigte. In der Schule lernten wir lateinische Verse machen; Anleitung zu deutschen Versen gab es nie. So aber konnten wir uns in die Seele Vergils versetzen, welcher einmal vierundzwanzig geschlagene Stunden zu einem Hexameter gebraucht haben soll. Die Unfehlbarkeit des Papstes kommt vor dem eisernen Gesetz dieser Längen und Kürzen nicht in Betracht; die Sache muß stimmen, sie muß gelernt sein. Auch das Komponieren muß eigentlich gelernt sein. Welche von beiden Künsten aber nun die schwierigere sein mag, stehe dahin; in jedem Falle wird das Haupt eines Thronsitzers, der kunstfroh und ausübend ist, von einer privaten Gloria umleuchtet, umflimmert, umschwebt, neben dem Herrscherglanz.

Eine seltsame Magie steigt für den Romwanderer von jener Stätte auf, wo jetzt der alte Mann auf dem Lager ruht. Seitlich von der Peterskirche erhebt sich etwas – so zwischen gelb und braun und rötlich schwankend; mit vielen Fenstern; fast zurückgezogen und versteckt, ja, man könnte sagen: auf der Lauer liegend. Das ist der Vatikan. Eine Festung, ohne jedes Abzeichen des Krieges; im geistigsten Sinne. Die verschwiegenen Fenster schielen vor, wenn man der Grabstätte des Petrus, über die Michelangelo seine Kuppel wölbte, mit aufgerissenen Augen naht ... Über dieser ganzen Stadt liegt Blutdunst. Golgatha, Golgatha! Am Morgen sieht man erschüttert den Gigantenbau, wo einst die Christen den losgelassenen Bestien zum Vergnügen der Einwohner vorgeworfen wurden; und am Abend (am ersten Abend, den ein Deutscher in Rom verbringt) sitzt man draußen auf den Stufen des Vatikans und denkt über die Tragikomödie der Weltgeschichte nach; denn hinter diesen Mauern wohnt die zweite Macht, welche das alte Raubtier Rom beerbte; von hier aus wird – nein: wurde die Welt regiert. Der Zauberer übt von hier aus den Einfluß auf die Gemüter, bis nach Australien; Einfluß, der kaum menschlich und doch allzu menschlich ist. Beruhigt euch, die dritte Macht ist unterwegs.

Auf den Stufen des Vatikans sitzt man mit zusammengeschnürter Kehle, in halber Verzweiflung über das Nutzlose des weiten Menschheitsgeschicks. Man reißt sich los, und wie zur Befreiung vom Seelenkrampf läßt man sich von zwei flinken Rößlein wegführen aus diesem scheintoten Stadtteil mit den schweigenden Säulen, man springt dann aus dem Wagen auf einen abendlichen, stürmisch belebten Platz, wo vor den Cafés moderne Menschen herumwimmeln und die Zeitungsverkäufer brüllen. Der eine schreit: »L'Avanti! L'Avanti! L'Avanti!« Man stürzt auf ihn los. Gerade dieses Blatt muß es sein – in diesem Augenblick. Es ist die Erlösung. Und wenn man es überflogen hat; wenn die Seele von der unsäglichen Erregung dieser niederschmetternden, einzigen Stadt nur ein wenig zur Ruhe gekommen ist: dann drängt sich gleich die notwendige Frage auf: und die vierte Macht? Wann beginnt die vierte? Die dritte ist die letzte nicht. Es gibt nichts Alleinseligmachendes, auszunehmen selbstverständlich die römische Kirche.

Der Kanossagänger Heinrich, wenn man einem deutschen Dichter glauben darf, fraß den Groll hinunter und erhoffte die Rache von der Zukunft Deutschlands. Dort wird der Mann erstehen, »der die Schlange meiner Qua-

len niederschmettert mit der Streitaxt«. Jawohl!! Schon
frohlockte man, daß in diesen Versen Bismarck geahnt
worden sei; poeta propheta – und so weiter. Aber der
derbe Emporkömmling konnte gegen die eingesessene
Jahrtausendmacht nicht an. Er focht mit einem Gespenst,
der Mann des Fleisches und Blutes. Er hieb in die Luft
und zog mit Beulen ab. Diese Macht kann nicht durch
einen Mann gestürzt; sie kann nur durch eine Bewegung
abgelöst werden. Vielleicht ist die Ablösung Auflösung?
Vielleicht geschieht ein Aufgehen im Neuen? Jede Hel-
ferin soll willkommen sein; am Organisationstalent der
römischen Kirche hat noch niemand gezweifelt; man soll
sie organisieren lassen; zum Schluß nimmt man ihr die
Sorge mit einem kräftigen Händedruck des Dankes
ab … Die Italiener sehen auf diesem Gebiet schon heller
und weiter als wir. Der Don Albertario, welcher mit den
Aufrührern sozialistischen und anarchistischen Bekennt-
nisses ins Zuchthaus geworfen wurde; der mit dem letzten Fanatismus freiheitlicher Gesinnung als ein uner-
schlaffter Kämpfer für die Volksrechte eintrat: der war
ein Kleriker. Generale sperrten ihn in den Kerker; Waf-
fenträger sind es, die auch die anderen vergewaltigt haben; und noch jetzt ist die Amnestie für dieses Fähnlein
der begeisterten Menschenhelfer nicht zur Tat geworden.
Wenn man zu wählen hat zwischen dem Soldatentum,
wie es heut als gewalttätiges Werkzeug überlebter In-
stinkte die Menschheit bedrücken kann, und zwischen
dieser Kirche, die mit unkörperlichen Schwertern ficht
und einen wundervollen flair hat für den jeweiligen
Stand der Entwickelung; welche die Dinge sich zu eigen
machen, nicht sie niederkartätschen will: dann wird man
das kleinere Übel von zweien in ihr sehen. Immer ruhig
organisieren lassen – und dann den Händedruck.
In diesen Tagen des odendichtenden Papstes schrei-

tet auch der Ketzer mit stillen Gefühlen, stiller am Vormittag als am Abend, vor jener verborgenen Fensterfront entlang, hinter welcher der alte Herr Pecci gebettet liegt. Man braucht den hysterischen Zauber nicht mitzumachen, welcher durch Paul Bourget und andere katholisierende Snobs heute getrieben wird: aber den starken seelischen Wirkungen dieser leisen, besänftigenden Welt entzieht sich niemand. Wer durch das Tor schreitet, erblickt zum Überfluß einen kleinen Kirchhof zur Linken, und über der Pforte steht in schweigenden Lettern: »Teutones in pace«. Sehr seltsam, dieses teutones in pace. Man sieht die paar Gräber der Deutschen, die hier in Frieden schlafen. Ein paar deutsche junge Kleriker – vielleicht sind sie aus Ingolstadt? vielleicht sind sie aus Neiße? – gehen still vorüber, lächelnd, von der Vormittagssonne beschienen, und das blonde, kurzgeschorene Haar ist von keinem Hut bedeckt; sie sind hier beheimatet. Sie sehen aus jungen, leuchtenden, stillen Augen im Vorbeischreiten nach der versteckten Fensterfront drüben, vor der sich die Kuppel kolossalisch reckt, und mit den Fingern streifen sie wie spielend an dem kleinen Gitter lang, über welchem geschrieben steht Teutones in pace. Ja, es ist eine Zaubersphäre. Sturmgefriedet liegt dieser Winkel der Welt, die scheintote vatikanische Stadt, in deren Lüften gleichsam zusammengedrängt das tiefe Wunder des Katholizismus weht. Der alte Herr mit den spitzen scharfen Zügen ruht in seinen Betten. Die Kardinäle sind an der Arbeit. Eine lautlose Arbeit, verborgen, scheintot. Der Nachfolger wird weiter organisieren, wie der Vorgänger. Er wird für dieselben Mächte organisieren, wie der Vorgänger. Und eines Tages schlägt die Uhr, und der Oberpriester sieht, wie groß die Bewegung geworden ist und wie die Soldateska immerhin die schlechtesten Aussichten hat.

Und er betätigt den flair. Und er treibt in den Arm der neuen Macht, welche schon Millionen für sich hat, die Zehnmillionen und die Hundertmillionen. Die Götterdämmerung bricht an. Und es heißt: homines in pace. (Genauso, Leser, kommt es.)

Um von anderen weltbekannten Dingen zu reden: Friedrich Spielhagen hat sein Jubiläum hinter sich. Er ist in der Philharmonie festlich gespeist worden. Somit nahm er das gute Recht hin der namhaften Männer seines Alters: keiner von ihnen wird sans phrase geehrt. Der Jubilar dürfte nach menschlicher Berechnung dieses Fest nicht ungern mitgemacht haben. Fontane besaß kein Talent zur Feierlichkeit und mußte zur Ehrenmahlzeit halb gezwungen werden. Spielhagen besitzt ein lebhaftes, ein bemerkenswertes Talent zur Feierlichkeit. Die Worte vom »greisen Jüngling« sind mit Recht auf ihn mehrfach angewandt worden. Aber das persönliche Wesen dieses greisen Jünglings zeigt recht viel Formales. Den bloßen Menschen, losgelöst von herrschenden Kulturformen, kann man sich schwer in ihm vorstellen. Mein geistiges Auge sieht Spielhagen im Gesellschaftsrock. Weiß der Teufel, wie der Mann in eine demokratische Richtung als Autor verschlagen worden ist. Er muß sich in völlig anderen Lebensverhältnissen bewegt haben, als er vor Zeiten diese Bahn beschritt. Alles Trokkene ist ihm sicherlich fern: und dennoch ist er im Leben ein Regierungsrat. Steifheit im gewöhnlichen Sinne ist sein Fall nicht; die impulsive Art seiner belebten Rede kann sogar ehrliches Vergnügen wecken; und dennoch – seine Seele trägt einen Scheitel! Der hochoffizielle Zug seines Auftretens ist unter denen, die sich seine Freunde nennen, mehr als gerecht ein Anlaß zum Spaßen geworden. Keiner sagt es ihm aber ins Gesicht. Warum nicht? Schade. Ein Vierundsiebzigjähriger, der bereits das

Ehrenessen seit vier Wintern hinter sich hat, meinte zu mir im Hinblick auf das Spielhagenfest: »Da wird *viel* gelogen werden!« Ich hatte keine Zeit, im einzelnen festzustellen, ob er recht hatte. Ich weiß nicht, ob Spielhagen unter anderem wegen seines sympathischen Verhaltens gegen die jüngere Literatur gerühmt wurde. Mir ist so. Über die Tiefe und Überzeugtheit dieses Verhältnisses sind seine Freunde auch nicht einig. Schade. Und doch verdiente Spielhagen, der Mensch (ich rede vom Menschen) und der Schriftsteller, die volle Wahrheit zu wissen. Er hat alle liebenswürdigen Züge der Alten, die sich gegen das Alter sträuben. Dieser Heldenkampf gegen die Vergänglichkeit gewinnt ihm die Herzen, auch der Jugend. Und er ist versöhnlich. Wenn er mit jemandem einen Strauß hatte, schreibt er ihm sicherlich hinterher einen versöhnungsvollen, besänftigenden, mildernden Brief, der allerdings zu spät eintreffen kann. Er ist nicht nachtragend. Nachdem er als der Vorsitzende einer literarischen Gesellschaft Herrn Maximilian Harden ausgeschlossen – ganz formell ausgeschlossen, ohne mildernden Umstand –, wurde er doch sein Mitarbeiter, als der Ausgeschlossene dann seine so erfolgreiche Zeitschrift herausgab. Was den Schriftsteller in Spielhagen betrifft und seine Bedeutung für das Geschlecht nach Achtundvierzig, so brauch' ich davon um so weniger zu reden, als er in diesen Blättern jüngst gefeiert worden ist.

Apropos Maximilian Harden. Ich habe die letzte Nummer der »Zukunft« gelesen. Die Würde, die Versöhnlichkeit, die Haltung, der Ernst, womit er auf Mehrings Flugschrift erwidert: das ist zum Schreien. Er will wohl nach der kompromittierlichen Wendung seiner Angelegenheiten vornehmer Schriftsteller werden? Bei ihm fragt man immer nach dem tieferen Grund. Als

Talleyrand starb, erwog man: warum mag er das getan haben? Ähnlich bei unserem einsamen Apostaten mit der großen Geschäftstüchtigkeit. »Sie wissen, daß meine Kenntnis volkswirtschaftlicher Zusammenhänge minimal ist.« Auf diesen Satz, den er um die Zeit der Zukunftsgründung an Mehring schrieb, geht er bedauerlicherweise nicht ein; er hatte wohl keine Zeit dazu, weil er gerade der deutschen Wirtschaftsgeschichte nachsinnen mußte und vielleicht auch das Wort »Cobdenismus« mit gelassenem Ernst und wehmütiger alter Vertrautheit niederschrieb. Ich kann aber auf seine sonstige Verteidigung auch nicht eingehen für heut und schließe mit dem wiederholten warmen Wunsch, daß er – zunächst in Weichselmünde – glücklich werden möge. Und auf die Festungsbriefe mit Ärmeln warten wir. Adieu, Leser.

14. Mai 1899

Und der Regen regnet jeglichen Tag. Es ist sehr unangenehm, wenn man spazierengehen will, oder wenn man Gastwirt ist; oder wenn man seine Gummischuhe stehengelassen hat und nicht weiß, wo; oder wenn man ein Rendezvous am Goldfischteich hat, wie das in Paul Heyses Romanen und zuweilen in der Wirklichkeit vorkommt; oder wenn man einen Havelock trägt und das Futter wird plötzlich zu lang, weil der Stoff einschrumpft; oder wenn man ein Bootsabonnement hat und alle Boote in Sitzbadewannen verwandelt sind.

Es ist aber sehr angenehm, wenn man früh aufwacht und hinter den geschlossenen Vorhängen ein leises Rauschen rauscht; man fühlt sich von einer fernen Stille umgeben; ein lauer, feiner Strom, der dicht und unaufhörlich niedersinkt, trennt dieses kleine Haus am Wasser mit seinem Landhausdach und seinen grünlichen Mauern von der ganzen übrigen Welt. Wo liegt Berlin? Irgendwo; nicht hier. Rechts, von den Zelten, wo das abonnierte Boot »Karl« im Wasser klappert, rauschen zuweilen Riesenkähne durch die Flut, gezogen von einem urkomischen kleinen Dampferchen (»une mouche«, sagt mein Freund, wenn er Ähnliches auf dem Wannsee erblickt), und die Führer haben den Gummimantel und eine Kapuze angetan. Es regnet endlos; aber ein fröhlicher Schauer durchgleitet den, der gelegentlich herzliche Lust zur Einsamkeit hat. Wo liegt Berlin? Irgendwo. Versunken ist die Stadt in diesen Nebelzauber. Durch die aufgerissenen Fenster dringt ein wundervoll linder Geruch von den benachbarten Bäumen des Gartens vom Schlosse Bellevue, wo Seine Majestät der Kaiser ganz selten haust, in dessen Nähe aber der Graf Eulenburg vor kurzem fürchterlich bestohlen wurde. Er schnarchte neben seiner Gemahlin und träumte von glücklichen Zeiten nach einem Staatsstreich, wo der Sozialismus totgetreten und die Welt in Liebenberg regiert würde; indessen nahm man ihm fünfundzwanzigtausend Mark an Brillanten, Gold und Silber, und die Polizei wahrt volle Amtsverschwiegenheit über die Täter, wie sie die Namen von achtzehn Mördern dem Publikum durchaus nicht preisgeben will. Desto gewissenhafter wird von nun ab dieser einsame Stadtteil bewacht werden; der Chronist glaubt fest daran, daß ihm hier niemals fünfundzwanzigtausend Mark an Silber, Gold und Brillanten abhanden kommen werden. Im Regen steht ein Schutzmann am Wasser; er möchte gern einen Fisch aufschreiben. Langsam verzieht er sich. Alles trieft von linder Fruchtbarkeit. Der Helm verschwindet in der Ferne. Das leise Rauschen rauscht fort, ein feiner, lauer Strom, die Ferne sinkt vom Himmel nieder. Wo liegt Berlin? [...]

224

Die Sandrock ist hier. Noch immer. Wir sahen sie vor Jahresfrist und waren entzückt von dieser Hoheit, dieser überlegenen Sicherheit, dieser Gabe des scharfen Gliederns. Die Dumont in Berlin ist ja auch hoheitsvoll; sie redet, als wenn sie flugs aus Griechenland entlaufen wäre, mit einer starken Feinheit, die man verehren kann, mit einem Nachdruck, der Achtung einflößt, mit einer zurückhaltenden Eindringlichkeit, die eine femme supérieure anzeigt. Aber das ist eben der Unterschied: die Dumont erschien als femme supérieure, die Sandrock als ein großes Raubtier. Das war damals. Heut erscheint die Sandrock als eine armselige Komödiantin. Wie kann man in kurzer Zeit so herunterkommen – um Gottes willen! Diese Frau tut kaum noch was anderes, als daß sie Mitterwurzer kopiert. Es ist mit ihr nicht zum Aushalten, der Hörer leidet körperlich, er fühlt das ganze Gebaren als eine dreiste Beleidigung. Hält sie uns für solche Esel, daß sie die dicksten und ödesten Mätzchen alter Kulissenreißerei mit wurstig-modernem Spiel der naturalistischen Schule launenhaft vermengt? Sie tritt auf, und (sie kann spielen, was sie will) ein drohender, tiefer Nachdruck, etwas Düsteres, Komödiantenhaftes liegt in ihrer Haltung, ihren Worten. Mit dem Zeigefinger macht sie Einschnitte, gebieterische, in die Rede, oder sie pufft einen ernsten Nachdruck hinein. Die Aussprache ist die der verflossenen Jambentragödie, aber hie und da erlaubt sich diese dreiste Cabotine ein ganz unbegründetes, schrilles Geheul, ein paar Töne lang. Durch solche Mittel hofft sie, in Berlin zu wirken. Sie ahnt es nicht! Wenn man sie zusammenfassend kennzeichnen soll, wird man sagen müssen: sie ist wild gewordene Provinz oder Provinz mit haut goût. Alles karikiert, verdickt, übertreibt sie auf die widerlichste Art. Daß sie Schnitzlers Christine nicht machen kann, darüber ist kein Wort zu verlieren. Sie erschien, als hätte eine Verschmelzung der Liebelei mit dem Grünen Kakadu stattgefunden und als wäre sie die Tante ihres Liebsten. Im dritten Akt hatte sie meisterliche Momente, in diesem verhaltenen Schmerz, in diesem leisen Weinen; hier zeigte sie einmal ... *einmal* die Klaue. Aber der Sorma reicht sie nicht das Wasser zum Waschen der Füße in dieser Rolle. Nachher kam das Abschiedssouper. Oh du allmächtiger Vater, was machte sie aus diesem reizvollen Stück. Mit einem Frauenzimmer, wie sie es darstellte, hätte sich Anatol nie eingelassen. Es soll eine Tänzerin sein, sie aber gab eine –. Sie suchte die Gemeinheit kübelweise über die Stimmung dieser feinen Szene zu stülpen; ein Filet aux truffes sprach sie »trouffes« aus, statt avancieren sagte sie affantzieren, obgleich eine Freundin Anatols das Wort truffes und das Wort avancieren x-mal richtig gehört haben muß – nur weil sie eine Augenblickswirkung erpressen wollte und Berlin mit Rogasen verwechselte. Sie kam schlecht an. Sooft ich sie hörte, wurde stark gezischt. Als sie die Thekla in Herrn L. Fuldas »Kameradin« hinlegte und ihre sinnlosen Mitterwurzereien häufte, gerieten die Hörer in Entrüstung und riefen ihr, wenn sie erschien, den Namen ihrer echteren Mitspielerin Elise Sauer stürmisch entgegen. Sie war nicht sehr erbaut davon. Diese verkommene Virtuosin mit der starken ursprünglichen Kraft hat fast alles eingebüßt, was sie an Künstlertum besaß. Sie scheint mehr am Burgtheater verloren zu haben als das Burgtheater an ihr.

Da wir schon bei Schauspielern sind: Herr Vollmer hat sein Jubiläum gefeiert. Im Reich kennt man ihn wenig. In Berlin wird er nicht nur von den Stammgästen des Hoftheaters geliebt. Wie soll man ihn kennzeichnen? Er wirkt wie ein gütiger humoristischer Hypochonder.

Ein schlanker Mann mit länglichem Gesicht, ohne Merkmale für sein Lebensalter. Er tritt auf, und in einem ge-
dehnten, leise drolligen Ton nimmt er die Hörer gefangen; mit diesem Ton deutet er eine gutmütige
Ungeschicklichkeit, eine harmlose liebenswerte Natur
an. Das Publikum liebt ihn, weil er etwas so Versöhn-
liches, etwas so Zutraulich-Komisches hat, weil er sich
über die Schwächen der Menschen in ahnungsloser
Güte lustig macht. Er ist eine reizende Erscheinung, nie
ein Spielverderber, und er kann an Haydnsche Musik
erinnern – an einzelne Partien eines Scherzos. Er hat
nicht die Engelssche Schärfe, Drastik und Tiefe; doch er
hat etwas anderes: einen lyrischen Zug. Er ist der Bellmaus unter den Komikern. Wir danken ihm manche
gute Stunde, und er sei gesegnet.

Jetzt scheint die Sonne. Der Regen ist weg, die Menschen lustwandeln; durch das Wasser vor dem grünen
Haus ziehen Vergnügungsschiffe nach Werder an der
Havel, wo jetzt die Baumblüte abgehalten wird; auf
manchem sind auch Fahrgäste; der Schloßgarten von
Bellevue duftet noch frischer und lieblicher, der Baum
vor dem Fenster zeigt das lindeste, hellste Grün, ganz
zart, er lächelt gewissermaßen. Fast tut es einem leid,
schon aus Gründen der Witterung, diese Stadt jetzt zu
verlassen.

16. Juli 1899

Der Wahlspruch des Kaisers scheint ein Vers von Heinrich Heine zu sein: »Es zieht mich nach Nordland ein
goldiger Stern.« Ich sagte es neulich schon: man versteht
seine Reiselust, wenn man selbst auf Reisen ist. Dieser
Kaiser weiß sein Leben zu genießen: niemand wird hiergegen widersprechen, soweit am Abend aller Tage die

geschichtlichen Urteile sonst auseinandergehen mögen. Er fühlt sich als Herr der Welt; und mit diesem Heere hinter sich ist er es tatsächlich, heute. Er fühlt sich als Herr der Welt, ahnt vielleicht, daß seit zehn Jahren niemand in Europa so stark besprochen worden ist wie er, labt sich als froher Nachkomme im Besitze dessen, was Bismarck seinem Großvater gewinnen half, folgt seinen zwei Neigungen für Naturgenuß und festliche Veranstaltungen, äußert in freier Rede seine Weltanschauung ungehemmt, sieht diese Äußerungen sofort in alle Erdteile verbreitet, erfreut sich eines segensreichen Familienlebens und lenkt bis zu einem gewissen Grade die Geschicke der Deutschen. Auf ihn, als den glücklichsten Mann, sehen heut die Franzosen, denen er sich nähert. Man hat es oft genug gesagt, aber vielleicht noch nicht drucken lassen: einen Mann wie ihn würden sie gern besitzen.

Die Stellung der Pariser zu gekrönten Herren ist, hundert Jahre nach der Revolution, ganz merkwürdig. Dieses republikanische und demokratische Volk nimmt einen unverhältnismäßigen Anteil an ihnen. Daß Daudet die Könige im Exil schilderte, mit einigem tragikomischen Humor, ging noch hin; wenngleich es auffiel, daß er ein besonderes Buch um sie herum schrieb. Lemaitre, der jetzige Dreyfusfeind, schrieb um sie herum erstens ein Drama und zweitens einen Roman. Er behandelte nicht die abgesetzten, sondern die abwärts gleitenden Könige – mit einem ganz erstaunlichen Maß von Anteil für diese Gesellschaftsklasse, die Frankreich eigentlich nichts anging. Und wenn jetzt ein so kleiner Fürst wie der Landgraf von Hessen in Paris weilt, freut man sich mächtig. Dementsprechend ist die Aufmerksamkeit der Franzosen für Wilhelm den Zweiten ins Namenlose gesteigert. Sie beschäftigen sich fortwährend mit ihm. Zwei

Seelen wohnen dabei in ihrer Brust; sie necken ihn, verzerren sein Bild und haben ihn tatsächlich im Grunde recht gern. Das Sprichwort, daß der Prophet in seinem Vaterlande weniger gilt als anderswo, läßt sich auf diesen Fall nicht anwenden; aber ein guter Horcher wird in Deutschland im Laufe einiger Wochen mehr respektwidrige Äußerungen feststellen können als in Frankreich. Hier spricht man von ihm fast ausschließlich mit scheuer Achtung. Man erwartet etwas von ihm. Man traut ihm irgendeine epochemachende Handlung zu, nicht bloß auf Grund seiner Macht, sondern auf Grund seiner Persönlichkeit. Und vor allem entzückt sie sein Repräsentieren. Auf den Boulevards verkauft man eine tolle Karikatur von ihm. »Le Rire«, das Witzblatt, gab vor Monaten Bilder und Texte zu seiner Palästinafahrt heraus, eine ganze Nummer voll. Man kann nicht anders sagen, als daß sie in künstlerischer Hinsicht glänzend sind. Diese Nummer wurde in Deutschland verboten. Jetzt, nach Monaten, mit der aufgedruckten Inschrift »interdit en Allemagne«, hält man sie auf den Boulevards für den zehnfachen Preis feil; mancher Deutsche kauft sie; wohl der Seltenheit wegen. Trotz dieser blutigen Neckereien halten die Pariser einen Winkel ihres Herzens für ihn offen. Was sie an ihm stört, ist schließlich nur die Nationalität, sozusagen.

Die Begegnung mit der »Iphigenie« hat diese Sympathien gewiß nicht geschmälert. Aber nach Paris kommen sollte der Kaiser dennoch lieber nicht. So gut sie ihm sind, so schlecht könnten sie ihn empfangen. Am Ende ist auch dieser Besuch keine Hauptsache. Hoffentlich arbeiten doch unsere Politiker nicht darauf hin, daß ihr Monarch eine Ausstellung zu sehen bekommt, sondern daß zwei wichtige Völker einander genähert werden – hoffentlich.

Indessen ist auf dem Sparenberg eine Gedenktafel befestigt worden. In ihrer Eigenschaft als Gedenktafel fehlt ihr auch nicht die Inschrift, die Inschrift. Gedenktafeln sind zahlreiche heute. Als die Majestäten irgendwo gespeist hatten, errichtete treue Liebe der Einwohner einen Sockel, am gleichen Platz. Und auf dem Sockel stand zu lesen, daß sie dort gespeist hatten, die Majestäten. Wesentlich ernster als diese Speisetafel ist jener Gedächtnissockel auf dem Sparenberg, der nicht einen leiblichen Genuß des Kaisers, sondern eine seiner geistigen Leistungen verewigt. Es ist ein Sockel volkswirtschaftlichen Charakters. Es ist zugleich ein Protestsockel gegen etwaige Dreistigkeiten unserer oft recht vaterlandslosen Arbeiterklasse. Auch Sockel haben ihre Schicksale. Auf dem Burgberg von Goslar steht einer mit der Inschrift: nach Canossa gehn wir nicht. Die Entwickelung der Dinge hat ihn aber aus einem Denkmal der Romfeinde zu einem Denkmal der römischen Kirche gemacht. Es ist tatsächlich ein katholischer Ruhmessockel geworden, seit Bismarck nachgeben mußte. So kann es manchem Sockel gehen, wenn man heut allzu rasch welche errichtet. Bei dem vorliegenden Sockel ist freilich jede Enttäuschung ausgeschlossen. Erst nachdem die Zuchthausvorlage gefallen war, hat man ihn errichtet. Er drückt also nichts anderes aus als einen Wunsch. Den zu äußern bleibt deutschen Bürgern unbenommen, solange nicht zu befürchten steht, daß die Inschrift, die Inschrift öffentliches Ärgernis erregt. Das ist hier keineswegs der Fall, obgleich die verfassungsmäßige Vertretung des deutschen Volkes sich vor wenigen Wochen gegen die auf dem Sockel eingegrabenen Prinzipien entschieden hat. Es ist nicht der Fall, denn wir sind der Meinung, daß Duldung gegen Andersgesinnte unter allen Umständen Platz greifen muß.

Einer, welcher diese Meinung nicht teilte, ist jetzt gestorben: Herr von Achenbach. Er war ein treuer Diener
seiner Herren, soll eine gewisse Eleganz besessen haben,
war nie besonders unbeliebt in der Presse und hat in der
reaktionären Epoche, in der wir leben, alles mitgemacht,
was er mitmachen mußte, ohne rücksichtslos oder fana-
tisch aufzutreten. Wir haben uns ja entwöhnt, in Beamten seines Ranges politische Überzeugungskämpfer zu
sehn. In der Mehrzahl von ihnen sehen wir Beauftragte.
Großer Vater, wer vermöchte zu entwirren, wo im Lauf
einer fünfzigjährigen deutschen Staatsdienerlaufbahn
das Individuelle aufhört und wo die Disziplin, das »Zu-
sammengehörigkeitsgefühl« mit der Regierung beginnt.
Unsere Beamten, die Achenbachs und wie sie sonst heißen, haben zweifellos glänzende Qualitäten in mancher
Hinsicht; das fühlt man im Auslande, wo Vergleiche vor
Augen sind, und nächst den englischen erkennen wir in
unseren Beamten die tüchtigsten der Welt. Sie sind zu-
verlässig in Fragen der materiellen Redlichkeit; sie ha-
schen nicht nach Popularität (bei Gott nicht!), und was
man ihnen anvertraut, findet seine Erledigung, wenn
auch manchmal spät, so doch mit Sicherheit. Aber sie
haben den Nachteil, daß allzuwenig Mensch in ihnen
steckt und allzuviel Werkzeug. Damit hängt zusammen,
daß so wenig an genialer Initiative festzustellen ist. Die
Disziplin ist eine Tugend und ein Laster. Sie ist ein För-
derungsmittel, wie sie ein Hemmschuh ist. Sie weckt
hier Bewunderung und erscheint dort verächtlich. Es
muß gewisse Grenzen der Unpersönlichkeit geben! Ihr
besinnt euch zu selten, daß ihr auch Bürger dieses Staats
seid, dem ihr als Beamte dient. Ihr unterschätzt den Wert
des Individualismus, mit Erlaubnis zu sagen. Wer sind
diese Herren, die in den ersten Reihen unserer Beamten
marschieren? es sind Nummern. Einer oder Zehner, sie

addieren sich alle zum Besten der Machthaber. Subtraktionsfälle kommen überhaupt nicht mehr vor. Dieser Achenbach scheint nicht nur ein liebenswürdiger, sondern ein begabter Mensch gewesen zu sein; wie schade, daß er sich niemals selbst entdeckt hat. Hinter seinem Sarge schreitet trauernd der Geheime Kommerzienrat Hugo Pringsheim, welcher der Schwiegervater von Achenbachs Sohn ist. Ob die beiden Gegenschwiegerväter in gutem Frieden gelebt haben? Wie nahe mag ein schrecklicher Familienkonflikt manchmal gewesen sein, wenn Achenbach das Märzendenkmal verdammte, was der Sohn des Volkes, Pringsheim, liebte; wie furchtbardräuend mag eine Verwandtschaftstragödie aufgedämmert sein, wenn Achenbach die jüdischen Lehrerinnen preisgab. »Schwiegervater«, rief die junge Gattin und warf sich zu den Füßen des grauhaarigen Präsidenten nieder –, »Schwiegervater«, wiederholte sie flüsternd mit halb erstickter Stimme, »warum hat mich Ihr Sohn dann geheiratet?« Über das Gesicht des grauhaarigen Präsidenten zuckte ein unmerklicher Schimmer, und während sein Blick die Kniende streifte, sprach er mit bebenden Lippen: »–!« Und so weiter.

Die Sorma will in Paris spielen zur Ausstellungszeit. Während eine Schar von Berliner Bühnenkünstlern in Wien Gastrollen gibt und sich dem Direktor Schlenther nahelegt, streitet die Sorma mit Herrn Lautenburg um den Vorrang der Pariser Gastspielidee. Sie hatte die Idee zuerst, und er hatte das Theater zuerst. Beide werden zusammenarbeiten, in klassischen Stükken und modernen Stücken. In zwei Punkten werden sie sicherlich Erfolg haben: erstens wird die Persönlichkeit der Sorma gefallen; ihrer holden Künstlerschaft muß in dieser Stadt, wo man für feine und zarte Abstufungen immerhin empfänglich ist, ein ganzer Sieg zuteil werden. Um so mehr, als die Frau Réjane bei aller Kunst etwas zu alt und die Frau Hading bei aller Schönheit etwas zu unintelligent ist, um rechtschaffene Begeisterung zu wecken. Sarah bleibt wohl hors concours. Zweitens muß Herr Lautenburg einen künstlerischen Erfolg haben, wenn er seine französischen Possen hier spielt. Er gibt sie bedeutend besser, als sie in Paris gegeben werden. Jeder Besucher dieser Stadt überzeugt sich rasch davon – und französische Beamte hatten es mir schon in Berlin versichert. Ein Mann wie Alexander ist hier schwerlich aufzutreiben, und das Zusammenspiel Lautenburgs, so deutlich es manchmal vergröbert, erscheint individueller und gemeisterter. Nur ein Mädchen, wie es etwa die Cassive ist, welche in dem Schwank »La Dame de chez Maxim« den ersten Akt sehr ausdrucksvoll im Hemde spielt, hat er nicht. Das würde bemerkt werden. Im übrigen aber täte er unrecht, von seinem Plan abzustehn und keine französischen Possen zu geben. Die Sorma hat als ernsteste Konkurrentin ein Mitglied des Théâtre français: die Bartet. Diese nicht gewöhnliche Künstlerin steht ihr an stiller Innigkeit nahe. Sie steht uns allen nahe: sie ist die deutscheste Künstlerin von Paris. Sie reißt nicht ohne weiteres fort. Aber wer sie gesehen hat, vergißt sie nicht. Hier ist keine Spur von Mache, hier ist alles schlicht und wahr, noch im parfümiertesten Gewand. Sie sollte nach Deutschland kommen und hätte einen tiefen Erfolg bei den Kennern. Schön ist sie übrigens nicht. Was die klassischen Stücke und die andren für Beifall in Paris finden, läßt sich schwer entscheiden. Die Sache ist bedenklich, soweit es sich nicht um die Sorma und das Lautenburgsche Possenspiel handelt. Man müßte die besten Künstler auswählen. Denn einige von denen in Paris sind nicht zu verachten. So zum Beispiel Mounet-Sully, der Tragöde, welcher im König Oedipus eine Menschheitsleistung gibt, wenn auch im alten Stil.

Und diesen Oedipus sah sich unser Reichskanzler am vorigen Sonntag von einem Plüschsessel der Comédie française an, während sein Herr in Nordland reist und Deutschland den Franzosen annähert. Im Zwischenakt sah ich ihn im Foyer sitzen. Er war ganz klein. Noch kleiner als sonst. Er schien müde zu sein. Und sein alter Kopf sank auf die Brust, als ihn das Klingelzeichen aufschreckte.

8. Oktober 1899

Herr v. Kröcher und Herr v. Kayser trafen sich auf dem Hofball. Was taten sie auf dem Hofball? Sie waren eingeladen, sie amüsierten sich. Herr v. Kröcher und Herr v. Schachtmeyer trafen sich in Aachen. Was taten sie in Aachen? Sie kurierten sich. Ihre Gesundheit war angegriffen. Sie hatten den Rheumatismus. Der eine hatte rheumatische Kopfschmerzen, der andere Gesichtsreißen.

Herr v. Kröcher verkehrte freundschaftlich mit Lona Kussinger. Der Herr v. Kröcher ... schenkte ihr einen Fächer. Fräulein Lona schrieb an das Kleine Journal, daß er hundertfünfzig Mark gekostet, und nicht, wie irrtümlich angegeben, dreihundert Mark, dieser Fächer. Lona schrieb an das Kleine Journal, bares Geld habe sie nie empfangen. Wofür sollte sie bares Geld empfangen? Lona schrieb an das Kleine Journal, ihre Brillanten stammten »aus früherer Zeit«. Wie dem auch sei: Herr v. Kayser verkehrte freundschaftlich mit Marie Ulrich. Marie besorgte ihm die Wirtschaft, wenn er zu Hause war. Er verreiste viel. Mitunter bekam sie Keile. Aus welcher Zeit ihre ersten Brillanten stammen,

wird sie, wie wir hören, im Reichsanzeiger veröffent-
lichen.

Herr v. Kröcher, der sich auf Hofbällen wie in der
alten Krönungsstadt mit vollendeter Sicherheit bewegte;
Herr v. Kayser, dessen Begabung reich und dessen Mutter ebenfalls reich war; Herr von Schachtmeyer, der
einem gewöhnlichen Eisenbahnassistenten entstammte,
aber seinem Namen höherfliegende Rücksichten schuldig war: alle drei spielten gern. Sie spielten unrichtig,
behauptet man; das ist nicht erwiesen worden. Sie sollten gemeinsame Sache mit dem Herrn Wolff gemacht
haben – einem an der Grenze des ehrwürdigsten Alters
angelangten Greis, der früher Zuhälter war, einen wohlwollenden Charakter hatte, richtig französisch sprach,
unrichtig spielte, längere Zeit im Zuchthause gesessen
hatte und in den besten Kreisen unseres Armeeadels
verkehrte. Mit Herrn Wolff sollten sie zusammenge-
arbeitet haben. Der Gerichtspräsident war der bestimmten Meinung, daß Herrn Wolff auf zwanzig Schritt angesehen werden konnte, was er war. Herr v. Kayser ist
reich begabt, und die weise Sicherheit, mit der er in die
Verhandlung eingriff, gab eine Vorstellung von seiner
klugen, frühen Menschenkenntnis. Doch in diesem Fall
versagte Kaysers Klugheit: er erkannte Herrn Wolff
nicht. Er zog sich nicht zurück. Kayser fällte gern Entscheidungen, wer satisfaktionsfähig ist und wer nicht
satisfaktionsfähig ist. Er entschied vor Gericht, daß Herr
Dr. Kornblum nicht satisfaktionsfähig ist; daß Herr
Levy, in dessen Gesellschaft Wolff war, ein satisfakti-
onsfähiger Mensch ist. Herr v. Kayser ist dreiundzwan-
zig Jahre und Offizier. Wahrscheinlich hat er damals entschieden, daß Wolff satisfaktionsfähig ist. Zweifellos
hingegen wurde angenommen, daß Marie Ulrich zu den
nichtsatisfaktionsfähigen Geschöpfen zählt, daß sie mit

der Waffe keine Genugtuung geben könne und daß man ihr in einseitiger Behandlung Senge verabreichen müsse. Bleibt noch eine Frage. Der Mann, welcher ein Weib – Fräulein Ulrich ist unwiderlegbar weiblichen Geschlechts – körperlich mißhandelt: bleibt der satisfaktionsfähig, oder wird er satisfaktionsunfähig, oder ist er unter gewissen Bedingungen satisfaktionsfähig? Ich weiß das nicht. Aber Herr von Kayser wird die Sache schon mit seinen Standesgenossen entscheiden.

Ich bekenne, noch in anderen Fragen dieses Prozesses nicht sachverständig zu sein. Ich begriff manches nicht. Man suchte für die Verhandlung einen Gutachter in Hazardspiel-Angelegenheiten; und man hielt etliche Offiziere für geeignet, diesen Posten auszufüllen. Einer der drei satisfaktionsfähigen Angeklagten wandte ein, diese seien zwar durchaus sachverständig, aber es sei doch nicht angängig, aktive Offiziere zu solchen Gutachten vorzuladen. Einen Augenblick! Sie sind sachverständig, und es ist nicht angängig? Wenn sie es sind, warum ist es nicht angängig? Sie sind zweifellos sachverständiger als die bürgerlichen Kreise, aber man soll durchaus nur einen Zivilisten vorladen? Warum, wozu, weshalb, seit wann, inwiefern, wasmaßen, woher, aus welchem Grunde, mit welchem Recht? Der Vorsitzende nicht und kein sonstig Anwesender erhob Einspruch gegen diese Weltbetrachtung. Die Richter aber sind doch Zivilisten! Ein zweiter Punkt, den ich nicht begriff, liegt ähnlich. Einer von den Beklagten, der Offizier ist, wurde am Tage nach der Verhaftung zur Landwehr-Kavallerie versetzt. Als Grund gab er selber diese Verhaftung an. Was sagt die Landwehr-Kavallerie dazu? In seinem ersten Offiziersverhältnis hat er die Straftat, eine wirkliche oder eine vorgebliche, begangen; auszubaden hat er sie als Landwehr-Kavallerist. Warum, wozu, weshalb, seit wann, inwiefern, wasmaßen, woher, aus welchem Grunde, mit welchem Recht? Ein Reserveoffizier sündigte, ein Landwehrmann büßt. Unter solchen Umständen ist es nicht schwer, eine Vereinigung durchaus von bestraften Individuen freizuhalten. In meinem Hause, sprach der Wirt, ist noch keiner gestorben; er transportierte die Erkrankten in ein anderes Haus. Unerschöpflich sind die Launen, Sprünge, Schalkhaftigkeiten der Statistik.

Herr v. Kröcher, Herr v. Kayser, Herr v. Schachtmeyer sind aus der Haft entlassen. Sie werden höchstwahrscheinlich freigesprochen. Und der Rechtsgrundsatz, daß da nicht verurteilt werden darf, wo nichts bewiesen ist, hat selbstverständlich in volle Geltung für sie zu treten. Die Frage, ob sie unrichtig gespielt, ließ der Staatsanwalt selber fallen; die Frage, ob sie gewerbsmäßig gespielt, ist schwer zu beantworten. Sie werden freigesprochen. Aber die Strafbarkeit ihrer Handlungen kommt weniger in Betracht als die Eigentümlichkeit ihrer Sitten. Ich finde Moralisieren in den meisten Fällen gräßlich. Es würde mir schwerfallen, über drei junge Leute, weil sie gespielt, herzufallen und sie, vor Entrüstung zitternd, auf das Hochgericht zu schleppen. Man muß jedem Individuum die Freiheit geben, solche Dinge mit sich auszumachen. Belangvoll bei der Geschichte ist dieses für uns: daß sie die dunklen Ehrbegriffe der über uns herrschenden Klasse bloßlegt; die ganze Kultur derer, die in Deutschland am Ruder sind, gegenwärtig und bis auf weiteres. Kein Zweifel: von diesen Renaissancejünglingen werden wir regiert. Sie haben die angesehenste Gesellschaftsstellung, sie bekommen die unglaublichsten Ämter mit diskretionärer Gewalt, die uns verschlossen bleiben. Wir sehen die Freigesprochenen als Landräte wieder. Die Begriffe: Hofball, Aachen,

Ehrenschulden, verhauene Mädchen, Satisfaktionsfä-
higkeit, Exklusivität gegen bürgerliche Kreise und Intimität mit Wolff umleuchten ihre gescheitelten Häupter.
Als Landräte, Regierungsräte und Regimentskomman-
deure monopolisieren sie mit barscher Tugend das Ver-
antwortungsgefühl und die Sittlichkeit des Menschen.
Dem Volke muß die Religion erhalten werden.

Was ich nicht begriff an diesem Prozeß, war auch die
absonderliche Stellung der Polizeimacht. Mit Unrecht
schimpft man auf sie. Man wirft ihr vor, daß sie, wenn
sie gleich keine Verbrecher entdeckt, gegen den übrigen
Teil der Bürgerschaft mit großer Energie vorgeht. Mit
Unrecht, mit Unrecht! Herr v. Manteuffel zeigt, wie
menschlich, wie urban, wie anmutig, wie rücksichtsvoll
die Polizei sein kann. Herr v. Manteuffel, der Re-
gimentskamerad, warnt zuerst die Harmlosen, durch
Mittelspersonen. Ist mir ganz richtig? Jemand, der Straf-
bares begangen hat, wird von der Strafvollstreckungs-
behörde gewarnt? Sind wir in Deutschland? Gelten solche Rücksichten bloß für bevorzugte Kasten? Oder doch
für alle Kreise? Dann ließe sich begreifen, weshalb unsere Polizei durchaus keine Verbrecher fängt: sie warnt
sie. Herr v. Manteuffel geht zu Eggebrecht mit dem zu
Verhaftenden. Sie trinken ein tröstendes Glas Johannis-
berger am Vorabend der Einheimsung. Herr von Manteuffel gibt zwei Visitenkarten bei dem zu Verhaftenden
ab – und bereits die eine würde doch hinreichen, gegebenenfalls einen Zeitgenossen zur Abreise zu veranlas-
sen. Herr v. Manteuffel erzählt von der Verhaftung:
»Mich fror innerlich.« Er läßt den zu Verhaftenden erst
allein zum Barbier gehen, dann begleitet er ihn teil-
nahmsvoll. Handelt man gegen Redakteure, die im harten Beruf eine Strafe verwirken, ebenso entzückend?
Friert man auch? Kneipt man auch? Schickt man sie

auch vorher ein bißchen zum Schamponieren? Man schickt sie nicht, Leser – obgleich der Fluchtverdacht bei ihnen, die sich im Lande nähren müssen, weit geringer ist als bei denen, die überall spielen können, wo in der Welt eine Bank ist.

Dies sind Dinge, die mir auffielen. Mehreres in der nächsten Woche.

15. Oktober 1899

Das Jahrhundert geht zu Ende. Mit jeder anbrechenden Nacht rückt der Punkt näher, wo wir die große Einkehr halten. Der Wahnsinn und die Glorie unserer Zeit steigen herauf, beide hart nebeneinander; die Größe und die Bestialität; der Fortschritt und der Servilismus; der machtvolle Gedanke der Freiheit, der Zauber technischen Könnens, die listige Lüftung stiller Elementargeheimnisse, die Verfeinerung und Erhöhung der Menschlichkeit, die Verbreitung der ethischen Idee – auf der anderen Seite die stärkste Machtanbetung aller Zeiten, zum mindesten die bewußteste aller Zeiten, die erste Philosophie der Machtanbetung, die Herrschaft des Säbels, und noch über dem Säbel die Vergottung des Geldes. Himmel und Erde werden erfüllt vom Triumphlied des mobilen Besitzes, und aus der Tiefe steigt das Gebrüll der Unbeteiligten, der Ausgeschlossenen. Der alte Freiheitsglaube hat Keulenschläge zu erdulden: man sieht eine Republik, auf die man Hoffnungen gesetzt, Menschheitshoffnungen, vor der Zeit in Fäulnis übergehen; man sieht die anderen, die neuen freien Menschen jenseits des Wassers gemeine Raubzüge kriegerisch und blutig veranstalten. In dieser größten aller Zeiten atmet man tiefer und bewegter, und doch scheint der Hals zugeschnürt beim Atmen. Der tollste Kampf ist im Gange.

Man weiß nicht ein, man weiß nicht aus. Heilande werden gesucht. Man weiß nicht mal, ob gutgenährte Kaffern als die höhere Menschengattung zu betrachten sind oder bleichsüchtige Denker. Man weiß nicht, welcher Typ der willkommnere sein soll: gesunde, vertrauensvolle Esel, die im dunklen Drange sich des rechten Weges bewußt sind, oder nervöse, zartbeleibte Kampfnaturen, die von der Flamme des eigenen Herzens verzehrt werden und am frühen Ende ihrer Tage dennoch von einer unvollkommenen Welt Abschied nehmen. Alles blüht, und alles rast. Man weiß nicht aus, man weiß nicht ein – Heilande werden gesucht.

Das Berliner Theater in der Charlottenstraße hat diesen Umständen Rechnung getragen und mehrere Schauspiele bestellt, welche an des Säkulums Wende werden gespielt werden. Die Blätter haben Näheres mitgeteilt. Es heißt: »Für das Jahrhundert-Festspiel, das im Berliner Theater zur Aufführung kommt, ist Ernst Wichert mit einer dramatischen Arbeit beschäftigt.« Ferner heißt es: »Mehrere der kleinen Jahrhundert-Dramen sind bereits fertiggestellt. Josef Lauffs Dichtung betitelt sich ›Vorwärts‹ und hat Blücher zum Helden.« Wichert und Lauff sind in voller Tätigkeit; na also. Das wird den schwierigen Wendepunkt doch gesänftigter ertragen lassen. Der Zeit, der betagten Wöchnerin, die mit einem kleinen Jahrhundert niederkommt, wird es die Wehen versüßen. Still und hold tönt in ihren tollen Schmerz der Gesang des pensionierten Kammergerichtsrats Wichert. Und auch du, Lauff-Josef, ein Poet unter den Poeten, wie der Ar- und Halmlose unter den Agrariern (so nannt' ich dich schon einmal, wenn mir recht ist), du stehst gut auf dem Posten, ein auserwählter Sohn der bewegten Epoche, ein letzter feinster Kenner ihrer Dränge, ein gebenedeiter Mensch, ein Seher und ein Schicksalsliebling.

Und wenn du dein Festspiel skandierst für den großen, ergreifenden, tiefen Gedenktag und Blücher'n bejambest; dann tritt der Titel deines Spiels »Vorwärts« wohl in bewußten, leuchtenden Gegensatz zum ungesunden Namen des Berliner sozialistischen Parteiorgans, und du zerschmetterst implicite alle vaterlandslosen Gesellen mit den Füßen deiner Verse. Und vielleicht klingt das Spiel aus in die zeitgemäßen Worte: »Sozial ist Unsinn« – welche bereits jambisch gefügt sind und nicht mehr gedichtet zu werden brauchen. Vorwärts! »Wo liegt Paris? Paris liegt hier. Den Finger drauf, das nehmen wir.« Vorwärts!

Das Jahrhundert geht zu Ende. Vorher ist noch rasch die Photoskulptur erfunden worden. Neulich haben wir sie in der Leipziger Straße gesehen. Eine Anzahl von Personen war geladen; seit dem zweiten dieses Monats dürfen auch die anderen hinein. Ein Prospekt, den man uns in die Hand drückte, nennt die Photoskulptur ausdrücklich »einen Schatten, den das kommende Jahrhundert vorausgeworfen hat«. Photoskulptur ist –: Wenn man sich früher plastisch verewigen wollte, ließ man sich aushauen; jetzt läßt man sich photoskulpieren. Noch genauer: Photoskulptur erreicht die Porträtähnlichkeit auf mechanischem Wege, mit Hilfe der Kinematographie. Eine höchst merkwürdige Erfindung. Sie wird die Plastik volkstümlich und volksgebräuchlich machen. Wie sich jede Köchin heut photographieren läßt, wird sie künftig ein Relief von ihrem Kopf und ihrem Busen bestellen. Alle Lehrlinge in Delikateßwarengeschäften, alle Stifte beim Barbier werden sich vertonen lassen. Es dauert nur fünf Sekunden, nämlich die Aufnahme. Dann drei Tage bis zur Vollendung. Welche große Zeitersparnis!

Also die vielen Sitzungen beim Bildhauer, jede ermüdend und stundenlang, fallen fort. War der Leser mal im Atelier eines solchen? Dann wird er wissen, daß der Bildhauer eigentlich Bildkneter heißen müßte, da er niemals haut, sondern in Ton knetet, während ein gewöhnlicher Punktierer oder Steinmetz nachher das Geknetete in Marmor aushaut. Früher hielt ich das Aushauen für das Schwierigste. Leser, Hand aufs Herz – Sie auch. Gleichviel. Das bisherige Verfahren war dieses: Der Künstler knetet nach dem Augenmaß. Das hat den Vorteil, daß ein Meister die Phantasie schalten lassen kann. Man nehme an, daß Bismarck dem Bildkneter Begas Modell sitzt. Der große Kneter ist bemüht, die Größe des Gekneteten auszudrücken. An jenem Vormittag aber sieht Bismarck wurstig und gelangweilt aus, nicht riesenhaft, wie bei den Verhandlungen mit Thiers und Jules Favre, im weltgeschichtlichen Augenblick. Der frei schaffende Kneter nimmt da bloß die notwendigste Ähnlichkeit der Züge, behält sich aber vor, den Gigantenausdruck des Siegreichen aus dem Gemüt zu ergänzen. Das ist der Vorteil der frei schaffenden Bildkneterei.

Ihr Nachteil ist der, daß sie häufig die Ähnlichkeit nicht trifft. Schon Richard Skowronnek hat jemanden sagen lassen in einem Lustspiel: »Wir modernen Porträtisten legen auf die *Porträtähnlichkeit* kein Gewicht!« Diesem Übel kann abgeholfen werden, seit die Photoskulptur folgendes macht: Sie stapelt fünfzig Photographien desselben Antlitzes aufeinander, und dies ergibt das plastische Relief mit genauer Treue. Es ist die Wahrheit, so wunderlich es klingt. Es tut mir leid, diese Erfindung nicht selber gemacht zu haben, da sie ganz auf der Hand liegt. Wer sich photoskulpieren läßt, tritt unter den Apparat. Dieser ist fähig, sein Gesicht streckenweis in Schatten zu hüllen während der kinematographischen Aufnahmen. Es entstehen folgende fünfzig Bilder: das erste gibt das ganze Profil von der Nase bis zum Ohr;

die späteren geben immer weniger vom Profil, weil dieses nach Bedürfnis verdunkelt wird. Der Schatten rutscht von der Nase auf die Wange, bis schließlich nur das erleuchtete Ohr noch photographiert wird. Langsam rutscht der Schatten auch über das Ohr, bis nichts mehr übrigbleibt; und jede dieser Phasen wird kinematographisch festgehalten. Wenn diese fünfzig Photographien ausgeschnitten und aufeinandergelegt werden – natürlich in vergrößertem Maßstabe –, so ergibt sich das richtige Relief des Photographierten. Man muß bedenken: vierzig bis fünfzig Aufnahmen übereinander, eine immer kleiner als die andere – es entsteht was Treppenförmiges, und um die Wellenlinien des Gesichts herauszubekommen, brauchen die Treppenstufen bloß mit einer tonartigen Masse ausgefüllt zu werden. Fertig.

Der Leser denkt vielleicht, ich spaße. Doch erklär' ich bei meiner Seelen Seligkeit, daß es nicht der Fall ist. Ich habe nach Kräften eine Darstellung der höchst erstaunlichen Photoskulptur gegeben. Und da ich früher in Physik schwach war, würd' es mich freuen, wenn jemand behauptete, es sei eine verständliche oder lichtvolle Darstellung und ich hätte die Zufriedenheit des elisabetanischen Physiklehrers nachträglich errungen. Das ist also die Photoskulptur oder »der Schatten, den das kommende Jahrhundert vorausgeworfen hat«. Pro Stück kostet der Schatten jetzt 300 M. In etlichen Jahren wird er den dreihundertsten Teil kosten. Die Reliefs von Bekannten, die ich sah, sind verblüffend. Jede Blume des Huts, jede Locke, jeder falsche Zahn ist getroffen. Von denen, die man liebt, wird man sich künftig alle Teile greifbar gestalten lassen, nicht bloß in der platten, kalten Photographie, sondern in munterer Erhabenheit. Der Erfinder des ganzen heißt Selke. Wir danken Herrn Selke recht herzlich für seine Erfindung.

Künftig gedenk' ich öfter physikalische Darstellungen zu geben, da mir solche vieles Vergnügen machen. Heut muß ich noch auf das Gebiet des rein Geistigen zurückkehren und erzähle folgendes: Das Jahrhundert geht zu Ende. Wandlungen geschehen. Es verlautet (ein Zeitungsmann sagt recht gern: es verlautet) – also es verlautet, daß Richard Skowronnek sich von der dichterischen Beschäftigung zurückziehen will, mit Anbruch des neuen Jahrhunderts, und an die Spitze eines praktischen Unternehmens treten wird. In Ratzeburg, nicht weit von Hamburg, soll eine Aalzüchterei eröffnet werden; Skowronnek wird der Direktor des Instituts, da er als leidenschaftlicher Angler und Fischfreund Kenntnisse auf diesem Gebiet besitzt. Wenn ich das geahnt hätte –; ich hätte mich nie mit ihm verkracht. Ich sterbe für Spickaal, und vielleicht hätte er mir ein Rezensionsexemplar geschickt; ein fettes, dickes, langes. Vielleicht tut er es noch. Ich versuchte schon, mich einzuschmeicheln, indem ich ihn oben zitierte. Seltsam sind die Wandlungen und Launen des Lebens. Früher, als Dichter, befaßte er sich bloß mit der Verlobung von Backfischen, während er jetzt die Fortpflanzung der Aale überwacht und begünstigt. Einst sann er auf meinen Tod, da er mich zum Duell forderte: heut trachtet er, überall neues Leben zu wecken, doppeltes Leben, dreifaches Leben, hundertfaches Leben. Mein guter Bekannter G. B. nannte ihn recht witzig: Aalwart. Ich teile das unter Quellenangabe mit. Und wenn sich von Skowronnek bewährt, was über ihn verlautet, dann sind wir beide miteinander versöhnt, ehe das neue Jahrhundert anbricht.

In dieser Hoffnung murmele ich: adieu, Leser!

19. November 1899

In Berlin herrscht allgemeine herzliche Freude, daß die Welt nicht untergegangen ist. Wär' es mir nicht vergönnt, dieses Feuilleton zu schreiben, weil ich keine Leser mehr hätte, und keine Hände, und weil ich verhältnismäßig weit von meinem Schreibtisch fortgeschleudert würde, so daß ich etwa in der Gegend des Sirius kreuzte oder doch wenigstens oberhalb Potsdams – ich wäre peinlich berührt.

Gerade jetzt, wo sich jeder, sei er der Anspruchsloseste und habe er abgeschlossen mit dem Dasein, auf den neuen Postzeitungstarif freut, der eingeführt wird, und sich herzlich wünscht, wenigstens ihn noch mitzuerleben: gerade jetzt wäre das Aufhören der organischen Kribbelwesen, die Milben im Schimmel, wie Schopenhauer die Menschen nennt, und ihrer Steh- und Gehgrundlagen recht unangenehm. Süßes Leben! schöne freundliche Gewohnheit des Daseins und Wirkens! spricht Egmont. Ja, süßes Leben u.s.w.! Es würde im Ernst schade gewesen sein, unsere Erde, die gequetschte Kugel, zu verlassen, auf der doch jeder neue Morgen einen seligen Tag verheißt – solange man jung ist, solange man geliebt wird (selber lieben bringt Schmerzen) und solange man Schriftsteller ist. »Warum ist ein Mensch«, fragt Jean Paul, »zuweilen so glücklich? Darum: weil er zuweilen ein Litteratus ist.« Solange man jung ist, Leser! Allenthalben sieht das Auge Emporblühendes, aufsprießende Keime, selige Entwickelung – wie lange ist es her, daß Schöneberg eine Stadtverwaltung bekam –, und noch die Schmerzen und Kämpfe, die wir durchmachen, düngen den Boden von Evolutionen; freilich unter der Voraussetzung, daß das Leben auf der Erde fortdauert. Wo nicht – war dann alles zwecklos? Ach, meine Lieben, die Welt mag zugrunde gehen, wenn die höchste Stufe der Entwickelung erreicht ist. Aber erst dann. Blicken Sie, mit mir, auf den Freiherrn von Stumm, um zu erkennen, ein wie unendlich weiter Weg bis zur Vervollkommnung der Menschheit noch vor uns liegt. Gelingt es, diesen Riesenweg zurückzulegen – dann mag die Totenglocke schallen, dann ist die Welt des Dienstes frei, die Uhr mag stehen, der Zeiger fallen, es sei die Zeit für uns vorbei.

Würde ein Klingelzeichen gegeben, zur Benachrichtigung des Publikums, woran sich ein Moratorium schlösse, so wäre der Weltuntergang sehr erträglich. Man würde eine winzige Spanne recht verständnisinnig durchleben. Wem brauch' ich zu sagen, daß der Weltuntergang durch die Aufhebung der so oft beklagten Standesunterschiede eine geradezu lufttreinigende Wirkung ausüben würde. Niemandem brauch' ich es zu sagen. In diesem Moratorium vor dem Moriturium könnte auch der einzelne rasch ein paar letzte Herzensbedürfnisse erfüllen, zu dieser oder jener fahren und folgendermaßen zu ihr sprechen: Leb' wohl; ich will dir noch einmal die Hand küssen, ich hab' es lange nicht getan; und da die belebten Wesen in kurzem auseinanderfliegen, so nimm' die Gewißheit mit, daß ich dich damals sehr, sehr lieb hatte; wenn ich dir etwas abzubitten habe, so verzeih', ich werde es … niemals wieder tun; und Schuld hatten wir damals in Irrungen und Wirrungen alle beide; weißt du noch?

Irrungen, sie kommen nicht vergebens.
Treiben sie uns auch ins Schmerzensjoch, –
Auf der Hühnerleiter dieses Lebens
Bleiben sie vielleicht das Schönste noch.

Dann würde man sie zum letzten Male leis' am Ohr ziehen, wie früher, ihre Hand drücken und sprechen: Glückliche Reise.

In der Stadt Kassel soll eine starke Zahl von Früh-
geburten beobachtet worden sein, die sich aus der
Furcht vor dem Weltuntergang erklärt. Auch in Berlin
gibt es junge Damen besserer Familien, die um die kritische Zeit in großer Aufregung waren, durchaus nicht
allein bleiben wollten, sich Besuch kommen ließen und
durch allerhand ablenkende Zerstreuungen (Gespräche,
Damespiel, Kuchenessen, Musik) die dunkle Stimmung
bannen wollten. Dies ist das Betrübende an den letzten
Ereignissen, daß sie erwiesen haben, wie gering die Religiosität leider in unserer Bevölkerung verbreitet ist.
Auf dem Lande hat man sich noch mehr gefürchtet. Was
hat die Geistlichkeit mit ihren vielen und zähen Bemü-
hungen erreicht, wenn die Leute solche Angst haben, ins
Paradies zu kommen? Seit bald neunzehnhundert Jahren lernen sie von Jugend auf, daß dieses Leben nur eine
Vorbereitung darstellt, daß es ein verächtliches Über-
gangsstadium ist für das Bessere, was nachher kommt.
Aber sie wollen und wollen nicht. Die Bande. Sie scheinen zu glauben, daß unser irdisches Leben die Hauptsache ist; und es kommt ihnen auf alle Fälle sicherer vor,
das Nachher zu bezweifeln, da sie sich an das Vorher
nicht mehr genau erinnern. Nur so läßt sich die merkwürdige Erscheinung in Kassel erklären. Nur so das
ängstliche Verhalten der jungen Berlinerinnen – in deren Stadt allerdings die Gottlosigkeit unter sämtlichen
europäischen Städten am heftigsten verbreitet ist. Was
wird der Freiherr von Mirbach sagen! Eine allgemein
ausgeprägte Abneigung gegen den Weltuntergang – das
ist das Lehrreichste, was die kritischen Tage uns gebracht haben; es dient zur Entschädigung, daß das fesselnde Ereignis selbst verschoben werden mußte.

Das Leben ist die Hauptsache; und das Leben ist um
des Lebens willen da; diese Sätze stammen von Nietz-

sche. Manchmal, in Einzelheiten, hat er ja recht. Neulich mußt' ich an ihn denken. Ein liebenswürdiger Arzt gestattete mir, von den großen Irrenanstalten der Gemeinde Berlin diejenige kennenzulernen, an der er beamtet ist. Eine Riesen-Musteranstalt. Der Nachmittag, an dem ich sie besuchte, gehört zu den seltsameren meines Lebens. Stille Reinlichkeit auf den Kieswegen, um Rasen und Beete, zwischen den roten und länglichen Gebäuden dieser Stadt – die ein Gittertor scheidet von der Welt. Es ist eine Stadt. Frieden, aber zugleich etwas Einsam-Kaltes; und in der Dämmerung schwebt um die Häuserecken, aus dem Gebüsch, auf dem dunkeln Erdboden und durch die Luft das Furchtgespenst. Merkwürdigerweise wird man ruhiger, wenn man drin ist, unter den Irren herumwandelnd. Die Lampen sind angesteckt. Manche essen Abendbrot. Viele gehen auf den Korridoren auf und nieder. Man tritt in einzelne Zimmer und sieht Schwärme von Irren um den Tisch sitzen und Karten spielen. Auch rauchen sie. Wenn wir eintreten, der Arzt und ich, erheben sie sich und grüßen. Der Doktor spricht mit einigen, alle sind sehr höflich, und das Auffallendste ist, daß man sie für gesund halten würde. Ihr besonderer Wahnsinn liegt irgendwo tiefer und kommt nicht bei der ersten Gelegenheit hervor. Auf den Korridoren meldet sich bisweilen einer, der nicht zu verkennen ist. Ein Graf und ehemaliger Kavallerieoffizier stellt sich vor. Dazwischen knickst einer, der religiöse Halluzinationen hat. Allmählich merkt man, daß man von Irrsinnigen umgeben ist. Ich stelle mich so, daß keiner von ihnen imstande ist, mich beispielsweise im Nacken zu kitzeln. Es ist sympathischer, den Rücken frei zu haben. Der Doktor hat mir gesagt, daß er bisweilen kleine Verwundungen aus diesem Verkehr davonträgt. Bald wirkt er suggestiv auf mich mit seiner stillen

Sicherheit. Wir schreiten durch die Scharen, werden begrüßt, er verteilt Händedrücke und macht mich in lateinischer Sprache aufmerksam, wenn wir einen Mörder vor uns haben. Dieser Stille da hat seine Frau getötet; der andere hat ein Mädchen aus der Welt gebracht; beide machen in Gruß und Wesen einen fast zartfühlenden Eindruck. Am seltsamsten wirkt das Gespräch mit einzelnen, denen man die geistige Kultur auf zehn Schritte anmerkt und die in sicherer, feiner, ganz korrekter Art mit uns sprechen, gewissermaßen voll geistigen Takts; und die, wenn das Gespräch auf einen gewissen Punkt kommt, unglaubliche Dinge erzählen, von einer Schlacht in der Reichenberger Straße, mit allen strategischen Einzelheiten; und die, wenn man es bezweifelt, mit einer leisen, feinen Sicherheit in demselben Ton Tatsachen, die sie ja besser wissen, ernst wiederholen. (Und *hat* denn die Schlacht nicht stattgefunden?) Seltsam auch, wenn kultivierte und ruhige Menschen ruhig von Stimmen berichten, die mit ihnen reden, klagend und voll Bedauern. Die Stimmen sind eine Realität – so gut wie der Schreibtisch, an dem ich sitze, eine Realität ist. Es gibt keine Unterschiede. Am tiefsten und erschütterndsten wirken die stummen Hoffnungslosen, die Todgeweihten, welche den Anschein haben, als beweinten sie ihr Los und das allgemeine Menschenschicksal. Sie werden bewegt von einer dunklen Dämonie, die sich dunkel eingekrallt hat, die über die Menschheit herfällt, aus unbekannten Zonen – die Welten zugrunde gehen läßt; kleine Welten, große Welten, Mikrokosmen, Makrokosmen, toute même chose. Es ist der alte Feind, den wir anbeten.

Immerhin, solange alles gutgeht: Süßes Leben! Schöne freundliche Gewohnheit des Daseins und Wirkens!

Süßes Leben!

26. November 1899

Es regnet; zuweilen heult der Wind; es ist November. Gönczi kehrt zurück, Dressel ist pleite, dem Freiherrn v. Mirbach geht es gut, der Fürst von Montenegro leistet den Manifestationseid, auf der Friedrichstraße laufen kleine Seehunde von Blech, als Weihnachtsspiele, die Zuchthausvorlage ist unten durch, der Kaiser besucht seine Großmutter, Berlin zerfällt in mehrere Gemeinden, Herr Kirschner wird als letzter Bürgermeister dem Märkischen Museum überwiesen, auf dem Petriplatz wird keine Kirche erbaut (weil sich daselbst schon eine befindet). Es ist November; es regnet; zuweilen heult der Wind.

Diese Seehunde – mancher will die Berliner Bevölkerung dahin bringen, sie zum Vorbild zu nehmen, denn sie rutschen auf dem Bauch. Rutschen auf dem Bauch, immer den Asphalt lang, wenn der Wind, der Wind, das himmlische Kind, ein weniges die Pfützen aufgetrocknet hat. Rutschen auf dem Bauch und wedeln mit dem Schwanz, und schreien nicht, wenn sie getreten werden, und alles an ihnen ist Blech. Sie gehen bloß, wenn man sie aufzieht, es steht frei, sie beliebig in die Tasche zu stecken, und dieses ist das Spielzeug vom letzten Winter des abschiednehmenden großen Jahrhunderts; des seltsamen Jahrhunderts, welches mit Napoleon beginnt und mit Wilhelm dem Zweiten endet; des Jahrhunderts der Technik, welches solche Seehunde mit Maschinerie zeitigt; kurz, daß ich's ganz zusammenraffe: des neunzehnten Jahrhunderts. Hand aufs Herz. Niemals hab' ich irgendwie das Streben bekundet, Tatsachen zu vertuschen; stets hat es mir ferngelegen, mit der Wahrheit hinter dem Berge zu halten; und so bekenn' ich hiermit frei, mag aus meinem Bekenntnis entstehen, was da wolle, daß kein Weihnachtsspaß vergangener Jahre die

gleiche Bewegsamkeit und Vollkommenheit erreichte
wie der diesjährige komische Seehund. Er geht nach
rechts, er geht nach links, es ist zum Schreien, er geht
rückwärts, es ist zum Totlachen, er will vorwärts, man
kugelt sich, denn jemand mit der Leine zieht ihn dann
in die Höh', daß er bammelt und zappelt – aus ist's mit
der Selbständigkeit! Wie gesagt: ein Spaß zum Brüllen.
Die Kinder bleiben stehen in der Friedrichstraße und
klatschen in die Händchen.

Dressel ist pleite; so leb denn wohl, du stilles Haus.
Manchen Abend, nach Entscheidungsschlachten, haben
wir dort verlebt. Die Premièren des größten deutschen
Dichters begossen wir im langgestreckten Hinterzim-
mer. Und eine Taumelstimmung trug uns oft empor,
eine innerliche. Noch öfter sank eine leise Magie herab,
aus unergründlichen Bezirken, die Glorie festlichen
Schweigens in die Seelen gießend. Am reizvollsten erschien mir stets der Beginn, wenn einer nach dem anderen kam und seine Garderobe in den Winkel hängte.
Weiß nicht, wieso. Such is life. Zuletzt ging einer nach
dem anderen weg und nahm seine Garderobe aus dem
Winkel. Wer aber hätte vermutet, daß unter dem schlichten Dach eine so großartige Fülle von Passiva verborgen
lag? Niemand hätte es vermutet. Der Gerichtsvollzieher
schreitet schnell. Nun ist der Nimbus fort, in Zeit und
Ewigkeit. Das Essen war ja nie hervorragend. Zwischen
uns sei Wahrheit, Dressel. Aber jetzt ist auch die gute
Laune fort; denn kein empfindlicher Mensch kann es mit
ansehen, wenn jede arme Auster ihr Siegel hat und auf
dem Käs ein unsichtbarer Arrest liegt. Im Palasthotel ist
mehr Freude, und dorten speis' ich nach Premièren, im
gegenwärtigen Zeitalter. Die Kraftbrühen (obgleich wir
sie nicht nötig hätten) sind dämonisch gut. Der Fisch ist
ein einsamer, stiller, verschollener Hauch. Das Fleisch,

auf dem Rost gebraten, schmeckt heilig. Und zuletzt gibt es ein Ding, rosinenfarben, erinnerungstief, sturmgefriedet, und welches riecht wie die Blume Jelängerjelieber: es ist ein beignet, fast hätt' ich gesagt, Kräppelchen, aber kein beignet des Alltags mit dickem Fell, sondern wie eine Seifenblase zart, und darüber gießt man sich warmes Apfelmus; hierzu singt jeder Teilnehmer das Lied »Träume« von Richard Wagner. Der Kellner heult die zweite Stimme vor Rührung.

Dressel ist pleite. Der Regen fällt; der Wind weht – woher?! Herr Preuß darf sich noch in Freiheit bewegen. Das Gesetz bietet vorläufig keine Handhabe, Burschen seines Schlages einzulochen. Auf seine Carrière kann er sich aber freuen. Professor wird der vor Anbruch des einundzwanzigsten Jahrhunderts nicht. Das Scheusal könnte zwar von der Fakultät vorgeschlagen werden, bestätigen würde ihn niemand. Zu seinem Glück ist er wohlhabend: er hat das Vergnügen, mit den zwei Millionärsfamilien Liebermann und Reichenheim eng verschwägert zu sein, von denen ein realistischer Berliner Lyriker in seiner Jugend sang:

Ich ging nach jenen stillen Zonen,
Wo Villen steh'n im Abendglanz
Und Ahlwardt's gute Freunde wohnen,
Die Reichenheims und Liebermanns.

Aus Bescheidenheit lass' ich den Namen des Dichters im verborgenen. Jedenfalls scheint es das Los disziplinierter Privatdozenten zu sein, daß sie einen siebenstelligen Mann zum Schwiegervater haben. Der Schwiegervater von Arons heißt Bleichröder. Wenn aber Herr Preuß arm wäre? wenn er nur auf die Professorenlaufbahn seine Existenz gegründet hätte? Dann würde, wie der heutige Zug der Zeit ist, eine Existenz mehr geopfert worden sein – um einiger ganz leicht ins Gewicht fallender Äußerungen willen. Leicht ins Gewicht fallend. Denn hierin unterscheid' ich mich von vielen sehr liberalen Kollegen: ich erkenne frommen Zeitgenossen zwar ohne weiteres das Recht zu, ihr Mißfallen über solche Zitate zu bekunden; ich verlange aber auch für die freier Denkenden das Recht, solche Zitate ungehindert zu äußern. Wir dürfen uns ja gleichfalls nicht alles verbitten, was unser Gefühl verletzt; wir werden täglich viel tiefer verwundet, als eine so harmlose Travestierung es tun kann. Also: Freiheit! Freiheit! Freiheit! Für alle Parteien. Die Mißbilligung des Herrn Preuß durch die philosophische Fakultät erschien mir bereits zu viel. Aber auch das will nur eine individuelle Anschauung sein, die sich niemandem aufdrängt.

Freiheit! Freiheit! Der Musikkritiker Dr. Erich Urban, der oft eine gute Feder führt, ließ neulich etliches Persönliche einfließen. Er ging zu weit und hatte schriftstellerisch nicht seinen besten Tag. Aber deshalb ein Manifest gegen ihn loszulassen, deshalb eine öffentliche Mißbilligung in verschiedenen Zeitungen: das geht über die Hutschnur. Der Fall ist allgemein belangvoll; es handelt sich um die Grenzen der erlaubten Kritik. Darf ein Kritiker niemals persönliche Dinge hineinziehn? Er darf die bürgerliche Ehre der Kritisierten niemals grundlos antasten. Er darf auch Dinge des Privatlebens im allgemeinen nicht berühren. Es ist aber ein Unterschied, ob man ein Musikreferat schreibt oder ob man in einem Feuilleton weitere Eindrücke über ein Konzert verewigt. Vor einiger Zeit klagte ich in diesen Blättern: Die Musikkritiker der Zeitungen berichten, was gesungen, was gespielt worden ist, ob es gut oder schlecht war. Worauf es eigentlich ankommt, davon schreiben sie nichts. Melden nichts von der dämmernden Sehnsucht, die vor den Toren durch die Luft zieht, wenn die Abendgänger im Novembermondschein die Steinstufen hinaufgehen und hinter erleuchteten Fenstern eine Frauenstimme und Geigenlaute hören wollen. Welcher Maler könnte die Novellen malen und die Humoresken, welche ein Musikraum gebiert? Der begabte Doktor Urban suchte wenigstens die Humoresken zu malen. Oft mit prachtvoller Wirkung. Er stellte gelegentlich fest, daß ein Kritiker eine grünlich-gelbe Hose anhatte. Und als er eine Künstlerin wuchtig in die Tasten greifen sah, fiel ihm ein, daß ihre Ehemänner »trauervolle Berichte« über die Kraft dieser Arme hatten verlauten lassen. Ist dies (in anderen Punkten schoß er über das Ziel) so absolut verdammenswert, zumal sein Gesamteindruck durch diese Erwägungen doch getrübt wurde? Ich will nicht sagen, daß es legal ist; aber man verdient deshalb noch nicht aufgehängt zu werden. Ich hörte in dieser Woche den Sänger Raimund v. zur Mühlen. Seine Glatze störte mich, als er Schumannsche Lieder sang; sie verdarb mir den Eindruck. Darf ich nicht sagen, daß mir tatsächlich die Glatze die Illusion nahm? Was mich bei diesem ganzen Vorgehen gegen den Kritiker verletzt, ist diese emsige Freiheitsberaubung – durch Künstler, deren Motive zweifelhaft sind, und durch die Presse, welche die Preßfreiheit und die Freiheit des Individuums vor allem zu bewahren hat. Etwas mehr Raum, bitte! Wenn ihr nicht allzusehr als Söhne eurer Zeit gelten wollt!

Es regnet; es ist November.

1900

7. Januar 1900

Am ersten Tag des zwanzigsten Jahrhunderts lag in der deutschen Hauptstadt ein dermaßen dichter Nebel um die zahllosen Kirchen herum, auf der Erde und über der Spree, daß man nicht zehn Schritt weit sehen konnte. Alle feineren Köpfe, soweit sie sich ausgeruht hatten, erwogen, ob in diesem Nebel nicht eine Vorbedeutung zu suchen sei. Nach Lage der Dinge konnten die meisten nicht umhin, einen zustimmenden Gestus zu machen, durch Nicken. Alles war feucht und regenschwer. Habys steifende Flüssigkeit hielt nicht stand, da sich die Nässe der Luft mit ihr vermischte; viele junge Krieger liefen mit gesenktem und triefendem Barte verstört herum. Dies irae, dies illa! dachten an diesem munteren Neujahrstag die Kenner der lateinischen Sprache. Die anderen, welche nur Volksschulen besucht hatten und zum Teil auch noch weiblichen Geschlechts waren, meinten in deutscher Zunge: Das Jahrhundert fängt jut an! … In der vorhergehenden Nacht hatte ein toller Jubel geherrscht, indem die Berliner, wohl das originellste aller Großstadtvölker, diesmal die Zylinderhüte einschlugen, wo es anging. Infolge dieser Überraschung bemächtigte sich aller Bürger eine begreifliche Ausgelassenheit, und sie eilten ins Bett. Andere amüsierten sich freundlicher, zu ihnen zählt der glückliche Chronist. Seltsam muß es in der Philharmonie zugegangen sein. Ein guter Bekannter war auf eine halbe Stunde dort und

erzählte davon. Die Schalkhaftigkeit wurde in der Philharmonie dadurch hergestellt, daß das elektrische Licht
in Zwischenräumen abgedreht wurde. Die Festgenos-
sen und -genossinnen blieben dann kurze Zeit im Dunkeln. Sie spielten Versteck und andere Gesellschafts-
spiele. Da sich jedoch dieses Drunter und Drüber
allzuoft wiederholte, entfernte sich mein Freund.

Die ersten Jahrhunderttage haben eine Reihe von
Standeserhöhungen gebracht. Philibert v. Eulenburg,
welchem wir vielleicht mittelbar die Anregung zu dem
Sang an Aegir zu danken, ist zum Fürsten aufgerückt.
Die Verdienste des Eulenburgischen Geschlechts um
Deutschlands Wohlfahrt finden damit in Friedenszeiten
eine sichtbare Anerkennung, während z.B. Bismarcks
Erhöhung vom Grafen zum Fürsten gewissermaßen sozusagen stürmischer, infolge eines Krieges, stattfand.
Fürst Eulenburg, den ich in einer Gerichtsverhandlung
ganz in der Nähe sah – er bekundete als Zeuge über
seine Beziehungen zu dem Kriminalkommissarius
v. Tausch –, ist ein Mann in mittleren Jahren, nicht ohne
Bauch, und machte damals nicht den munteren Eindruck, den er vielfach machen soll. In der Stimme lag etwas Gedrücktes, er quetschte die Worte mühselig über
die Zunge, und in auffallend kurzen Zwischenräumen
sagte er »äh« – dieses Einschiebewort, das keineswegs
nur als Lieblingswendung sozial hochstehender Kreise,
sondern in der Verlegenheit auch bei anderen Ständen
auftritt. Mir sind diese kleinen Menschlichkeiten des
hervorragenden Politikers und Dichters deutlich in der
Erinnerung geblieben. Von dem Fürsten Trachenberg-
Hatzfeldt weiß ich persönlich nichts Näheres, doch als
Schlesier geriet ich begreiflicherweise in eine frohe Erregung, als ich las, daß ihm der Herzogstitel verliehen
worden ist. Dagegen ließ mich die Versetzung des

Grafen Münster zum Fürsten Derneburg – ich bekenne es offen – zu meinem eigenen Erstaunen verhältnismäßig kalt; was sich psychologisch damit erklären läßt, daß sie bereits vorher mitgeteilt worden ist. Mich selbst hatte man wieder übergangen.

Beim Neujahrsgottesdienst hat der Kaiser, was an sich nicht auffallend ist, einer Weihung neuer Feldzeichen beigewohnt. Als »bemerkenswerte Episode« haben die Zeitungen berichtet, daß er sich auf beide Knie niederließ; ein gleiches taten die Prinzen und die große Zahl der Offiziere, die, entblößten Hauptes und mit gefalteten Händen um den Kaiser geschart, die Weihe mitmachten. So meldet der Bericht. Es ist zunächst nicht auffallend, daß die Offiziere dasselbe vornahmen, was der Kaiser tat. Als Neuerung bliebe somit nur übrig, daß Wilhelm der Zweite sich auf beide Knie niederließ. Es läßt sich jedoch, bei den tief religiösen Stimmungen des Kaisers, andererseits bei seinem durchgreifenden Sinn für die volle Wahrung würdiger Zeremonien, auch hierin nichts eigentlich Neues finden. Friedrich Wilhelm der Vierte kniete häufig nieder. Wenigstens berichten seine Zeitgenossen und Hofgänger, unter denen Leopold v. Gerlach einen prominenten Rang einnahm, daß er die Gewohnheit hatte, bei der Erledigung schwieriger Staatsgeschäfte zuweilen in einem Nebenzimmer niederzuknien und ein stilles Gebet zu verrichten. Wenn das, wie gesagt, ohne besonderen Anlaß wie die Einweihung von Feldzeichen geschah, so ist der Kniefall Wilhelms des Zweiten bei einem bestimmten Anlaß, bei den Worten des Priesters, etwas viel weniger Auffallendes und kaum als »bemerkenswerte Episode« zu bezeichnen. »So beuget denn«, sprach ja der Geistliche, »die Knie und senket die Fahnen und Standarten vor dem Herrn der Heerscharen droben.« Hierauf geschah der

erwähnte Vorfall, und auch sonst wurde alles der Feier
gemäß erledigt, denn der Bericht meldet: Die Komman-
deure senkten die Feldzeichen bis auf die Brüstungen
der Treppe, und im Lustgarten feuerte zu gleicher Zeit
die Leibbatterie einen Salut von 100 Schuß. Hinzugefügt
wird, daß nach dem Amen auch ein Tedeum gespielt
wurde, von Blasmusik, worauf der Kaiser »einige
Schritte vortrat« und die Feier durch eine Rede krönte.

Die Gerichte haben nach Anbruch der neuen Zeit
einen Fall erledigt, der weit eher eine »bemerkenswerte
Episode« bildet. Das ist die Verurteilung des »Ulk«-Re-
dakteurs Siegmar Mehring zu sechs vollen Monaten Gefängnis. Mir standen die Haare zu Berge, als ich das las.
Das Jahrhundert fängt wirklich jut an. Mehring ist ein
Verskünstler, der in der Übersetzung neufranzösischer
Gedichte einiges Vorzügliche geleistet hat. Das inkri-
mierte Gedicht »Die feige Tat von Rennes« wird allgemein als grobe Geschmacklosigkeit bezeichnet. Ich bekenne, daß mein Gefühl durch nichts verletzt wurde, als
ich es las. Mehring geißelt die Verbohrtheit der Bauern
und die Niedertracht einiger Generale, die zugleich
fromme Katholiken sind. Wieso in aller Welt beschimpft
man die Einrichtung des Sichbekreuzens, wenn man
sagt, daß es die Bauern mit schmutzigen Fingern tun?
Durch den Hinweis auf diesen Gegensatz zwischen
einer als heilig geltenden Handlung und den unreinen
Gliedmaßen, mit denen sie vollzogen wird, wird der
Finger getroffen, nicht die heilige Handlung. Und wenn
man sagt, daß Schufte zur Messe oder Beichte gehen, so
werden die Schufte getroffen, aber nicht die Messe. Das
Recht, laut zu behaupten, daß oft die größten Halunken
den frömmsten Wandel führen, wird man wohl noch besitzen. Man kennt die verbreitete Anekdote von den Ab-
ruzzenräubern, die vor dem Straßenraub zur Mutter

Gottes beten, daß sie ihn gelingen lasse. Darf man das
heute nicht mehr sagen? Und wenn unsere Professoren
naturwissenschaftliche Disziplinen lehren, die offiziell
anerkannt sind, liegt darin nicht – implicite – die tollste
Beschimpfung der Kirche? Also wozu der ganze Para-
graph? Hat Mehring sechs Monate Gefängnis für dieses
Gedicht bekommen, an dem die beleidigende Absicht
immerhin diskutierbar ist, wie viele Jahre Zuchthaus
müßte dann ein Mitglied des Hohenzollerngeschlechts
erhalten, nämlich Friedrich der Große, welcher das
»Écrasez l'infâme!« im Briefwechsel mit dem Herrn
v. Voltaire auf ganz undiskutierbare Art gemeint hat
– und der immer wiederholte: »écrasez l'infâme«, abge-
kürzt »écrlinf«, was auf deutsch heißt: erdrossele man
die – –, aber ich wage nicht, die Worte meines Preußen-
königs heut niederzuschreiben und drucken zu lassen.
Absunderlich, daß der eine Staatsanwalt überhaupt keinen Grund zum Einschreiten findet und der andere
gleich *so* tödlich entrüstet ist, daß er Herrn Mehring wie
den Abschaum der Menschheit behandelt. Welcher von
beiden hat denn recht? Nette Zeiten sind es, liebe
Freunde, in denen wir leben. Nettere noch, denen wir
entgegensehen. Pfaffensatire, Kirchensatire hat zu jeder
Frist einen Bestandteil der Dichtung gebildet. Die Vertreter der deutschen Literatur im Lauf der historischen
Entwickelung verdienen zusammen zwei Millionen
Jahre Zuchthaus für das, was sie auf diesem anscheinend einem Bedürfnis des deutschen Gemüts entsprin-
genden Felde geleistet haben. Jetzt plötzlich bekommt
man sechs Monate Gefängnis. Ja, woran soll man sich
denn halten? Welche Norm soll man denn für seine Lebensführung und seinen Dichterwandel nehmen? Es
lauern ja überall Fallstricke, Fußangeln, Wolfseisen. Die
Haare stehen jedem Kultureuropäer zu Berge, wenn

man nicht mal die fromme Heuchelei mehr anulken darf. Am Ende wird Herr Mehring nach Verbüßung seines Halbjahres noch in eine gottselige Korrektionsanstalt gesteckt, in den Verein für gefallene Jünglinge oder ein Institut, »Siloah«, bis seine seelische Verwahrlosung beseitigt ist. Dahin muß es kommen!

Wie gesagt: Dichter Nebel lag auf der Erde, am ersten Tag des zwanzigsten Jahrhunderts, in der deutschen Hauptstadt. Soll das so fortgehen? Es gibt ja ganze Jahrhunderte, die entsetzlich verliefen. Für den einzelnen hat diese Vorstellung, eine langwierige, öde Entwickelung mitmachen zu müssen, etwas Trostloses.

4. Februar 1900

Der Berliner Sittenvogt, Mirbach, läßt abermals von sich hören. Die Aquarellisten bei Keller und Reiner hatten ihn freundlichst geladen, ihre Aquarelle zu besehen. Warum sie das getan, bleibt ihr Geheimnis. Satirische Absichten darf man hiesigen Künstlern unserer Tage im geringsten nicht zutrauen. Sie wußten, was er war: ein kleiner Hengstenberg. Also wozu? Glaubt man an Wert zu wachsen, wenn man untertänige Einladungen an orthodoxe Hofleute verschickt – die nach ihrer oft betätigten Weltanschauung vom freien und frohen Bezirk der Schönheit für immer getrennt sind?

Der Herr v. Mirbach hätte sich begnügen können, der Einladung nicht zu folgen. Er hat die Karte überdies zurückgeschickt: weil die Zeichnung einer nackten Frauengestalt sein christlich-keusches Haus nicht verunreinigen sollte. Und er hat noch dazugeschrieben, diese Kunst verletze sein Sittlichkeitsgefühl. Freundlicher kann man auf eine Einladung nicht reagieren. Einladungen oder Geburtstagsgratulationen: Mirbach ist immer gleich streng. Die einen kriegen ihr Fett wie die anderen. Wäre jedoch der Freiherr in die Ausstellung gegangen, so hätte sein Aug' in der Mitte der linken Wand »Das Modell« von Arthur Kampf erblickt; von demselben, welcher die Ladungskarte gezeichnet. Ein noch viel nackteres Weib, in mittleren Jahren. Dieses Frauenzimmer hat soeben die Kleider abgeworfen und schauert im ersten Augenblick zusammen, ein kleines bißchen, und schiebt die Hände zwischen die Beine. Wie hätte der Freiherr vor diesem Bild gestanden? Wie der Orthodoxe vorm Berg; ich meine vorm Venusberg. Eine Apoplexie wäre vielleicht eingetreten. Also haben ihn die Engel, die Schutzgeister der kleinen Kinder und der großen Frommen, vor dem Besuch der maledeiten Ausstellung bewahrt. Wir aber stellen die Frage: Wie benimmt sich der Mann eigentlich auf dem Hofball? Dort kann er doch so viel nacktes Fleisch sehen, wie ihm nicht lieb ist. Und sogar lebendes, nicht gemaltes. Ein Fleisch, das – o Sodom, Babylon und Gehenna – sich warm anfühlt, wenn man es anfaßt, z.B. beim Tanzen; während jenes in harmloser, papierner Pseudo-Existenz ein Scheindasein fristet. Trotz aller Kolonial- und Flottenbegeisterung könnte Herrn v. Mirbach nichts Schrecklicheres passieren, als daß man ihn nach Afrika schickte. Dort laufen die Weiber splitterdekolletiert herum. O Sodom, Babylon und Gehenna. Man nimmt an ihnen Missionsexperimente vor, doch selbst das Erhebende dieser Handlungen bringt das verletzte Sittlichkeitsgefühl nicht zum Schweigen. Ist die Flotte bewilligt, so sammelt Mirbach allsogleich (er ist ein geübter Sammler) Geld für die Beschaffung von Badehosen für unsere Mitschwestern in Ostafrika. Ob schließlich nach englischem Muster die Beine der Tische und Klaviere in Deutschland obligatorisch mit Stoff umhüllt sein müssen, steht noch dahin.

Wenn aber die Sittlichkeit noch heftiger bei uns einreißt, kommen wir bald auf die Homunkel-Höhe.

Sonst ist die Zeit mäßig bewegt. Eine deutsche loyale Wochenschrift veröffentlicht zu vielfacher Genugtuung die Schußliste Wilhelms des Zweiten. Was unser Kaiser alles geschossen, ist hier mit unvergänglichen Lettern verzeichnet. Und zwar hat er dieses geschossen vom Jahre 72 bis zum Jahre 99. Also hat er es in siebenundzwanzig Jahren geschossen. Wenn ich nun die Schußliste betrachte, bleibt an einem Punkt mein Blick hängen. »Zwei Dachse«. War es in siebenundzwanzig Jahren nur zweimal vergönnt, je einen Dachs zu schießen, so müssen die Dachse gar schwer und gar selten zu schießen sein. Ich selbst (wozu soll ich leugnen) bekenne ohne weiteres, nie einen Dachs zur Strecke gebracht zu haben. In welchem Gegensatz aber steht diese anspruchslose Zweizahl zur Zahl der Hasen, von denen unser Kaiser 17446 bisher getötet hat. Siebzehntausendvierhundertsechsundvierzigmal hat Meister Lampe, wie ihn der köstliche Jägerhumor nennt, einen Luftsprung gemacht, wenn der kaiserliche Finger etliches Blei gegen ihn sandte, und siebzehntausendvierhundertsechsundvierzigmal starb Lampe. Wie viele Braten gab das! Die Summe der Kaninchen, die unser Kaiser erlegt, ist 1392. Für Leser, die nicht waidmännisch geschult, sei bemerkt, daß es sich nicht um zahme Kaninchen handelt. Zahme Kaninchen, wie sie in Höfen und Hausfluren herumspringen, werden überhaupt nur selten erschossen. Vielmehr handelt es sich um wilde Kaninchen, welche in Wald und Heide ihren Bau bewohnen, größer sind als die Hof- und Flur- und Treppenkaninchen und sich beinahe wie Hasen gebärden. Ungemein häufig sieht man sie in der Mark Brandenburg einherhopsen – wenn man Ausflüge macht. Was die 694 Reiher betrifft, die

unser Monarch geschossen hat, so bin ich erfreut, eigene
Jagderfahrungen in bezug auf Reiher mitteilen zu dürfen. Diese Tiere sind recht schädlich. Sie fliegen nämlich
aus der Luft an die Oberfläche des Wassers und holen
Fische. Die führen sie dann, wie Jupiter den Ganymed,
in die Lüfte; nicht zur Liebkosung, sondern zum Fraß.
Fünfzig Pfennig aber bekommt man pro Reiherkopf
vom Verein für deutsche Fischereizucht. Sei dem, wie
ihm sei: Einst zog ich auf den Reihersteg, gar häufig in
märkischen Wäldern. Ich bekenne wieder rückhaltlos,
daß ich nie einen getroffen habe. Meine Jagdgefährten
aber handelten nach dem üblichen Ritus folgendermaßen: Wir machten die Reiherhorste im Nadelwald ausfindig. Es ist nicht schwer; denn was diese Tiere von
oben herabfallen lassen in das Waldesgrün, hat eine
weiße Farbe. Manche Bäume sind ganz weiß emailliert
von diesem Segen. Überall da, wo schimmernde Weiße
liegt, ist oben ein Reiherhorst. Und eine große Zahl be-
schütteter Stämme nennt man zusammen einen Reihersteg. Das Wort klingt poesiereich, aber der beschüttete
Kern nähert es der allgemeinen Niedrigkeit irdischer
Dinge. Nun wird folgendes gemacht: Man stellt sich an
den Stamm, hält die Flinte in die Höhe und schießt
durch das Nest. Den jungen Reihern fällt dies auf, welche darin hausen. Sie setzen sich auf den Rand des Ne-
stes und schlagen unschlüssig mit den Flügeln. Jetzt trifft
sie ein zweiter Schuß, wenn er sie trifft. Noch ahnen sie
nichts von der Existenz des Vereins für deutsche Fischereizucht und müssen das räuberisch-erblich-belastete
Leben lassen. Oder sie fliegen davon, vom Nestrand aus,
und man trifft sie im Fliegen, wenn man sie trifft. Jedenfalls ist das die Reiherjagd. Falken sind abgekommen.
In der Liste der deutschen Wochenschrift sind noch über
sechshundert Stück »verschiedenes Getier« angemerkt,

das der Kaiser schoß. Was aber ist verschiedenes Getier? Bei schlechten Jägern denkt man an getroffene Hunde oder Ziegenböcke – das ist ausgeschlossen bei einem erfahrenen Schützen wie der Kaiser, der insgesamt schon 4o 957 Stück Wild nach den Angaben dieser Zeitschrift getötet hat. Wenn sich das auf siebenundzwanzig Jahre verteilt, so berechne ich, daß der Kaiser täglich vier Tiere im Durchschnitt getötet hat. Unser Monarch dürfte in ganz Europa das meiste Jagdglück bewiesen haben.

Die Zeiten sind mäßig bewegt. Der Prozeß des Herrn von Kriegsheim bietet nicht viel Neues. Daß ein junger Offizier nicht genug Geld hat zum flotten Leben und das Manko am Totalisator erschwingt, war bereits da. Im Prozeß des Herrn v. Kayser und seiner ritterlichen Genossen fand sich auch der Zug vorgebildet, daß man auf Kosten einer Dulcinea von Toboso lebt. In solchen Fällen scheint die Dame häufig angepumpt zu werden. Und häufig steht sie der Bühne nah. Häufig auch bekommt sie Keile. Und häufig wird sie trotz der bewilligten Spenden »Biest« und »Luder« genannt, auch brieflich. Der Fall Kriegsheim wird erschwert durch den Teppichhandel, welchen der junge Mann betrieb, wenn er sich Teppiche zur Ansicht hatte kommen lassen. Und durch die schriftlichen Arbeiten, die er auf Urkunden ausführte. Endlich durch die in Freiheit und unter eigener Verantwortung stattfindende Konfiskation von Schmuckstücken. Schließlich ein rührender Zug, welcher den Angeklagten allen bürgerlichen Schichten menschlich näherbringt: der Versatz des Uniformrocks während der aktiven Dienstzeit für Reichsmark acht. Nur diese kleinen genrehaften Momente frischen das immer häufiger auftauchende Bild des verkommenden Ritters ein bißchen auf. Sonst ist vieles beim alten. Höchstens der Präsident zeigte ungewöhnliche Regun-

gen. Er eignete sich zu Gleichnissen die Kavaliersspra-
che an und sagte dem Herrn v. Kriegsheim, die Gerichtsvollzieher seien hinter ihm hergewesen wie »die Hunde
hinter der Sau«. Und ein anderes Mal fand er: »Man
kann einen Mann, der jederzeit bereit ist, sein Leben für
das Vaterland in die Schanze zu schlagen, nicht nach
philiströsen Grundsätzen beurteilen.« Aber ich bitte!
Dazu ist ja auch der gemeine Bauernlümmel bereit, und
jeder krumme Einjährige, und auch jeglicher, der nur
Landsturm mit Waffe ist. Wenn's losgeht, zieh'n wir alle
mit. Ich hoffe also, daß die Präsidenten der deutschen
Gerichte uns alle künftig frei von philiströsen Grundsätzen beurteilen und dies jedesmal aussprechen werden.

Die Zeiten sind mäßig bewegt. Soeben sind die Akt-
studien in den Berliner Kunsthandlungen beschlag-
nahmt worden. O Jahrhundert, es ist keine Lust, in dir
zu leben.

11. März 1900
Es ist eine alte Sache: fast jede Erfahrung wird mit
Schmerzen erkauft. Umsonst ist nicht einmal der Tod.
Erst das gebrannte Kind scheut das Feuer mit vollem
Nachdruck. Und was für den einzelnen gilt, gilt für die
Menschheit. Die Erfahrungen, welche der Menschheit
zugute kommen, sind von den einzelnen mit Schmer-
zen erkauft. Der Mann, der bei irgendeinem Versuch mit
Acetylen zugrunde geht, stirbt für die Menschheit: wenn
er als erster aus dieser neuen Ursache stirbt. Manche
Entdeckungen, etwa die Röntgenstrahlen, vollziehen
sich allerdings schmerzlos; nur der Arbeitsaufwand des
Entdeckers ist in das Schmerzenkonto einzutragen. Aber
die Erfolge auf ärztlichem Gebiet haben fast immer zur

Voraussetzung, daß Opfer beim tastenden Versuch auf der Strecke bleiben, bis das letzte siegreiche Verfahren gewonnen ist für die Späterlebenden.

Ein Kliniker in Breslau kämpft gegen die Seuche, an der Ulrich von Hutten gestorben ist. Die wir heute kaum zu nennen wagen, obgleich sie eine furchtbare Macht ist und die Übertragung nicht bloß in dunklen Situationen, sondern schon beim Raseur geschehen kann. Diese Seuche, welche der moderne Gespensterdichter Ibsen wie ein neuzeitliches Fatum walten läßt unter neuen Tantaliden. Diese Seuche, der Goethe erschreckte Hexameter widmete, die man zwar im Goethe-Archiv, nicht aber in der Gesamtausgabe findet. Diese schaurige Seuche, die auf einer Insel unseres Kolonialbesitzes fast die ganze naive Bevölkerung zum Aussterben gebracht hat, wie jüngst im Reichstag erwähnt.

Diese Seuche zu bekämpfen ist das Lebenswerk eines Klinikers, und er spritzt – fünf Jahre sind vergangen seitdem – sein Gegengift verschiedenen Leuten ein. Geschadet hat es in keinem dieser Fälle: das ist erwiesen. Genützt leider auch nicht: das ist ebenfalls erwiesen. Die große Entdeckung bleibt noch zu machen. Aber wenn die Versuche kein Opfer für diesmal gekostet, so beging der Professor immerhin ein Verschulden: er handelte ohne die Erlaubnis der Geimpften. Niemand bestreitet das. Er war überzeugt, sie nicht zu schädigen, und der Ausgang hat ihm recht gegeben. Jeder Dolus fehlt ihm: er selbst veröffentlicht den Fall in einer Fachzeitschrift! So ernst die Sache liegt – steht das Toben des Herrn von Pappenheim nicht in einem auffallenden Mißverhältnis zum vorliegenden Tatbestand? Wir kennen doch sonst unsere Pappenheimer, wir wissen, daß sie nicht immer wie die rasenden Ajaxe für Humanität einspringen. Also höchst erfreulich ist diese Wendung zur zorniggerührten Vortrefflichkeit und innigen Menschenliebe. Auch die »Kreuzzeitung« ist menschenlieb und gerührt und möchte den Professor Neisser braten, vor Güte. Es ist nicht etwa der Haß gegen die Wissenschaft, der hier mal einen Anlaß findet, sich auszutoben: es ist die Biederkeit des Gemüts. Ein frommer Nebenumstand kommt hinzu: der »Kreuzzeitung« erscheint der Name des Gelehrten nicht ganz koscher. Oder vielmehr im Gegenteil. Sie deutet zwar nicht an, daß acht versuchte Ritualmorde vorliegen, aber sie zählt ihn schandenhalber und vermutungsweise zur Freisinnigen Partei und beweist daraus seine hinreichende Niederträchtigkeit. Und da fragt man sich doch: sind die Unterschiede im Parteihaß wirklich so groß zwischen Deutschland und Frankreich; und haben wir wirklich noch das Recht, über den »Intransigeant« und die »Libre Parole« zu ulken. Wir haben es kaum.

Immerhin hat jedes Ding zwei Seiten. Noch der gellende Herr von Pappenheim darf das Verdienst in Anspruch nehmen, vielleicht unbewußt, eine ernste Frage wieder gestellt zu haben. An wem sollen in der Tat die ersten Versuche gemacht werden? Nicht immer laufen sie so gut ab wie im Neisserschen Fall. Etwas in uns bäumt sich dagegen, daß gerade die Klinikbesucher, die finanziell Ärmsten, zu Versuchsobjekten gemacht werden, weil sie die Ärmsten sind. Früher, in dunkleren Jahrhunderten, nahm man die Verbrecher dazu. Man begnadigte sie; ließ ihnen die Wahl, sich köpfen oder sich operieren zu lassen. Sie wählten häufig das zweite, was ihnen sogar nachzufühlen ist. Das ethische Empfinden der Gegenwart würde sich gegen Lebensschachergeschäfte dieser Art empören. Der beste Ausweg, der heut offenbleibt, ist: der Appell an den freien Willen freier Männer. Ich möchte zu diesen freien Männern nicht einmal die Insassen einer Klinik rechnen, weil sie zum Arzt, wenn auch nur auf Grund der Dankbarkeit, in einem moralischen Abhängigkeitsverhältnis stehen. Aber es gibt in der weiten Welt genug ernste Individuen, die, unzufrieden mit ihrem Leben, danach dürsten, es für eine große Sache aufs Spiel zu setzen. Durch diesen einen Akt des Wagens und Wohltuns würde ihrem Dasein der heißersehnte Inhalt mit einem Schlage gegeben, der ihm fehlt. Es wäre der große Moment für einen, der von der Göttin der Erde nie geküßt wurde. Es gibt mehr solche, als ihr denkt. Mehr, die entweder nutzlosen Selbstmord begehen oder als Tote ihr Dasein zu Ende leben, sanglos, klanglos und belanglos. Sie würden antworten auf den Ruf: »Freiwillige vor!« Und ihre Namen ständen neben den besten derer, die für ihr Vaterland gestorben sind. Und man *wüßte* doch diese Namen, die jetzt kein Lied, kein Heldenbuch meldet, obwohl auch ihre Inhaber beigetragen, die Menschheit durch ihr Leiden zu erlösen

Der Professor weilt jetzt unten, im Süden. Ich wollte, ich könnte das von mir sagen. Berlin ist zur gegenwärtigen Frist ungenießbar. Die wesentlichste Aktion, die hier stattfindet, ist der Kampf gegen das Zuhältergesetz für Künstler. Das ist ein Trost und eine Aufrüttelung. Es geht um die Wurst. Allen den Wackeren, die sich ins Zeug legen, um die Erniedrigung abzuwenden, gebührt herzlicher Dank. Ob sie es können werden? Wahrscheinlich nicht. In diesen Tagen, wo ein Physiker vom Lehrstuhl gejagt wird, weil er die politischen Ansichten hat, welche die größte aller deutschen Parteien vertritt; wo Geistliche aus dem Amt entlassen werden, weil sie so denken, wie man heut denken muß; wo ein liberaler Magistrat vor längstverbrannten Ketzern fürsichtig ins Mauseloch kriecht; wo ein Oberhofmeister sich grenzenlos als Sittenwart erdreustet; wo die Schundstücke des Lauff an der offiziellsten Bühne mit Riesenpomp und Riesenkosten gespielt werden, weil sie unsinnig-dynastisch sind; wo man auf jeden Platz eine überflüssige Kirche baut und aus dem Nationallied die Strophe vom freien Mann gestrichen wird: heut muß dieser Gesetzesvorschlag Gesetz werden. Und wenn er es wird? Die Langmut der Deutschen, sagte der Musikhistoriker Ambros, ist noch etwas größer als jene des Himmels. Er kannte sich aus. Man wird auch das hinnehmen, wie so vieles, und kein Hahn wird nach der deutschen Kunst krähen. Jedes Volk hat die Zustände, die es verdient. Aber die Künstler werden sich dabei nicht beruhigen. Sie müssen schon jetzt, solange das Eisen noch warm ist, überlegen, wie gemeinsam nach Verwirklichung des Gesetzes vorzugehen ist. Es wird notwendig sein, daß alle Besten und Angesehensten gleichzeitig gegen das Pfaffengesetz fehlen. Alle Besten und Angesehensten müssen gleichzeitig sich bestrafen lassen: damit die Strafe entwertet wird als Strafe und einen ehrenden Beigeschmack erhält. Die Prohibitivmaßregeln sind freilich damit nicht aus der Welt zu schaffen, aber es muß den Wählern, den Massen dann eine Ahnung aufsteigen, daß hier ein Kampf um die Kultur gekämpft wird, ein Kampf der Besten gegen die Schlechtesten, ein Kampf der Schaffenden gegen die Bonzen; und es ergibt vielleicht doch einen Sturm in dieser Fünfzigmillionenbevölkerung, die immer banausischer und idealloser zu werden scheint. Also los: gleich die gemeinsame Aktion organisieren, solange das Eisen noch heiß ist.

Berlin ist jetzt ungenießbar. Man sieht kaum einen gesunden Menschen. Alle schleichen dahin, in diesem elenden, gottverfluchten, heimtückischen Wetter, das die Grippe herumschleppt. Ich wollte, ich wär', wo der

Professor Neisser ist. Man kann kaum mehr krauchen, man redet wider Willen im tiefsten Baß, wie der Opernsänger Chandon in meiner verflossenen Jugend redete, als er am Stadttheater auftrat und in der Hugenottenoper sang: »Die Klöster brennet alle ab …«. Genauso tief redet man. Und im Kopf ist es wüst und leer, was schon dieser Brief beweist, und man spürt in allen Gliedmaßen ein Bleigewicht. Mitten in die Träume, die man auf der Straße träumt, wenn man im Fieber durch die tükkisch-gemeine Luft geht, mitten in die Träume klingt seltsamerweise ein Vers, den, ich weiß nicht wer, gedichtet hat. Die eine lachte, eh' sie ging, die andre tät erblassen; nur Kitty weinte bitterlich, bevor sie mich verlassen. Hat man je so was erlebt? Alle Rottengeister aus maledeiten Oktobernächten sammeln sich und schießen uns Krankheiten in die Knochen. Und wir haben nicht den Mut, die dämonischen Luder zu scheuchen, weil uns alles Wurscht ist und im Kopf Wüste und Leerheit regierten. Das nächste Mal werd' ich einen langen, langen, langen Berliner Brief schreiben. Nur Kitty weinte bitterlich, bevor sie mich verlassen. Auch der Brand der sogenannten Comédie française schlägt einem auf die Nieren, wenn man des öfteren mit seligtraurigen Sommergefühlen durch diese altmodischen Foyers gewandelt ist oder auf dem kleinen Balkon häufiger gestanden hat, in der Pause, und von dort auf den Platz mit den zwei Springbrunnen im dunklen Abendglanz heruntersah. Soeben schickte ich meinem Freunde, an dessen Seite ich damals gewöhnlich war, ein Beileidschreiben. Auch Alfred de Musset hatte ein Marmorbildnis in dem Foyer, das nun verbrannt ist. Und vor dem Hause stand eine Bananenhändlerin. Vielleicht ist sie mitverbrannt, wenn sie noch davorstand. So ist das Leben.

    A., L.!

27. Mai 1900

Ein neuer Glücksfall ist zu verzeichnen. Glücksfälle über Glücksfälle, Triumphe über Triumphe, Errettungen über Errettungen. Und Rückschritte über Rückschritte. Die Dinge liegen so: eine Verschlimmerung ist eingetreten, doch sie hätte noch viel schlimmer sein können; darum jubeln wir. Nach den Bestimmungen des Hompesch-Gesetzes wird nicht bloß die Konfusion gesteigert, die im Lande der fliegenden Gerichtsbarkeit, des groben Unfugs und einer gewissen sittlich-bewußten Klassenjustiz bereits herrscht; man hat sich klar zu sein, daß es ein weiterer Schritt zur Freiheitsberaubung eines gesunden, drastischen, derben Volkes ist. Es ist gewiß kein Unglück, wenn die Friseure, die Drogisten und die Besitzer anderer Geschäfte jetzt einige Plakate von der Ladenwand zu entfernen und manches aus dem Schaufenster zu nehmen gezwungen sind, um es in tiefdunkle Schubfächer ohne Glasscheiben zu legen. Es ist kein Unglück, nur ein Symptom. Aber wenn heut ein Sekundaner, der nächstens sechzehn wird, ein mythologisches Buch kauft mit der Abbildung von Apollo und den neun Musen, kann der Verkäufer ohne weiteres bestraft werden. Er hat gegen Entgelt einem noch nicht Sechzehnjährigen etwas überlassen, das nach der Meinung eines katholischen oder konservativen Richters das Schamgefühl spielend verletzt. Demselben Sekundaner darf nach der neuen lex nicht mal ein Kommersbuch verkauft werden, ohne daß der Verkäufer sich strafbar macht. Das Gedicht von einem Sonnenstrahl, der in einen Käse fuhr, welchen selbigen ein Hausknecht fraß, worauf die Befreiung des Sonnenstrahls erfolgte – dieses Kommersbuchgedicht ist nicht unzüchtig, enthält aber zweifellos den Begriff einer Schamverletzung. Der Verkäufer kann sechs Monate bekommen.

Immer mehr gleicht unser Staat einer Zwangserzie-
hungsanstalt. Er ist kein Tummelplatz für freie Menschen, denen bloß in der Entfernung einige nicht zu
überschreitende Grenzen sichtbar gemacht werden; er
ist wie ein seltsamer Garten mit allerhand gewundenen
Gängen, wo im Gebüsch und oben aus dem Gezweig der
Bäume Schutzmannsaugen vorsehen. Der freie, tänzerische, hüpfende, griechische Gang nach apollinischem
Muster vergeht den Herumwandelnden. Die Entwickelung kühner, froher, herrlicher Sonnensöhne, wie sie die
Dichter ausdrücklich träumen, ist in Preußen, Sachsen,
Baiern, Württemberg, Lippe-Detmold u.s.w. gegenwärtig höchst erschwert. Von der Natur wird man immer
weiter abgedrängt. Und wenn die herrschende Richtung
unserer Tage erstlich auf einen geistlosen Prunk ausgeht,
erzeugt sie als zweites Merkmal eine Vertuschung der
wesentlichen, wenngleich unterirdischen Daseinsfakto-
ren. Gewässer rinnen in dem seltsamen Garten, doch
man deckt sie zu; es bleibt das eifrigste Streben, so zu
tun, als ob sie nicht vorhanden wären. Eine Epoche des
Scheins wie die jetzige ist lange nicht gewesen. Was wir
durchmachen, ist die Schule der Unwahrhaftigkeit.

Den Laien verblüfft es, daß man Zeit findet zu so über-
flüssigen Gesetzesvorschlägen in einer Ära, die ganz andere Sorgen hat; die von einer neuen Wendung im uralten Magenkrampf durchwühlt wird. Den Kenner
verblüfft es nicht: er sieht darin gerade die Angst vor
dieser neuen Wendung auf jedem Gebiet. Solche Ge-
setzesvorschläge werden ja nicht von Übermütigen eingebracht, sondern von Knieschlottrigen und Zähneklap-
pernden. Ein Erbherr, der sich bedrängt fühlt, greift in
der blassen Furcht zu den sinnlosesten Mitteln; *jede* Frei-
heitsbeschränkung scheint ihm ein Präservativ. So para-
dox es klingen mag: der Heinzekampf ist das Zeichen

einer fortgeschrittenen Entwickelung. Nicht lachen! Der
Massenhaß Nietzsches ist nur ein Symptom für die tatsächliche Demokratisierung der Welt. Der Antisemitis-
mus ist ein Symptom für den tatsächlichen Wohlstand
der Juden. Und der Heinzekampf gleicht einem Wut-
schrei hart vor dem Eintritt größerer sittlicher Freiheit.
Im Inneren hat sich der Fortschritt schon vollzogen; deshalb ein letzter Kraftaufwand, ihn nach außen zu verhindern. Ergebnis ist allerdings ein zeitweiliger äußerer
Rückschritt. ... Neulich las ich in einem Buch von Wolzogen; »Das dritte Geschlecht«. Es stehen da wundervolle Sachen, von großer Fortgeschrittenheit und starkem Humor. Ein Fräulein, Lilli, ist ein wackerer,
reizender Kerl, jedoch nicht monogam veranlagt. Sie
nährt sich am Schluß durch die Eröffnung eines Mode-
salons (der die schönsten Kleider liefert) und bekommt
ein Kind. Das macht ihr große Freude. Auf die Feststel-
lung der Vaterschaft wird kein Gewicht gelegt. Jede von
ihren vier angestellten Fräuleins hat auch ein Kind. Die
Geschichte spielt in München. Es liegt über der ganzen
Darstellung ein Hauch von holder, lustiger Freiheit, und
es mischen sich Natürlichkeit, Wurstigkeit, Anmut, süd-
deutsche Gesundheit und ein gewisser sittlicher Ewig-
keitszug zum prachtvollsten Gelächter. Ein anderes
Fräulein ohne Mann wünscht sich da ebenfalls ein Kind,
aber der Betreffende geht vor Erfüllung des Wunsches
mit dreihundert Mark durch. Köstliche Einzelzüge. Und
am drolligsten wirkt, daß das Büchlein mit Ruhe eine
»diesbezügliche« Tendenz verficht, indem es glanzvoll
und vergnügt in der molligen Frühjahrsluft über den gegenwärtigen Staatsgedanken spazierenschwebt. Diese
Tendenz ist schließlich aus der Praxis abgeleitet; der Verfasser kennt München, wo etwa die Schriftstellerin Gabriele Reuter, als sie eines unehelichen Kindes genas, der

Welt durch gedruckte Anzeigen das Ereignis freudig mitteilte; von tausendunddrei ähnlichen Fällen dort und im sonstigen Deutschland zu schweigen. Der werten Redaktion dieser Blätter mut' ich nicht zu, Wolzogens Theorie vor den Lesern zu der ihrigen zu machen. Es soll nur der reale Stand der gegenwärtigen Entwickelung festgestellt werden. Der Heinzekampf war das Symptom dieser vorgeschrittenen Entwickelung. Das Hompesch-Gesetz ist der traurige Rest. Er wird nicht der letzte Kampf sein. Wenn aber die Freunde der geistigen Freiheit den Rückschlag verwinden wollen, den ihre Sache mit der lex Hompesch erlitt, müssen sie nicht bei der Verteidigung bleiben, sondern Initiativ-Angriffe machen. Man erreicht in der Politik weniger, als man fordert. Soll die Scharte ausgewetzt werden, so müssen sie stürmisch vieles fordern, um mit sachtem einiges durchzusetzen. Aber noch ein paar Siege wie dieser letzte, und wir sind bankerott.

Soeben, also am Freitagabend, las ich in einem Restaurant an der Gedächtniskirche das Abendblatt der »Vossischen«. Sie spricht von einem 15¾ jährigen Primaner, der sich in einem Buchladen den Faust kauft. Ich exemplifizierte auf einen beinah sechzehnjährigen Sekundaner, der sich das Kommersbuch kauft. Der Unterschied ist vorwiegend, daß der vossische Knabe talentvoller ist, da er bereits in Prima sitzt, während der meinige in Sekunda sitzenblieb. Für den mißtrauischen Leser sei beteuert, daß ich den Alexander-Meyerschen Leitartikel in diesem Punkt durchaus nicht benutzt habe; es liegt kein Plagiat vor, sondern bloß Kongenialität. Das Wolzogensche Buch aber – um schalkhaft aus der Politik in die durchzwitscherte, umgaukelte und angenehme Frühlingsluft zu springen – las ich nicht an der Gedächtniskirche, sondern in einem schlesischen Gebirgsdorf. Himmelfahrt verregnete in Berlin. Ich ahnte es. Wie boshaft, neckisch und schadenfroh war meine Seele, auch lächelnd, tückevoll, heimlich-vergnügt und verstohlen-lustig, als am Abend des Himmelfahrtsfestes bei meiner Rückkehr alle Menschen trieften wie ersoffene Pudel – während ich doch verhältnismäßig sturmgefriedet zwischen grünen, gewölbten, waldigen Gebirgsbergen herumkutschiert war. […]

10. Juni 1900
Und die Welt wird schöner mit jedem Tag. Dabei bleibt es. Mag auch das Kopfhaar, wenn man mit den Fingern hindurchfährt, nicht so starken Widerstand leisten wie ehemals; und mag vor der ahnenden Prüfung, Besichtigung und Abschätzung die Stätte klar werden, wo ein abgeholzter Waldplatz in soundso viel Jahren sich dehnen wird. Die Welt wird dennoch schöner mit jedem Tag. Wenn ich noch einmal anfangen sollte, ich möchte das meiste noch einmal erleben. Auf dem Breslauer Elisabetan wurde man ja gezwiebelt, das ist wahr, und der Versuch, das Selbstbewußtsein totzuknicken, mißlang nur durch einen Zufall – aber auch dort ist so vieles zum Guten gewesen. Dann die schönen zwei Semester mit den schlesischen Vereinsbrüdern; dann die Stadt der Befreiung, Berlin; dort der Anfang des Lebens, dort mit zwanzig Jahren der Anfang geistiger Entwickelung; dort die wundersamen Liebschaften, das selige Umfassen aller Stände sozusagen, dort das Ergreifen des wundersamsten Berufes, den ein Mensch haben kann, und nochmals die Liebe, und ein paar wundersame italienische Reisen, und ein kurzes Zauberdasein im Lande Frankreich, und nochmals die Liebe, und alle Jahre kehrt Frühling und Sommer wieder, alle Jahre erscheint der Monat Juni, man reist nach Potsdam, man reist nach

Sanssouci, man steht am Heiligen See und geht in dem Garten spazieren, wo in schwerem Fliederduft das Marmorpalais aus grüner, regenfeuchter, dampfender, abendlicher Erde steigt – man lehnt sich über die steinerne Balustrade, blickt über die feuchte, stille Wasserfläche und atmet den naßwarmen Regenwind und streckt die Arme aus, und daneben steht in einer Abgesandtin die Jugend, über die Wange weht etwas braunblondes Haar, das sie nicht hinter die Ohren zurückstreicht. Und trägt ein Mousselinkleidchen, meiner Seel'. Und schweigt und lacht, und ist leuchtend und glücklich, und sieht nach rechts und nach links, und lehnt sich wieder über die Balustrade. Und aus dem Haar steigt ein Singen von Schönheit, Schönheit, Schönheit! Das alles bis zum hundertundfünfzehnten Jahre dauernd fortzuerleben, trag' ich kein Bedenken. Die Sterne blühen, die Tage rauschen, die Abende wehen. Man lebt auf, ja gewissermaßen, man atmet wieder. Und in Träumen rauscht's der Hain, und die Nachtigallen schlagen's. Und allen Gegnern verzeiht man, sie sind ja bloß Hornochsen. Und fühlt eine Armee in seiner Faust und weiß, daß man die deutsche Sprache beherrscht, was unendliche Seligkeiten gibt. Weiß, daß man die deutsche Sprache beherrscht, ihr könnt mir gewogen bleiben. Und nochmals die Liebe! Neue Tröstungen in neuer Liebe. Die Welt wird schöner mit jedem Tag.

Der arme Hermann Scherer aus Berlin hat sie verlassen müssen. War neunzehn Jahre alt. Die Zeitungen schrieben: Er war der Sohn des bekannten ehemaligen Professors an der Berliner Universität, des verstorbenen Geheimen Regierungsrates Wilhelm Scherer. Statt daß sie hätten schreiben sollen: Er war ein Sohn Wilhelm Scherers. Es gibt doch bloß einen Wilhelm Scherer. Er zählt doch zu dem leuchtenden Besitz dieses Volks. Seid ihr denn so undankbar? Er ist ja erst vierzehn Jahre tot. Der Junge war also fünfjährig, als der große Vater starb. Er war, als er jetzt mit neunzehn Jahren abstürzte, bei seinem Pfingstausflug, ein blonder, blauäugiger, schöner, offener Student. Ich seh' ihn noch, im ersten Rang des Deutschen Theaters, neben seiner Mutter. Es war um die Zeit des Abituriums. Frau von Wildenbruch kommt an seine Mutter heran. Sie spricht über den herangewachsenen Jungen. Was soll er werden? Offizier? Ach, sagt Frau von Wildenbruch, es gibt ja schon so viele Offiziere. Der Junge sieht vor sich hin, halb schüchtern, halb wie im Traum, und es liegt auf seinem durchseelten, hellen Knabengesicht etwas Geweihtes. Die Karolingerdichtersgattin empfiehlt sich und wünscht das Beste für den künftigen Beruf; die Vorstellung geht weiter. Er ist nicht Offizier geworden. Er ließ sich lieber in die philosophische Fakultät einschreiben, der sein Vater zugehörte. Und es war an einem Pfingstentag, als sein blonder Kopf an Felskanten zerschmetterte. Wär' ich ein Feuilletonist, so müßt' ich sagen: ein aiglon ist untergegangen. Da ich aber keiner bin, stell' ich nur fest, daß dieser frühe Tod einen seltsam tiefen Eindruck auf ganz Fernstehende gemacht hat; und daß wir ihn sehr beklagen.

Ein Polizeibericht dieser Woche teilte mit: »Während der Pfingstfeiertage wurden in Berlin sechs Selbstmorde und drei Selbstmordversuche polizeilich gemeldet.« Also neunmal an den schönsten Feiertagen wurde die Absicht, aus dem Leben zu scheiden, zur Tat umgesetzt. Neunmal erhielt die Polizei davon Mitteilung. Und da man nicht sagen kann, daß das Auge des Berliner Gesetzes alles Vorkommende erblickt, wird man siebenundzwanzig bis dreißig Selbstmordversuche ruhig annehmen dürfen. Das ist betrübend. Sterben? Sterben? Der starke, kalte, blasse Bursche mit dem geschlängelten

Schwert, der auch bei Hannele am Ofen sitzt und plötzlich hervorwandelt, treibt in einer zivilisierten Stadt wie
Berlin noch immer, selbst an allgemein festlichen Feiertagen, sein empörendes Unwesen. Die Beunruhigungen
des Publikums durch den Todesengel nehmen einen,
wie man fachmännisch sagt, nachgerade kaum noch er-
träglichen Charakter an, und das Reichsgesundheitsamt
sollte wenigstens in den Monaten Mai und Juni, wenn
die Sterne singen, die Sträucher süß duften und warme
Regenschauer die Erde küssen, das Sterben ausdrücklich untersagen. Vollends der vollendete Selbstmord
müßte mit Geldstrafe bedroht werden. Heut am Freitag
hat eine Gerichtsverhandlung nachgewiesen, daß Herr
Gabriel, ein Rechtsanwalt, sich höchst grundlos getötet
hat. Er schoß sich tot, weil (es klingt wie eine spannende
Novelle) ein goldenes Armband in seine Rocktasche ge-
glitten war, als er im Kerker mit der Klientin sprach. Das
Armband sollte gestohlen sein. Nach dem Selbstmord
ergibt sich, daß es nicht gestohlen war. Also umsonst!
Der arme Mensch; möge er sanft in der Junierde ruhen.
Solche Fälle von Erschießung sind nicht reparabel.
    Diese tragische Geschichte wird mit großem Eifer be-
sprochen. Wo liegt die psychologische Erklärung? Ein
unsinnig gesteigertes Ehrgefühl ist im Soldatenstande
häufig, in anderen Ständen nicht so häufig anzutreffen.
Der Mann erschoß sich in der bestimmten Überzeugung,
daß ihm seine tatsächliche Unschuld niemand glauben
würde. Diese Annahme, daß man sich töten müsse, weil
man zwar unschuldig ist, aber für schuldig gehalten
werden kann, zeugt von einem Mangel an Selbstgefühl;
von einem recht äußerlichen Verhältnis zum eigentlich
Moralischen; von einem gänzlichen Kapitulieren vor
dem Schein. Daran ist kein Zweifel. Aber wem sag' ich
das? Der Mann hat sich erschossen, weil er sich erschie-

ßen mußte. Es war natürlich subjektiv ein Zwang für ihn, da gibt es nichts zu wollen. Seine vielen Freunde beklagen ihn herzlich; das ist das einzige, was sie tun können.

Und sie fragen sich, wie er diese irdische Herrlichkeit, dieses »wundersame, strahlende, dieses rätselvolle Leben« aufgeben konnte – da die Welt doch schöner wird mit jedem Tag; und da es durchaus unsicher ist, was er dafür eintauscht. Ich für mein Teil entsinne mich nicht, wo meine Seele war, bevor ich zur Welt kam; also werd' ich wohl auch kein Bewußtsein meiner Existenz haben, wenn ich einmal gestorben bin. Aus diesem Grunde halte ich es für angebracht, so lange als möglich zu leben. Und wenn man schon wählen soll zwischen gut leben und schlecht leben, entscheide ich mich – darin bin ich komisch – lieber dafür, strahlend und ausgezeichnet zu leben. Das sagte ich auch der Kleinen, als sie über die Balustrade blickte und der Wind ihr braunblondes Haar über die Wangen wehte und die Schönheit in ihr nicht aufhörte zu singen, zu singen, zu singen, und als ich die Arme ausstreckte, und als uns beiden recht himmlisch zumute war. Hat man je ein kleines Mädchen getroffen, das bei ihrem Bruder, der noch in die Schule geht, ein theosophisches Buch liegen sah und den Inhalt halb ernst, halb lächelnd aufschleckte, wie ein großes Kätzchen; und die in Potsdam um bestimmte Auskunft ersucht und stürmisch zu erfahren wünscht, ob von den Gestorbenen wirklich die Seelen in einer gewissen Dimension herumschweben und wie die Sache ist. Hat der Leser je mit einem solchen kleinen Mädchen in Potsdam über eine Balustrade geblickt? Ich hab' es. Soll ich mein Leben vertrauern um Pfingsten 'rum, im Juni, wenn die Sterne singen und die Büsche süß duften? Soll man nicht Tröstungen suchen für Bitternisse? Soll man nicht ein dunkeläugiges Mädchen überwinden durch ein helläugiges? Soll man nicht eine Erinnerung besiegen durch eine beseligende Gegenwart? Man soll es.

Immerhin bleibt mir, um einen Berliner Brief zu verfassen, noch übrig, einiges über Barnum zu schreiben. Ich habe noch nie etwas über Barnum geschrieben. Es steht fest, daß er am Kurfürstendamm eine Fülle von Akrobaten nicht bloß aufzeigt, sondern auch täglich neue Akrobaten ausbildet. Seine Sitze haben eine Beschaffenheit, daß jeder Besucher im Lauf einer Vorstellung Parterregymnastiker wird. Die Damen sitzen, indem sie die Beine bis an die Schultern heraufgezogen haben. Anders geht es nicht. Geheimräte blicken durch ihre eigenen Knie durch. Barnum muß der Mann des Humbugs in Wahrheit gewesen sein; denn sein Zirkus bietet so fabelhaft wenig, daß es eine Dreistigkeit war, ihn den Bewohnern Berlins vorzuführen, und eine märchenhafte Kaltblütigkeit, ihn so anzupreisen. Das meiste hat man hier zehnfach besser gesehen. In drei Manegen wird zugleich geturnt. Man kann höchstens anderthalb davon überblicken, aber die Erregung wird durch die Dreizahl gesteigert, damit man auf keine der minderwertigen Darbietungen genau achten solle. Darin liegt der Zauber. Es ist zum Erbarmen. Die mißwachsenen Spezialitäten kennen wir aus dem Panoptikum. Alles schwindet dahin. Barnum war bisher ein großer Name. Er war ein Machtbegriff, solange er fern war. Er kommt angerückt, und wir sehen ihn in seiner Kleinheit. Was ist das Leben?

Das Leben ist wundersam und zaubervoll und hinreißend und in Schönheit strahlend und selig und magisch und gaukelnd und unergründlich. Namentlich um Pfingsten. Es duftet die Blume Jelängerjelieber, und in Italien wächst die Zypresse, und in Potsdam lehnt ein Mädchen über eine Balustrade, mit wehendem Haar. Sie ist das

Glück. Das Glück zweier Monate. Du wirst verwehen und vergehen wie diese schweren, lauen Regentropfen, die in das Wasser vor uns fallen. Ich selber muß verwehen und vergehen. Und lange vor uns wird diese Liebe verweht sein und vergangen sein. Aber sie ist doch einmal dann in der Welt gewesen – zwei Monat' lang, wenn die Büsche duften, die Junierde dampft und die Sterne singen.

Komm', Kröte!

2. September 1900

Das Holdrioh ist verhallt, die Zweitausendmeterluft des Engadins ist abgelöst vom Staub der Potsdamer Straße, und Venedig liegt irgendwo, an einem fernen Meer, in Schönheit verstorben.

Berlin aber lebt in ... Schönheit. Die Natur hat den Süden erschaffen zur Wonne der Menschheit, das norddeutsche Gebiet aber mehr aus Nützlichkeitsgründen. Immerhin gibt es hier Fortschritte, Arbeit, Technik, Entwickelung. Die Bülowstraße hat sich verändert in diesen sechs Wochen. Welcher verblüffende Anblick: das Eisengestell einer Überbahn, rot lackiert und grau gestrichen, steigt in plumper Scheußlichkeit empor zwischen den Häusern, zwischen den Bäumchen. Barbarischer, ekliger, gottverlassener, blöder, bedauernswerter, mickriger, schändlicher, gerupfter, auf den Schwanz getretener sieht nichts in der Welt aus. Aber diese Stadt war von jeher gebenedeit in Kunstdingen. Sie hatte Liebreiz, Anmut, Holdheit und einen glücklichen Griff in allem dergleichen. Nur geht manches über die Hutschnur. Ein modernes Prinzip offenbart sich allerdings in der Behandlung

Seite 282/283: Ein Eisengestell zwischen Häusern und Bäumen: Bahnhof Bülowstraße, Postkarte um 1910, Foto: Ullstein/Jürgen Schnellbacher dieses Stadtteils. Es ist allgemein feststellbar. Die Franzosen, welche den Schönheitsbegriff hochhalten, sind schwach in der Technik; die technischen Völker sind schwach in der Schönheit. Während ruppiger sechs Wochen sind hier Bahnen nach Wannsee elektrisch geworden, neue Verkehrsstränge wurden der Kurfürstenstraße einverleibt, das Eisengerüst wuchs aus der Erde – überall Fortschritt, Entwickelung, Arbeit, Technik und Verhunzung. Ist Technik und Verhunzung nicht zu trennen?

Am Ende sind wir bloß unfähig, diese Art Schönheit gegenwärtig zu erfassen. Einst wird ja auch sie eine Schönheit sein. Man ringt um das Bauwerk der Zukunft;

Zola in seinem Künstlerroman läßt es auftauchen, sche-
menhaft, neblig, rätselvoll. Vielleicht wird es die große
Halle sein, aus Eisen, wie dieses Gerüst der Bülowstraße, und aus Glas. Späte Augen werden daran gewöhnt sein, sie als Herrlichkeiten empfinden, wie wir
die Paläste der Florentiner, die klobigen, gewalttätigen,
quaderhaften, selbstsicheren, die sie vor einem halben
Jahrtausend hinsetzten. Sehet, liebe Freunde, zu welcher
strahlenden, psalmodierenden Schönheit das neue
Eisengerüst werden kann; das sagt der märchenhafte
Turm der Franzosen, diese zwecklose technische Gipfel-
tat eines technisch zurückgebliebenen Volks. Sie haben

zuerst die Schönheit der neuen Methode gelehrt, nicht ihre Verwendbarkeit. Eher die stolzen Möglichkeiten als den tatsächlichen Nutzen. In der friedvolleren Stadt Dresden aber zeigt ein Bau, was die Verbindung von Eisen, Glas und strahlend leichten Ziegeln Anmutiges hervorbringen kann in diesem Zukunftsstil: der sonnenfestliche, junge, leuchtende Bahnhof. Er wird vorbildlich sein. Die Berliner haben auch bereits in ihr revidiertes Schönheitsgefühl die abendlichen Stadtbahnhöfe aufgenommen; der Maler Baluschek ist ihr begabter Herold. Aus Glas und Stein und Eisen hat dann Messel den Wertheimpalast erbaut, der neben jenem Bahnhof zum Vorbild berufen scheint. Doch weder die sächsische Anmut noch die geniehafte Kühnheit der Franzosen, noch die sichere Gastlichkeit des Messelschen Stils zeigt sich in dieser elend veränderten Bülowstraße; sondern bloß die jammervolle Herrichtung eines Notbehelfs, die dreiste Verschimpfierung eines freien Stadtteils, ein täppisches Ad hoc-Verfahren. Die Pariser wollten Revolution machen, als man ihnen elektrische Bahnen mit Leitungsdrähten zu geben suchte. Sie wünschten die Schönheit ihrer Gassen nicht durch Stangen und Drähte zu gefährden. Die Berliner werden keine Revolution machen! Berlin wird aber auch nicht die »schönste Stadt der Welt« werden, wenn es so weitergeht; und unter den vielen Aussprüchen Wilhelms des Zweiten, welche eine Diskussion zulassen, wird auch dieser seinen Platz finden.

Sechs Wochen liest man kaum eine Zeitung und erfährt nur zwischendurch, bei gelegentlichem Hineinblicken, was los ist. Die Ereignisse in Deutschland sind derart, daß ihre genaue Kenntnis nicht immer Vergnügen macht. Ganz allgemein bekommt man die Vorstellung, daß wir politisch in einer Schwindelära leben. Die lächerlichen Einzelheiten nicht tagtäglich vor Augen geführt zu bekommen ist eine Zeitlang recht wohltuend. Es bleibt die Hoffnung, daß ein allmähliches Anwachsen der geladenen Stimmung über kurz oder lang zu einem greifbaren Ausbruch allgemeinen Unwillens führen wird. Es muß auf die Dauer doch immer mehr Leute geben, welchen die Komik dieser Verhältnisse ein bißchen die Galle in Bewegung setzt. Die Hartleibigkeit des landläufigen Temperaments ist ja stark, aber die Vorgänge dürften noch stärker werden. Vielleicht rafft sich die Volksseele wenn zu nichts anderem, so doch eines Morgens zu einer allgemein gehaltenen Frage auf, nämlich zu dieser: Wer regiert uns, zum Donnerwetter? Diese Frage, nicht nur in Zeitungen, sondern in Volksversammlungen kräftig gestellt, in Wahlen ebenso kräftig beantwortet, müßte immerhin eine Wirkung erzielen. Auch der öffentliche Anschlag von Verfassungsparagraphen dürfte sich empfehlen. An allen Litfaßsäulen von Berlin müßten sie in dicker Schrift zu lesen sein, an allen Schulgebäuden des flachen Landes müßten die so zahlreichen Risse damit verklebt werden, auf den Pferdebahnbillets könnten sie statt der Geschäftsreklamen abgedruckt werden, und die Schauspieler dürften vor Beginn des Stücks an die Rampe treten und sie ins Publikum rufen – damit sie jedermann wieder ins Foto kommen. Man vergißt so rasch, was schwarz auf weiß festgesetzt ist. Gewaltig ragt aus dieser Zeit die wetterharte Riesengestalt des grimmigen Hohenlohe und der eisenfeste Bülow heraus, zwei Charaktere von einschneidender Bedeutung. Und seltsam! Waldersee, der bisher abseits als eine interessante und verhältnismäßig ernste Erscheinung lebte, bekommt sofort den eigentümlichen Stich unseres deutschen Zeitalters, sobald er in dieser Ära aktiv wird. Er wird zum Reden gebracht und zeigt eins, zwei, drei, daß auch er reif geworden ist für die

Epoche. Sie haben alle den kleinen Zug ins … Unsagbare; sind umhaucht, umwittert, umweht sowie auch durchstrahlt von der geistigen Bedeutung dieses Kurses. Wenn der Freiherr vom Stein heut lebte, wer weiß, was aus ihm würde in dieser Luft. Aber … er lebt nicht. Wenn Luther heut lebte – ich hätte beinah' gesagt, er würde Redensarten machen und geschwollene, dafür aber falsche Behauptungen mit einer lauten Feierlichkeit aufstellen. Selbst ein Wrangel würde hochdeutsche Banalitäten geistlosester Art, gewissermaßen Schmierenjamben in Prosa, mit ernster Pose hinlegen. Früher (mochte Reaktion oder Freiheit herrschen) schienen für uns Notwendigkeiten ausschlaggebend zu sein; jetzt sind es die Unnotwendigkeiten mit der falschen Gewichtigkeit. Es ist eine Zeit zum Schreien – besäßen wir nur den Offenbach, der sie in ulkige Operetten brächte. Vorläufig besitzen wir erst den Simplicissimus.

Unter den Toten dieser anderthalb Monate hat Liebknecht das schönste Begräbnis gehabt. Den Zurückkehrenden wird gleich davon erzählt, in allen Ständen, als vom belangvollsten äußeren Vorgang, der indessen hier zu sehen war. Die geistige Bedeutung des Verstorbenen war gering, wie man weiß; die Riesenbeteiligung muß der Sache gegolten haben, und jede gutorganisierte, nachdrückliche Bekundung politischen Sinns, von welcher Seite sie kommen mag, ist in unserem Lande heut mit Weihrauch und Palmen zu begrüßen. Von der beschränkten Persönlichkeit des Heimgegangenen hebt sich jetzt der andere ab, der übrigbleibt als erster Führer: Bebel. Wer je mit ihm zusammen war, hat die geistige, ja die seelische Macht dieses ungewöhnlichen Menschen gespürt. Er hat etwas im Wesen, das alle besten Deutschen im Wesen gehabt haben müssen. Der Mann ist abgeklärt und zugleich voll Leidenschaft. Das Eingedämmte und

Beherrschungsvolle seines Wesens zeigt jene Milde, die im Hauptmannschen Geyer-Florian steckt und die mit einem Schlage menschlich für sich gewinnt. Es ist der besondere Takt reifer Kultursöhne, welcher von den mittelhochdeutschen Dichtern die »Maaße« genannt wurde. Man fühlt hindurch das Glühende dieses Rheinländers, ohne welches führende Köpfe ja nicht denkbar sind. Man fühlt auch, daß eine besondere Ethik, eine verfeinerte, gesänftigte, reine – nicht als theoretischer Begriff –, von ihm aufgenommen wurde; sondern daß sie in seinem Blute fließt. Er hat den Adel derer, die an sich gearbeitet haben. Er ist ein stiller Sieger in seiner Welt, ohne zu einer faden, beruhigten Harmonie gelangt zu sein. Auer mit seinem wüsten Schriftstellerhaß war mir immer verdächtig, so imposant dieser stählerne Realist zuweilen wirkt; Singer ist ein gutmütig-grober, humaner Mensch, nicht ohne Repräsentiersucht, voll Tüchtigkeit in der Erledigung von Massenangelegenheiten – immer mit einem Beigeschmack nach Wohltätigkeitsverein. Die tiefste, reichste, seelisch am höchsten entwickelte Natur bleibt August Bebel, der ein Führer nicht nach Anciennetät ist, wie der verstorbene Liebknecht es war, sondern nach innerem Recht, auf Grund einer unverbraucht bestehenden Kraft. Er zehrt nicht vom Martyrium, sondern von Leistungen. Er zahlt nicht mit der Vergangenheit, sondern mit dieser Gegenwart. Er ist eine Ziffer, der andere war eine Null. Und darum soll er uns willkommener sein.

Nach sechs Wochen kommt man zurück und muß sich hier wieder einleben, als wäre man ein Jahr fortgewesen. Es ist nicht leicht, hübsche Mädel sieht man ja auf den Straßen, hübsche Frauen auch, und wer nicht von Paris kommt, findet sogar die Gewänder hübsch. Aber das Essen ist sauschlecht, mit Respekt zu sagen; und die Luft noch schlechter; und Premièren gibt es auch bald.

Einen Tag ist man hier und sinnt auf den Termin für die nächste Abreise. Je m'en vais, ma petite, bien loin, bien vite, et toujours courant.

11. November 1900

Der Schriftsteller L. Fulda hat vor vielen Jahren einen Einakter abgefaßt, dessen Titel mir heut im Kopfe rumgeht. Seltsam, seltsam. Das Werk hieß: »Frühling im Winter«. Was wir jetzt haben, ist Frühling im Herbst. Inmitten dieses Herbstes, Leser, ist ein Frühling ausgebrochen. Meine Feinde sollen über mich triumphieren, wenn ich nicht die Wahrheit sage. Er ist ausgebrochen. Berlin war kalt, Berlin war sturmvoll, Berlin war rauh. Noch einmal steigst du empor, holder Knabe. Nach so langem, frostigem, nordischem Elend ein mittäglicher Hauch. Ach, lieber Südwind, blas noch mehr! Der Asphalt ist getaut – nicht gesprengt der starre Druck durch Wintersnahen, wie es im November geziemend wäre. Sondern gelöst ist er durch holde Sanftmut, durch ein schmalziges Lächeln der Frühlingsnatur.

Winterstrümpfe riechen im Wonnemond – Verzeihung: so singt Herr Sylva den Vers im Opernhaus. Winterstürme wichen dem Wonnemond – es ward Frühling im Herbst. Wie ein Aff' im Purpurkleide ist er noch einmal auf den Thron gestiegen, widerrechtlich, zur Unzeit, mit blasseren Wangen als einst im Mai, ein usurpierender, gespenstig-schöner Spätling. Was liegt an der Blässe seiner Wangen! Ist doch auf den Thron gestiegen und herrscht für eine kurze, usurpierte Spanne Zeit und bezaubert die Seelen und vertreibt den Spätherbst. Meine liebe Bettelheim, meine liebe Gabillon-Bettelheim in Wien, Sie haben neulich in der »Nation«, wo ich Kritiken schreibe, eine stille, entsagende Weise auf des Herbstes

Die neue Pracht: Kaufhaus Tietz in der Leipziger Straße mit seiner Fassade von Bernhard Sehring, Foto um 1900

wohltuende Herrlichkeit gesungen. Und aus aller angeblichen Zufriedenheit, aus aller vermeintlichen Zufriedenheit klang doch eins heraus: daß Sie als Glück ansahen, was nur Gefaßtheit ist; und daß Sie den Herbst priesen, weil Sie vielleicht nie einen Sommer gekannt. Meine Liebe, ich kenne Sie nicht, aber Sie sind im Irrtum. Einen Sommer haben Sie vielleicht nicht gekannt, einen Frühling haben Sie vielleicht vergessen. Das Leben hat Sie belogen, oder Sie belügen sich – so wahr meine Feinde nicht über mich triumphieren sollen. Jetzt ist Herbst, wir können ihn ertragen, wie wir imstande sind, in diesem Leben alles, mit Lindwurmblut gesalbt, zu ertragen – aber nur zu ertragen. Da er jedoch plötzlich noch einmal ausbricht in dieser Jahreszeit, der Lenz, so husten wir auf allen Friedhofsfrieden, mit dem man sich abfindet, wie die Alten sich mit dem Schwarzen Meer abfanden, welches sie »gastlich« tauften, weil es so ekelhaft ungastlich war. Was glauben Sie, liebe Bettelheim. Die stehengebliebenen Bäume in der Potsdamer Straße fühlen den Urdrang, sich zu verjüngen, noch einmal auszuschlagen, noch einmal hellgrün zu jauchzen, zu zwitschern, zu lachen, zu dalbern, zu singen, die Greise werden tänzerig, ein süßer Traum kommt in die Köpfe der Stadtverordneten, die Geschäftsmädchen bei Tietz werden vor Seligkeit zu ziervollen Huldgöttinnen in der Art des verstorbenen Malers Botticelli aus Italien, speziell aus Oberitalien oder Mittelitalien, wo am Arno die etwa zweimalhunderttausend Einwohner zählende Stadt Florenz gelegen ist, und alles singt das Schumannsche Lied: »Jauchzen möcht' ich, möchte weinen«, auch wenn sie nicht wissen, daß sie es singen. Am Abend geht man noch einmal über die Felder von Wilmersdorf, umküßt von verschollenen Lüften voll himmlischer Weichheit, mit Friedrich Nietzsche begeistert man sich jetzt für das Unzeitgemäße, und wenn man in eine Gesellschaft fährt, wandelt man die letzte Viertelstunde zuvor mit dem wilden Engel spazieren, Anna, Anna, Anna, welche den wirklichen Frühling einsang, zu Potsdam über eine Balustrade gelehnt, mit wehendem, jungem Haar – die um sechs Monde älter und um drei Himmelreiche schöner geworden ist. Man wandelt in Galatracht und hört ihre Stimme: »Du, solche tief

ausgeschnittenen Westen sind reizend.« Man nimmt zu
abendlichen Festen einen Hauch des Spätfrühlings mit;
die Erinnerung an die letzte Viertelstunde macht, daß
man wie ein Bräutigam schreitet; unter den winkenden,
blinkenden Gläsern und den Blumen klingt dieser Abend-
gang wundersam nach, man ist gefeit gegen die kaltge-
herzte Tücke lieblicher Geheimratstöchter; und die Geheimratstöchter feien uns gegen den übermenschlichen
Liebreiz und die singende Jugend dieser einzigen Anna.
So ist das Leben. So ist es, wenn die meteorologischen
Verhältnisse im Luftbezirk Berlins und der Mark Brandenburg einen novemberlichen Lenz heraufzaubern, be-
rückend und gesangvoll und von leuchtender Magie und
umwittert vom Duft der Blume Jelängerjelieber. So ist es.

Nachdem ich jetzt einen Teil der Leser geärgert, kann
ich mit Beruhigung zu Yvette Guilbert übergehen. Diese
war hier, ließ sich von Berliner Professoren behandeln,
und gestern frühstückten wir zusammen; sie, ihr Gemahl
und Dr. Paul Goldmann, der mein Freund ist und mit mir
während des Sommers mehrere lebensgefährliche Glet-
schertouren schwierigster Ordnung in den furchtbaren
Eiswüsten des verlassenen, schneestarrenden Hochgebir-
ges unternommen, wobei wir wie durch ein Wunder dem
sicheren Absturz entrannen. Vor drei Jahren, als er in Paris lebte, hatte mir die Yvette einen Brief von ihm und
einen eigenen Brief geschickt, sobald sie in Berlin ankam;
damals hatten wir uns kennengelernt. Jetzt saß ich ihr
wieder gegenüber, sie trug ein graues Kleid, ein Vormit-
tagskleid, bequem um den Hals, ohne Kragen, und ihre
guten, eindrucksvollen, französischen Augen funkelten
freundlich in der Zwölfuhrsonne. Die Heilung war bei
den deutschen Ärzten gut vonstatten gegangen. Bald
wird sie wieder in Frankreich singen, mit der alten Dämonie ihrer wundersamen Darstellerkraft. Beim Früh-

stück war die Brettl-Zauberin von entzückender, liebrei-
cher Anmut; entfaltete die schlichte Grazie eines Pariser
Volkskindes; war die häusliche Yvette, nicht die statua-
risch große Yvette. Sie hatte soeben einen Morgengang
hinter sich und schwärmte von dem Frühling dieses No-
vembers, wie ich soeben. Noch tragen ihre Wangen einige
Blässe, doch ist ihr von der Krankheit keine Mattigkeit
geblieben, sondern bloß die reizende Dankbarkeitsstim-
mung einer Genesenen. Ich erzählte ihr, daß ich in einem
Buch einen Aufsatz über sie schreiben werde; und sie ver-
sprach, Unveröffentlichtes aus eigenen Dichtungen mir
dafür zu geben. Das erfreute mich sehr. Vor einiger Zeit
nämlich begann sie zu dichten. Sie teilte etliches mit, in
Umrissen; es scheint danach sehr schelmisch zu sein. Es
handelt sich um folgendes: Aber ich sag' es lieber nicht.
Jeder Leser meines heutigen Briefs hat die Genehmigung,
ein Exemplar des Buchs unter Vorweisung dieses Zei-
tungsblatts für den üblichen Ladenpreis zu kaufen. Auch
vom sonstigen Inhalt des Tischgesprächs erzähl' ich
nichts; höchstens, daß es allerhand Lebenssachen betraf.
Über die Möglichkeit menschlichen Glücks, über die innere und äußere Gestaltung dieses Daseins, über die hoff-
nungsarmen Temperamente, über die begehrenden und
über die Grunderkenntnis: daß der Schlüssel zum Glück
in der Illusionsfähigkeit liege, darüber sprachen wir, jeder aus seiner Natur heraus, und wir kamen sehr in Zug.
Wohltuend und achtenswert berührte die Offenheit, mit
welcher Yvette und ihr Mann an alle Fragen des menschlichen Zusammenlebens herangingen, ohne die germa-
nische Verecundia oder Ehrfürchtiglichkeit, wohinter so
oft Nebel und Heuchelei stecken. Als wir uns trennten,
hatten wir in aller Heiterkeit ernster gesprochen als zwölf
gründliche Berliner Oberlehrer an siebzehn Stammtischabenden. In aller Heiterkeit. Vielleicht sogar ernster als

dreizehn Oberlehrer an achtzehn Stammtischabenden. O Frankreich, du bist noch immer nicht für die Katze! Du wirst zerfallen, deine Söhne werden eines Tages die Rolle der Gräculi oder Griechlein spielen, die vor der militärischen Weltmacht Rom, nach dem Absterben des eigenen Landes, zu höhern Spaßmachern, Erziehern, Kulturparadigmen aufrückten. Du wirst zerfallen, wie Griechenland zerfallen ist; du wirst ausgebrannt sein, wie Spanien ausgebrannt ist; du wirst geteilt werden, wie Polen geteilt ist: aber du bist noch immer nicht für die Katze. Ave – Gallia, morituram te salutamus.

Dies vorausgeschickt, geh' ich nun endgiltig zu dem Fall Sternberg über. Vielleicht ist es übertrieben – aber der Mann soll dreizehn Millionen Mark besitzen. Herr von Hüllessem hat versichert, bei Sternberg wiederholt »Personen aus der ersten Gesellschaft« getroffen zu haben. Und wie zur Entschuldigung für den eigenen Verkehr bemerkte er, Herr Sternberg habe die Tochter eines Obersten zur Frau. Verkehrt hat Herr von Hüllessem mit Sternberg lediglich aus Freundschaft. Von 93 bis 96 verkehrte v. Hüllessem nicht mit seinem Freunde, weil er höchst schmutziger Verbrechen beschuldigt war. Nach 96, als die Untersuchung ergebnislos verlief, blühte die auf menschlicher Basis ruhende Freundschaft wieder auf. So fest war Meerscheidt offenbar von der Unschuld seines Freundes Sternberg überzeugt, daß er in ruhiger Sachlichkeit ihn sogar wiederholt anzupumpen hiernach kein Bedenken trug. Ein Häuschen wurde beliehen, ein Häuschen wurde erbaut, kleinere Sümmchen wurden vorgestreckt, Schuldscheinchen wurden ausgestellt, auch auszustellen unterlassen. Und hätte nicht Stierstädter, ein übrigens liebenswerter Zeitgenosse, den bestimmten Wunsch gehabt, so lange zu arbeiten, bis »der Jude drinliegt«: dann hätten wir misera contribuens plebs noch

heute keine Ahnung von der freundschaftlichen Zuge-
tanheit zwischen Meerscheidt und Sternberg, zwischen
Sternberg und Meerscheidt. Stierstädter muß es an den
Tag bringen ... Das scheint mir mit vielen andern der her-
vorstechendste Punkt dieses Prozesses. Wichtiger als der
Fall des kleinen Kommissars Thiel. Und wichtiger als die
Psychologie des liebenswürdigen Kindes Frieda Woyda,
die heut keine Ahnung mehr hat, was mit ihr vorgenommen wurde; ob sie die Wahrheit sagt oder schwindelt.
Friedas Seele ist ja nur ein kleiner, früh entwickelter Re-
krut in dem großen Heer weiblicher Hysterie. Kennt Ihr
die Gattung nicht, wenn sie ausgewachsen ist? Und wenn
man sie totschlägt, sie lügen; müssen lügen. Schön und
reizvoll wie die Maiennacht können sie sein und zaube-
risch wie ein Zypressensee und duftreich wie die Blume
Jelängerjelieber: aber die Wahrheit enthüllt man nicht. Sie
schwindeln, bis sie sterben. Und wenn sie sterben, wissen sie nicht, ob sie geschwindelt haben. Daudet hat so
eine Gestalt gezeichnet; jeder von uns könnte eine andere
zeichnen; jeder mindestens eine. Du, liebe Frieda, bist nur
ein Häkchen; holdere Geschöpfe als du Fratz haben tieferen Menschen größere Kopfzerbrechen bereitet. Immerhin: du hast eine Zukunft.

Mit diesem langsamen Übergang vom Novemberfrüh-
ling bis zu dem Rekrutenmädchen Woyda bin ich ent-
schlossen, meinen Brief zu enden. Sollte mir Frieda einen
Streich spielen und vor Erscheinen des Feuilletons ein
Geständnis ablegen, so halt' ich dennoch alles aufrecht,
was ich zu ihrer Psychologie gesagt. Ein unberechenba-
rer Augenblick würde just zu dieser Psychologie gehören. Auch nachher wüßte man bloß nicht, wann sie gelogen hat. In summa: Niemand wird es wissen. Möge sie
glücklich werden und viele Männer glücklich machen.

Adieu, Abonnent.

18. November 1900

Und die Gewohnheit nennt er seine Amme. Warum hat
man den Herrn von Frege-Weltzien aufs neue zum ersten Vizepräsidenten des Reichstags gewählt? Wie in-
konsequent ist die Menschennatur, wie schwankend ist
sie, wie unlogisch, wie verstockt und wie arm an Mut.
Es handelt sich um den Reichstag, um die wichtigste
Volksangelegenheit der Deutschen, die nicht zur Komödie werden darf. Herr von Frege hat durch seine Unfä-
higkeit, das gegebene Amt zu verwalten, Stürme von
Heiterkeit erregt. Man ist nicht verpflichtet, zu allen
Dingen fähig zu sein. Frege mag zu vielen Dingen un-
befähigt sein, aber zweifellos am unbefähigtsten ist er
für die Leitung des gesetzgebenden Körpers. Es ist das
nicht ein böses Gerücht, von einer einzigen Partei in Um-
lauf gesetzt. Vielmehr sind alle Parteien über seine Un-
fähigkeit einig; und alle Parteien machen ihm gleichzeitig Honneur durch donnerndes Gelächter. Dennoch
ernennt man diesen Mann wieder zum Inhaber des Po-
stens. Wie ist das zu erklären? Will man ihn nicht verletzen? Dann will man also lieber eine Nation durch diesen Anblick verletzen. Wahrscheinlich liegt der Grund
in persönlichen Beziehungen, zur einen Hälfte. Zur andern Hälfte liegt er im Gesetz der Trägheit. Alle wissen,
daß er unfähig ist, aber keiner von seinen Leuten hat die
Traute, mit der Sprache herauszurücken. Einer müßte
anfangen, müßte rufen: weg! und der findet sich nicht.
Die Gesamtheit ladet damit eine Schuld auf sich, die
wahrlich nicht so komisch ist wie die Amtsführung des
Herrn von Frege. Das Ganze wird schließlich ein Symbol. Ein Symbol für den faulen, immanenten Konservatismus, der niemals sagt: Ja – also! Man kann ruhig noch
weitergehen und behaupten: wer zuerst die Stimme er-
höbe gegen die fernere Belassung Freges in diesem Amt,

der würde sich höchst mißliebig machen. Die Näherste-
henden würden ihn verdächtig anblicken. Sein Ruf als
eines Krakeelers wäre besiegelt. Er würde boykottiert
werden. Denn Frege ist ein glücksgesegneter Mann, der
mit vielen gutsteht. Würde der ganze Fall sich in höherem Bereich abspielen, während er sich in Wahrheit auf
niedriger Fläche bewegt, so könnte man aus Hebbel
zitieren, was der König Kandaules zum Gyges sagt:

> Drum, Gyges, wie dich auch die Lebenswoge
> Noch heben mag (sie tut es ganz gewiß,
> Und höher als du denkst) vertraue ihr,
> Und schaudre selbst vor Kronen nicht zurück –
> *Nur rühre niemals an den Schlaf der Welt.*

Dieser Schlaf ist in Deutschland oft tiefer gewesen als
in andern Ländern. Er hat viel Unheil gebracht im Laufe
einer langen Geschichte. Dieser Schlaf hat zuletzt die
Schädigung des Landes durch die deutschen Fürsten
ohne Krakeel geduldet. Dieser Schlaf duldet auch in der
Gegenwart vieles Empörende, ohne Krakeel. Der Fall
des Herrn von Frege ist eine Kleinigkeit. Doch er gibt
Anlaß zu schwereren Betrachtungen.

Auch der jüngste Fall Mirbach ist eine Kleinigkeit.
Aber eine mit Hintergrund. Herr von Mirbach war ge-
launt, die Sozialdemokraten Rhinozerosse zu nennen.
Dieser Ausspruch an sich ist gleichgiltig; er würde, von
einem Unbekannten getan, nicht stärker beachtet werden als etwa die Aussprüche des Grafen Pückler aus
Klein-Tschirne. Man würde sagen: irgendein Mirbach
hat die Träger der einschneidendsten und ernstesten Bewegung unserer Tage mit einem Viehnamen belegt, er
steht vielleicht auf der geistigen Höhe Wrangels, möge
er glücklich werden. Das würde man sagen, wenn er Pri-
vatmann wäre. Der Mann bekleidet aber, weithin sichtbar, ein »hohes« Amt. Also man kann in Deutschland

heut ein hoher Beamter sein und darf die nach Zahl stärkste Partei des Landes durch einen tierischen Vergleich offen beschimpfen. Er bleibt im Amt – wie man im Amte bleibt, wenn man zwölftausend Mark sich von einer Clique für ihre Zwecke hat schenken lassen. Hohe Würdenträger, von unserem Gelde bezahlt (gleichviel ob direkt oder auf dem Umweg der Zivilliste), bleiben auf dem Posten, obwohl sie grobe Verletzungen der rechtmäßigen Gefühle dieses Volkes wagten. Hat die Kaiserin, was anzunehmen ist, von der Rhinozeros-Rede ihres Oberhofmeisters keine Kenntnis, so ist durch eine ständige Einrichtung dafür zu sorgen, daß dergleichen zu ihrer Kenntnis gelangt. Gott schuf den Menschen nach seinem Ebenbilde, heißt es beiläufig in der Bibel. Herr von Mirbach, dieser Kirchengeldsammler, müßte das wissen. Einst besuchte der fromme Mann Herrn Singer, um eine Gunst von ihm zu erbitten. Damals erzählte er nicht, daß er die Sozialdemokraten für Rhinozerosse halte. Rhinozerosse besucht man nicht. Jedenfalls bleibt die ganze Erscheinung mit ihrer periodischen Tätigkeit in Wort und Schrift eine fesselndere Gestalt unserer Zeitläufte. Sooft er hervortritt, erregt er freundliches Aufsehen. Was wird er wohl das nächste Mal bringen.

Um von fröhlicheren Sachen zu sprechen: am vorigen Sonnabend war ein Pressefest. Es wurde im Reichstag abgehalten, wo all die unfröhlichen Dinge in kraftvoller Tonart hoffentlich zur Sprache kommen. Bei dem Pressefest riskierte den stärksten Ton die Berliner Liedertafel. Sie sang Choräle, Volkslieder und sonstige Manneslieder. Hoch oben stand sie, auf den Galerien der Rotunde verteilt, und es ergossen sich die Baß- und Tenorfluten bis in die fernen Seitengänge dieses prachtvollen Gebäudes. In der Rotunde saßen Kopf an Kopf schöngekleidete Damen und Herren. Ringsherum, an den Wänden und zwischen den Torsäulen, standen Krieger mit Orden, auch Finanzaristokraten, auch Schriftsteller, auch hohe Beamte, auch Künstler. Vorn war ein Podium, ein Flügel darauf. Dort stellte sich die Sängerin Tilly Koenen hin und sang Worte von Friedrich Nietzsche, komponiert durch Arnold Mendelssohn. Die Lichter fielen auf sie hernieder, ich meine: der Schein der Lichter, und die vollen Töne zogen gewaltig durch den runden Raum. Aber die Aufmerksamkeit war nicht stark, denn alles lauerte auf das Lustwandeln durch die Hallen, durch die Korridore, durch die Speiseräume des Parlaments. Hiernach aber, als das Nachtlied Zarathustras beendet, trat Fräulein Destinn auf den Fleck, wo vorher die andre gestanden – Emmy Destinn. Ich bin heute nicht bei Stimmung, das wird der Leser gemerkt haben, aber ich will dennoch beschreiben, welchen Eindruck Emmy Destinn machte.

Also sie stand im hellen Licht einsam da, und es war ihr dunkles Haar in der Mitte geschlichtet und floß glatt nach beiden Seiten hin. Mich däuchte, sie trug da, wo das Haar geschlichtet war, mitten an der Stirn, eine einsame Perle, eine längliche. Aber es kann auch sein, daß sie diese Perle nicht trug. Von seltener Gloria und Magie umwittert, schweigend in den Regungen ihres stillen, tiefen, marmornen Gesichts, eine junge Gestalt, aus verschollenen Tagen in unsere Zeit hinübergepflanzt, voll strengen und holden Reizes, zauberhaft: so stand sie da. Es schwebten über der Perle zwei Engelein, der eine blond, mit Grübchen in den Backen, der andere trauriger, stiller, dunkelhaariger und bleicher. Leise schwebten sie bald höher, bald niedriger, je nach dem Gesang. Der Verein Berliner Presse hatte sie nicht gestellt: sie waren freiwillig von oben hereingeeilt, durch die Kuppel, welche den Gipfel des Reichstags, wenn auch nicht der Geschmacklosigkeit bildet, nachdem sie aus dem zweiten Stock des Paradieses über Frankfurt an der Oder auf den Königsplatz geflogen waren. In der ersten Reihe der Hörer saß der Fliegende Holländer, modern verkleidet mit Frack und weißer Binde, und er begann mit tiefer Stimme unhörbar zu singen: Wie aus der Ferne längst vergangener Zeiten steht dieses Mädchens Bild vor mir; was ich erträumt in bangen Ewigkeiten, mit meinen Augen seh ich's hier. Er detonierte mehrfach aus Ergriffenheit. Dabei vermählte sich sein Gesang auf eine eigentümliche Art mit dem Liede der Delila von Saint-Saëns, das die Sängerin über die Versammelten tönen ließ. Als sie rief »Samson, Samson, ich liebe dich«, verschwand er plötzlich, nach unten. Auf seinem Stuhl nahm kurz danach der Admiral Tirpitz Platz, der eben in den Saal geführt wurde; er ahnte nicht, daß ein Fachgenosse dort geweilt hatte. Als nun die Arie ausgeklungen war, setzten sich auf die unbewegten Schultern der Königlichen Hofopernsängerin der dunkelhaarige und der heitere Engel und küßten sie aufs Ohr. Ich zerklatschte meine Handschuhe. Oben stand sie noch immer, in strenger berückender Glorie. Alle Leute klatschten, und das Licht zitterte vor Bewegung. Dies etwa war der Eindruck, welchen E. Destinn auf dem Pressefest im Reichstag machte.

Gegen Mitternacht gingen viele Leute in den Sitzungssaal der Reichstagsabgeordneten. Denn alle Räume standen den Gästen zur Verfügung. Die Herren und Damen traten ein, mit den scheu erstaunten Blicken, mit dem vorsichtig ausgereckten Hals, wie die Weber in Dreißigers Wohnung. Manche hatten vorher auch ein Edelmannsfressen zu sich genommen. Lächelnd standen drei Diener im Hintergrund und hörten sich die Bemerkungen an. Der Anblick der Fraktionsstühle rief in

einzelnen Besuchern die politische Leidenschaft wach.
Ein Greis erklärte: diese Partei hat unserem Lande viel
geschadet, mit ihrem Nörgeln; er hatte sich süßen Wei-
nes vollgesogen und wurde von der Familie am Rock
rückwärts geschleppt. Duftig gekleidete junge Mädchen
krochen auf die Bänke der Sozialisten. Wenn in diesen
Tagen der grimme Bebel, der wuchtige Auer und Mirbachs Freund Singer auf ihre Stühle sich niederlassen,
dann wird ihnen ein märchenhafter Wonneschauer süß-
prickelnd über den harten Leib rinnen.

Wie aber dem auch sei: für heute will ich aufhören.
Nur eine kleine Mitteilung noch. Mein Goldfisch Moritz
macht exaltierte Bewegungen und lacht sinnlos vor sich
hin, wenn er sich unbeobachtet glaubt. Ich habe die Absicht, ihm eine Lebensgefährtin zu geben.

Der Lieblingsblick des jungen Kerr über drei Brücken: Berlins
Mitte mit dem Neuen Dom, gegenüber die Börse in der Burg-
straße, im Vordergrund die Friedrichsbrücke, Foto um 1910

Anhang

Alfred Kerrs Briefe aus Berlin
Von Günther Rühle

Nicht alle Deutschen waren begeistert, als mit der Gründung des Deutschen Reiches 1871 die preußische Hauptstadt Berlin zur Reichshauptstadt und damit zum Zentrum des neuen Gemeinwesens erhoben wurde. In München, in Stuttgart, in Karlsruhe, selbst in dem erst jüngst verpreußten Frankfurt musste man lernen, Berlin ins eigene Denken einzubeziehen. All den Nicht-Preußen stand noch bevor, woran sich die einst eroberten Schlesier schon lange gewöhnt hatten: sich zu interessieren und teilzunehmen an dem, was sich in der Hauptstadt ereignete. Die Zeitungen in Breslau hatten schon längst den Blick auf die Hauptstadt gerichtet. Hier war aktive Zeit, Entwicklung, hier konnte man etwas werden. Als der junge Alfred Kerr 1886 in Breslau sein Abitur machte, zog es ihn schon nach Berlin. Gegen Berlin war Breslau eine kleine Stadt; sie hatte damals 300 000 Einwohner, das gerühmte München 262 000, Berlin aber schon eine Million dreihunderttausend und wuchs und wuchs. Wer von Breslau nach Berlin zog, und das waren nicht wenige, fragte sich: Wie lebt man dort, wo die gewohnten familiären Bezüge und Sitten sich auflösen, die Arbeitsverhältnisse sich ändern, man den Nachbarn kaum noch kennt, der Einzelne sich in der Masse verliert? Die bange Frage »Was ist der Mensch in Berlin?« hat sicher manchen bedrängt, als er seinen Koffer packte, um ein Berliner zu werden. Die Berichte, die der junge Alfred Kerr aus Berlin für seine »Breslauer Zeitung«

schrieb, erzählen von diesem Leben in der großen Stadt, von Selbstbehauptung, Aufstieg, Untergang.

Alfred Kerr, der von Hause aus Alfred Kempner hieß, aber schon in der Schule verkündete, er wolle künftig Alfred Kerr heißen, war noch nicht zwanzig, als er die heimische Universität verließ und nach Berlin durfte. Die »Tägliche Rundschau« hatte dort am 2. September 1887 seinen ersten Artikel veröffentlicht, eine stattliche Polemik gegen einen ehedem berühmten Verächter von Lessings Schauspiel »Nathan der Weise«, Balthasar Tralles. Das war sein Zeichen: hier kommt ein wacher, zu Polemik bereiter Streiter und Schreiber. Der studierte jetzt in Berlin deutsche und französische Literatur, dazu Philosophie, entwickelte einen Hang zum Nordischen und eine große Liebe zum Französischen. Er kannte bald seinen Jean Paul, natürlich Goethe/Schiller, Heinrich Heine, Musset und Balzac, Zola, Schopenhauer und die Romantiker, Brentano vor allem, promovierte über dessen verwilderten Roman »Godwi« und strebte – wie viele junge Juden damals – in den Journalismus. Dafür war Berlin ein enormer Platz. Berlin war und wurde noch mehr die Stadt der Zeitungen, der Zeitschriften, der Kunstereignisse. Den Studenten erfasste die Dynamik der Stadt, in der sich so viel Neues vorbereitete. Schon sprach und diskutierte man über die Dramatiker Björnson und Ibsen; Gerhart Hauptmann und Frank Wedekind begannen Theaterstücke zu schreiben, die bald die junge Generation erregten und begeisterten. Alfred Kerr hat die Uraufführung von Gerhart Hauptmanns »Vor Sonnenaufgang« mit durchtobt, die so viel Skandal machte und die neue Epoche der Wirklichkeitskunst einleitete. Kurz: Kerr erlebte Berlin im Augenblick der Verwandlung und der kulturellen Zäsur. Er sah, wie die Stadt aus ihren alten Ordnungen ausbrach, wie sich ein neues, wirtschaftlich starkes Bürgertum bildete, das Reichtum und Aufstieg aus dem technischen Wandel und den wirtschaftlichen Erfolgen der Gründerzeit bezog; stolz stellte es ihn aus. Machtsüchtig präsentierte sich das monarchische System, das – wie die großbürgerliche Schicht – vor den freigesetzten Kräften dieser großen gesellschaftlichen Verwandlung und ihren neuen sozialen Gegebenheiten und Forderungen erschrickt. Sie zu bestehen wird das politische Problem.

Der junge Kerr wurde ein Chronist dieser prosperierenden Jahre: es sind Jahre eines ungewohnten Friedens. Im kargen preußischen Berlin wächst die Lust am Luxus, in die Hauptstadt kommen Züge eines frivolen Lebens, in die politische Schaustellung dringen Pomp und Imponiergehabe. Ihr erster Akteur, der Kaiser, erscheint in immer neuen Kostümen, sprich: Uniformen. Wirklichkeit und Theater gehen eng zusammen.

Da erhebt Kerr seine Stimme. Im »Magazin für Literatur« entdeckt ihn Theodor Fontane und schreibt dem Verleger im Juni 1894 einen lobenden zukunftsweisenden Brief über den jungen Kritiker. Das »Magazin für Literatur«, aber auch die »Neue Deutsche Rundschau« mit Kerrs ersten polemischen Aufsätzen werden in Breslau gelesen. Die »Breslauer Zeitung« sucht einen Autor für ihre Rubrik »Berliner Brief«. Sie verpflichtet den kessen jungen Kerr. An Weihnachten 1894 wird er 27 Jahre alt und beginnt die »Berliner Briefe«.

Mit jedem dieser Briefe wird Alfred Kerr seine Liebe zu Berlin stärken und entwickeln. Er fragt: »Wo liegt Berlin?«, und lokalisiert die Stadt bald liebevoll mit »Berlin liegt an der Panke« oder »Berlin, am Fuße des Kreuzbergs gelegen«. Er vergleicht Berlin auch mit London, Paris oder Wien, die alle an respektablen Flüssen liegen, und fragt: »Warum fließt der Rhein nicht durch

Berlin?« Die Bemerkungen sind auf heiter-liebevolle Weise boshaft, sagen sie doch, dieses Berlin kann sich mit anderen Weltstädten noch nicht messen, obwohl der Kaiser große Anstrengungen zeigt, Berlin nicht nur zu einer Weltstadt, sondern gleich »zur schönsten Stadt der Welt« zu machen. Kerr beobachtet ihn dabei. Man merkt noch heute beim Lesen dieser Briefe: ihr Schreiber hat dem sich für die Zukunft rüstenden Berlin tief in die Seele gesehen.

Am Neujahrstag 1895 erscheint der erste der »Berliner Briefe«. Wer ihn liest, spürt den neuen frischen Ton am altgewohnten Platz: »Der Berliner Westen – diese elegante Kleinstadt, in welcher alle Leute wohnen, die etwas können, etwas sind und etwas haben und sich dreimal soviel einbilden, als sie können, sind und haben [...]« Er beginnt mit atemverschlagender Frechheit. Er hat eine Affinität zur Gesellschaft, interessiert sich für ihre Sitten, ihre Ansprüche, auch für die Stadtpolitik. Seine Erfahrungen im Theater reichen schon hin, um vergleichen und immer triftiger werten zu können. Ihn treibt nicht nur die Neugier, sondern auch ein Wille, mitzureden im öffentlichen Gespräch. Mit der »Breslauer Zeitung« hat er einen festen, ihn ständig fordernden Ort an der Berliner Peripherie.

Die »Breslauer Zeitung« ist ein angesehenes Blatt. Sie ist bürgerlich, liberal, ein Derivat von 1848 ist noch zu spüren. Die Leser bilden das Breslauer Bürgertum, die Trägerschaft sind wohl die jüdischen Familien, die in der Stadt eine große Rolle spielen und den Anzeigenteil für ihre wachsende Geschäftstätigkeit nutzen. Die ernst und verantwortlich redigierte Zeitung, die dreimal am Tage erscheint, wird in Berlin gelesen, nicht nur von Breslauern. Aber in dem Wort, dass alle wahren Berliner aus Breslau kommen, steckt Wahrheit. Kerr zählt manches Mal auf, wer alles aus seiner Heimatstadt nun Berlin bereichert. Zugleich ist die Zeitung für den jungen Kerr das Mitteilungsblatt nach Hause, ein journalistischer Tanzplatz, auf dem er seine Sprünge und Duelle vorführt. Die Leute, die ihn in Breslau lesen, sagen: seht, was Kempners Sohn kann, was der erlebt, was der sich traut. Und man darf sicher sein, dass man auch in Berlin ein Auge darauf hat, was der kühne, im Schreiben gleich so souveräne junge Mann sieht und was er nach Breslau berichtet.

Was sich unter der Sonntag für Sonntag wiederholten Überschrift »Berliner Brief« darbietet, ist die bis in die siebziger Jahre des letzten Jahrhunderts viel genutzte, heute antiquierte Form des Kulturbriefs. Das ist in der Zeitung, die gedrängt voll mit Nachrichten und eng gedruckt erscheint, der Platz, wo man durchatmet, wo man nicht nur Information, sondern auch Unterhaltung hat, Witz und Intelligenz spürt, etwas vom Leben erfährt, wie es einer erlebt und darreicht. Nirgendwo in der Zeitung wird sonst geplaudert. Man kommt von einem zum andern, man braucht nur die Kunst, seine Themen interessant zu machen und sie elegant miteinander zu verbinden. Die Form ist erzählerisch, der Inhalt dem Schreiber frei wählbar, den Einfällen, auch den Verlegenheiten offen. Man kann alles unterbringen: über das Wetter schreiben, seinen Gefühlen den Lauf lassen, mit Gedanken, Empfindungen und der Sprache jonglieren, sich in Gerichtssäle setzen, aus dem Leben der Künstler, aus den Theatern berichten, Menschen porträtieren, politische Ereignisse kommentieren.

Im nahen Breslau will man wissen, was sich in der Hauptstadt tut. Die Parlaments- und die Hofberichte, mit denen die Zeitungen in Berlin wie in Breslau willfährig dienen, reichen nicht. So ist man in diesen Berliner Briefen bei den Diskussionen der Künstler dabei, wie lange sie sich die Bevormundung durch die Kunstmacht Anton von Werners noch gefallen lassen und wann sie sich sezessionieren sollen. Man sieht mit Kerrs Augen in die Ränge und Parketts der Theater, sitzt nach den Premieren bei Dressel, erlebt, was die Berliner damals erleben, als die Fahrradmode ausbricht oder die Gewerbeausstellung die Sensation in der Stadt wird. Stoff gibt es in der Hauptstadt genug.

Die Zeit ist voller Umwälzungen. Das 1871 gegründete Reich entwickelt sich kräftig. Das schmächtige Berlin, Preußens Hauptstadt, in der das Königliche Schloss nun den dritten deutschen Kaiser beherbergt, wächst als Kaiserstadt in die Rolle der Reichshauptstadt; die Bevölkerung, die von allen Seiten, auch von jenseits der Grenzen, Zustrom erhält, wird bunter, gemischter, aus dem Sammelsurium der Dörfer und anrainenden Städte bildet sich eine Großstadt, eine Metropole von bald zwei Millionen Einwohnern, und früh schon spricht man zukunftsfroh von der »Weltstadt«, auch wenn man sich die Welt vorerst noch über allerlei illusionistische Ausstellungen in die Stadt holt.

Als Alfred Kerr zu schreiben beginnt, ist Berlin in einem kräftigen Umbau. Die Zeit der Gasbeleuchtung geht zu Ende, das elektrische Licht kommt, die Stadt wird heller. Die Pferdebahnen verschwinden, die elektrischen Schnellbahnen werden angelegt, die Arbeiter wühlen die Stadt auf. Die einst durch den alten Reichstag politisch geprägte Leipziger Straße wandelt sich zu einer des Konsums. Die Verführung durch das neue, massenhafte Warenangebot ändert die Lebenswünsche und die Lebensart. Das neue Kaufhaus Wertheim ist für Kerr Richard Wagner auf andere Art. Das alte Berlin stirbt unter seinen Augen Stück um Stück. Er registriert das Sterben an der schönen, von ihm geliebten Potsdamer Straße, in der er noch dem alten Fontane wie dem greisen Adolph Menzel begegnet. Die Bäume fallen, um die Flaniermeile für den wachsenden Verkehr zu verbreitern. Er singt seinen Abschiedsschmerz auf die alte Potsdamer Brücke, die einer neuen Platz macht, geschmückt mit den Heroen der neuen Naturwissenschaft; er erlebt, wie sich der Kurfürstendamm zu einer westlichen Prachtstraße entwickelt, die Wohnungen – noch stehen sie leer – für künftige Bedürfnisse entworfen werden, wie sich das Brachland westlich, über den Savignyplatz hinaus, belebt und der bürgerliche Reichtum mit dem staatlichen wetteifert. Neue Ansprüche werden der Stadt eingepflanzt; Messel tut es mit seinem Warenhaus in der Leipziger Straße und am anderen Ende der Stadt Bernhard Sehring mit seinem Theater des Westens: moderne und eklektische Postmoderne schon damals. Die technischen Erfindungen und Entdeckungen bereiten ein ganz anderes Jahrhundert vor, von den U-Bahnen an bis zu den Entdeckungen Röntgens und den neuen Fabriken am Rand der Stadt. Die Widersprüche wachsen, ihre Verdrängungen auch.

Die neue Gesellschaft, die sich nun – mit der Prosperität der technischen Entwicklung reich werdend – zeigt, gerät in den bewusst vergrößerten Glanz des Kaiserhofs. Der junge Monarch, Wilhelm II., der den alten Kanzler Otto von Bismarck entlassen hat, um selbst zu bestimmen, wie sein Reich aussehen soll, der sich anfangs als Friedenskaiser und als Fürst des sozialen Ausgleichs darzustellen beliebt, lässt es an Glanz, Festlichkeiten und Gönnerschaften nicht fehlen. Er schmückt sich seine Stadt mit Prachtbauten, Denkmälern und vielen Kirchen; mit der Kaiser-Wilhelm-Gedächtniskirche gibt er dem neuen Westen ein Zentrum und der Reichsgründung ein Heiligtum; dem Parlament wird von Wallot ein neuer Reichstag gebaut, und wenn der Kaiser sich dagegen schon nicht wehren kann, versagt er ihm doch die Inschrift »Dem deutschen Volke«, weil er immer, wo er auch auftritt, von »Meinem Volk« spricht, als gehörten die Menschen ihm; selbst dem pompösen Denkmal für seinen Großvater, Wilhelm I., das er seinem Schloss gegenüber bauen lässt, verweigert er das neue Symbol eines bürgerlich verfassten Staates, die Wahlurne; denn er errichtet noch einmal einen Staat, den er mit Gottesgnadentum und Ahnenkult schmückt, in dem er in seinen Untertanen als Lebensziel weckt und pflegt, ein »von« vor den bürgerlichen Namen oder doch wenigstens einen der höheren preußischen Orden zu bekommen. Adel sitzt überall, stützt und vermehrt sich, Kerr spricht bald vom neuen »Ritterstaat«.

Dabei ist der Kaiser selbst mit seiner Militärpolitik, mit den Flottenvorlagen und dem Bau immer neuer Kreuzer, mit dem imperialen Ausgreifen ins koloniale Afrika, ja bis nach Indonesien (Samoa) und China auf Wegen, von denen sich das alte Preußen, dessen Königstradition er noch immer in Anspruch nimmt, nichts träumen ließ. Und mit der industriellen Entwicklung wächst in der Arbeiterschaft eine neue, künftige Macht. In Berlin zeigt sie sich deutlich; die Arbeitervereine sind die Vorläufer der Sozialdemokratie, die am Ende der Kaiserzeit das im Kulturkampf gegründete und erstarkte katholische »Zentrum« als stärkste politische Gruppierung ablösen wird, obwohl vom Sozialisten- und vom Umsturzgesetz bis hin zu den vielen Restriktionen, über Zensur, Majestätsbeleidigungsprozesse, das Streik- oder nur ein neues Vereinsgesetz gegen die neuen geistigen und sozialen Ansprüche überall Barrieren aufgebaut wurden.

Die agierenden Personen tauchen bald auch in Kerrs Berichten auf, Ferdinand Lassalle, Wilhelm Liebknecht, Paul Singer, der große Bebel, die eindrucksvolle Clara Zetkin auf der einen Seite, die Herren Mirbach, Stöcker, Bosse, Stumm, Miquel, die Konservativen und die Rittergutsbesitzer auf der anderen und dazwischen die wechselnden Kanzler. Kerr sieht sie alle; von manch einem gibt er scharfe Porträts. Denn eine Stadt: das sind die Menschen, die ihre Welt prägen und auch von ihr wieder bestimmt werden. Je länger er seinen »Berliner Brief« schreibt, umso deutlicher wird dieses rückbezügliche Verhältnis. Gegen die wahren und die gemachten Persönlichkeiten des neuen Kaiserreichs stehen die Unpersönlichkeiten, die Getriebenen, die Nicht-Überlegenen, die mit dem Leben nicht fertig werden. In den Zeitungen trifft man auf harte Kriminalität, auf die vielen Liebestragödien, die tödlich enden, auf die Verzweiflung der Bankrotteure, die ihre Wechsel gegen den Selbstmord eintauschen, auf rüde Geschäftemacher und Hochstapler. Auch das sind Zeichen der Zeit. Darum geht Kerr gern in die Gerichtssäle.

Diese wachsende Stadt ist ein Kampfplatz. Er ist geprägt von Konflikten, von Freund- und Feindschaften, von alten Positionen und neuen Strategien. Die Stadt brodelt von Energien, von Selbstbehauptungen, von Karrieren, Katastrophen und Selbstvernichtungen. Menschen erscheinen, die wahrzunehmen, zu verehren, hervorzuheben sind, die versuchen, Spuren zu legen, Kräfte um sich zu sammeln, Gedanken weiterzugeben. Andere schließen sich willentlich aus der diffusen Gesellschaft aus. Die einen gewinnen, andere gehen verloren. Anpassung erscheint vielen als Daseinssicherung. Selbstbehauptung, Lebensgewinn ist die Sinngebung für alle, die spüren, wie diese Stadt mit ihrem ständigen Kommen und Gehen auch alle vereinzelt und vereinsamt. Überlieferte Werte erodieren und werden trotzdem verteidigt, und neue werden im Widerstreit zu setzen versucht. Im neuen Reichstag hat man das Streitfeld vor Augen. Die Agrarier gegen die Industriellen, die Monarchisten und ihr bürgerlicher Tross gegen die aufstrebenden Sozialdemokraten, diese gegen das Zentrum. Der Kaiser verficht noch den klassischen Idealismus in der Kunst und bereitet doch die Kriegsmaschine vor, die Millionen seiner Untertanen vernichten wird. In dieser zur Hauptstadt erhobenen preußischen Kommune tobt der Kampf um eine zu ordnende, eine geordnete Zukunft für alle.

Die Woche um Woche zu liefernden Briefe des jungen Dr. phil. fügen sich zum Panorama einer Stadt, die in die Weltgeschichte eintritt. Es wimmelt in ihr von Menschen. Kerr sieht ihr Glück, ihre Not. Aus den schnell wechselnden Einzelheiten wächst ein Ganzes. Ort und Zeit sind die Konstanten. Es gibt nur eine einzige durchgehende Handlung: Das ist die Stadt. Sie ist das umfassende Wesen, das alle prägt, das Schicksale macht und das doch selbst von denen, die es prägt, wieder bestimmt wird. Ein magisches Feld irrationaler Kräfte, in dem so viele aus Wünschen und Begierden, Maximen und Erfahrungen, aus Verlangen nach Rollen und Aufstiegen oder gar aus Vernunft zu handeln versuchen. Schönheiten, Erfüllungen, auch Rettungen – »Heilande« – werden gesucht und das Chaos doch nicht beseitigt. Kerr sieht schon in eine andere Welt. Es ist ein Menschenpanorama, in dem der Kaiser und der Hofstaat und die Leute aus dem Reichstag so deutlich erscheinen wie die Bürger neuen Typs, die Unternehmer, die viel von Zukunft in die Stadt bringen: die Wertheim, Tietz oder Jandorf, der das KaDeWe baut, oder reich gewordene Schlesier wie die Brüder Pringsheim, die Bankiers aus dem Stamm der Bleichröder und Hansemann und die Industriellen: meist Neu-Berliner, die im Tiergartenviertel die neuen Straßen mit ihren protzenden Villen und ihrem üppigen Lebensstil schmücken.

Man sieht mit jedem Brief mehr, wie der junge Kerr sich hineinschiebt in diese neureiche Gesellschaft, sie genießt, um sie zu beschreiben. Er fühlt sich wohl in den Häusern in der Hitzig- und Von-der-Heydt-Straße, auf den Partys, wo der Sekt, nein, der Champagner in Strömen fließt; hier gibt es Gespräche, neue Einsichten, Kontakt mit der eigentlich führenden Schicht. Er lässt keinen der großen Bälle aus, weder die in der Oper noch die in der Philharmonie, wo er die jungen schönen und die fortgeschritteneren Frauen in ihren Dekolletés bestaunt und das Verhalten der Herren dazu, wenn einmal das Licht ausgeht. Hier erscheint die Gesellschaft, hier ihre Opulenz. Er selbst muss in diesen Treffen ein witziger Charmeur, ein guter Unterhalter und wohl auch ein begehrter Junggeselle gewesen sein, denn er kokettiert gern damit, dass er ledig sei. Er gibt sich als »stattlicher Mann«, als Eroberertyp. Er verführt durch sein Auftreten, seinen Witz, die Gelenkigkeit seiner Sätze, seine Belesenheit, die den Mädchen und jungen Damen, denen er nahekommt, immer so weit voraus ist, dass sein Gehabe zur Faszination wird. Ein Faun ist am Werk, der sich im Gewand des Bürgers nicht immer versteckt. Junge Mädchen sind ihm nicht nur eine Wohltat fürs Auge. Seine sich weitspannende Erlebnislust hat den Eros in allen Spielarten in sich. Sein »Komm, Kröte!« ist ein Ruf aus Bezirken jenseits der Bürgerlichkeit.

Man darf sich wundern, wie schnell und anscheinend problemlos der junge Kerr Eingang in diese Schichten und ihre Achtung findet. Der Osten Berlins kommt in seinen Briefen kaum vor. Es ist das Westberlin, das ihn fasziniert. Er ist von früh an ein Bürger dieses Westens. Er nimmt selbst gern teil an der Prosperität. Er verlässt die Studentenbude nahe der Nationalgalerie, von der er in die alte Stadt und auf ihre Brücken sah, und macht sich zum Bewohner des neuen Territoriums; als er seine Berliner Briefe beginnt, wohnt er schon in der Kurfürstenstraße, dann zieht er ins Haus des Bildhauers Gustav Eberlein am Lützowufer, das sogar der Kaiser besucht. Der Student wird ein Bürger in der Stadt und überschreitet das Bürgerliche in sich permanent durch seine wache, sich selbst kontrollierende Intelligenz, durch seinen springenden Witz, der seiner an der romantischen Literatur geschulten Ironie ein naher Nachbar ist. Genießend sucht er sich seinen Stoff, sooft er der Stadt auch entkommen möchte.

Die Stadt wächst durch alle diese Briefe hindurch. Ihre Widersprüche kommen immer deutlicher zutage, und dem jungen Journalisten Kerr gehen mit all dem, was er beobachtet, langsam die Augen auf. Er durchschaut das Gloria, die geldverschlingenden Festlichkeiten, die neuen Rituale der Macht, die die Bürger verzücken, ihr Steuergeld kosten und den Untertanengeist stärken. Er lernt sehen, was sich ereignet unter den Menschen der verschiedenen Schichten, wie Interessen miteinander in Konflikt kommen. Er hält fest, was von den Geschichtsschreibern alles vergessen werden wird. Er berichtet über Kunstereignisse auch anders als die herkömmliche, auf Bildung angelegte Kritik: also über das Ambiente, die Intentionen, wie einer auftritt, wie das Publikum ist, was sich in den Straßen ereignet, welche Tabus plötzlich fallen, und sei es nur, dass nun die Damen sogar auf das Verdeck der Pferdebahnwagen klettern dürfen. Er versteht sich in den Berliner Briefen ganz als Chronist der Stadt und ihrer Menschen. Später wird er von Augenblicksbelichtungen sprechen. Er fotografiert mit Worten und durchleuchtet seine Bilder mit demselben Instrument. Er sieht in den Vorgängen auch die Zeichen, die das gesehene Zufällige ins Symptomatische erheben. Der Beobachter wird zum Erkenner. Was und wie er das Wahrgenommene vorträgt, das macht seinen künftigen Rang. Er nimmt die Stadt wahr als ein fluktuierendes, unüberschaubares, sich in eine kaum zu ahnende Zukunft fortwälzendes, in sich ruheloses Gebilde. Einzelschicksale zählen nichts mehr, Menschen treten oft nur für Sekunden oder kurze Tage in Erscheinung, bekommen Geltung als Sensations- oder Informationswert und beleuchten die Verhältnisse durch das, was sie tun.

Indem er die Stadt so sieht, schreibt er an mehr als an ihrem Tagebuch: er schreibt an dem Roman der neuen, der gegenwärtigen als der künftigen Stadt. Die Stadt tritt in die Rolle des einstigen Helden. Sie bestimmt nicht nur Schicksale. Sie ist selbst Schicksal. Erst in Alfred Döblins Roman vom »Alexanderplatz« sehen wir – dreißig Jahre später – wieder in das abgründige, lebensbestimmende Getriebe, zu dem die Stadt geworden ist.

Kerrs Bild von Berlin ist also nicht das eines Chronisten, als den er sich gern bezeichnet. Alles ist bestimmt vom auswählenden und deutenden Subjekt. Es ist seine Perspektive, die sich in allem zeigt. Verklebtes, serviles Schreiben ist seine Sache nicht. Rücksicht ist ihm ein Zeichen mangelnden Mutes. Seine Art will Deutlichkeit. Seinen Stil entwickelt er aus dem Sprechen. Er diktiert seine Texte, er überlässt sich anscheinend dem Einfall, achtet aber sehr darauf, dass sich aus dem in der Woche oder oft erst aus den Freitags-Zeitungen gesammelten Stoff eine Komposition ergibt. Jedes Diktat ist ihm eine Probe auf seine Einfalls- und Formulierungskraft. Oft entstehen die Briefe in letzter Stunde, samstags morgens müssen sie in den Zug nach Breslau oder über Telegraphen an die Redaktion. Einmal in diesen Briefen wird er sagen: »Ich beherrsche die Sprache.« Diese Erkenntnis macht ihn stolz bis ans Ende des Lebens. Als er sechzig wird, schreibt er in dem Bericht über sein Leben: »War bloß die Kritik mein Gebiet? Die Sprache war es.« In den Berliner Briefen, die zunehmend auch Konfrontationen einüben, Beobachtetes in Meinung und Wertung verschieben, gewinnt der Schreiber sich selbst: Ich bin's, der sieht, ich bin's, der schreibt, ich bin's, der meint, ich sage ... (Bald wird er, was er sagt, in Absätze nummerieren: I. II. III.)

Und wer ist er? Er ist sich dauernd auf der Spur. Es wird Frühling in Berlin: er jubelt. Der Frühling bricht im November noch einmal ein: er kennt sich nicht mehr vor Glück. Er freut sich auf den Winter, dass die Saison wieder losgeht. Bald hat er genug, im Februar hält er schon Ausschau, wann er nach Rom, wann nach Paris ausbrechen kann. Mitten in der Saison: weg – wenn nicht alle weggehen. Es wächst das Weltverlangen in ihm. – Andererseits: er lässt sich erschüttern von den »Webern«: das ist die Seite, auf der die Kraft seiner Empfindung und Empörung sitzt. Er spricht mit dem Anarchisten Reclus, geht im Regent's Park mit Bebel spazieren. Er hat eine Sympathie für die »vaterlandslosen Gesellen«, polemisiert dagegen, wie man mit dem Gedächtnis der Märzgefallenen umgeht. Wäre er 1848 mit auf die Straße gegangen? Er stellt sich die Frage: »Und was nachher?« Und seine Antwort ist nicht etwa: sich im sozialen Kampf engagieren, sondern: »Wir essen Schweinernes oder auch ›a Hiehndel‹. Ich wenigstens« (3. Februar 1895). Das heißt, wir kehren genießend ins bürgerliche Leben zurück. Das Ich ist in diesem Punkt »wie wir alle« ... Kerr, der Schreiber, der Kunstbeäuger, der sich immer deutlicher auflehnt gegen Bürgerdemut und Meinungsbeschränkung, gegen Borniertheit und abgelebte Rituale, versteht sich aber gern als Flaneur. Was der Sinn des Lebens sei? Flanieren, das Leben genießen: so einfach schreibt er hin, was er fühlt und denkt. Denn Flanieren gewährt einem alles: Sehen, Spüren, Erkennen, Sichabheben, Drüberstellen und auch Begreifen. Lebenskunst wird ihm die höchste der Künste. Schreibend gibt er davon Zeugnis.

Trotzdem ist er kein Liebhaber des Bestehenden. Seine Sympathie gehört dem Kommenden. Er zeigt sie in vielerlei Weise. Seit jenem Tag im Oktober 1889, an dem er Gerhart Hauptmanns »Vor Sonnenaufgang« sah, ist er im Bann und ein Gefolgsmann dieses Dichters, der ein neues Zeitalter eröffnet hat, in dem der soziale Blick die Perspektive bestimmt und die Dichtung eine neue Aufgabe und mit dieser eine neue Kraft gefunden hat. Bald gehört er zum inneren Zirkel.

Der junge Mann Kerr ist nicht zuerst Kritiker, sondern ein Lebenssüchtiger, der ergriffen werden will von den wahrhaften Lebensmächten. Von früh auf ist er theatersüchtig. In Breslau haben die Kempners dem Theater gegenüber gewohnt, der Junge hat dieses Gegenüber als Traum- und Ereignishaus erlebt. Wenn man sieht, was er alles in den Berliner Theatern betrachtet, die trivialsten Dinge, Abend für Abend, entdeckt man in ihm den Theaterschlürfer, der nicht nur erpicht ist darauf, was ein gebildeter Germanist Kunst nennt. Er schlürft auch die Schwänke und Scharteken, er lacht gern, weil das entfesselte Lachen ihm sein Gefühl bestätigt, dass das Leben heiter genommen werden will. Sein Satz für jedes genossene Vergnügen heißt »Ich lag unterm Stuhl«. Er verlangt nur, dass etwas gut gemacht ist, wenn keine andere Wahrheit gewollt wird als das Vergnügen.

Theater ist ihm der wahre Spiegel der Welt. Er jubelt, wenn er ergriffen wird von einer Schauspielerin wie der aufstrebenden Sorma oder vom arrivierten Kainz. Er spürt schnell und sicher, wessen Begabung in der Mache zerrinnt; so stellt er sich gegen Heroen der Bühne wie Matkowsky, den Helden vom Königlichen Schauspielhaus, gegen die schludernde Adele Sandrock, er registriert das Altern der über alles verehrten Duse.

Gebunden an die neue Kunst, an das neue Drama, die neuen Bilder, die von Liebermann über Leistikow bis zu Uhde in den Sezessionsausstellungen Berlin erregen, spürt er doppelt, wie hemmend der Kunstgeschmack des Kaisers ist. Schon in den ersten Berliner Briefen weist er darauf hin, wie in dieser sich wandelnden Gesellschaft das Kunstinteresse der Bürger geprägt wird von der Neugierde darauf, welche Zeichen der Kaiser setzt durch seine Anwesenheiten im Theater, durch seine Lobsprüche, aber auch durch seine Verweigerungen. Kerr sieht, wie falsch diese Setzungen der höchsten Autorität sind, die sich gegen »Hanneles Himmelfahrt« im Königlichen Schauspielhaus stellt, weil man in dem Stück Sozialdemokratismus wittert.

Je mehr Kerr die ihn umgebende Wirklichkeit durchschaut, umso mehr wird er zum Kämpfer. Eine eristische, zum Streiten bereite Anlage in seiner Natur entwickelt sich, je deutlicher ihm wird, was er kann, je sicherer er seine Rolle bestimmt. Er verlangt von sich: klares Urteil und Entschiedenheit, in der Sache Ehrlichkeit. Er ist gegen Unwahrheit und Mauschelei. Als er von der Bestechlichkeit einiger Berliner Musikkritiker hört, erhebt er seine öffentliche Anklage und ficht sie durch in einem von der Öffentlichkeit als Sensation empfundenen Prozess gegen Wilhelm Tappert. Er trifft in der Stadt auf einen journalistischen Publizisten, der auf allen Feldern das Wort führt: in der Politik, in den Künsten; der Theaterkritiken schreibt, mit literarischen Abhandlungen brilliert, der die Porträtkunst entwickelt, der, Mut zeigend, den jungen Kaiser und seinen Hofstaat nicht schont, der vor allem eine eigene Zeitschrift in der Hand hat, die mit ihrem Titel »Die Zukunft« übers Gegenwärtige hinausweisen will, die gelesen wird und wirkt. Von ihm, Maximilian Harden, lernt der auf- und einflussreich widerstrebende Journalist Kerr mehr, als er wahrhaben oder zugeben will. An Harden sieht er, welche öffentliche Rolle man in diesem Beruf spielen, welche Geltung, welche Macht man gewinnen kann. Noch Kerrs Verlangen und Griff nach einer eigenen Zeitschrift, dem »Pan«, jenseits der Jahrhundertwende, ist von Hardens Vorbild geprägt. Er, den der junge Kerr am Beginn der Berliner Briefe noch achtungsvoll behandelt, wird im Lauf der Jahre immer mehr zum Ziel seiner Angriffe, schließlich einer wütenden Polemik, als wolle der Nachrückende das platzbeherrschende Idol stürzen, um an seine Stelle zu treten. Es ist der erste große Streit, den Kerr entfacht, ein Konflikt, der durch den mit Karl Kraus abgelöst wird, der seinerseits Hardens Partei ergreifen wird. Aber noch stehen Kerr und Karl Kraus sichtlich, in Ruhe einander wahrnehmend, nebeneinander, denn Kraus, der sich als Eristiker ähnlich wie Kerr entfaltet, schreibt für die »Breslauer Zeitung« zu dieser Zeit seine Briefe aus Wien.

Kerr gewinnt sich also nicht nur im Erleben und Betrachten, sondern sehr bewusst auch im Konflikt. Er wird durchfochten als höchste Steigerung kritischen Daseins. Kerr liebt die Reibung, das Dramatische auch im Leben. Es ist eine andere Form seiner Sinnlichkeit. Seine Strebsamkeit paart sich früh mit Eitelkeit und bald auch wohl mit Hoffart. Max Stirners Lebenssatz »Mir geht nichts über mich« ist ihm – so gesellig, ja auch sanft und liebevoll er sich geben kann – doch verwandt. Carl Sternheim, ein Beobachter dieser Gesellschaft, spricht später vom »Selbstmut«, dem Willen zu sich selbst als einer eigenen Instanz und Herrlichkeit, als einer zu fördernden Eigenschaft, weil mit ihr alle Engen dieser Untertanen-Gesellschaft zu sprengen, ihre moralischen Eingrenzungen, ihre Betulichkeiten und ihre Verlogenheiten zu überwinden sind. Insofern ist in Kerrs Streben nach aufrechter Besonderheit auch ein Typus der Zeit am Werk, hier gesteigert durch die Beschäftigung mit den neuen, um ihr Daseinsrecht kämpfenden Künsten.

Lovis Corinth hat diesen Kerr so gemalt, bald nachdem er die Berliner Briefe in der »Breslauer Zeitung« aufgegeben hat. Aufrecht, zugeknöpft bis zum Hals, aber obendrauf ein nun vom Schnauzbart befreites, pfiffiges und zugleich strenges, durch das Fliegenbärtchen akzentuiertes Gesicht, mit einer Miene, die nach zwei Seiten lächelt: zum Betrachter wie zu sich selbst. Ein pretiöser Mann, der die jüdische Herkunft mit ihrer Emanzipationsenergie nicht leugnet; sein Blick geht himmelwärts. Das heißt: der Weg nach oben ist noch lange nicht zu Ende. Er steht da – das Innere ist nach außen geholt – wie eine Stele seiner selbst. Damals war er Anfang dreißig, nun, 1907, ist er schon eine selbsterschaffene Institution in Berlin.

Zu allen Unstimmigkeiten, Widersprüchen und Ungereimtheiten, auf die er trifft, die er auch in seinem eigenen Leben findet, hat er einen Spruch, der ihm schon in den Berliner Briefen fast zum Refrain wird. Er heißt: »So ist das Leben. C'est la vie. Such is life.« Es ist ein Spruch von Einverständnis und Überlegenheit, ein Spruch, der alles glättet und die Seele frei macht für das nächste Erlebnis. Sosehr Kerr den Machtdenker Nietzsche verabscheut, einem seiner Sätze stimmt er zu: »Das Leben ist um des Lebens willen da.«

War er, demnach, nur ein Augenblicksmensch, einer vielleicht mit Fausts Verlangen nach dem »schönen Augenblick«? Vom seligen Augenblick redet Kerr, den mancher einen Impressionisten genannt hat, oft. Die Sehnsucht danach mag er gehabt haben. Als er aber mit sechzig Jahren zurückblickt auf diese frühe Zeit in Berlin, als er diese ihre Unmittelbarkeit bewahrenden Texte für die »Breslauer Zeitung« noch einmal vornimmt, um sie in ein Buch einzubringen, das wie ein Nachtrag zu den »Gesammelten Schriften« von 1919 wirkt, da setzt er einen anderen Titel über die nun als Erinnerungen aus seinem früheren Leben zu reichenden Bruchstücke: »Es sei wie es wolle, / Es war doch so schön!« Daraus spricht schon fast eine Weisheit des Sich-Einfügens.

Kerr, der den Theaterblick aufs Leben prächtig in sich entwickelte, hat vieles erprobt und geübt und sich doch allein mit dem Genuss des Augenblicks nicht begnügt. Er hätte sonst alle anderen Kräfte, mit denen er herrlich ausgestattet war, verleugnen, den auf Künftiges angelegten Kritiker in sich aufgeben müssen. Denn das war doch auch vom ersten Satz an klar: aufnehmend, prüfend, begab er sich ans Scheiden der Dinge. Kunst der Unterscheidung: nichts anderes ist Kritik. Sie nutzt die Wahrnehmung des Augenblicks, um das Besondere an ihm zu erkennen und, wenn nötig, auf anderes, Besseres, Richtigeres hin durchsichtig zu machen. So hat er sich eingeübt in die literarische Kritik, in die Unterscheidungen guter und schlechter Schauspiele, bedeutender und nichtssagender Aufführungen auf dem Theater, auf dem sich das Leben darstellt. So unterscheidet er Menschen und ihre Talente, so die fatalen und die guten Entwicklungen, so die Äußerungen derer, die die politischen Entscheidungen bestimmen. Darüber ist er zum politischen Schriftsteller geworden. Nicht, weil er von vornherein ein politischer Mensch gewesen wäre. Aber er hat ein Verlangen nach Freiheit, nach Liberalität, nach Selbstbestimmung. Er hat ein Bild vom Menschen in sich, das er an sich selbst auszubilden versucht: Das Leben genießend, weil es nur das eine gibt, aber nichts hinnehmend, was den Anspruch auf Freiheit und Wahrheit hindert. Für diesen Weg sucht er Bundesgenossen. Darum hofft er auf die Dichter, darum auf die mit neuen Impulsen aufbrechende Sozialdemokratie (ohne sich ihr zu verbinden), darum wird ihm der Sozialistenkongress in London, das Tableau dieser die Fragen der Zeit aufgreifenden und die Zukunft herbeirufenden Männer und Frauen, zu einem nicht vergessbaren Erlebnis. Und darum wird aus dem jungen »fanatischen Patrioten«, der anno 1886 in der Schule in Breslau auf Kaiser Wilhelm I. noch die Geburtstagsrede halten durfte, ein kritischer Beobachter und ein Kritiker des neuen Kaisers, der martialische Reden hält, sich als Künstler gibt, dem Kult der Uniform huldigt und selbst Gott in den Dienst militärischen Gehorsams stellt. An ihm wetzt er seine Feder, an ihm erprobt er jenen ironischen Stil, jene tänzerische Dialektik, mit der er die Dinge ins Licht rückt, ohne doch von den Spürhunden, die jeder Majestätsbeleidigung nachschnüffeln, um die Urheber vor Gericht zu bringen, je belangt werden zu können. Von Maximilian Harden über Th. Th. Heine bis zum alten Wilhelm Liebknecht hat damals mancher eine ihm zudiktierte Festungshaft antreten müssen. Kerrs sich verschärfende Ironie vollbrachte immer die Balance zwischen Auftritt und Absturz; er brillierte in dieser Freiheit.

Die Ausbildung der politischen Aufmerksamkeit und der Kritik ist der durchgehende Entwicklungszug Kerrs in diesen Briefen. Er verbirgt sich nicht im Literarischen. Das eine geht ihm ins andere. Wie oft bringt er Beispiele duckmäuserischen Verhaltens, wie oft appelliert er an mehr Bürgermut, und manches Mal ruft er auf zum direkten Protest, nicht nur im Kampf gegen die Lex Heinze oder um die Ehrung der Märzgefallenen. Anlässe gibt es genug, der einbrechenden Willkür zu begegnen. Als die Zensur einmal, um einen der geringsten Anlässe zu nennen, den Namen dramatischer Personen in einem Theaterstück ändert, schreibt er: »Hoffentlich dehnt die Polizei so bereitwillige Rücksicht auch auf die übrigen Bürger dieses Landes aus, die nach einem dunklen Mythus vor dem Gesetz gleich sein sollen.« Indirekte Direktheit, er übt sich in diesem Stil.

Es ist auffallend, wie nahe seine Meinungen denen kommen, die damals im »Berliner Tageblatt« vertreten werden. Auch dort liest man Aufrufe zu mehr Bürgermut; es ist, als werde in dieser frühen Zeit schon die Grundlage für Kerrs spätere Rolle in diesem Blatt gelegt, die mit der Revolution von 1918 beginnt. Der Kerr der neunziger Jahre sieht, wie die umsturzgeängstete Politik die Kunst und die Lebenskultur bestimmt und diese für die Zukunft zu gängeln versucht. Darum kämpft er von einer anderen Vorstellung von Kultur her gegen die immer engstirniger werdende Politik des Kaisers und seiner schwachen Kanzler. Er wird später, in der Republik, von solcher Haltung nicht lassen, sondern seinen Kampf gegen die anrückende Reaktion so verschärfen, dass die neuen Machthaber von 1933 seinen Namen auf die erste Proskriptionsliste setzen als einen Hauptfeind. In den Berliner Briefen wird für solche Haltung der Grund gelegt.

Es kann gut sein, dass die zunehmende politische Schärfe Kerrs der Hauptgrund war für die Differenzen mit der Redaktion der »Breslauer Zeitung«, die in ihrer Liberalität doch die Grenzen der Loyalität zu Kaiser und Reich nicht überschritt. Kerr hat in manchem seiner Briefe diese Grenzen auszuloten versucht, auch manchen Leserprotest hervorgerufen, wenn er über Moral und Sittlichkeit handelte.

Der Journalist: ein kritischer Schriftsteller; der Schriftsteller: ein kritischer Journalist; so ist Alfred Kerr wahrzunehmen an des zwanzigsten Jahrhunderts Beginn, in dem er sich an die Spitze der öffentlich Schreibenden bringen wird. Ein Mann, auf dessen Meinung man achtet, dessen Einsichten belebend, dessen Schreibkraft faszinierend und dessen konfliktfrohe Unabhängigkeit bewundernswert sind. Gesammelt sind diese Briefe aus einer lebendigen Stadt auch ein Lehrbuch für die, die ein ähnliches Leben wagen.

Zu dieser Ausgabe

Die in diesem Band gesammelten Texte von Alfred Kerr erschienen in der »Breslauer Zeitung« vom Januar 1895 bis zum November 1900. Sie wurden für diese Zeitung geschrieben und größtenteils publiziert unter dem Gesamttitel »Berliner Brief«, einer festen Rubrik in der Sonntagsausgabe des liberalen bürgerlichen Blattes, das dreimal täglich erschien. Mit Ausnahme des Berichts vom Sozialistenkongress in London 1896, in dem Personen aus Berlin vorkommen, handeln alle hier versammelten Briefe vom Leben im damaligen Berlin. Sie wurden vornehmlich platziert auf Seite 1 »unterm Strich«, wo der Ort des Feuilletons war. Insgesamt erschienen 191 Beiträge, 48 davon sind hier gedruckt.

Alfred Kerr zeichnete anfangs seine Texte mit dem Kürzel K..r, vom 11. Juli 1897 ab mit dem ganzen (ab 27. Oktober 1909 auch behördlich genehmigten) Namen: Kerr.

Grundlage für diese Ausgabe sind die entsprechenden Nummern der »Breslauer Zeitung«, die im Zeitungsarchiv der Universitätsbibliothek Wrocław (Breslau) aufbewahrt werden. Bei der Textwiedergabe wurde die Orthographie unter Wahrung des Lautstandes und Beibehaltung charakteristischer Besonderheiten vereinheitlicht. Zu Letzteren gehören zahlreiche französische Wörter wie Accent, Parquet, Ballet, Bouquet, Douche, die ebenso wie ältere deutsche Formen (Naivetät, gleichgiltig, Vermittelung) erhalten blieben. Eigennamen und

Zitate erscheinen so, wie Kerr sie notiert hat; ihre korrekte Schreibung bzw. die Zitatquelle findet der Leser in den Anmerkungen sowie im Personenregister. Auch die Interpunktion wurde angepasst, allerdings unter Berücksichtigung des Kerr'schen Satzrhythmus und seiner Eigenheit, viele Satzglieder als Einschübe zu verstehen und in Kommata einzuschließen. Die Anmerkungen sollen das Verstehen der Texte erleichtern. Die »Berliner Briefe« enthalten noch nicht die für die spätere Arbeit Kerrs charakteristische Unterteilung in römisch bezifferte Abschnitte.

Der Gesamtbestand der »Berliner Briefe« wurde von Kerr nicht ins Exil gerettet, kam also auch nicht mit dem Nachlass in das Kerr-Archiv der Akademie der Künste in Berlin zurück. Er ging auch der Erinnerung verloren. Die wenigen in Berlin vorhandenen Texte veranlassten den Herausgeber der neuen Edition von Alfred Kerrs Werken (im Verlag S. Fischer), Günther Rühle, in Breslau nach den verlorenen Stücken zu suchen. Er fand dort ein guterhaltenes Exemplar der »Breslauer Zeitung«, Mitarbeiter der Universitätsbibliothek Wrocław halfen, den Bestand der Kerr'schen Briefe zu bergen. So war es möglich, 1997 den Gesamtbestand zum ersten Mal seit seinem Erscheinen vor hundert Jahren wieder zu versammeln und in seinem Zyklus-Charakter in zwei Bänden zu präsentieren. Sie erschienen im Aufbau-Verlag unter den Titeln »Wo liegt Berlin?« und »Warum fließt der Rhein nicht durch Berlin?«.

Die hier vorliegende Ausgabe versammelt daraus – aus Anlass von Alfred Kerrs 150. Geburtstag am 25. Dezember 2017 – die lebendigsten und leuchtendsten Stücke. Hinzugefügt ist ein Bericht, den Kerr über den Prozess Tappert in der »Königsberger Allgemeinen Zeitung« veröffentlichte. Alfred Kerr hat seine Briefe aus Berlin bis 1922 in dieser Zeitung fortgesetzt. Die Herausgeberin dieses Bandes ist zurzeit dabei, auch diesen für die Kultur- und Sozialgeschichte Berlins reichen und wichtigen Bestand zu erschließen und für eine Veröffentlichung vorzubereiten.

Im August 2017   Deborah Vietor-Engländer

Anmerkungen

Abkürzungen
BT   = Berliner Tageblatt
DN   = Die Nation
DT   = Deutsches Theater
KSch = Königliches Schauspielhaus
MdR = Mitglied des Reichstags
MFL = Magazin für Literatur
NDR = Neue Deutsche Rundschau
TdW = Theater des Westens
U   = Uraufführung
VZ   = Vossische Zeitung

1895

1. Januar 1895 (Nr. 1)
Ludwig Pietsch (1824–1911): Journalist, Illustrator, Redakteur der VZ, beliebter Gesellschafts- und Reiseberichterstatter; 70. Geburtstag am 25.12.1894. – **Theodor Fontane (1819–1898):** Schriftsteller, 1870–1889 ständiger Theaterkritiker der VZ für das KSch; danach Kritiken zur »Freien Bühne«; 75. Geburtstag am 30.12.1894; am 8.11.1894 auf Vorschlag von Erich Schmidt, Theodor Mommsen, Heinrich von Treitschke und Herman Grimm Verleihung des Dr. h.c. der Friedrich-Wilhelm-Universität; das »lebenstiefe Abendstück«: »Effi Briest«, erschien 1895; Fontane wohnte in der Potsdamer Straße 134 c. Sein Brief vom 16.6.1894 an den Herausgeber des MFL bezog sich auf Kerrs Kritik über Wildenbruchs Schauspiel »Christoph Marlowe« (KSch 2.6.1894): »Ich lese immer mit Vergnügen, was Ihr Mitarbeiter Dr. Alfred Kerr im Magazin schreibt. Heute aber hat er ganz besonders ins Schwarze getroffen, und Sie müssen mir gestatten, da ich Dr. Kerr nicht kenne, *Ihnen* dies auszusprechen. Es ist das weitaus Beste, was über Wildenbruch je gesagt worden ist. Ich habe 10 Jahre lang und länger Wildenbruch be-

kämpft [...] Aber Kerr hat das alles viel besser gesagt. Ich wollte meine Freude darüber, daß er's getan, gerne äußern.« – **bei Schulte:** Kunstgalerie Eduard Schulte, Unter den Linden. – **Eugen Zabel (1851 bis 1919):** Theaterkritiker der »National-Zeitung« (neben Karl Frenzel). – **Robert Warthmüller (1860–1895):** Geschichts- und Genremaler. – **bei Hausmann:** Weinstube in der Jägerstraße. – **Café Ronacher:** Potsdamer Straße 28. – **Subskriptionsball:** Fest im Opernhaus in Anwesenheit des Hofes. – **[...] gekürzt:** Gustav Davis, »Die Katakomben«, DT 27.12.1894.

23. April 1895 (Nr. 280)
Wenn man jetzt abends ...: Beispiel für Kerrs Frühlingshymnen in Prosa. – **Potsdamer Straße:** Elegante Flanierstraße des wachsenden Berlin, sollte wegen des zunehmenden Verkehrs verbreitert werden. – **Frederich:** Stammlokal Menzels in der Potsdamer Straße. – **Josty:** Konditorei am Potsdamer Platz. – **Charlottenhof:** Gartenrestaurant im Tiergarten, nahe Friedrich-Wilhelm-Gedächtniskirche. – **Café Gärtner:** Bierhalle beim S-Bahnhof Bellevue. – **Bock:** Brauerei am Tempelhofer Berg. – **Paul Heyse (1830–1914):** Geboren in Berlin, auf Einladung Maximilians II. auf Lebenszeit nach München übersiedelt, dort Mittelpunkt des Münchner Dichterkreises. – **»Italien in Berlin«:** Illusionistische Ausstellung am Bahnhof Zoo mit Nachbauten italienischer Szenerien. – **in Venedig:** Kerr war im Herbst 1894, 27 Jahre alt, zum ersten Mal in Venedig. – **Friedrich Mitterwurzer (1844–1897):** Berühmter Charakterschauspieler, seit 1894 wieder am Burgtheater; gab viele Gastspiele in Berlin. – **Adolf von Sonnenthal (1834–1909):** Protagonist am Burgtheater. – **Parodietheater:** In der Oranienstraße am Moritzplatz; Direktion Hugo Busse; spielte schnell hergestellte Parodien auf erfolgreiche Stücke und Aufführungen. – **[...] gekürzt:** Mitterwurzer-Gastspiel von Rovetta, »Die Unehrlichen«; Kerr: »Sie fielen rasch in die Versenkung, wo sie lange ruhen werden.«

2. Juni 1895 (Nr. 382)
»Gott – was ist der Mensch!«: Heine, »Die Bäder von Lucca«, 3. Kap. – **»Staub soll er fressen«:** Goethe, »Faust«, Prolog im Himmel. – **»Verlaß Berlin ...«:** Heine, »Friederike«.– **Max Klein (1847–1908):** Bildhauer (Fontane-Denkmal, Loreley). – **Fritz Mauthner (1849 bis 1923):** Philosoph und Satiriker, in Berlin seit 1876, ab 1.10.1895 Kritiker am »Berliner Tageblatt«, zeitweise Herausgeber des MFL.

16. Juni 1895 (Nr. 415)

Dr. Fritz Friedmann: Bekannter Strafverteidiger; berühmt für seine Plädoyers, ausgezeichnet mit internationalen Orden; Schriftsteller; später wegen Verfehlungen steckbrieflich gesucht (vgl. 25.12.1895). – **bei Stettenheims:** Bei dem Journalisten Julius Stettenheim in Bernau, dessen »Wippchen«-Kommentare Kerr sehr schätzte. – **Baronin von Borch (1853–1895):** Übersetzte für Julius Hofforys bei S. Fischer herausgegebene »Nordische Bibliothek« »Comödie der Liebe«, »Die Wildente«, »Rosmersholm«, »Ein Puppenheim«, »Ein Volksfeind« von Henrik Ibsen und »Hunger« von Knut Hamsun; für Reclam Ibsens »Gespenster« und »Nora«, Jens Peter Jacobsens Roman »Niels Lyhne« und »Sechs Novellen«, für den Verlag Langen-Müller Knut Hamsuns »Pan«, »Mysterien« u. a. Der Nachruf in der »Neuen Rundschau« (Juni 1895) würdigt sie als »erste Übersetzerin nordischer Literatur« und »wichtiges Vermittlungsglied in dieser für die deutsche Dichtung so fruchtbar gewordenen Bewegung«. – **Alexianerbrüder:** Katholische Kongregation, die in ihrem Kloster Mariaberg bei Aachen missbräuchlich Irrenpflege betrieb; die Anstalt wurde am 12.6.1895 durch die Landesregierung geschlossen. – **Katholizismus in Berlin:** Die Stadt hatte 1885 972209 protestantische, 79647 katholische (7 Prozent) und 53916 (5 Prozent) jüdische Einwohner. – **Fécamp:** Benediktinerabtei in der Normandie, Ursprungsort des heute dort noch hergestellten Benediktinerlikörs. – **Pansymphonikon:** Pater Singer (1810–1882), Franziskanermönch in Salzburg, konstruierte 1839 ein mechanisches Musikwerk mit Zungenstimmen, eine Art Orchestrion, das er Pansymphonikon nannte; sein Denkmal steht in Salzburg. – **San Lazzaro, wo einst Byron:** Lord Byron lebte 1816/17 auf der Insel San Lazzaro bei Venedig und lernte in dem 1717 von Petrus Mechitar dort gegründeten armenischen Mechitaristenkonvent Armenisch (s. Byrons Brief an Thomas Moore, 24.12.1816). – **typographische Betriebsamkeit:** Die Mönche druckten ihre Bibeln auf der Insel. **Akzidenzien:** Substanz, zufälliges, nicht wesentliches oder nebensächliches Merkmal eines Objekts.

23. Juni 1895 (Nr. 433)

Anna Dubberstein: Hochstaplerin, die sich als Erzherzogin aus dem Hause Österreich-Este ausgab und den stud. jur. Wilhelm Roloff (»Ich wollte Fürst werden«) sowie dessen Vater um 150000 Mark brachte; Prozess in Abwesenheit der flüchtigen Dubberstein, verurteilt wurden die Familienangehörigen wegen Beihilfe. – **Leberecht**

von Kotze/Herr von Schrader: Beleidigungsprozess zweier Zeremonienmeister (vgl. 25.12.1895). – **Strindbergs Diener Jean:** In »Fräulein Julie«. – **Franziska Franz:** In Fontanes Roman »Graf Petöfy« (1883). – **Helene Goldstein:** Hochstaplerin, verwickelt in den Prozess gegen den Bankier Lövy, der im Juni 1895 wegen Urkundenfälschung und Unterschlagung zu drei Jahren Gefängnis verurteilt wurde. – **Vous l'avez voulu:** Sie haben es so gewollt, aus Molières »George Dandin« I,9. – **Boldini (1842–1931):** Italienischer Maler, vielgerühmter Salon-Impressionist.

14. Juli 1895 (Nr. 487)

Ahlwardts liebste Freunde: Die reichen Juden; Hermann Ahlwardt (1846–1914), Politiker und Publizist, MdR 1892–1902, war Gründer der Antisemitischen Volkspartei (mit Otto Boeckel), ab 1893 Deutsche Reformpartei; »Held der Judenhetze« (BT 9.4.1896); Hauptwerk: »Der Verzweiflungskampf der arischen Völker mit dem Judentum« (3 Bde. 1892). 1892 viermonatige Haftstrafe wegen Beleidigung des Magistrats. – **das Los des Schönen auf der Erde:** Friedrich Schiller, »Wallensteins Tod«, IV,12. – **Witwe Pittelkow:** In Fontanes Roman »Stine«. – **Das Neue Theater:** Das 1892 eröffnete Theater am Schiffbauerdamm, Direktion Felix Saltenburg, spielte Unterhaltungsstücke; im Spielplan: »Die geschiedene Frau«, Schauspiel von V. Jannet; »Liebe von heute« von R. Misch; »Das liebe Geld« von E. v. Schabelski; »Demi-Monde« von Alexandre Dumas d.J. – **»Tata-Toto«:** Vaudeville von Bilhaud und Barré; Premiere am 18.5.1895; über 200-mal gespielt. – **das gräßliche Schiller-Theater:** Das alte Wallner-Theater in der Wallnertheater-Straße im Osten Berlins, das am 30.8.1894 als Schiller-Theater unter der Direktion von Dr. Raphael Löwenfeld mit Schillers »Die Räuber« neu eröffnet worden war; es gab erst von 1907 an eine Dependance im Westen der Stadt mit dem Namen Schiller-Theater. – **und diejenigen Kunstinstitute:** Berlin hatte einige Bühnen, die ganzjährig spielten (z.B. das Belle-Alliance- und das Alexanderplatz-Theater), daneben reine Sommertheater wie Puhlmanns Sommer-Theater in der Schönhauser Allee oder das Prater-Theater in der Kastanien-Allee. – **»Das Geheimnis der alten Mamsell«:** Dramatisierung nach dem Erfolgsroman der Marlitt. – **»Im Irrenhause«:** Sensations-Schauspiel von H. B. Morgen; National-Theater Berlin 18.6.1895. – **Seeschlacht bei Wei-hai-wei:** Eisfreier Seehafen im Nordosten der chinesischen Provinz Chantung; im Februar 1895 war dort die chinesische Flotte von der japanischen vernichtet worden im Zuge der Öffnung Chinas für die imperialistischen Interessen der westeuropäischen Großmächte; Wei-hai-wei wurde 1898 an England verpachtet. – **mit dem lieben Felix:** Wohl Felix Hollaender, der, gleichaltrig mit Kerr und aus Oberschlesien stammend, ebenfalls bei Erich Schmidt an der Universität Berlin Literatur studiert hatte, schon als Schriftsteller hervorgetreten war (»Jesus und Judas«, 1891; »Sturmwind im Westen«, 1895) und 1896 zusammen mit anderen die »Welt am Montag« gründete, in der Kerr Theaterkritik schreiben sollte. – **Ein berühmter Bildhauer:** Wohl Reinhold Begas (1831–1911), der vom Kaiser gefördert und bevorzugt wurde; Werke: Schiller-Denkmal, Bismarck-Denkmal am Königsplatz, Nationaldenkmal für Wilhelm I., Skulpturen der Siegesallee, Neptunbrunnen u. a. – **Kuponschneider:** Aktienbesitzer. – **Ein Künstler lud uns auf seine Villa:** Vermutlich Reinhold Begas; der Löwe auf dem Rasen dürfte eine frühe Arbeit von August Gaul gewesen sein, die für das Nationaldenkmal für Kaiser Wilhelm I. verwendet wurde. Begas war damals mit der Arbeit an diesem 1897 eingeweihten großen Denkmal beschäftigt; der erwähnte August Gaul arbeitete damals in Begas' Atelier und war Schüler von Paul Meyerheim; Gaul, Meyerheim, Lesser Ury, alle Erwähnten gehörten zu der Gruppe von Künstlern, die bald die Berliner Sezession bildeten. – **en petit comité:** ein kleiner Ausschuss. – **Paul Meyerheim (1842–1915):** Seit 1887 Professor der Akademie, Landschafts- und Tiermaler. – **Emil Döpler (1855 bis 1922):** Sohn des Malers und Kostümzeichners Karl Emil Döpler (1824–1905), wurde durch Wappenzeichnungen bekannt. – **Lesser Ury (1861–1931):** Maler mythischer Bilder und – als Impressionist – von Berliner Straßenszenen, Interieurs und Landschaften; später Mitglied der Sezession. – **Oskar Lassar (1894–1907):** Berühmter Dermatologe. – **Du bist die Ruh:** Gedicht von Friedrich Rückert, vertont von Schubert, op. 59, Nr. 3.

8. September 1895 (Nr. 631)
Schiff der Wüste: Das Kamel (christlich: Symbol für Geduld und Treue). – **Gedächtnis-Skulptur:** Die gerade eingeweihte Kaiser-Wilhelm-Gedächtniskirche. – **Friedrich Rückert (1788–1866):** Lyriker; Zitat aus: Pantheon, Zweite Lese, Parabeln I. – **Karl August von Hase (1800–1890):** Professor in Jena; seine berühmte »Kirchengeschichte« 1885–1890; »Annalen meines Lebens« 1891. – **Ulk-Inschrift:** »Was für Kamele einst gewesen, die Väter unserer größten Stadt – keine 300 000 Mark. Ruppig« (BT 3. 9. 1895): Anspielung auf die Stadtverwaltung, die keine 300 000 Mark für die Kirche spen-

den wollte. – **Ostende:** Modebad; Kerr besuchte es nach Rückkehr vom Sozialistenkongress in London. – **Adam Mickiewicz (1798 bis 1855):** National-romantischer, politisch engagierter polnischer Dichter; Hauptwerk:»Dziady« (Ahnenfeier), dramatisches Gedicht gegen die russische Herrschaft (1832). – **Eriwanski:** Iwan Fedorowitsch Graf von Eriwan (1782–1856); russischer General, beendete den polnischen Aufstand (1830) am 7.9.1831 durch Erstürmung Warschaus; danach Fürst von Warschau, Statthalter von Polen. – **funiculi, funicula:** Neapolitanisches Lied auf die Eröffnung der Standseilbahn auf den Vesuv 1880, Text Peppino Turco, Komponist Luigi Denza.

25. Dezember 1895 (Nr. 904)
Hermandad: Polizei, abgeleitet von den Sicherheitsorganen im absolutistischen Spanien. – **Les absents ont tort:** Die Abwesenden haben unrecht. – **Fritz Friedmann:** Hatte mit seiner Geliebten Anna Merten Berlin verlassen. Sie hatte sich als Nelly Wildenfels und Schauspielerin ausgegeben, war die Tochter krimineller Eltern (Vater 10 Jahre Zuchthaus). Friedmann wurde Mitte Februar in Bordeaux verhaftet, argumentierte zur Verteidigung, er werde aus politischen Interessen verfolgt, um die Veröffentlichung belastender Dokumente aus einem früheren Verfahren (Fall Kotze) zu verhindern. Friedmann veröffentlichte diese Schrift »Wilhelm II. und die Revolution von oben« mit dem Untertitel »Der Fall Kotze«. – **der Fall Kotze:** Im Juni 1894 war der Zeremonienmeister am kaiserlichen Hofe, Leberecht von Kotze, vom Amte suspendiert worden wegen des Verdachts, anonyme Briefe an Hofbeamte geschrieben zu haben, zur Denunziation des Zeremonienmeisters Herrn von Schrader. Friedmann sprach Kotze frei, behauptete, die Briefe seien von der Hofcamarilla veranlasst und von der Frau eines Hofbeamten ausgefertigt worden, um den Kaiser in einen Krieg mit den »Umsturzparteien« (Sozialdemokraten) zu drängen. – **Hermann Sudermann (1857–1928), Sodom:** Erzähler und erfolgreicher Dramatiker; in Berlin von starkem Einfluss; Konflikt mit Kerr, der ihm den dichterischen Rang bestritt (vgl. NDR Juni 1896); sein Drama »Sodoms Ende«, U Lessing-Theater 5.11.1890. – **Freiherr Wilhelm von Hammerstein (1838–1904):** Pommerscher Gutsbesitzer; seit 1881 Chefredakteur der »Kreuzzeitung«, des führenden Organs des Agrarkonservatismus und des Junkertums am Hof und im Heer; einflussreich in der Konservativen Partei, angeklagt wegen schwerer Urkundenfälschung in Verbindung mit Betrug und Untreue (Un-

terschlagung des Pensionsfonds der »Kreuzzeitung«) zur Sanierung des Blattes; floh mit seiner Baseler Geliebten Flora Gaß und wurde am 4.9.1895 als Chefredakteur suspendiert. Im September 1895 veröffentlichte der »Vorwärts« Briefe Hammersteins, die auch den seit 1874 amtierenden Hof- und Domprediger Stöcker (1835–1909, Leiter der Berliner Stadtmission, »der Gottesmann«, »der zweite Luther«) wegen Konspiration zum Sturze Bismarcks stark kompromittierten und zu Stöckers Sturz führten (vgl. 25.12.1895). Am 28.12.1895 in Athen verhaftet. Kommentar im BT 29.12.1895: »Das ist ja das Charakteristische an dem Fall Hammerstein, daß ein Führer der Partei, die immer am lautesten über die Verderbnis des Volkes jammerte und die nur in der Herrschaft der Kirche das Gegengewicht gegen ›die allgemeine Sittenverderbnis‹ erblickte, daß der Führer der konservativen Partei in derselben Zeit die schwersten Verbrechen beging, wo er als ein echter Pharisäer systematisch seine politischen Gegner als sittenlose Menschen verdächtigte und die strengsten Maßregeln gegen jene befürwortete, die seinen orthodox-reaktionären Standpunkt nicht teilten.« Hammerstein wurde ausgeliefert, kam am 2.1.1896 nach Berlin zurück, wurde zu Zuchthaus verurteilt. Der Fall beschäftigte noch lange die Öffentlichkeit und schädigte das Ansehen der Konservativen – **Landgerichtsrat Brausewetter:** »Der gefürchtetste Richter des modernen Berlins. In ungezählten Preß- und Majestätsbeleidigungsprozessen hat die von ihm geleitete Strafkammer seither ein drakonisches Urteil nach dem anderen gefällt« (BT 20.1.1896). Brausewetter hatte den »Fall Friedmann« übernommen, wurde dann von dem Auftrag entbunden, musste in eine Nervenheilanstalt (Diagnose: progressive Paralyse) und starb am 18.1.1896. – **Vilma Parlaghi (1863–1924):** Malerin ungarischer Herkunft, seit 1889 in Berlin; vom Kaiser protegiert (Porträts von Wilhelm II., Moltke). – **[...] gekürzt:** Jacobsohn/Mannstädts Gesangsposse »Frau Lohengrin«, Adolph-Ernst-Theater 21.12.1895, und Carl Costa, »Bruder Martin« 22.12.1895; Kerr: »Graue Weihnachten auch im Theater.«

1896

29. März 1896 (Nr. 226)
Ausstellung: »Berliner Gewerbeausstellung«; eröffnet am 1. Mai 1896 im Treptower Park; großes Ereignis für die Stadt. – **robur et aes triplex:** Eichenholz und dreifach Erz. – **Lindentheater:** Das 1892 eröffnete Theater Unter den Linden 17/18 mit 1600 Plätzen. – **»Der**

Obersteiger«: Operette von Karl Zeller. – **im alten Reichstag:** In der Leipziger Straße (1871–1894), in einer früheren Porzellanmanufaktur. – **westliche Damen:** aus dem reichen Westen der Stadt: Charlottenburg, Tiergarten, Wilmersdorf. – **Maximilian Harden (eigtl. Witkowski, 1861–1927):** Schauspieler, dann einflussreicher Publizist, Freund Bismarcks, Gründer und Editor der Wochenschrift »Die Zukunft« (1892–1922), bleibende Reizfigur für Kerr. – **Johanna Ambrosius (geb. 1854):** Lyrikerin, Bäuerin aus Groß-Wersmeninken (Ostpreußen); Gedichte 1896; der »Fall Ambrosius« entstand aus der Behauptung des Schuldirektors Görth, sie gebe sich aus Spekulation als arm und blutarm aus; widerlegende Antwort ihrer Schwester Martha im BT 28. 4. 1896. – **Julius Petri:** »Rote Erde«, Berlin 1895, bei Gebr. Paetel. – Erich **Schmidt (1853–1913):** Berliner Literaturhistoriker, Nachfolger von Wilhelm Scherer; Kerr hörte seine Vorlesungen und widmete ihm seine Dissertation. – **Präparandenanstalt:** Lehrinstitut zur Vorbereitung von Volksschülern auf das Lehrerseminar. – **Josef Kainz (1858–1910):** Lieblingsschauspieler Berlins vom DT, Richard III., DT 19. 3. 1896.

12. Juli 1896 (Nr. 484)
»Immer höher ...«: »Faust II«, Schattiger Hain, Vers 9821 f. – **Fontanes Fensterputzerin:** Am Beginn von »Stine«. – **Lily von Gizycki (**eigtl. Amelia Jenny Emilie Klothilde Johanna von Kretschmann, 1865–1916): In erster Ehe Lily von Gizycki, ab 1896 in zweiter Ehe Lily Braun, Mutter von Otto Braun. Engagiert in der Frauenbewegung, gründete und leitete die Zeitschrift »Frauenbewegung«, schrieb: »Frauenfragen und Sozialdemokratie«, »Memoiren einer Sozialistin« u. a. – **Maria Janitschek (1860–1927):** Österreichische Schriftstellerin, lebte seit 1893 in Berlin; ihr Thema: Lebensprobleme der Frau in der Männergesellschaft: »Die Frau und das sexuelle Leben«, »Pfadsucher« 1894, »Vom Weibe« 1896. – **Petroleusen:** Frauen, die beim Aufstand der Kommune 1871 in Paris Tuilerien, Stadthaus u. a. mit Petroleum niederbrannten. – **Radlerinnen:** Um 1870 waren in Berlin die neuen französischen »Velozipeds« und die englischen Hochräder aufgetaucht; Diskussionen entstanden: »Sollen Frauen Radfahren?« (Umfrage des BT am 6. 5. 1896). Radfahrschulen etablierten sich. Um 1890 wurde mit der Entwicklung der Fahrräder das Fahrradfahren in Berlin Statussymbol mit eigens entwickelter Radmode, den langen Damenhosen, da die langen engen Röcke ungeeignet waren. – **Kuponschneiderfamilien:** Aktienbesitzer; zum Einlösen der Zinsen mussten Cupons, Quittungsabschnitte, von

den Zinsbögen (Cuponbögen) abgeschnitten und eingereicht werden. – **Kurfürstendamm:** Wurde erst um 1890 dichter bebaut. – **Georg:** Bursche im »Götz von Berlichingen«. – **Agnes Sorma (1865 bis 1925):** Ungewöhnlich begabte Darstellerin klassischer und moderner Frauenrollen; seit 1883 am DT, wechselte 1890 ans Berliner Theater. Sie und Reicher gehörten zu den neuen Kräften, mit denen Otto Brahm von 1894 an das Ensemble des DT qualifizierte; hochverehrt von Kerr. – **Nymphas:** Aus Wilbrandts »Der Meister von Palmyra« (1889); Nymphas ist die männliche Erscheinung der christlichen Märtyrerin Zoe nach ihrer Wiedergeburt. – **Else von Schabelsky (geb. 1860):** Schauspielerin, 1890/91 am Residenz-Theater, Dramatikerin (»Der berühmte Mann« 1895, »Die Frauenfrage«, »Notwehr« 1896). – **»Fliegende Blätter«:** 1844 gegründete populäre humoristische Wochenschrift mit ironisch-satirischen Illustrationen.

26. Juli 1896 (Nr. 520)

Dante Alighieri: In »Die göttliche Komödie« (um 1310). – **»Robinson Krause in Kairo«:** Der einsame Kleinbürger im Bezirk »Kairo« der Gewerbeausstellung. – **falsche Madame Sans Gêne und eine falsche Ballhaus-Anna:** Parodien auf populäre Theater- und Bucherfolge in Berlin. – **National-Theater:** Große Frankfurter Straße 132, 1877 eröffnet, 1200 Plätze; unter der Direktion von Max Samst, der auch das Theater am Alexanderplatz betrieb, eine populäre, gerne Berliner Themen aufgreifende Bühne mit gelegentlich höheren Ambitionen. – **Theater Alt-Berlin:** Von Bernhard Sehring eigens für die Gewerbeausstellung errichtet (1700 Zuschauer, Baukosten 200000 plus 150000 Mark für Ausstattung); Eröffnung am 30. April, sollte bis Ende der Ausstellung spielen. 42 Schauspieler, ein Chor von 35 Personen und ein 35-köpfiges Orchester waren engagiert, als Programm 7 Stücke zur patriotischen Geschichte angekündigt (u.a. »Wendentaufe«, »Schwere Not«, »An mein Volk«, »Unsere Viktoria« und »Heimkehr«); das Theater meldete aber schon im Juli Konkurs an; Grund waren mangelnde Besucher, durchschnittliche Abendeinnahme 300 Mark, die »Liliputaner« waren schon ein nachgeschobenes Programm; letzte Vorstellung 30. Juni. – **Vogelwiesenerfolg:** Schützenerfolg auf der Vogelwiese (beim Schießen auf Tontauben), d.h. Erfolge, die nichts bringen. – **Bernhard Sehring (1855–1932):** Architekt, Erbauer und Eigentümer des TdW. – **Paul Blumenreich (geb. 1849):** Journalist, Schriftsteller; geschäftsführender Direktor des Theaters Alt-Berlin, wurde von Sehring als Geschäftsführer für das TdW engagiert. – **Aristide Saccard:** In Zolas Roman »Die Beute«.

– **S-Bahnhof Savignyplatz:** Ende Juli als 6. Station zwischen Charlottenburg und Friedrichstraße eröffnet. – **Olympia-Theater:** Ecke Alexander-/Magazinstraße; Kiraliys Riesenraumbühne eröffnete mit der »Orient«-Show »Eine Mission in den Osten«, 1000 Darsteller, große Ausstattung (Name der Bühne nach den in Athen in diesem Jahr neu eingerichteten Olympischen Spielen). Kiraliy übernahm 1897 den in Konkurs gegangenen Zirkus Renz, baute ihn zur Revuebühne für 4500 Zuschauer um. Eröffnung am 8.12.1897 mit der schon in London erprobten Pantomime »Konstantinopel« von Bolossy Kiraliy; Eigenreklame: »größtes Schaustück der Welt«. Direktoren: Hermann Freund-Haller und L. Saenger.

9. August 1896 (Nr. 556)

Brief aus London vom Sozialistischen Weltkongreß: 4. Kongress der 2. Internationale 27.–31. Juli im Londoner Crystal Palace. – **Carmagnole:** Lied des Jakobinerclubs beim Tanz um den Freiheitsbaum in Paris. – **Marseillaise:** Als Lied der Revolution von der sozialistischen Bewegung aufgenommen; später französische Nationalhymne. – **Eleanor Aveling (1855–1898):** Jüngste Tochter von Karl Marx; nahm am Kongress als Übersetzerin und Delegierte der Gasarbeiter-Gewerkschaft teil; war liiert mit Dr. Edward Aveling unter Annahme seines Namens und ihm verbunden durch das gemeinsame Arbeiten für Marx' Ideen. – **Vera Sassulitsch (1851–1919):** Russische Revolutionärin, Übersetzerin von Marx ins Russische. – **Paul Singer (1844–1911):** Kaufmann, Fabrikbesitzer, Sozialdemokrat seit 1870, MdR 1884–1911, seit 1885 Vorsitzender der Reichstagsfraktion, seit 1890 neben Bebel Vorsitzender der SPD. – **Enrico Ferri (1856–1929):** Bedeutender italienischer Strafrechtler, Politiker, 1886 bis 1919 sozialistischer Abgeordneter, ab 1926 Faschist. – **Plepanoff, wohl Georgi Plechanow (1857–1918):** Führer der russischen Sozialdemokratie, »Vater des Marxismus« in Russland; Delegierter der 2. Internationale, in deren Exekutivkomitee bis 1904. – **Ignaz Auer (1846–1907):** Sozialdemokratischer Reichstagsabgeordneter, im Parteivorstand. – **August Bebel (1840–1913):** Mitbegründer und seit 1890 Parteivorsitzender der SPD, 1871–1881 und ab 1883 MdR, führte mit Paul Singer die Reichstagsfraktion der SPD. – **Wilhelm Liebknecht (1826–1900):** 1848er; Freund von Karl Marx im Londoner Exil, Mitbegründer der deutschen Sozialdemokratie, neben Bebel erster sozialdemokratischer Abgeordneter im Reichstag (seit 1867); Vater von Karl Liebknecht. – **John Henry Mackay (1864–1933):** Deutsch-schottischer Schriftsteller, Dichter, lebte seit 1893 in Ber lin; schrieb: »Die Anarchisten« 1891; »Die letzte Pflicht« 1893; »Albert Schnells Untergang« 1895. – **Elisée Reclus (1830–1905):** Bedeutender französischer Geograph, Teilnahme an der Pariser Commune 1871, Sozialist, seit 1892 Professor in Brüssel. – **Clara Zetkin (1857 bis 1933):** Lehrerin, leitete 1891–1916 die sozialdemokratische Frauenzeitschrift »Die Gleichheit«. – **»Citoyens – si vous ...«:** »Bürger, wenn ihr schon einer Kampfgenossin keine Beachtung schenkt, dann wenigstens einer Frau!« – **Paul Lafargue (1842–1911):** Journalist, Arzt, Kommunarde, Propagandist von Marx in Frankreich, verheiratet mit Marx' Tochter Laura; gemeinsamer Selbstmord. – **Alexandre Millerand (1859 bis 1943):** Sozialistischer französischer Politiker, 1899–1904 erster sozialistischer Minister Frankreichs; 1920–1924 Präsident der Republik. – **Edouard Vaillant (1840–1915):** Arzt, Kommunarde, zum Tode verurteilt, Flucht nach England, im Kreis um Marx und Engels; nach Amnestie 1894 Abgeordneter in Frankreich. – **Jean Jaurès (1859 bis 1914 ermordet):** Einflussreicher französischer Sozialist, Pazifist, Gründer der Zeitung »L'Humanité«. – **Tom Mann (1856–1941):** Metallarbeiter, radikaler englischer Arbeiterführer, Organisator von Streiks und Mitgründer der Gewerkschaftsbewegung; nach 1918 englischer Kommunist. – **James Keir Hardie (1856–1915):** Gründer und Präsident der Independent Labour Party. – **Henry Mayers Hyndman (1842–1921):** Einer der ersten Marxisten in England, Plagiatsstreit mit Marx, gründete 1881 die »Democratic Federation« (ab 1884 »Social Democratic Federation«). – **Ferdinand Domela Nieuwenhuis (1846–1919):** Mitgründer der Sozialistischen Partei Hollands, später Anarchist. – **Cornelissen (1864–1943):** Mitarbeiter von Nieuwenhuis; später führend in der französischen und internationalen Arbeiterbewegung. – **Victor Adler (1852–1918):** Arzt, Gründer der österreichischen Sozialdemokratischen Partei und der Arbeiterzeitung, führend in der 2. Internationale. – **Pjotr Kropotkin (1842–1921):** Bedeutender russischer Vertreter des kommunistischen Anarchismus. – **Louise Michel (1833–1905):** Französische Anarchistin, Lehrerin, Schriftstellerin: »Souffrance humaine« (Das menschliche Leid).

23. August 1896 (Nr. 574)
Krähwinkel: Dorfname, populär durch Kotzebues Schauspiel »Die deutschen Kleinstädter« und Nestroys Posse »Die Freiheit in Krähwinkel«, Begriff für provinzielle Beschränktheit. – **Racket:** Tennisschläger. – **Die Gerichtsvollzieher ... Berliner Nordpol:** In der Großen Gewerbeausstellung gab es Konkurse: den größten beim

Ausstellungstheater »Alt Berlin«. – **die Nansensche Expedition:** Fritjof Nansen (1861–1930), norwegischer Polarforscher; suchte auf seiner Polarreise 1893–1896 den Nordpol zu erreichen, kehrte im August 1896 zurück. – **Salomon Andrée (1854–1897):** Schwedischer Ingenieur und Polarforscher; suchte mit einem Ballon den Nordpol zu erreichen; die Expedition scheiterte 1897. – **Lokal-Anzeiger:** 1883 von August Scherl gegründet, »Centralorgan für die Reichshauptstadt«, parteilos, aber national, ca. 200 000 Auflage; zählte seit 1885 zu den wichtigen Berliner Zeitungen. – **August Scherl (1849–1921):** Gründer des Zeitungs- und Zeitschriftenverlages August Scherl; gründete nach dem »Berliner Lokal-Anzeiger« 1900 die Tageszeitung »Der Tag«, an der Kerr mit dem Erscheinen 1901 seine erste feste Position als Theaterkritiker erhielt. – **O Schilda, mein Vaterland!:** Heinrich Heine in »Ludwig Börne, eine Denkschrift«, 3. Buch. – **Handwerker:** Der Schriftsetzer Schmalz aus Burg bei Magdeburg hatte das große Los der Ausstellungslotterie gewonnen, kam nach Berlin, aber die Ziehung wurde am 17.8. wegen fehlender Gewinnnummern für ungültig erklärt; der Gewinn bestand aus Prachtmöbeln im Wert von 25 000 Mark, was Kommentatoren zu der Frage veranlasste, was kleine Leute mit solchem Gewinn anfangen sollten. – **zu des Lebens schönster Feier:** Schiller, »Das Lied von der Glocke«. – **David Kalisch (1820–1872):** Autor berühmter Possen und Couplets (»Einmalhunderttausend Taler«, »Berlin bei Nacht«, »Berlin wird Weltstadt«). – **in Treptow:** Auf der großen Gewerbeausstellung. – **Deutsches Herz, verzage nicht:** Gedicht von Ernst Moritz Arndt, 1813: »Deutsches Herz, verzage nicht, tu, was dein Gewissen spricht, dieser Strahl des Himmelslichts: tue recht und fürchte nichts!«; vertont von F. W. Berner. – **»So steigst du denn ...«:** Aus Goethes »Iphigenie«, III,1. – **que voulez-vous ...:** was wollen Sie, so ist das Leben. – **Barrison-Ekels:** Kerr schmähte oft den Berliner Erfolg der fünf neckischen, singenden Schwestern Barrison, die die Attraktion im »Wintergarten« waren und nun in den Reichshallen auftraten. – **»der Mann muß hinaus«:** Schiller, »Das Lied von der Glocke«.

13. September 1896 (Nr. 646)
Berlin und London: Entstanden aus Kerrs dreiwöchigem Aufenthalt in London während des Sozialistenkongresses und seiner ersten Berührung mit englischer Liberalität. – **»caelum, non animum mutant«:** Horaz, Episteln I,11, V. 27: Caelum, non animum mutant, qui trans mare currunt. / Die übers Meer fahren, wechseln den Him-

mel, aber nicht den Charakter. – **den cursum durchschmaruzen:** Goethe, »Faust I«, V. 2054. – **Friedrichstraße:** Hauptgeschäfts- und Vergnügungsstraße in Berlin-Mitte.

18. September 1896 (Nr. 658)

Britisches Museum: Das Schatzhaus Großbritanniens für Bücher, Handschriften und antike Kunstwerke; 1753 gegründet. – **Westminsterabtei:** Krönungs- und Grabkirche der englischen Könige, 1245 begonnen. – **Friedrich Graf von Wrangel (1784–1877):** Preußischer Generalfeldmarschall, sprengte im November 1848 mit seinen Truppen die preußische Nationalversammlung in Berlin; populär als »Papa Wrangel«. – **Charles Darwin (1809–1882):** Biologe, berühmt durch seine Abstammungslehre und seine These vom »Kampf ums Dasein«. – **Sarah Siddons (1755–1831):** Englische Schauspielerin, bedeutendste Tragödin ihrer Zeit, spielte im Drury Lane und Covent Garden Theatre. – **Jenny Lind (1820–1887):** Gefeierte schwedische Sopranistin (»Die schwedische Nachtigall«). – **Earl of Beaconsfield, d. i. Benjamin Disraeli (1804–1881):** Jude, 1817 anglikanisch getauft, Romancier und Führer der Konservativen Partei, Premierminister (1868, 1874–80), bedeutend für Wahlrechts- und Umweltreformen und für die europäische und die Empire-Politik. – **Herzog von Wellington (1769–1852):** Englischer Feldmarschall im Kampf gegen Napoleon, später Politiker und Premierminister (1828–1830; 1834). – **David Friedrich Strauß (1808–1874):** Philosoph und Theologe; Hauptwerk: »Das Leben Jesu«.

20. September 1896 (Nr. 664)

Die Redaktion machte zu diesem Beitrag Kerrs folgende Anmerkung: »Wir können uns nicht versagen, die in diesem Brief enthaltene geistreiche Plauderei unseres Berliner Mitarbeiters über die Frauenfrage zum Abdruck zu bringen, sehen uns aber veranlaßt zu bemerken, daß wir uns keineswegs mit ihrem Inhalte durchgängig einverstanden erklären wollen.« – **Julius Wolff (1834–1910):** Seit 1871 in Berlin, erfolgreicher Verserzähler und Dramatiker; Vorsitzender des Schriftstellerverbandes. – **Frauenkongreß:** »Internationaler Kongreß für Frauenwerke und Frauenbestrebungen«, 19.–26. 9. 1896 im Berliner Rathaus. – **Lina Morgenstern (1830–1909):** Bürgerliche Vorkämpferin der Frauenbewegung, Gründerin des Kinderschutzvereins und der Berliner Volksküchen (1866); initiierte zusammen mit Lina Cauer den Frauenkongress während der Gewerbeausstellung; dort Bruch zwischen der bürgerlichen und der sozialdemokratisch-politisch geprägten Frauenbewegung. – **Bime-tallismus:** Basierung der Währung auf zwei Metallen. Die »Bimetallisten« bemühten sich, der allein geltenden Goldwährung die Silberwährung anzufügen; Argumente: Amerikas Goldabflüsse seien enorm, die Silberbestände groß; dagegen Verdacht, die Silberpreise sollten durch die Diskussion hochgetrieben werden. – **Otto Arendt (1854–1936):** Schriftsteller, MdR 1898–1918; Herausgeber des »Deutschen Wochenblatts«; Wortführer der Bimetallisten. – **Natalie von Milde (geb. 1850):** Tätig in der Frauenbewegung; Publizistin, »Frauenfrage und Männerbedenken« (1890). – **Laura Marholm, Pseudonym für Laura Hansson (1854–1905):** Wohnte in Friedrichshagen bei Berlin; publizierte u. a. »Buch der Frauen« (1895), »Wir Frauen und unsere Dichter« (1895), »Zur Psychologie der Frau« (1897); gegen die Frauenbewegung. – **Hermine von Preuschen (1854–1918):** Als Malerin bekannt geworden durch ihr Bild »Mors imperator«, den Throne stürzenden Tod. Lyrikerin: »Regina vitae«, »Via Passionis« (1895), »Vom Mondberg«. – **Conrad Telmann (eigtl. Zittelmann):** Schriftsteller (»Götter und Götzen«, »Unter römischen Himmeln« 1896); Telmann starb am 24.1.1897 in Rom, ihm wurde die kirchliche Todesfeier verweigert (»die Ordre zu diesem unglaublichen Akte der Intoleranz kam aus Berlin«, BT 27.1.1897). – **Adine Gemberg (geb. 1860, St. Petersburg):** Ihr Buch »Morphium« (drei Novellen) 1895 bei S. Fischer. – **Daheim-Dichterin:** Autorin, die in dem 1864 in Leipzig gegründeten christlichen Familienblatt »Daheim« schrieb. – **August Strindberg (1849–1912):** Schwedischer Schriftsteller, war durch seine ersten Novellen (»Heiraten« 1884) und Dramen (»Der Vater« 1887, »Fräulein Julie« 1888) sowie den ersten Teil seiner Autobiographie (»Sohn einer Magd« 1886) als »Frauenhasser« verrufen. – **Ibsens Interview:** Mit Dr. E. G. im BT 15.9.1896: »Plötzlich wandte sich Ibsen mit ungewohnter Heftigkeit um und zeigte auf ein Ölgemälde an der Wand. ›Kennen Sie den?‹ ›Es ist der schwedische Dichter Strindberg.‹ ›Was halten Sie von ihm?‹ ›Seine gynakophobe Tendenz verdirbt den ästhetischen Genuß seiner Werke. Es liegt etwas Krankhaftes darin.‹ Ibsen nickte zustimmend und wiederholte leise in seiner bedächtigen Weise: ›Ja, es ist etwas Krankhaftes darin.‹« – **Julius Platter (1844–1923):** Professor für Staatswissenschaften an der ETH Zürich; »Der Krieg gegen die Mütter« in NDR 1896. – **Oskar Bie (1864–1938):** Essayist, Musikschriftsteller, 1894–1933 Redakteur der »Neuen Deutschen Rundschau«, unterstützte 1906 Kerrs Aufruf für ein Heine-Denkmal. – **August Bebel:** »Die Frau und der Sozialismus« (1883); gilt als das meistgelesene sozialistische Buch in deutscher Sprache. – **Ferdinand Simon (1861–1912):** Studienfreund Gerhart Hauptmanns, Biologe und Mediziner. – **Siegmund und Sieglinde:** Geschwisterpaar aus dem Geschlecht der Wälsungen; siehe »Die Walküre« von Richard Wagner. – »**Wer deutet mir ...**«: Grillparzer (1791–1872), »Weh dem, der lügt!«, Ende 5. Akt. – **Hans Olden, eigtl. Hans Oppenheim (1859–1932):** Regisseur und Schriftsteller, Vater von Rudolf und Balder Olden; hatte mit Gebrauchsstücken, »Thielemanns« (1894), »Die Glücksstifter« (1895), im Theater reüssiert; »Die offizielle Frau«: Alexanderplatz-Theater 18. 7. 1896, Berliner Theater 18. 9. 1896.

15. November 1896 (Nr. 808)
Schillerpreis: Vorschlag der Kommission im Juni 1896: »das gewissenhaft mit sich ringende und nur der oberflächlichen Betrachtung tendenziös erscheinende Talent Gerhart Hauptmanns« für »Hannele« mit dem Schiller-Preis auszuzeichnen. – **Schlemihl:** Pechvogel. – **Albert Lindner (1831–1888):** Gymnasiallehrer in Rudolstadt, seit 1867 in Berlin (Mohrenstraße), Verfasser historischer Dramen (»Dante Alighieri« 1855, »William Shakespeare« 1864); erhielt den Schillerpreis 1867 für »Brutus und Collatinus«; starker Bühnenerfolg mit »Bluthochzeit« (1871); starb, verhungert, in der Irrenanstalt in Dalldorf. – **Franz Nissel (1831–1893):** Schillerpreis 1877 für sein Schauspiel »Agnes von Meran«; hatte auf der Bühne Erfolg nur mit dem Volksstück »Die Zauberin am Stein« 1863; Autobiographie »Mein Leben« 1895 bei Cotta. – **seit sieben Jahren:** Seit der U von Hauptmanns »Vor Sonnenaufgang« (20. 10. 1889); Wildenbruch, zum zweiten Mal mit dem Preis ausgezeichnet, überwies die Preissumme aus Protest gegen die Kränkung Hauptmanns an die Schiller-Stiftung; Erich Schmidt trat vom Amt des Kommissionssekretärs, Paul Heyse als Mitglied der Kommission zurück. – **Ernst von Wildenbruch (1845–1909):** Urenkel Friedrich Wilhelms II., repräsentativer Dramatiker des Wilhelminismus (»Die Karolinger«, »Heinrich und Heinrichs Geschlecht«); erfolgreichstes Stück: »Die Quitzows« 1888. – **Gerhart Hauptmann (1862–1946):** Begründer der Moderne in Deutschland (neben Wedekind), bis 1933 absolute Bezugsfigur für Kerr, kam aus Ober-Salzbrunn (Schlesien). – **Richard Skowronnek (1862–1932):** Seit 1892 in Berlin, erfolgreicher Lustspielautor; »Halali«: KSch 1. 12. 1894. – **Ernst Wichert (1831–1902):** Dramatiker, charakteristisch für die Bismarckzeit; 1888–1896 Rat am Kgl. Kammergericht Berlin. – **Carl Niemann (geb. 1854):** Dramatiker. – **Franz von Schönthan (1849–1913):** Schrieb gemeinsam

mit Franz Koppel-Ellfeld (1838–1920) und anderen (Paul von Schönthan, G. Kadelburg oder G. von Moser) sehr erfolgreiche Schwänke, z. B. das Lustspiel »Renaissance«. – **Heinrichsdrama:** Wildenbruchs zweiteiliges Drama »Heinrich und Heinrichs Geschlecht« (»König Heinrich« und »Kaiser Heinrich«) gehörte zu den Berliner Theaterereignissen des Jahres 1896. Besuch und Belobigung durch den Kaiser. – **Marie Barkany (1862–1928):** Tragische Liebhaberin, 1881–1890 am KSch, danach Gastspiele in Europa und Amerika, 1896 verpflichtet für TdW. – **»Maria Stuart«:** TdW 10.11.1896 zu Schillers Geburtstag, Regie Emil Drach. – **Sudermanns »Ehre«:** U Lessing-Theater 27.11.1889. – **»Mußtest du ihn auf sie laden …«:** »Die Jungfrau von Orleans« IV,1. – **Fritz Witte-Wild:** Seit 1889 Direktor und Oberregisseur am Lobe-Theater Breslau, wurde am 25.7.1895 »artistischer Direktor« des TdW; übernahm nach dem Scheitern dort die Direktion des Theaters in Teplitz-Schönau; seit 1900 Oberregisseur am Lessing-Theater Berlin. – **[...] gekürzt:** O. E. Hartleben, »Die sittliche Forderung«, U Neues Theater 9.11.1896.

1897

20. Juni 1897 (Nr. 424)

Um die Jungfern: Im schnell wachsenden Berlin wurde über Sittenverfall, Prostitution und Promiskuität geklagt. Kerr nimmt hier und im Folgenden auf den »Synodalen«, Generalsuperintendenten Faber, die Diskussionen auf der Kreissynode II und die Doppelmoral in Berlin Bezug. – **Robert Zelle (1829–1901):** Erster gebürtiger Berliner unter den Oberbürgermeistern der Reichshauptstadt; im Amt vom 29.9.1892 bis zum 30.9.1898; linksliberal, damals 68 Jahre alt. – **Paul Langerhans (1820–1909):** Stadtverordnetenvorsteher im Berliner Abgeordnetenhaus, MdR 1881–1903. – **wie bei Regensburg:** Im Zentrum des deutschen Katholizismus. – **»Wer den Myrthenkranz verloren …«:** 9. Strophe des Liedes »Als wir jüngst in Regensburg waren« (statt Myrthenkranz auch: »Wem der Jungfraun Kranz geblieben, sieht sich …«). – **Cervantes … Jungfernschaft:** Zitat aus »Don Quijote de la Mancha«, 9. Kap., 3. Abs. – **Heinrich Frauenlob (d. i. Heinrich von Meißen, gen. Frauenlob, 1260–1318):** Hatte zu Mainz die Bezeichnung »Frau« gegenüber »Weib« (frouwe/wîp) gerühmt. – **Schusterjungen-Anekdote:** In Berlin wurden damals, kräftig gefördert durch Kaiser und Kaiserin, viele Kirchen gebaut; Kerr polemisierte oft dagegen. – **äußere Schaufensterverhängung:**

Die sonntags geöffneten Geschäfte sollten über Mittag die Schaufenster zum Zeichen der Sonntagsheiligung verhängen. – **Bleichröder:** Bankhaus in Berlin, von Gerson Bleichröder (1822–1893), Bankier Bismarcks, zu einem bedeutenden Institut entwickelt. – **Paul Schwabach** war seit 1893 nach Gerson Bleichröders Tod Chef des einflussreichen Bankhauses. – **die greise Viktoria:** Königin Victoria von England (1819–1901), Großmutter des Kaisers, feierte im Juni ihr sechzigjähriges Regierungsjubiläum. – **Franz von Lenbach (1836–1904):** Bedeutender Porträtmaler der Epoche (Bismarck, Kaiser Wilhelm I. u. a.). – **Gustav Eberlein (1847–1926):** Bildhauer, seit 1887 Mitglied der Berliner Akademie; wohnte Von-der-Heydt-Straße 11, Atelier Lützowufer 29, Hausherr Kerrs; Denkmale von ihm: Richard Wagner; Friedrich I. und Friedrich Wilhelm III. in der Siegesallee. – **Kotze-Briefe:** Vgl. 25.12.1895, Anm. – **Frauenrankünen:** Flora Gaß, Anna Merten u. a.; vgl. 25.12.1895, Anm. – **politische Raub-Intrigen:** Durch die Koloniegründungen. – **Verschwendungs- und Repräsentationssucht:** Die vielen Feste und Zeremonielle des kaiserlichen Hofes, die neuen Kirchenbauten. – **Bethel:** Wohlfahrtsanstalten der kirchlichen Krankenpflege in Gadderbaum bei Bielefeld, gegründet 1867, seit 1872 ausgebaut zu einem großen Hilfswerk durch Friedrich von Bodelschwingh (1831–1910). – **die bestechlichen Musikkritiker:** Kerr hatte in der »Frankfurter Zeitung« angedeutet, in musikalischen Kreisen werde behauptet, dass »gewisse Kritiker der Bestechung zugänglich seien«. Ausgangspunkt war der Fall Georg Liebling (»Hofpianist«), der dem Kritiker W. Lackowitz (Kritiker des Berliner »Lokal-Anzeigers«) 40 Mark nach einem Konzert zugesteckt hatte. Daraufhin Erklärung von 23 Musikkritikern, der Vorwurf sei falsch. Dagegen Kerr: Die Kritiker Lackowitz und der in Berlin angesehene Wilhelm Tappert »seien Geldspenden ausübender Künstler zugänglich«. Tappert nannte im »Kleinen Journal«, für das er schrieb, Kerrs Behauptung »Lüge und Verleumdung«, reichte Mitte Mai die Beleidigungsklage gegen Kerr ein. Lackowitz schloss sich an. Kerr verklagte daraufhin Tappert. Der Prozess begann am 21. Juni vor der 148. Abteilung des Schöffengerichts unter großem Andrang des Publikums und wurde im Dezember beendet (vgl. 25.12.1897 und Anm.). – **dem Anzengruberschen Steinklopferhans:** In »Die Kreuzlschreiber«.

15. August 1897 (Nr. 568)
Kalmücken: Westmongolisches Volk, an der unteren Wolga siedelnd, mit besonders malerischer Tracht; eine Gruppe von Kalmü-

cken stellte sich und ihre Lebensweise im Zoo aus (s. 29. 8. 1897). –
»Dobranotz!«: Für polnisch Gute Nacht. – **Shirtingmütze:** Mütze,
die zum Oberhemd passt. – **Müggelberge:** Bergzug südöstlich von
Berlin, bis 115 Meter hoch, dem Müggelsee vorgelagert. – **Hirsch
Hyazinthos:** Gestalt aus Heines »Die Bäder von Lucca«. – **Dahme-
Fluß:** Linker Nebenfluss der Spree. – **Ich weiß ein Herz, für das ich
bete …:** Lied von Eugen Rodominsky, Text A. Kunert. – **»Es war ein
Sonntag …«:** Aus dem Lied von Carl Götze »O schöne Zeit, o sel'ge
Zeit«.

29. August 1897 (Nr. 604)
Die Gipsschultzen: Auguste Schultze, »Gipsschultzen«, weil sie bedeutende Einkünfte aus Gipsgruben hatte; geizig, hinterließ aber
zweieinhalb Millionen Mark; unter den Läden in ihrem Haus Ecke
Königgrätzer/Bernburger Straße war der des Schuhwarenhändlers
Gönczi. – **Joseph Gönczi:** Ungar, vorbestraft in Wien, ermordete
(zusammen mit seiner Frau Anna) die 71-jährige Auguste Schultze
und ihre Stieftochter Clara (51) zwischen dem 13. und 16. 8. in räu-
berischer Absicht. – **Edgar Allan Poe (1809–1849):** Erzählung »Der
schwarze Kater« aus der Sammlung »Faszination des Grauens«. –
Hopslabaer: Figur in Hauptmanns »Vor Sonnenaufgang«. – **»O
lieb', so lang' …«:** Aus Freiligraths Gedichtzyklus »Von der Liebe«.
– **Max Halbe (1865–1944):** Naturalistischer Dramatiker und Erzähler; hatte 1893 mit seinem Drama »Jugend« Aufsehen erregt. – **Frau
Meseck:** In Max Halbes gleichnamiger Novelle (1897). – **Graf von
Gleichen:** Graf Ernst II. von Gleichen, Kreuzritter, sagenhaft wegen
seiner Doppelehe. – **Friederikenstraße:** Friederike Brion, Pfarrers-
tochter aus Sesenheim; der Streit bei der Einrichtung des Dichter-
und Gelehrtenviertels (Goethe-, Herder-, Wieland-, Leibniz-, Pesta-
lozzi-Straße) im neu eingemeindeten Charlottenburg endete mit
dem Kompromiss »Sesenheimer Straße«. – **Johannes Froitzheim:**
Literaturwissenschaftler, Straßburg, »Friederike von Sesenheim.
Nach zeitgenössischen Quellen«, Gotha 1896. – **Jakob Michael
Reinhold Lenz (1751–1792):** Freund Goethes, Dramatiker des Sturm
und Drang, suchte als Nachfolger Goethes Beziehungen zu Friederike. – **Fromme-Helenen-Allee:** Nach Wilhelm Busch, »Die fromme
Helene«. – **Harfenjule:** Luise Schulz (1829–1911), Hof-Sängerin.

31. Oktober 1897 (Nr. 766)
Oswald Alving: Hauptfigur in Ibsens Stück »Gespenster«. –
»Spettri«: Italienischer Titel für »Gespenster«. – **Ermete Zacconi**

(1857–1948): Bedeutender italienischer Schauspieler für klassische wie die neuen realistisch-psychologischen Stücke von Ibsen, Hauptmann; von Einfluss auf die italienische effektstarke Schauspielkunst. Die Passage über Zacconi verwendete Kerr für das Zacconi-Porträt in seinem Buch »Schauspielkunst«. – **André Antoine als Oswald:** Im Théâtre libre, Paris 30. 5. 1890. – **Emmerich Robert:** Freie Bühne Berlin 29. 9. 1889. – **Rudolf Rittner (1869–1943):** Bedeutender realistischer Schauspieler, kam 1891 aus böhmischen Theatern ans Berliner Residenz-Theater, 1894–1904 am DT (der erste Fuhrmann Henschel), mit Brahm 1904 ans Lessing-Theater (bis 1907), hier DT 27. 11. 1894. – **troppo zu machen:** zu übertreiben. – **Paul Bourgets Kosmopolitanroman:** »Cosmopolis«, 1893. – **Aphasie:** Sprachverlust. – **atavismo:** Wiederauftauchen alter Eigenschaften. – **David Garrick (1716–1778):** Berühmtester englischer Schauspieler, Direktor des Drury Lane Theatre in London 1774–1776, bedeutend als Shakespeare-Darsteller, besonders als Benedick, Hamlet, Richard III. und Lear. – **Karl Theodor Reinhold (1849–1901):** Unabhängiger Sozialist, kam als Amtsgerichtsrat aus einem nassauischen Amtsgericht mit großen Vorschusslorbeeren nach Berlin; wurde Mitte Juni 1897 zum außerplanmäßigen Professor ernannt; seine Antrittsvorlesung in der Universität am 27. 10. galt als Sensation: »Der Sozialismus ist nicht nur populär, sondern bis zu einem gewissen Grade gesellschafts-, sogar hoffähig geworden« (Rede im Wortlaut BT vom 28. 10., Morgenblatt). Kerrs Beurteilung entspricht die Hardens: »Die Fülle des methodisch vorgetragenen Unsinns […]. Die Herren Wagner, Schmoller und Sering, deren Einfluss auf die akademische Jugend er (Reinhold) mildern sollte, blicken ganz sicher in ungetrübter Heiterkeit auf das hohe Beginnen dieses Kollegen.« (»Die Zukunft«, 6. 11. 1897, S. 280) Reinhold fasste seine Auffassungen zusammen in »Die bewegenden Kräfte der Volkswirtschaft« (Leipzig 1898). – **auf Nicolaus ernstlich böse:** Nikolaus II. Alexandrowitsch (1868–1918) besuchte nur seine Schwiegereltern in Darmstadt, nicht aber das badische Fürstenhaus, was Unmut auslöste. – **Edewacht:** Eduard; Kerrs Lautschrift für die Schwierigkeiten der Berliner, rt zu sprechen. – **Quidquid delirant reges, plectuntur Achivi:** Horaz, Episteln; in der Übersetzung von Seume: Wenn sich Könige raufen, müssen die Bauern Haare lassen. – **den bösen Spiekermann:** G. Spiekermann, Premier-Leutnant a. D., Alexanderufer 3 (?). – **im Zeitalter Ahlwardts:** Zu Ahlwardt s. 14. Juli 1895, Anm. – **Franz Freiherr von Dingelstedt (1814–1881):** Theaterleiter, Schriftsteller, Intendant in München, Weimar und Wien, wo er das Burgtheater 1870–1881 leitete; bekannt durch seine Mustervorstellungen und Werk-Zyklen. – **Moritz Gottlieb (Moses) Saphir (1795–1858):** Journalist, Literatur- und Theaterkritiker in Berlin, später in Wien, wegen seines Witzes sehr beliebt. – **Rogasen:** Stadt im preußischen Regierungsbezirk Posen. – **Agnes Sorma:** Von Kerr immer gerühmte Schauspielerin. – **Rautendelein:** In »Die versunkene Glocke« von Gerhart Hauptmann.

28. November 1897 (Nr. 835)

Paul Lindau (1839–1919): Erzähler, Dramatiker und Theaterleiter; 1895–1899 Intendant des Hoftheaters Meiningen; 1900–1903 des Berliner Theaters, 1904–1905 des DT, danach Dramaturg am KSch. – **»Miß Helyett«:** Tanzdrama, im Theater Unter den Linden. – **mir ist, als ob ich die Hände …:** Aus Heines Gedichtzyklus »Die Heimkehr« (1824), Nr. 47. – **»je älter ein Mädchen …«:** »Hesperus«, 24. Hundsposttag. – **Dreyfus-Geschichte:** Der ganz Europa erregende Prozess gegen den wegen angeblichen Landesverrats 1894 zu Deportation verurteilten französischen Hauptmann Alfred Dreyfus (1859–1935) trat im November in eine neue Phase, als der elsässische Industrielle, Senator Scheurer-Kestner, mit neuen Beweisen von Dreyfus' Unschuld unter heftigen Protesten die Revision des Prozesses in Gang brachte. Am 15.11. enthüllte Zolas Bruder Mathieu den Namen des Grafen Walsin Esterhazy als den des wahren Schuldigen; Emile Zola veröffentlichte im »Figaro« seinen Artikel »Die Wahrheit auf dem Marsch« (»Dreyfus wird nicht gefangen bleiben. Ich mache seine Sache zu meiner eigenen«), dem am 13.1.1898 in der Zeitschrift »L'Aurore« der folgenreiche offene Brief an den Präsidenten, »J'accuse«, folgte. Auch die deutschen Zeitungen wurden jetzt ergriffen von der dramatischen Eskalation in Paris. – **Plassans:** Der Roman »La conquête de Plassans« (Die Eroberung von Plassans) erschien 1874 als vierter Teil von Zolas zwanzigbändigem Rougon-Macquart-Zyklus. – **Maximilian Harden:** »Dreyfus« in »Die Zukunft«, 15.11.1897 (Bd. 21, S. 319). Harden polemisierte darin gegen die liberale deutsche Presse und deren Unschuldsbehauptungen für Dreyfus (»die Frage, ob der Landesverratsprozeß revidiert werden könne oder müsse, brauchte keinen deutschen Menschen zu bekümmern«); Kerrs Auseinandersetzung mit Harden begann 1895 und eskalierte mit Angriffen wie diesem. – **österreichische Parlamentsprügelei:** Grund war die Abstimmung über das »Ausgleichsprovisorium« zwischen den im österreich-ungarischen Staatsverband zusammengefassten Nationen; vor allem Konflikte zwischen

Polen, Tschechen, Slowenen gegen die (einander feindlichen) deutschen Gruppierungen (Dr. Lueger und Schönerer); ausgelöst von Verfügungen der Regierung Badeni, die in Böhmen schon zu Konflikten geführt hatten; die harten Auseinandersetzungen eskalierten zu Tätlichkeiten auch gegen den Parlamentspräsidenten Abramowitsch, der im Tohuwabohu einen Antrag des Abgeordneten Falkenhayn zur Verfahrensordnung (Reglementierung und Bestrafung von Abgeordneten) für einstimmig angenommen erklärt hatte. Die Prügeleien dauerten mehrere Tage (20.–29.11.) und brachten die Polizei ins Parlament zum Schutz des Präsidenten; Badeni demissionierte am 28.11. – **Ernst Günther, Herzog von Holstein (1863 bis 1921):** Schwager Kaiser Wilhelms II., Mitglied des preußischen Herrenhauses; Kunstmäzen. – **hier bin ich Mensch:** Aus Goethes »Faust I«, Osterspaziergang. – **Maria Magdalena:** KSch 20.11.1897.

25. Dezember 1897

Wilhelm Tappert (1830–1907): Musikkritiker für »Das Kleine Journal«. – **Wilhelm Lackowitz (1837–1916):** Musikkritiker für den »Berliner Lokal-Anzeiger«. – **ein alter Mann:** Tappert war 1897 67 Jahre alt. – **Heinrich Friedrich Bötel (1854–1938):** Tenorsänger aus Hamburg. – **Emil Götze (1856–1901):** Gefeierter deutscher Tenor.

1898

16. Januar 1898 (Nr. 37)

Julius Robert Bosse (1832–1901): Preußischer Kultusminister 1892 bis 1899. – **Herr von Tausch:** Gemeint ist dessen Freispruch. – **Konstantin Petrowitsch Pobedonoszew (1827–1907):** Russischer Rechtsgelehrter, Oberprokurator der Hl. Synode und reaktionärer Kirchenpolitiker mit starkem Einfluss auf die Zaren Alexander III. und Nikolaus II.; »Streitfragen der Gegenwart«, deutsch 1897. – **Thomas Theodor Heine (1867–1948):** Maler, Zeichner, Karikaturist, Mitbegründer des »Simplicissimus«, den er stark prägte. – **»Simplicissimus«:** Gegründet 1896 von Albert Langen und Th. Th. Heine; Mitarbeiter: E. Thöny, O. Gulbransson, B. Paul, K. Arnold, L. Thoma, Fr. Wedekind u. a. – **Hebbels Verse:** Im Widmungsgedicht zu »Maria Magdalena«. – **Bertelsmann:** Gegründet 1835, damals Verlag für protestantische Theologie. – **Ultra Bosse ...:** Verballhornung des römischen Rechtsgrundsatzes: Ultra posse nemo obligatur (tenetur): Niemand ist verpflichtet, mehr zu tun, als er kann. – **Sängerinnen**

bei E.T.A. Hoffmann: Zulema in »Das Sanctus« aus den »Nachtstücken«; Antonie in »Rat Krespel« und Emanuela im »Zusammenhang der Dinge« aus den »Serapionsbrüdern«.

17. April 1898 (Nr. 265)
»Gyges und sein Ring«: DT 15. 4. 1898; Hebbels Zitate in V,1. – **Friedrich Theodor Vischer (1807–1887):** Ästhetiker, Philosoph, inspirierte durch seine unkonventionellen, streitbaren Schriften (»Kritische Gänge« 1860, 1873, »Mode und Cynismus« 1879, »Altes und Neues« 1889) und durch seinen philosophischen Roman »Auch einer« (1879) Kerrs Streitlust; die zitierten Sätze in »Mode und Cynismus«, S. 9. – **Carl Wagner (geb. 1865):** War 1892 vom Burgtheater ans Hamburger Stadttheater gekommen, galt als der »Hamburger Kainz«. – **Adalbert Matkowsky (1857–1909):** Bedeutender Helden- und Charakterdarsteller am KSch; 1900 als Erster zum »Kgl. Hofschauspieler« ernannt. – **sogenannter Kultusminister:** Robert Bosse. – **Georg Bender (1848–1924):** Oberbürgermeister in Breslau. – **pereant ...:** Sie mögen zugrunde gehen. – **Bolko Graf von Hochberg (1843–1917):** Generalintendant der Berliner Kgl. Schauspiele 1868–1903. – **Leonhard Graf von Blumenthal (1810–1900):** Seit 1888 preußischer Generalfeldmarschall. – **Blumenthal und Kadelburg:** Gemeinsam arbeitende Schwankautoren. – **Gustav Kadelburg (1851–1925):** 1871–1894 als Bonvivant am Wallnertheater und am DT; erfolgreichste Stücke »Großstadtluft« 1891, »Der Herr Senator« 1894 und »Im Weißen Röss'l« (U Lessing-Theater 30. 12. 1897). – **Victor Neßler (1841–1880):** Komponist und Kapellmeister; Opern: »Der Rattenfänger von Hameln« (1879) und »Der Trompeter von Säckingen« (1884). – **Reinhold Begas (1831–1911):** Berliner Bildhauer, bevorzugt vom Kaiser; Werke: Schiller-Denkmal, Bismarck-Denkmal am Königsplatz, Nationaldenkmal für Wilhelm I., Skulpturen der Siegesallee, Neptunbrunnen u. a. – **Hermann Knackfuß (1848 bis 1915):** Akademieprofessor, Historien- und Wandgemälde. – **Josef Lauff (1855–1933):** Hauptmann, vom Kaiser geförderter Schriftsteller; Lauff wurde 1898 zum Dramaturgen des Hoftheaters ernannt, zum Major befördert; seit 1903 freier Schriftsteller, 1913 geadelt. Lauff ist für Kerr Gegenstand dauernden Hohns. – **Charleys Tante:** Posse von Thomas Brandon, die 1892 in London 1466 Aufführungen erreichte. – **Heil Blumenthal ...:** Paraphrase zu »Heil, Rosenkranz und Güldenstern!« aus »Hamlet«. – **Otto Knille (1832–1898):** Lehrer an der Berliner Kunstakademie.

19. Juni 1898 (Nr. 421)

Die Wahlen sind vorüber: Am 16. Juni wurde in Deutschland der neue Reichstag gewählt; Stimmenzuwachs der Sozialdemokraten. – **So viel Löwen:** Der geflügelte Löwe als Symboltier der Republik Venedig, deren große Zeit – Mittelpunkt der Renaissance, Ausdehnung der Herrschaft im östlichen Mittelmeer – vom 11. bis ins 17. Jahrhundert dauerte; von 1814–1866 waren Venedig und die Provinz Venetien österreichisch, dann Vereinigung mit dem neuen Königreich Italien. – **Piazzetta:** Platz, der an den Markusplatz anschließt. – **Eleonora Duse (1859–1924):** International berühmte italienische Schauspielerin mit starker Empfindungs- und Ausdruckskraft; spielte vor allem Stücke von Goldoni, Sardou, Dumas, Ibsen, Maeterlinck und D'Annunzio. Kerr verehrte und rühmte sie sehr (s. seine Theaterkritiken). – **meiner Großmama:** Amalie Calé; Kerr erzählt wiederholt von ihr (s. Gesammelte Schriften, »Die Welt im Licht« [1920], S. 227; die Lieder der Großmutter waren unvergesslich). – »**Hektors Abschied**«: Text von Friedrich Schiller; Lied der Amalia in den »Räubern«. – **O Maler, o mal' mir mein Liebchen:** Nicht ermittelt. – **Onorate la memoria …:** Ehret das Gedächtnis von …: **Felice Cavallotti (1842–1898):** Italienischer Schriftsteller und Journalist, um 1880 Führer der radikalen Arbeiterpartei in Mailand; wurde »der Barde« und die Symbolfigur des italienischen Radikalismus; 1898 im Duell mit einem Abgeordneten der Rechten, Macola, getötet; Autor des Dramas »Il Cantico dei Cantici«. – »**Göttliche Komödie**«: Versepos von Dante Alighieri, verfasst etwa 1306–1321; ein Hauptwerk des christlichen Mittelalters. – **Menelik II. (1844–1913):** Kaiser von Äthiopien 1889–1913; schlug am 1.3.1896 bei Adua die italienischen Expeditionstruppen vernichtend. – **Cavallotti con Macòla …:** »Cavalotti kreuzte mit Macòla seinen Degen; aber die Spitze drang durch den Mund in die Kehle. Das Blut floß in Strömen, die Seele und das Atmen hörten auf: eine so schreckliche Szene muß alle entsetzen. So endete der letzte Tag des tapferen und stolzen Barden von Italien.« – **Maledetto …:** Verflucht sei das Duell. – **Ich habe … gekauft:** Er brachte von seinen Reisen immer Erinnerungsstücke mit. – Kerr übernahm diesen Text 1920 in seine Reiseberichte »Die Welt im Licht«, Bd. 2, »Wieder Lagunensturm«.

26. Juni 1898 (Nr. 439)

Am 16. Juni war Kerr über Padua und Bologna nach Florenz gekommen, blieb dort längere Zeit, reiste nach Rom und ging vor Mitte

Juli über Venedig nach Berlin zurück; schrieb dort gleich für den 17.7. den neuen »Berliner Brief«: »So sitzt man denn wieder in Berlin, hat Rom und Florenz und Venedig den Rücken gekehrt und ist wahrhaftig imstande, einiges über den Wasserfall im Victoriapark zu schreiben.« (s. 17.7.1898) – **Tamarinde:** Dattel. – **Botticellischer Engel:** Engel auf den Bildern des italienischen Renaissancemalers Sandro Botticelli (1444–1510). – **Ernst Günther von Schleswig-Holstein (1863–1921):** Schwager Kaiser Wilhelms II. durch dessen Ehe mit Ernst Günthers Schwester Auguste Victoria, 1881. – **die kleine Coburgerin:** Prinzessin Dorothea von Coburg, katholisch, heiratete am 30. Juli den protestantischen Herzog Ernst Günther von Schleswig-Holstein; die Mischheirat erregte das Missfallen des Papstes. – **Signoria der Mediceer:** Herrschaftssitz der Medici. – **Uffizien:** Berühmte Gemäldegalerie, im 16. Jhdt. gegründet von Francesco I. de Medici in den von Vasari errichteten Verwaltungsgebäuden (Ufficii) zwischen Palazzo Vecchio und dem Arno. – **Arnold Böcklin (1827 bis 1901):** Schweizer Maler mit vorwiegend mythologischen Themen; »Susanna im Bade«, 1888. – **August Wilhelm Ambros (1816 bis 1876):** Berühmter Musikhistoriker, von Kerr öfter zitiert. – **Elbflorenz:** Dresden. – **Rede des Kaisers an die Schauspieler:** Am Tag nach dem 10. Regierungsjubiläum (15.6.1898) an die Mitglieder der Königlichen Bühnen im Opernhause: »Als ich vor zehn Jahren zur Regierung kam, da trat ich aus der Schule des Idealismus, in welchem mich mein Vater erzogen hatte. Ich war der Ansicht, daß das Königliche Theater vor allem dazu berufen sei, den Idealismus in unserem Volke zu pflegen, an welchem es, Gott sei Dank, noch so reich ist und dessen warme Wellen noch in seinem Herzen reichlich quellen. Ich war der Überzeugung und hatte mir fest vorgenommen, daß das Königliche Theater ein Werkzeug des Monarchen sein sollte, gleich der Schule und der Universität, welche die Aufgabe haben, das heranwachsende Geschlecht heranzubilden und vorzubereiten zur Arbeit für die Erhaltung der höchsten geistigen Güter unseres lieben deutschen Vaterlandes. Ebenso soll das Theater beitragen zu Bildung des Geistes und des Charakters und zur Veredelung der sittlichen Anschauung. Das Theater ist auch eine meiner Waffen […]« (Folgt Dank an die Schauspieler, dass sie »meinen Erwartungen entsprochen haben«.) »Es ist die Pflicht eines Monarchen, sich um das Theater zu kümmern, wie ich es an den Beispielen meines hochseligen Vaters und Großvaters gesehen habe, eben weil es eine ungeheure Macht in seiner Hand sein kann, und ich danke Ihnen, daß Sie unsere herrliche schöne Sprache, daß Sie die Schöpfung unserer Geistesheroen und derjenigen anderer Nationen in so hervorragender Weise zu pflegen und zu interpretieren imstande sind [...]. Ich bitte Sie nur, daß Sie mir fernerhin beistehen, um dem Geiste des Idealismus zu dienen und den Kampf gegen den Materialismus und das undeutsche Wesen fortzuführen, dem schon leider manche deutsche Bühne verfallen ist. Und so wollen Sie in diesem Kampfe fest bestehen und in treuem Streben ausharren [...]« (BT 21.6.1898) – **Histrionen:** Lat. Schauspieler. – **Hebbel, Lauff:** Vom Kaiser bevorzugte Dichter.

17. Juli 1898 (Nr. 493)

So sitzt man denn wieder ...: Kerr war im Mai nach Wien und von dort nach Italien aufgebrochen, von wo aus er u.a.die »Breslauer Zeitung« mit Erlebnisberichten versorgte, die unter der Rubrik »Berliner Brief« erschienen, aber nur beiläufig Berliner Ereignisse, die er deutschen Zeitungen entnahm, berührten. – **Evoe:** Jubelnder Ausruf beim Dionysosfest. – **Martin Kirschner (1842–1912):** Im Juni 1898 zum Berliner Oberbürgermeister gewählt, wartete auf seine Bestätigung durch den Kaiser; wurde von ihm erst am 23.12.1899 bestätigt; blieb OB bis 31.8.1912. – **Palazzo Pitti:** Mediceer-Palast am linken Arno-Ufer von Florenz. – **»Nacht«:** Teil des Bildzyklus (Tag, Morgendämmerung, Abend) von Michelangelo in der Medici-Kapelle in Florenz. – **Das berühmteste Inventarstück:** Der Zeitungsstand der Marie Bülow wurde von dem in der Mitte der Straße liegenden Inselperron an den Promenadenweg am Schöneberger Ufer verlegt, dicht an den Kanal. – **Hans von Bülow (1830–1894):** Pianist, außerordentlicher Dirigent, (U von Wagners »Tristan« und den »Meistersingern«), Leiter des Berliner Philharmonischen Orchesters 1887–1892. – **Hermann von Helmholtz (1821–1894):** Professor für Physik in Berlin, Präsident der Physikalisch-Technischen Reichsanstalt. – **Max Klein (1847–1908):** Berliner Bildhauer; seine Helmholtz-Statue wurde am 21.7.1898 enthüllt.

4. August 1898 (Nr. 538)

»daß er tot war«: Bismarck starb am 30. Juli, 83 Jahre alt, in Friedrichsruh. – **Conrad Alberti (1862–1918):** Realistischer Erzähler und Dramatiker; Sekretär am Central-Theater. – **»Völker und Menschen ...«:** Bismarck an seine Frau, 2.7.1859. – **Leopold von Gerlach:** Der Briefwechsel mit Bismarck erschien 1893, neu 1896. – **Prinzessin Carl:** Frau des Prinzen Carl, des Bruders Friedrich Wilhelms IV. und Wilhelms I. – **»Ich gehöre überhaupt ...«:** Bismarck an Gerlach,

Frankfurt, 9.7.1853. – **Prinz Wilhelm (geb. 1797):** Der spätere Deutsche Kaiser Wilhelm I. unterstellte Gerlach, er manövriere gegen den Ministerpräsidenten Manteuffel; Bismarck zu Gerlach: »Sr. M. gegenüber (Friedrich Wilhelm IV. – G. R.) will ich lieber Schuld haben, als sie auf den Prinzen schieben« (Brief vom 23.9.1853). – **wie wir Menschen …:** Kant: De mundi sensibilis, Par. 27. – **Grabschrift:** »Hier ruht Fürst Bismarck, ein treuer deutscher Diener Kaiser Wilhelms des Ersten«. – **er war bloß ausgezogen:** Altes Testament, 1. Samuel, Kap. 9 und 10; Goethe, »Wilhelm Meisters Lehrjahre«, 8. Buch, 10. Kap.: »Du kommst mir vor wie Saul, […] der ausging, seines Vaters Eselinnen zu suchen, und ein Königreich fand.« – **Ruheposten:** In Friedrichsruh nach der Entlassung. – **Karl Heinrich von Bötticher (1833–1907):** Staatssekretär des Innern und Staats-Minister (1880–1897). – **Redigierung einer Depesche:** Die »Emser Depesche« vom 13.7.1870, die den deutsch-französischen Krieg von 1870/71 auslöste. – **bei Roßbach:** Schlacht im Siebenjährigen Krieg (5.11.1757). – ein »**schönes Ungeheuer**«: Wieland im Aufsatz »Über das Schauspiel Götz von Berlichingen«. – **Besuch bei Bismarck:** Im Jahre 1894. – »**Denn er war unser**«: Goethe, »Epilog zu Schillers Glocke«.

11. September 1898 (Nr. 637)
Die Vorschläge des gekrönten Russen: Angesichts der vielen Konflikte (Spanien – Amerika, China u.a.) schlug der Zar vor, kriegsträchtige Konflikte zur Schlichtung einer Kommission zu übergeben und eine Abrüstungskonferenz einzuberufen, da die Rüstung »die ökonomischen Grundlagen der Völker zerstört«. Der Kaiser reagierte zögernd, weil er damals den Ausbau der deutschen Flotte forcierte, die »nicht Schritt gehalten hat mit dem Ausbau unserer überseeischen Interessen« (Thronrede 30.11.1897). – **Antistreikgesetz:** Dazu der Kaiser am 6.9.: »[…] worin jeder – er möge sein, wer er will, und heißen, wie er will – der einen deutschen Arbeiter, der willig ist, seine Arbeit zu vollführen, daran zu hindern versucht oder gar zu einem Streik anreizt, mit Zuchthaus bestraft werden soll. Die Strafe habe Ich damals versprochen und Ich hoffe, daß das Volk in seinen Vertretern zu Mir stehen wird, um unsere nationale Arbeit in dieser Weise, soweit es möglich ist, zu schützen.« Die starken Proteste führten dazu, dass diese »Zuchthausvorlage« am 20.6.1899 im Reichstag abgelehnt wurde. – **von Brüsewitz:** Leutnant der Reserve, erstach nach eskalierendem Wortwechsel in einer Karlsruher Gaststätte den Mechaniker Siepmann, der mit seinem

an dessen Stuhl gestoßen war (11.10.1896); Brüsewitz' Rechtferti-
gung: er habe den Mechaniker erschlagen müssen, um nicht der
Ächtung durch seine Regimentskameraden zu verfallen (BT
18.10.1896). Der Fall erregte als Beispiel für den überspannten Of-
fiziers-Ehrbegriff und die ihm zugrunde liegenden Verhältnisse
ganz Deutschland. Brüsewitz wurde zu 3 Jahren und 20 Tagen Gefängnis verurteilt und danach auf Befehl des Kaisers aus der Armee ausgestoßen (BT 25.1.1897). Ihm wurde ein Jahr Haft erlassen.
– **24-Stunden-Rennen:** Fahrradrennen, Sensationalisierung des allgemeinen Radfahrbooms. – **Willy Arend:** Idol des neuen Radrenn-
sports; hatte im Sommer die Weltmeisterschaft in Glasgow gewonnen.

30. Oktober 1898 (Nr. 763)
das Weibsbild: Kerr entwirft hier das Wunschbild einer Frau, das
er später in seiner zweiten Frau, Julia (»Das Mozartle«), findet. – **Felix Philippi (1851–1921):** Erfolgreicher, routinierter Dramatiker,
lebte in Berlin; »Das Erbe« U München 27.9.1898, Berliner Theater
26.10.1898; das Stück über Bismarcks Entlassung (Sartorius = Bismarck) wurde »ein Sensationserfolg«. – **»Capitän Dreyfus«:** Von
Georg Okonkowski, U Centraltheater Hamburg 4.11.1897. – **Elisabeth Hartert:** Ehe- und Liebesvermittlerin, Geldverleiherin am
Magdeburger Platz; Prozess am 26.10; wegen Kuppelei, Betrug und
Wucher 13 Monate Gefängnis und 1000 Mark Geldstrafe. – **Heute
nur, heut noch …:** Theodor Storm, »Lied des Harfenmädchens«. –
Der verstorbene Theodor Fontane: Tod am 20.9.1898 in Berlin;
Kerr schrieb darüber am 25. September in der »Königsberger Allgemeinen Zeitung«. – **das neue bürgerliche Gesetzbuch:** Nach
der Reichsgründung ausgearbeitet, in 2. Fassung von Bundesrat
und Reichstag 1896 angenommen, am 16.8.1896 verkündet, erfor-
derte Einführungen und Auslegungen bis zur Inkraftsetzung am
1.1.1900.

18. Dezember 1898 (Nr. 886)
»Das Kleine Journal«: »Zeitung für alle Gesellschaftsklassen. Betont das Pikante«; gegründet 1878 (erschien bis März 1935), Redaktion Friedrichstraße 239, Chefredakteur Dr. Leo Leipziger; am 9.12.
erschien folgende gegen Kerr gerichtete Notiz: »Mit durchgefalle-
nen Stücken wird in Berlin bekanntlich seit einiger Zeit ein Götzen-
dienst getrieben, der zwar von Urteilslosigkeit und Verblendung
zeugt, aber doch auch zugleich seine unvergleichliche Drolerie be-

sitzt. So heißt es in einem Aufsatz über ›Fuhrmann Henschel‹ in dem neuesten Heft der »Neuen Deutschen Rundschau« (Berlin S. Fischer) über Hauptmanns ›Florian Geyer‹: ›Das einzige Beethovensche Werk unserer Tage ist der »Florian Geyer«. Zuerst wieder, nach den Irrtümern eines Jahrhunderts, klingt es hier stark und wild und aus der Tiefe.‹ Die Wahrheit ist, daß ›Florian Geyer‹ im Deutschen Theater kaum zu Ende gespielt werden konnte und daß das Publikum in einer Szene, in welcher die Bauern von den Junkern gepeitscht werden, nach dem Vorhang schrie. Selbst viele Verehrer Hauptmanns erklärten den ›Florian Geyer‹ für ein verfehltes Drama: dies ›einzige Beethovensche Werk unserer Tage‹.« – **Hans Land (Hugo Landsberger, geb. 1861):** Schriftsteller, Romane, Novellen, Schauspiele (»Die heilige Ehe«, »Um das Weib«, »Schlagende Wetter«); die von ihm herausgegebene Wochenschrift »Das neue Jahrhundert« (Beiträger Paul Ernst, Bertha von Suttner, Conrad Alberti, Karl Bleibtreu, Georg Brandes u. a.) erschien von Oktober 1898 bis 1902. – **Börsen-Asra:** Börsen-Freund; Asra bei Heinrich Heine für Odhra, einen arabischen Stamm; bekannt durch Liebesgeschichten von »Leuten, welche sterben, wenn sie lieben«. – **Dr. Rudolph Steiner (1861–1925):** Rudolf Joseph Lorenz Steiner hatte von 1889 bis 1896 die Naturwissenschaftlichen Schriften in der Weimarer Goethe-Ausgabe bearbeitet, seit 1897 (bis September 1900) mit O. E. Hartleben Herausgeber des »Magazins für Literatur« in Berlin, an dem Kerr bis 1895 mitgearbeitet hatte. Steiner wurde später der Begründer der Anthroposophie; »Goethes Weltanschauung«, 1897; »Philosophie der Freiheit«, 1894. – **Otto Erich Hartleben (1864 bis 1905):** Erfolgreicher realistischer Dramatiker, Romancier, Lyriker. – **Gabrielle Réjane (1859–1920):** Gefeierte französische Schauspielerin. – **Jane Hading (1861–1933):** Französische, international auftretende Schauspielerin; »Frou Frou«, »Thérèse Raquin«; ihr Gastspiel vom 15. bis 23.12.1898 begann mit ihrer Glanzrolle, der Kameliendame; es folgten »Der Hüttenbesitzer«, »Die Prinzessin von Bagdad«, »Adrienne Lecouvreur« und »Frou Frou«. Fritz Mauthner im BT am 16.12: »Sie ist eine Nachahmerin der Duse.« Maximilian Harden stellte sie über die Duse (in »Die Zukunft«). – **Als die Duse … Kameliendame:** Im Lessing-Theater im Januar 1893. – **Adolf Stoecker (1835–1909):** Theologe, Hof- und Domprediger in Berlin 1874 bis 1890; antisemitischer Politiker, einflussreich, MdR 1881–1893 und 1898–1909. – »**Das Volk«:** Von Stoecker herausgegebene Zeitschrift. – **unser Isidor:** Maximilian Harden, der sich 1878 hatte taufen lassen. – **Hans Delbrück (1848–1929):** Historiker, Nachfolger Treitsch-

kes an der Berliner Universität 1883–1919, Herausgeber der
»Preußischen Jahrbücher«. – **Angriff Hardens auf Delbrück:** In
»Die Zukunft«, 30/1898, S. 450 ff. Harden hatte in seiner Zeitschrift
die »Deutsche Geschichte« von Karl Lamprecht sehr gerühmt; Delbrück warf Lamprecht (Preußische Jahrbücher, Dezember 1897) Pla-
giierung vor, sprach von »Humbug«, der Arbeit sei kein wissen-
schaftlicher Wert zuzuerkennen, Lamprecht solle seine Professur
niederlegen. Auch Harden wurde in die Polemik einbezogen. Er gab
Lamprecht Raum für seinen »Epilog« und kommentierte anschließend selbst: »Der von Treitschke mit dem Namen Hans Taps – und
mit anderen noch weniger angenehmen Spitznamen – gezierte Herr
ist wütend darüber, daß die Deutsche Geschichte mehr Käufer findet als seine Werke […] ich hatte schon früher Herrn Delbrück, obgleich ich ihn als Politiker damals bereits für eine kläglich-komi-
sche Figur hielt, zur Mitarbeit aufgefordert, weil ich meinen
persönlichen Geschmack nicht zur Norm dessen mache, was ich einem großen Leserkreis zu bieten und zu versagen habe, und weil
man, wie mir scheint, bekannten Persönlichkeiten nicht die Gelegenheit nehmen darf, sich auch einmal im hellsten Licht zu blamie-
ren. Über Anstandspflichten kann ich mich mit Herrn Delbrück
nicht unterhalten.« (Delbrück hatte Harden vorgeworfen, er habe
die Anstandspflichten eines Redakteurs verletzt.) Es folgen Vorwürfe gegen Delbrücks polenfreundliche Politik in den »Preußischen Jahrbüchern«, u. a.: »der Unwille über das Treiben der Clique
Delbrück–Lenz hat einen Grad erreicht, der selbst Ministerialdirek-
toren nicht mehr lange verborgen bleiben kann«. Kerr, gegen Harden in einem zunehmend polemisch-diffamierenden Verhältnis,
nahm den Professorenstreit zum Anlass neuer Angriffe auf Harden. Der Streit Harden–Delbrück eskalierte zu gegenseitiger ge-
richtlicher Klage wegen Beleidigung. Verhandlung vor dem Schöf-
fengericht am 6.12.1898. – **Rudolf Virchow (1821–1902):** Pathologe,
bedeutender Gelehrter, Begründer der Zellularpathologie, politisch
engagiert als Liberaler im Preußischen Abgeordnetenhaus.

1899

1. Januar 1899 (Nr. 1)
Alfred de Musset (1810–1857): Romantischer, von Kerr sehr ver-
ehrter französischer Dichter. Kerr übersetzt und zitiert sein »Lied«. –
Christoph Moritz von Egidy (1847–1899): Oberstleutnant; grün-

dete 1891 in Berlin die Monatsschrift »Versöhnung«; Leitwort: »Die Religion nicht mehr neben unserem Leben – unser Leben selbst Religion«; im Alter von 52 Jahren am 29.12.1898 gestorben; Nachruf im BT: »Eine wirklich reine Seele ist von uns geschieden.« – »**edel sei der Mensch …**«: Goethe, »Das Göttliche«. – **Hans Joachim von Ziethen (1699–1786):** Preußischer Reitergeneral, zeichnete sich, nachdem er Chef der Leibhusaren Friedrichs des Großen geworden war, im 2. Schlesischen Krieg und im Siebenjährigen Krieg durch heldenhafte Taten aus. – **Wilhelm von Polenz (1861–1903):** Realistischer Erzähler und Dramatiker, Stoffe aus der bäuerlichen Welt der Gründerzeit; seine Tragödie »Andreas Bockholdt« erschien 1898. – **Buchhändler, der Sohn eines berühmten Gelehrten:** Nicht ermittelt. – **Umkrempelung des Tiergartens:** Auf Wunsch des Kaisers Abholzung der Bellevue-Allee und der Luiseninsel, um »Schmuckplätze und Blumenparketts« anzulegen. – **Gräfin Melanie:** »Nur für Natur hegte sie Sympathie, unter Bäumen süßes Träumen liebte Gräfin Melanie«; Walzer des Marchese aus der Operette »Der lustige Krieg« von Johann Strauß. – **»Ich sprach zu meinem Herzen …«:** Von Musset (s. o.). – **»de consolatione philosophiae«:** Über die Tröstung der Philosophie; Schrift des spätrömischen Philosophen Anicius Manlius Severinus Boethius (um 480–524); das im Gefängnis – vor seiner Hinrichtung – geschriebene Werk war eines der am meisten gelesenen Bücher des Mittelalters. – **Tod Friedrichs III.:** Am 15.6.1888.

15. Januar 1899 (Nr. 37)
Kaiserin Auguste Viktoria (1858–1921): Tochter des Herzogs Friedrich von Schleswig-Holstein-Sonderburg-Augustenburg, seit 1881 verheiratet mit Wilhelm II., 1888 deutsche Kaiserin; Geburtstag am 22.10. – **Kammerherr:** Ehrentitel für Adlige, die das Vertrauen des Hofes hatten (symbolisch: Überreichung eines goldenen Schlüssels zu den fürstlichen Gemächern). – **Ernst Freiherr von Mirbach (1844–1925):** Generalmajor, seit 1888 Oberhofmeister der Kaiserin Auguste Victoria, von ihr beauftragt mit Geldsammlungen für die neuen Berliner Kirchenbauten. – **Jerusalemiade:** Reise Wilhelms II. nach Jerusalem Oktober/November 1898. – **zu frommen Zwecken:** Sammlung von Geldern für die Kirchenneubauten. – **Kotillonordner:** Tanzmeister beim Kotillon, einer heiteren Variation des Contredanse. – **die schießenden Kammerherren:** Das Duell Kotze – Schrader. – **Erteilung einer Unterschrift:** Die anhaltende Verzögerung der Bestätigung des 1898 gewählten Oberbürgermeis-

ters Kirschner durch den Kaiser (bis zum 23.12.1899). – [...] gekürzt: Karlweis,»Das liebe Ich« (Lessing-Theater 13.1.1899), und Polemik Kerrs gegen Rudolf Steiner.

5. März 1899 (Nr. 163)
Papst: Leo XIII., d.i. Vicenzo Gioacchino Pecci, geb. 1810; Papst 1878 bis 1903; schrieb formvollendete lateinische Enzykliken und Hymnen, imponierte durch majestätisches Auftreten und geistige Interessen. – **Zentrumpf-Partei:** Kerr'sche Ironie; die 1870 gegründete katholische Zentrums-Partei hatte seit 1890 mit etwa 100 Sitzen die Mehrheit im Reichstag; sie wurde 1898 durch die Wahlen bestätigt. – **Sang an Aegir:** Komposition des deutschen Kaisers, 1896. – **Gigantenbau:** Das Kolosseum in Rom. – **L'Avanti:** Der Vorwärts; italienische offizielle Tageszeitung der sozialistischen Partei in Mailand, gegründet 1897. Kerr im Notizbuch seiner Italienreise:»Auf den Stufen des Vatikan sitzend; nachher kaufe ich mir Avanti, Avanti!, das sozialistische Blatt. Hier ist die Zukunft.« – **die vierte Macht:** Die sozialistische Bewegung. – **die dritte Macht:** Die bürgerliche Republik. – **Kanossagänger Heinrich ... einem deutschen Dichter:** Der Gang Heinrichs IV. nach Canossa in Heines Gedicht »Heinrich«; »der die Schlange ...« sind die letzten beiden Verszeilen. – **Don Davide Albertario:** Wurde in Rom verhaftet im Zusammenhang mit den Tumulten von 1898 gegen den Anstieg der Brotpreise in Mailand und Florenz, die die Regierung als Gefahr eines sozialistischen Umsturzes wertete. – **»Teutones in pace«:** Friede den Deutschen. – **homines in pace:** Friede den Menschen. – **Friedrich Spielhagen (1829–1911):** Bedeutender Romancier des bürgerlichen Liberalismus nach 1848 (»Hammer und Amboß« 1869, »Sturmflut« 1877), Literaturtheoretiker. – **Ein Vierundsiebzigjähriger:** Ludwig Pietsch (s. 1.1.1895). – **letzte Nummer der »Zukunft«:** Nr. 27/1898, S. 395 bis 407; Franz Mehring (inzwischen mit Maximilian Harden entzweit) hatte die Flugschrift »Herrn Hardens Fabeln« veröffentlicht; Harden korrigiert in seiner Rubrik »Notizbuch« darin enthaltene Behauptungen und kommentiert seine Sicht auf den Prozess mit Delbrück. – **»Cobdenismus«:** Richard Cobden (1804–1865) kämpfte für die Armen und für die Freihandelsbewegung in England. – **in Weichselmünde:** Harden im Rückblick auf seine lange Haft: »Sechs Monate und einen halben war ich fort gewesen, verschickt, in die feuchte Kaserne 11 der königlich preußischen Festung Weichselmünde eingesperrt« (Bericht über seine Rückkehr in »Die Zukunft«, 9.12.1899).

14. Mai 1899 (Nr. 334)

Und der Regen ...: Arie aus Verdis »Falstaff«. – **Philipp Fürst zu Eulenburg (1847–1921):** Gestorben in Liebenberg (Uckermark); 1894 bis 1902 Botschafter in Wien, Vertrauter Wilhelms II. – **[...] gekürzt:** Gastspiel der Sängerin Prevosti als Lucia di Lammermoor im TdW. – **Adele Sandrock (1864–1937):** Nach ihrem Ausscheiden aus dem Burgtheater (1896–1898) seit 1898 auf Tournee; ihr Gastspiel im Lessing-Theater: Cyprienne, Kameliendame u. a. – **Louise Dumont (1862–1932):** Klassisch geprägte, bedeutende Ibsen-Darstellerin, seit 1896 am DT (gründete 1905 das Düsseldorfer Schauspielhaus). – **Cabotine:** Komödiantin. – **Arthur Schnitzler (1862–1931):** Arzt und Schriftsteller in Wien; **Schnitzlers Christine:** In »Liebelei«. – **Abschiedssouper:** Szene in »Anatol«. – **Rogasen:** Kleinstadt in Westpreußen, seit 1920 polnisch. – **Elise Sauer (geb. 1871):** Darstellerin herber junger Mädchen, Mitglied des Lessing-Theaters. – **Arthur Vollmer (geb. 1849):** Charakterdarsteller und beliebter Komiker; stark musikalisch begabt, komponierte Lieder, feierte sein 25-jähriges Bühnenjubiläum. – **Engelssche Schärfe:** Georg Engels (1846 bis 1907); seit 1883 am DT; Crampton in der U von Gerhart Hauptmann, »College Crampton« DT 16.1.1892. – **Bellmaus:** Gemeint wohl Carl Michael Bellman (1740–1795), schwedischer Liedermacher.

16. Juli 1899 (Nr. 493)

Kerr schreibt unter dem Eindruck der Ende Mai begonnenen Reise nach Paris. – **»Es zieht mich nach Nordland ...«:** Heine, »An Franz v. Z.«. – **Alphonse Daudet (1840–1897):** In »L'immortel« (1888). – **Jules Lemaitre (1853–1914):** »Les rois«. – **auf dem Sparenberg:** Gedenktafel anlässlich des Besuchs Wilhelms II. am 18.6.1897 zum Gedächtnis des Großen Kurfürsten: »Sie soll ein Zeichen sein für die Aufnahme seitens der Stadt und ein Mahnzeichen bleiben, daß, gleich wie in diesem Ahn, auch in mir ein unbeugsamer Wille ist, den einmal als richtig erkannten Weg allem Widerstand zum Trotz unbeirrt weiter zu gehen.« Daran knüpften sich kritische Kommentare in der Presse, was der Kaiser damit meine (BT 13.7.1899); der Kaiser stiftete eine Bronzekopie der Statue des Großen Kurfürsten aus der Berliner Siegesallee. – **seit Bismarck nachgeben mußte:** Durch Beendigung des Kulturkampfs und Verhandlungen mit der Kurie. – **Zuchthausvorlage:** Am 20.6. im Reichstag eingebracht, wurde nach heftigen Protesten am 20.11.1899 endgültig abgelehnt. – **Heinrich von Achenbach (1829–1899):** Preußischer Handelsminister 1873–1878; führend in der freikonservativen Partei; Oberpräsident der Provinz Brandenburg, maßgeblich beteiligt an der Kulturkampf-Gesetzgebung; starb am 9.7.1899. – **Kommerzienrat Hugo Pringsheim:** In den Gründerjahren in Schlesien reich gewordener Industrieller, führte in Berlin am Königsplatz ein großes, der Hofgesellschaft offenes Haus; sein Bruder Rudolf Pringsheim, Großvater von Katia Mann, residierte in der Wilhelmstraße. – **die junge Gattin:** Tochter von Hugo Pringsheim (vgl. 16.7.1899). – **Agnes Sorma:** Plante mit Lautenburg ein Deutsches Theater in Paris zur Weltausstellung 1900; Lautenburg gab auf, Agnes Sorma spielte in Paris. – **Paul Schlenther (1854–1916):** Theaterkritiker der VZ (neben Fontane); Mitbegründer der »Freien Bühne«, Vorkämpfer für Ibsen und die Naturalisten. – **hors concours:** Außer Konkurrenz. – **Sigmund Lautenburg (1851–1918):** Direktor des Residenz-Theaters und des Neuen Theaters (Schiffbauerdamm). – **Jane Hading:** Brillierte als Kameliendame, Prinzessin von Bagdad u.a.; durch Gastspiele in Berlin bekannt. – **Richard Alexander (geb. 1852):** Seit 1883 am Wallner-, ab 1891 am Residenz-Theater. – **»La Dame ...«:** Vaudeville von Feydeau. **Jeanne-Julia Bartet (1854–1941):** Seit 1880 im Ensemble des Théâtre français. – **Jean Mounet-Sully (1841–1914):** Schwerer Charakterdarsteller; Kerr hatte seinen Ödipus während des Pariser Aufenthaltes gesehen (sein Bericht in DN Nr. 52, 1899). – **Unser Reichskanzler:** Hohenlohe-Schillingsfürst. – **Nordland-Reise des Kaisers:** Vom 4.7. bis 1.8.1899.

8. Oktober 1899 (Nr. 709)
Kerrs zornigster Ausbruch gegen die feudal beherrschte Klassengesellschaft. – **Hans Bernhard von Kröcher:** Leutnant der Reserve, 23 Jahre alt; **Dr. jur. Bruno von Kayser:** Leutnant der Reserve, 30 Jahre alt; **Alexander Paul von Schachtmeyer:** Kaufmann, 27 Jahre, Unteroffizier der Reserve; der Prozess gegen ihren »Club der Harmlosen« wegen gewerbsmäßigen Glücksspiels lief vom 1. bis 21.10. vor der 3. Strafkammer des Landgerichts 1 Berlin; endete mit Freispruch; wurde im April 1900 vor dem Reichsgericht wiederaufgenommen. – **Herr von Manteuffel:** Kriminalkommissar, beauftragt mit den Ermittlungen, Hauptmann der Reserve. – **Otto Carl Gottlob Eggebrecht (1844–1913):** Oberverwaltungsgerichtsrat, MdR 1877–1898.

15. Oktober 1899 (Nr. 727)
In Berlin wurde der Jahrhundertwechsel als großes öffentliches Fest vorbereitet; Deutschland war auf dem Höhepunkt seiner industri-

ellen und militärischen Entfaltung. – **Gebhard Fürst Blücher (1742 bis 1819):** Preußischer Heerführer mit Verdiensten im Kampf gegen Napoleon. – **Adolphe Thiers (1797–1877):** Sonderbotschafter der provisorischen französischen Regierung 1871, 1. Präsident der 3. Republik. – **Jules Favre (1809–1880):** Vertreter Frankreichs in den Waffenstillstandsverhandlungen von 1871. – **elisabethanischer Physiklehrer:** Kerrs Lehrer im Gymnasium St. Elisabeth in Breslau.

19. November 1899 (Nr. 817)
Zum Jahrhundertende wurden in der allgemeinen Prosperität Weltuntergangsstimmungen verbreitet. Astronomen, auch die Zeitschrift »Sirius« hatten den Durchgang der Erde durch die Bahn der Leoniden und die Begegnung, gar den Zusammenstoß mit einem Kometen für Mitte November angesetzt. – **der neue Postzeitungstarif:** Mit der vom Reichstag debattierten Postnovelle (15.–19. 11.) wurden Postwesen und Tarife neu geordnet. – **Milben im Schimmel:** Bild des Philosophen Arthur Schopenhauers (1788–1860) für das Leben des Menschen im Kosmos; vgl. »Die Welt als Wille und Vorstellung«, Anfang Kapitel 1 der »Ergänzungen zum Ersten Buch«. – **»Süßes Leben! ...«:** »Egmont«, 5. Aufzug, Gefängnis. – **Jean Paul (eigtl. Johann Paul Friedrich Richter, 1763–1825):** Bedeutender, vielgelesener Romancier der Goethe-Zeit. Seine Romane »Hesperus« (1795), »Siebenkäs« (1796), »Leben des Quintus Fixlein« und »Titan« (1803) gehören zum Bildungs-, Phantasie- und Spracherlebnis Kerrs. – **»Warum ist ein Mensch ...«:** Jean Paul, »Hesperus«, 1. Hundsposttag, Ende. – **Schöneberg:** Hatte im August seine ersten Stadtverordneten gewählt. – **Karl Freiherr von Stumm (1836 bis 1901):** Großindustrieller, MdR seit 1889, Freikonservative Partei, später Reichspartei. – **»Dann mag die Totenglocke schallen ...«:** »Faust I«, Studierstube. – **»Irrungen, sie kommen ...«:** Aus Kerrs Gedicht »Konstanze«. – **Irrenanstalt:** Buch.

26. November 1899 (Nr. 832)
Gönczi kehrt zurück: Der Mörder war in Rio de Janeiro verhaftet worden. – **Dressel:** Weinrestaurant Unter den Linden 50, Treffpunkt von Schauspielern, Literaten und Börsianern; wurde von der Weinhandlung Knoop unter dem alten Namen weitergeführt. – **Der Kaiser besucht ...:** Wilhelm II. fuhr am 20. 11. nach England, seine Großmutter (Queen Victoria) zu besuchen. – **Die Premièren des größten deutschen Dichters:** Gerhart Hauptmanns; Kerr gehörte zum inneren Zirkel. – **Palasthotel:** Potsdamer Platz / Leipziger Straße. –

beignet: »Stoß« (frz.), meint einen Krapfen oder Pfannkuchen. – **»Träume«:** »Sag, welch wunderbare Träume ...«, Studie zu »Tristan und Isolde«. – **Ich ging nach jenen stillen Zonen:** Verse von Kerr. – **Dr. Preuß:** Der Privatdozent hatte in der Stadtverordnetenversammlung vom 16. November zwei Bibelverse paraphrasiert (auf Bosse: »Exzellenz hat's gegeben, Exzellenz hat's genommen«); daraufhin Schreiben Mirbachs mit Intervention der Kaiserin. – **Leo Arons (1869–1919):** Privatdozent für Physik an der Berliner Universität, politisch engagiert; kämpfte für Bodenreform und Volksbildung, angeklagt wegen Disziplinarvergehen (Unvereinbarkeit des Lehramtes mit der Zugehörigkeit zur SPD); wurde 1900 von der Lehrtätigkeit ausgeschlossen (Lex Arons); sein Schwiegervater war der Berliner Bankier Julius Bleichröder. – **Dr. Erich Urban:** Wohl Dr. Heinrich Urban (1837–1901), schrieb in der VZ; Lehrer und Komponist (»Der Rattenfänger von Hameln«).

1900

7. Januar 1900 (Nr. 15)
Der Jahrhundertbeginn in Berlin: Großes Kirchengeläut, Salutschüsse der im Lustgarten aufgestellten Batterien, Menschenströme zwischen Brandenburger Tor und Schloss; »Zylindereinschlagen« (alter Studentenulk, der auch zu Silvester galt). Am Neujahrsmorgen: Festgottesdienst im Lustgarten, Fahnenweihe für das Gardecorps im Zeughaus, Militärspektakel und große Auffahrt des Hofes. Rede des Kaisers: »Der erste Tag des neuen Jahrhunderts sieht Unsere Armee, d. h. Unser Volk in Waffen, um seine Feldzeichen geschart, vor dem Herrn der Heerscharen knien ...« – **Habys steifende Flüssigkeit:** Ein Bart-Festiger. – **Dies irae, dies illa solvet saeculum in favilla:** Aus der Hymne des Thomas von Celano: Der Tag des Zorns, dieser Tag wird die Welt (die Zeit) in Asche verwandeln; populär durch Goethe, »Faust I«, Domszene. – **Philipp Fürst zu Eulenburg und Hertefeld:** Stürzte, als Maximilian Harden ihn 1906 der Homosexualität bezichtigte. – **Sang an Aegir:** Dichtung und Komposition von Kaiser Wilhelm II., 1894. – **Fürst Herrmann von Hatzfeld zu Trachenberg:** Oberstschenk, Oberpräsident der Provinz Schlesien; wurde Herzog zu Trachenberg, Fürst von Hatzfeld. – **Herbert Georg Graf Münster (1820–1902):** Deutscher Botschafter in London, seit 1885 in Paris, 1899 deutscher Vertreter auf der 1. Haager Friedenskonferenz, wurde vom Kaiser zum Fürsten er-

hoben und titulierte jetzt Fürst Münster von Derneburg. – »Ulk«: Satirische Freitags-Beilage des BT; das inkriminierte Gedicht in Nr. 37/1899. – **Siegmar Mehring (1856–1915):** Urteil am 3.1.1900. – **Écrasez l'infâme!:** Vernichtet die Schreckliche! Voltaires Ruf gegen die katholische Kirche; seit 1759 in seinen Briefen.

4. Februar 1900 (Nr. 87)
Keller und Reiner: Kunstsalon Potsdamer Straße 122. – **Ernst Wilhelm Hengstenberg (1802–1869):** Einflussreicher Theologe in Berlin, Professor, Altprotestant. – **Arthur Kampf (1864–1950):** Maler, 1914–1924 Direktor der Berliner Hochschule für Bildende Künste. – **Ist die Flotte bewilligt:** Die 2. Vorlage zum Ausbau der Deutschen Flotte, damit, wie der Kaiser in seiner Neujahrsrede sagte, »durch sie das Deutsche Reich auch im Auslande in der Lage sei, den noch nicht erreichten Platz zu erringen«; die Vorlage wurde am 12.6.1900 im Reichstag angenommen. – **sammelt Mirbach:** Bis Januar 1900 sammelte Mirbach insgesamt 11 Millionen Mark freiwillige Spenden für den Berliner Kirchenbau. – **Homunkel-Höhe:** Wo der Mensch auf chemischem Weg erzeugt wird (s. »Faust II«). – **Erich von Kriegsheim:** »Direktor der Internationalen Disconto-Bank«, ehemaliger Offizier, angeklagt wegen Betrug und Urkundenfälschung, sechs Jahre Gefängnis.

11. März 1900 (Nr. 177)
Wilhelm Röntgen (1845–1923): Hatte 1895 die nach ihm benannten X-Strahlen entdeckt, die 1896 das meistbesprochene Ereignis in der Öffentlichkeit waren. – **Ein Kliniker in Breslau:** Albert Neißer (1855–1916), Leiter der Dermatologischen Klinik in Breslau; hatte 1878 den Erreger des Trippers entdeckt, suchte nach dem Erreger der Syphilis (erst 1905 durch Fritz Schaudinn entdeckt). – **Goethes Hexameter:** »Römische Elegien« III, XVIII. – **Karl Julius Johann von Pappenheim (1843–1918):** Kammerherr, Rittergutsbesitzer, MdA 1894–1918, führend in der Konservativen Partei. – **Zuhältergesetz für Künstler:** Lex Heinze: Die Protestversammlungen hatten am 4.3. im Handwerkersaal, Sophienstraße 15, begonnen. Wortführer Hermann Sudermann, Gustav Eberlein, Hermann Nissen, Theodor Mommsen u.a.; im Reichstag stand die 3. Lesung am 13.3. an. – **ein Physiker:** Leo Arons. – **vor längstverbrannten Ketzern:** Giordano Bruno. – **ein Oberhofmeister:** Graf Mirbach. – **aus dem Nationallied:** »Der Gott, der Eisen wachsen ließ«, 4. Strophe: »Die Knechtschaft hat ein Ende!« (?) – **Schundstücke des Lauff:**

»Der Eisenzahn« im KSch. – »**Die Klöster brennet …«:** »Die Huge-
notten« von Meyerbeer, I. Akt. – **Die eine lachte …:** Heinrich Heine,
»Nachlese«, »Kitty« (II). – **Brand der Comédie française:** Am
8.3.1900 mittags.

27. Mai 1900 (Nr. 366)

Alfred Graf von Hompesch (1826–1909): Kammerherr, MdR 1874
bis 1909, Vorsitzender der Reichstagsfraktion des Zentrums. – **Hompesch-Gesetz:** Die unter dem Eindruck der Proteste durch Einlen-
ken des Zentrums modifizierte Fassung der *Lex Heinze*, in der die
Bestimmungen über Kunst und Literatur aufgegeben waren. Der
Reichstag nahm in seiner 200. Sitzung am 22.5. diesen Kompromiss
an. – **Ernst von Wolzogen (1855–1934):** Romancier und Dramatiker, gründete 1901 in Berlin das »Überbrettl«; erfolgreichstes Schauspiel »Das Lumpengesindel« (1892), Wallner-Theater 31.1.1893; in
neuer Bearbeitung am DT 20.4.1895. – **»Das dritte Geschlecht«:**
1899. – **Gabriele Reuter (1859–1941):** Verfasserin freimütiger Darstellungen der Lebensprobleme zeitgenössischer Frauen; Einfluss
auf die Frauenbewegung. – **Alexander Meyer (1832–1908):** Juristi-
scher Schriftsteller, MdR 1881–1896. – **[…] gekürzt:** Passage über
Kerrs Besuch auf dem Friedhof in Freudenberg.

10. Juni 1900 (Nr. 399)

Die Welt wird schöner …: Ludwig Uhland, »Frühlingsglaube«. –
Hermann Scherer: Cand. phil. an der Universität München, wurde
am 4.6. im Kaisergebirge von einer Lawine getötet. – **Wilhelm Scherer (1841–1886):** Begründer der modernen Literaturwissenschaft
(Scherer-Schule); seit 1877 Professor in Berlin. – **Karolingerdichtersgattin:** Frau von Wildenbruch. – **bei Hannele:** In Gerhart Hauptmanns »Hanneles Himmelfahrt«, 2. Akt, der Todesengel. – **Oskar
Gabriel:** Der Rechtsanwalt erschoss sich Anfang Juni. – **Barnum:**
Zirkusunternehmen des Amerikaners Phineas Taylor Barnum
(1810–1891), des »Königs des Humbugs«.

2. September 1900 (Nr. 615)

Das Holdrioh: Kerr war sechs Wochen in Südtirol, im Engadin und
in Venedig. – **Bülowstraße:** Seit dem »Umwandlungsvertrag« von
1898 wurde die Elektrifizierung der Berliner Verkehrsmittel (Stra-
ßenbahn statt Pferdebahn) mit Macht vorangetrieben, ebenso der
S- und U-Bahn-Bau; der U-Bahnhof Bülowstraße wurde als Hoch-,
der in der Kurfürstenstraße als Tiefbahnhof angelegt; im Sommer

1900 ein elektrischer Versuchsbetrieb Berlin – Wannsee – Zehlendorf aufgenommen. – **Zolas Künstlerroman:** Das Werk »L'Œuvre« (1886), 14. Band des Rougon-Macquart-Zyklus. – **Turm der Franzosen:** Der Eiffelturm in Paris (1885–1889). – **Dresdner Bahnhof:** Erbaut 1890 bis 1898 von Ernst Giese und Paul Weidner. – **Hans Baluschek (1870 bis 1935):** Maler und Zeichner des Lebens in Berlin. – **Alfred Messel (1853–1909):** Baute seit 1886 Warenhäuser in Berlin; Hauptwerk: Kaufhaus Wertheim, Leipziger Straße. – **geladene Stimmung:** Der wachsende Unmut gegen bevormundende Gesetzesvorlagen: »Zuchthausvorlage«, Lex Arons, Lex Heinze, die Flottenvorlagen, Rüstungs- und Kolonialpolitik (Kiautschau, Samoa) und die China-Intervention (Boxeraufstand); auch der Berliner Eisenbahnerstreik (Mai), der Hamburger Werftarbeiterstreik (Juli – Sept.) waren Zeichen des Unmuts, der auch Wohnungsnot und Preisanstieg (Kohle) betraf. – **Hohenlohe:** Die Reichskanzlerschaft von Chlodwig zu Hohenlohe-Schillingsfürst (1894–1900) ging zu Ende. – **Bernhard von Bülow (1849 bis 1929):** Botschafter in Bukarest und Rom, Staatssekretär im Auswärtigen Amt, wurde Hohenlohes Nachfolger als Reichskanzler (1900 bis 1909). – **wetterharte Riesengestalt ... eisenfest:** Kerrs Epitheta zu Hohenlohe und Bülow sind – Bismarck beschwörende – ironische Übertreibungen. – **Alfred Graf von Waldersee (1832–1904):** Seit 1900 Generalfeldmarschall, führte die europäischen Truppen im Boxeraufstand in China (1900/01). – **Freiherr vom Stein (1757–1831):** Preußischer Minister und Urheber der Reformen nach der Niederwerfung Preußens durch Napoleon; Kerr zitiert ihn und andere starke historische Persönlichkeiten (Luther, Friedrich Graf von Wrangel), um die Persönlichkeitsschwächung unter dem Druck der kaiserlichen Herrschaft anzudeuten. – **Wilhelm Liebknecht:** Gestorben am 7. August, war am 12. August auf dem »Sozialistenfriedhof« in Berlin-Friedrichsfelde beigesetzt worden. – **August Bebel:** War noch von Wilhelm Liebknecht für die sozialistische Bewegung gewonnen worden. – **Je m'en vais ...:** Ich gehe weg, meine Kleine, ganz weit, ganz schnell und immer im Laufschritt.

11. November 1900 (Nr. 795)
»Frühling im Winter«: Einakter von 1887. – **Winterstrümpfe ...:** Verballhornung von »Winterstürme wichen dem Wonnemond«; aus dem Duett Siegmund–Sieglinde in Richard Wagners Oper »Die Walküre« (1870). – **Eloi Sylva:** Kammersänger; seit etwa 1890 an der Königlichen Oper in Berlin. – **Helene Gabillon-Bettelheim:** Geboren 1857. – **»Die Nation«:** »Wochenschrift für Politik, Volkswirtschaft und Literatur«; Kerr schrieb für sie von Oktober 1897 bis Januar 1903

Theaterkritiken. – »**Jauchzen möcht' ich …**«: Eichendorffs Gedicht »Frühlingsnacht«. – **Friedrich Nietzsche:** »Unzeitgemäße Betrachtungen«, 1873–1876. – **Anna, Anna:** Kerrs Schwarm von der Balustrade, s. 10.6.1900. – **Yvette Guilbert (1866–1944):** Von Kerr sehr verehrte französische Chansonsängerin. – **Dr. Paul Goldmann (1865–1935):** Freund Kerrs, wahrscheinlich schon aus den gemeinsamen Jugendtagen in Breslau, Journalist, Übersetzer von Musset; 1892–1902 Korrespondent für die »Frankfurter Zeitung« in Brüssel, dann Theaterkritiker für die Wiener »Neue Freie Presse« in Berlin und Paris. – **Ave – Gallia …:** Sei gegrüßt, Gallien, du wirst sterben, und wir grüßen dich. – **Sternberg:** Der Bankier August Sternberg, seit Januar 1900 in Untersuchungshaft, wurde – nach zwei vorhergehenden Verfahren, die beide mit Freispruch endeten – im November erneut vor Gericht gestellt in einem Sittlichkeitsverfahren wegen Kuppelei und Missbrauch Minderjähriger, vollzogen an der dreizehnjährigen Frieda Woyda. Verwickelt in den Fall war der Kriminalschutzmann Stierstädter, der von Frieda Woyda in der ersten Vernehmung ein Geständnis erhalten hatte; nachdem das Mädchen ihre erste Aussage im Gerichtssaal widerrufen hatte, geriet er in den Verdacht polizeilichen Übereifers. Der Kommissar Thiel galt als Gelegenheitsmacher. Der Polizeidirektor Meerscheidt-Hüllessem, der als Zeuge vernommen wurde, hatte von dem Angeklagten eine Hypothek von 50000 Mark erhalten, die während des Prozesses getilgt wurde, und war anscheinend von Sternberg abhängig: er hatte die vor dem ersten Sternberg-Prozess abgebrochenen Beziehungen 1896 wieder aufgenommen. Sternberg hatte ihm für die Einrichtung seiner neuen Villa Möbel geschenkt. In dem aufsehenerregenden Prozess waren bekannte Berliner Rechtsanwälte in den Verdacht geraten, Bestechungsgelder zugunsten Sternbergs angeboten zu haben. Das Gericht erkannte auf vollzogenen Missbrauch. Sternberg wurde wegen Verbrechen gegen die Sittlichkeit zu zweieinhalb Jahren Zuchthaus und fünf Jahren Ehrverlust verurteilt. – **Alphonse Daudet (1840–1897):** Sehr erfolgreicher französischer Schriftsteller, besonders geschätzt seine »Briefe aus meiner Mühle« und »Tartarin de Tarascon«; intensive Charakterschilderungen in Erzählungen aus dem Bürgertum; »La petite Paroisse«, 1895; »Soutien de famille«, 1898.

18. November 1900 (Nr. 813)
Und die Gewohnheit …«: Schiller, »Wallensteins Tod« I,4. – **Arnold von Frege-Weltzien (1848–1916):** MdR 1878–1901, 1. Vizepräsident des Reichstags (1898–1901), war am 15.11. mit 190 von 200 Stimmen

wiedergewählt worden. – »**Drum, Gyges …**«: Hebbel, »Gyges und sein Ring«, 5. Akt. – **Graf Pückler:** Angeklagt wegen Aufforderung zu Gewalt. – **Emmy Destinn:** Emmy Kittl, geb. 1878 in Prag, 1898 bis 1908 an der Kgl. Oper; machte Weltkarriere. – **Alfred von Tirpitz (1849–1930):** Admiral, entwickelte im Auftrag des Kaisers die deutsche Kriegsflotte zur zweitgrößten Seemacht der Welt.

Personenregister

Bildnachweis

Archiv für Kunst und Geschichte (AKG)   S. 63, 67, 208 f.
bpk / E. Linde Co   S. 133
bpk / Kunstbibliothek, SMB   S. 289
Deutsches Historisches Museum, Berlin   S. 15
Getty Images, Imagno   S. 300
Stiftung Archiv der Akademie der Künste, Berlin   S. 2
Stiftung Stadtmuseum   S. 7
ullstein bild – Haeckel Archiv   S. 112
ullstein bild – Schnellbacher   S. 282 f.
ullstein bild – ullstein bild   S. 45

Inhalt

ANHANG

Lutz C. Kleveman
Lemberg
Die vergessene Mitte Europas
315 Seiten. Gebunden mit Schutzumschlag
Mit 38 Abbildungen
978-3-351-03668-3
Auch als E-Book erhältlich

Die Biographie einer Stadt

Einst Teil des Habsburger Reichs, galt Lemberg als »Jerusalem Europas«, wo Polen, Juden, Ukrainer und Deutsche zusammenlebten. Namhafte Künstler und Wissenschaftler prägten eine Moderne, die der in Berlin und Wien in nichts nachstand. Dann verlor Lemberg wie so viele mitteleuropäische Städte durch Krieg, Holocaust und Vertreibung fast alle Einwohner – und damit sein Gedächtnis.
Siebzig Jahre später, inmitten der Ukraine-Krise, sucht Lutz C. Kleveman die verschüttete Vergangenheit der Stadt freizulegen. Was er dabei entdeckt und brillant erzählt, ist nicht weniger als die Geschichte Europas bis heute.

Lutz C. Kleveman erschließt lebendig und sehr persönlich die Geschichte dieser faszinierenden Stadt, die so viele Vergangenheiten hatte, Bühne so vieler Kulturen, Träume und Tragödien war. Ein immenses Lesevergnügen.« PHILIPP BLOM (»DER TAUMELNDE KONTINENT«)

Regelmäßige Informationen erhalten Sie über unseren Newsletter. Jetzt anmelden unter: www.aufbau-verlag.de/newsletter

Victor Klemperer
Warum soll man nicht auf bessere Zeiten hoffen
Ein Leben in Briefen
640 Seiten. Mit 12 Abbildungen
978-3-351-03661-4
Auch als E-Book erhältlich

Ein außergewöhnliches Leben in unveröffentlichten Briefen

Unvergleichliche Zeugnisse zum ersten Mal gedruckt: Victor Klemperer, weltberühmt geworden durch seine Tagebücher der Jahre 1933 bis 1945, kämpfte als Publizist, Professor, Politiker sein ganzes Leben lang für eine humane Gesellschaft. Was ihn antrieb, erfahren wir nun in seinen Briefen. Sie eröffnen einen neuen Blick auf ein halbes Jahrhundert deutscher Geschichte und auf das Leben eines Mannes, der nicht müde wurde, für seine Überzeugungen einzutreten. Sein Beispiel macht bis heute Mut.

Briefwechsel mit Lion Feuchtwanger, Stephan Hermlin, F. C. Weiskopf, Marie von Ebner-Eschenbach u. v. m.

Regelmäßige Informationen erhalten Sie über unseren Newsletter. Jetzt anmelden unter: www.aufbau-verlag.de/newsletter

Victor Klemperer
Man möchte immer weinen und lachen
in einem
Revolutionstagebuch 1919
263 Seiten. Mit 18 Abbildungen
978-3-7466-3236-0
Auch als E-Book erhältlich

»Eine unentbehrliche Lektüre.«

Christopher Clark

Zum ersten Mal gedruckt: Victor Klemperers Schilderung des Chaos nach dem Ersten Weltkrieg und des Scheiterns der Münchner Räterepublik. Solch genaue, anschauliche Momentaufnahmen aus der belagerten Stadt findet man nirgendwo sonst. Ein bewegendes, mit Spannung zu lesendes Gesamtbild von diesem entscheidenden Wendepunkt der deutschen Geschichte – aus der Revolution von 1918/19 ging nicht nur die erste deutsche Demokratie hervor, zugleich kündigte sich in ihr das kommende Unheil an.
Mit einem Vorwort von Christopher Clark und einem historischen Essay von Wolfram Wette.

»Klemperer ist vergleichbar mit Heine, der in seinen Artikeln über die Revolution gleich nah und gleich genau und gleich erzählmächtig ist wie Klemperer.« Martin Walser

Regelmäßige Informationen erhalten Sie über unseren Newsletter. Jetzt anmelden unter: www.aufbau-verlag.de/newsletter

Wolfgang Martynkewicz
Salon Deutschland
Geist und Macht 1900–1945
617 Seiten
ISBN 978-3-7466-7091-1

Ein Salon schreibt Geschichte

Über vierzig Jahre, von 1898 bis 1941, war das Haus des Münchner Verlegerehepaars Hugo und Elsa Bruckmann ein Treffpunkt der großen Geister, der Künstler, Literaten, Musiker und Gelehrten. Mit dem Auftritt Adolf Hitlers wurde der Salon zum Schauplatz, an dem das Unvereinbare zusammenkam: eine hochgeistige und kunstsinnige Elite und die radikale Rechte.

Gestützt auf zahllose Dokumente erzählt Wolfgang Martynkewicz ein provokantes Kapitel deutscher Geschichte, das geradewegs in die Abgründe und Katastrophen des 20. Jahrhunderts führt und zu dem Experimentierfeld zurückkehrt, das die Moderne zuallererst war.

»Es ist die Fülle atemberaubender Monstrositäten und Querverbindungen, die ›Salon Deutschland‹ zu einer erhellenden Lektüre machen, zu einem Lehrstück über die Verfügbarkeit der Intellektuellen.« DIE RHEINPFALZ

»Die schiere Fülle der Belege, die Martynkewicz ausbreitet, lässt einen erschrecken.« TAZ

Regelmäßige Informationen erhalten Sie über unseren Newsletter. Jetzt anmelden unter: www.aufbau-verlag.de/newsletter

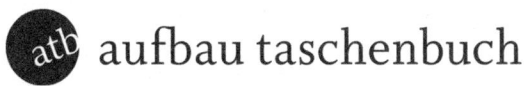